RECHTSGESCHICHTE

2011

Prof. Dr. Rainer Schröder
Humboldt-Universität zu Berlin
Juristische Fakultät
Lehrstuhl für Bürgerliches Recht,
Privates Bau- und Immobilienrecht sowie
Neuere und Neueste Rechtsgeschichte

ALPMANN UND SCHMIDT Juristische Lehrgänge Verlagsges. mbH & Co. KG
48149 Münster, Annette-Allee 35, 48001 Postfach 1169, Telefon (0251) 98109-33
AS-Online: www.alpmann-schmidt.de

Liebe Leserin, lieber Leser,

wir sind stets bemüht, unsere Produkte zu verbessern. Fehler lassen sich aber nie ganz ausschlie-
ßen. Sie helfen uns, wenn Sie uns über Druckfehler in diesem Skript oder anderen Printprodukten
unseres Hauses informieren.

E-Mail genügt an „druckfehlerteufel@alpmann-schmidt.de"

Danke
Ihr AS-Autorenteam

Prof. Dr. Schröder, Rainer
Rechtsgeschichte
8. neu bearbeitete Auflage 2011
ISBN: 978-3-86752-174-1

Verlag Alpmann und Schmidt Juristische Lehrgänge
Verlagsgesellschaft mbH & Co. KG, Münster

Die Studenten im Kampf mit dem Examensstoff

Frage: Warum steigt man auf Berge?

Antwort: Weil sie da sind.

Ist es mit der Rechtsgeschichte genau so? Wir können ja unserer Geschichte, auch der unseres Rechts, nicht entkommen. Als intelligente Wesen, zumal als Akademiker müssen wir uns unserer kulturellen Traditionen versichern. Wir wollen wissen, warum es so gekommen ist. Und da gibt es wirklich genug Fragen, wenn man nur an die Diktaturen in Deutschland denkt.

Als ich Ende der 70er Jahre als Referendar und Assistent diese „Rechtsgeschichte" verfasst habe, stellte sich eine ähnliche Situation wie heute: Viele wollen sich informieren, sind interessiert. Aber wie viel Zeit kann ein/e durchschnittliche/r Student/in bei dem ständigen Anwachsen des Prüfungsstoffes auf das schönste aller Nebenfächer verwenden?

Es gibt im Studium drei Zeitfenster: Beim Grundlagenstudium, während der Schwerpunkte und vor der mündlichen Prüfung, wenn die Defizite spürbar werden. Man weiß viel über Dogmatik, aber wenig über „Recht und seine Geschichte". Und eigentlich wollte man schon immer wissen, welche Bedeutung des Recht im Dritten Reich hatte, oder?

Der Autor im Kampf mit der Stofffülle

Aus dem Konflikt zwischen Stofffülle und Interesse resultiert ein legitimes Bedürfnis der Studenten. Das Ziel ist so einfach zu erreichen wie die Quadratur des Kreises: **Vollständigkeit, Wissenschaftlichkeit** und **Kürze** lassen sich zugleich mit einer pädagogisch ansprechenden Abhandlung kaum verbinden.

Welche Teile der allgemeinen Geschichte kann man aber voraussetzen? Was muss man auch hier darstellen? Was ist etwa über die Geschichte der Verfassungen bei allen bekannt?

Als Student hatte ich immer das Gefühl, in der Fülle der historischen und rechtlichen Informationen verloren zu gehen. Was fehlte, waren **ordnende Strukturen**, nicht Details. Eine Überlegung, die m.E. übrigens auch für das geltende Recht gilt. Strukturen zu geben war also die wichtigste Absicht bei der Abfassung des Skripts. Aber Strukturen sind manchmal langweilig. Interessant sind **Details** und **Anekdoten** wie diese:

Der Teilentwurf des Schuldrechts wurde bei der Erarbeitung des ersten Entwurfs des BGB nicht fertig gestellt (vgl. Rdnr. 1). Das Schuldrecht war daher nicht aus einem Guss. Die bis zur Schuldrechtsmodernisierung 2002 gültigen Regeln über die Unmöglichkeit waren schlicht verunglückt. Der Redaktor des Schuldrechts im ersten Entwurf, Dr. v. Kübel, verstarb bedauerlicherweise an einer Sepsis, die durch einen eingewachsenen Zehennagel hervorgerufen wurde. Diese Anekdote verbessert aber die Kenntnisse des Schuldrechts nicht, sie ist ‚nur' interessant.

Interessant ist wohl auch dieses: Ludwig II. von Bayern sollte, als man Ende 1870 und Anfang 1871 das zweite deutsche Kaiserreich mit Wilhelm I. als Kaiser ausrufen wollte, diesem namens der deutschen Fürsten die Kaiserkrone antragen. Ludwig hatte aber dazu überhaupt keine Lust und weigerte sich, eine entsprechende Erklärung abzugeben. Auch dem Gesandten aus dem kaiserlichen Hauptquartier, dem Oberst von Hollnstein, verweigerte Ludwig bei seinem ersten Besuch die Zustimmung, ja er empfing ihn nicht einmal. Die Verhandlungen bei dieser und bei einer zweiten Gelegenheit sollen dann, wobei

Ludwig Krankheit vorschützte, durch das Schlüsselloch seines Zimmers stattgefunden haben. Erst eine massive Bestechung mit dem Geld, das die Preußen nach der Eroberung Hannovers dem Haus Hannover weggenommen hatten (Welfenschatz), bewog Ludwig dazu, seine Zustimmung zu geben. So schön diese Anekdote auch ist – denn Sie wissen jetzt, wie Ludwigs Schlösser teilweise finanziert wurden –, lehrt sie uns ein besseres Verständnis der zweiten Reichsverfassung?

Bei der Erarbeitung des Skripts hatte ich ein weiteres Ziel, nämlich die **Informationen in Bezug auf das geltende Recht** zu ordnen, also nicht antiquarische Rechtsgeschichte zu betreiben, also im übertragenen Sinn nicht auf Berge steigen, weil sie da sind. Es soll nicht gezeigt werden, ob Karl der Kahle wirklich kahl war, ob Anekdoten wie die oben beschriebenen wirklich stimmen, sondern – notwendig unperfekt – es solle gezeigt werden, warum es im Recht so gekommen ist und nicht anders. Einfacher gesprochen: Studenten sollen nach der Lektüre dieses Skripts wissen, welche Gedanken dem heutigen BGB oder StGB, der heutigen Verfassung zugrunde liegen, wie der Nationalsozialismus die Rechtsordnung pervertiert hat und wie unser heutiges Rechtsdenken beeinflusst wurde.

Aber wie weit geht man zurück? Die Wurzeln vieler privatrechtlicher Institute sind im antiken römischen Recht zu suchen. Ihre für uns entscheidende Ausprägung erfuhren sie im 19. Jahrhundert durch die Abfassung des BGB. Also kann man das BGB eigentlich nur verstehen, wenn man seine römisch-rechtlichen Grundlagen kennt. Zugleich flossen in das BGB die konkreten politisch-gesellschaftlichen Vorstellungen des 19. Jahrhunderts ein. Warum hat man sich in dieser Zeit römisch-rechtlicher Vorstellungen bedient, um die neuen Fragen des 19. Jahrhunderts zu lösen? Auch unser Strafrecht ist zwar dogmatisch in der frühen Neuzeit vorgeformt worden, es erhielt seinen materiellen Gehalt aber durch die Ideen der Aufklärung einerseits und die Strafrechtstheorien des 19. Jahrhunderts andererseits. Die jüngsten Veränderungen im Strafrecht sind freilich von den Reformideen der 70er und 80er Jahre geprägt. Um das Recht des 19. Jahrhunderts zu verstehen, müsste zuvor beispielsweise das Naturrecht erläutert werden. Hierfür sind Grundkenntnisse im mittelalterlichen und im antiken Recht Voraussetzung. Um die Verfassungen des 20. und 19. Jahrhunderts zu begreifen, muss man sich zuvor mit dem öffentlichen Recht und den politischen Ideen der Aufklärung befasst haben; usw., usw. ...

Der **Kompromiss**, den dieses Skript versucht, ist einfach: Es werden für die römische Zeit und das Mittelalter nur die Fakten vermittelt, die ich für unumgänglich halte, damit man die spätere Zeit besser versteht. Denn Grundzüge der antiken und mittelalterlichen Rechtsgeschichte – wohlgemerkt Grundzüge und nicht profunde Kenntnisse – sollten bei jedem gebildeten Juristen vorhanden sein. Altväterlich könnte man hinzufügen: Schließlich ist das Jurastudium ein ‚wissenschaftliches' Studium und nicht reine Paragraphenpaukerei, nicht wahr?

Der Abschnitt über das römische Recht ist knapp und informationsgesättigt. Daher ist er notwendig etwas „trocken". Hineingenommen wurde nur das, was einerseits zum Verständnis der folgenden Entwicklung unumgänglich ist und andererseits das, was Prüfer im Examen erwarten könnten.

Je mehr Sie in die Neuzeit und ins 19. sowie 20. Jahrhundert hineinkommen, desto breiter wird die Darstellung. Hier soll Verständnis für die Zusammenhänge des heutigen Rechts entwickelt werden. Weimarer Republik, Drittes Reich und DDR werden umfangreich behandelt. Die Zeitbedingtheit des geltenden Rechts steht im Mittelpunkt. Die Darstellung der Rechtsgeschichte der Bundesrepublik bleibt im Umfang zurückhaltend. Denn das, was sie als neueste Rechtsgeschichte lernen könnten, lernen sie natürlich auch in den geltend-rechtlichen Fächern; etwa über die Schuldrechtsreform, die Veränderungen des Demonstrations- und Sexualstrafrechts oder die Beurteilung der Mauerschützen. Hier antwortet unser Recht auf neueste Problemlagen.

Wie nah geht man an Geschichte, die noch qualmt, heran? In der Rechtsgeschichte selbst gab es lange eine lebhafte Diskussion um die Frage, ob ein Fach ‚neueste Rechtsgeschichte' berechtigt ist und ob wegen des geringen zeitlichen Abstands sinnvolle historische Aussagen möglich sind – eine Frage, die m.E. eindeutig zu bejahen ist. Die Frage weist wieder auf ein bekanntes Problem hin: Soll man Geschichte und Rechtsgeschichte betreiben, um Lehren zu ziehen? Diese Diskussion kann nicht Gegenstand einer Einführung sein. Rechtsgeschichte ist aber sicher kein rein antiquarisches Fach. Offen ist freilich, ob man so weit gehen will wie Zimmermann, Das römisch-kanonische ius commune als Grundlage europäischer Rechtseinheit, JZ 1992, S. 8 ff.

Am Ende der Einleitung ein doppeltes Credo:

- **Recht reagiert** einerseits auf die wirtschaftlichen und sozialen Entwicklungen. M.E. kann die Rechtsgeschichte vielfach nur als ein Teil der Wirtschafts- und Sozialgeschichte begriffen werden. Wie soll man die Geschichte der Kartellverbote im 20. Jahrhundert verstehen, wenn man nicht die zugrunde liegende volkswirtschaftliche Entwicklung schildert? Wie soll man Bismarcks Sozialgesetze ab 1883 bewerten, wenn man nicht die soziale Situation von Arbeitnehmern im 19. Jahrhundert darstellt?

- Recht steht daneben im engsten **Kontext mit Politik, Ideen und Zeitgeist**. Oft ist Recht gefrorene Politik, und Rechtsgeschichte ist die Geschichte der Steuerung eines sozialen Systems.

Praktische Hinweise

Wenn Sie das Skript nicht ganz durcharbeiten wollen, sondern nur in die Materie hineinschnuppern, dann können Sie im Grunde bei beliebigen Abschnitten anfangen zu lesen. Vielleicht interessiert Sie die Darstellung, wie das BGB entstanden ist (Rdnr. 1 ff.) oder wie sich im Mittelalter das öffentliche harte Strafrecht entwickelte (Rdnr. 1 ff.). Sie können die **hinten angehängten Tabellenseiten** benutzen, um die historische Einordnung der rechtshistorischen Fakten zu erleichtern. Die unter den Tabellen befindlichen Stichworte können als **Kurzrepetitorium** dienen, z.B. zum schnellen Wiederholen vor der mündlichen Prüfung. Wenn Sie intensivere Informationen wünschen, so können sie diese wie folgt erhalten:

- Sie besuchen auf der Lehrstuhl Homepage das *forum historiae iuris* (FHI) oder unter: „http://www.forhistiur.de", die erste europäische Internetzeitschrift für Rechtsgeschichte und

- auf unserer Homepage steht ein Verzeichnis rechtsgeschichtlicher Literatur zum Download bereit.

Und nun: Viel Spaß bei der Lektüre und – falls Sie noch am Anfang stehen – viel Freude im Studium!

Berlin, Dezember 2010   Rainer Schröder

INHALTSVERZEICHNIS

Literatur zur Rechtsgeschichte

Mithilfe der folgenden Literatur können Sie die angesprochenen Probleme vertiefen. Sie finden dort weitergehende Hinweise auf Quellen, Forschungsstand und Forschungsliteratur. Diese Liste ersetzt keine Forschungsbibliographie. Viele gute Bücher sind nicht erwähnt. Die Liste soll eine erste Orientierung gewährleisten und den Interessierten nicht „erschlagen". Aber warum ist das alles nur so kompliziert?

Der Kampf mit der Literatur

Dieses Skript richtet sich an interessierte Normalstudentinnen und -studenten. Es kann aber auch für die Wahlfach- oder Schwerpunktprüfung dienen. Die Literatur ist bewusst knapp gehalten. Natürlich ist es möglich, die Literaturhinweise stark zu vermehren, doch wird das den praktischen Möglichkeiten von Studenten nicht gerecht. 1.000 Seiten schreiben, die Normalstudenten überfordern, ist leichter als kurz zu bleiben … Mit Literaturhinweisen überfüttern (oder angeben) kann jeder Rechtshistoriker …

Die Fülle der zur Verfügung stehenden Bücher ist verwirrend und bedarf, auch für die Studentinnen und Studenten, die das Fach vertiefen wollen, einiger Erklärungen. Schon die Titel der Bücher spiegeln unterschiedliche Traditionen und Konzepte wider, die Sie nach der Lektüre des folgenden Textes besser verstehen werden:

Die Tradition und Fächer der Rechtsgeschichte

Die moderne Rechtsgeschichte entwickelte sich im Grunde seit dem Beginn des 19. Jahrhunderts (vgl. dazu ab Rdnr. 506).

Das **römische Recht** hat die Geschichte des Rechts in Rom von 753 vor Chr. bis zum Corpus Iuris ca. 540 n. Chr. zum Gegenstand. Ihm zur Seite steht das **römische Privatrecht**, welches die Entwicklung des Privatrechts in diesem mehr als 1.000 Jahre umfassenden Zeitraum beschreibt. Durch die Rezeption des römischen Rechts im Hochmittelalter in Italien kam es zur Entwicklung eines *ius commune,* also eines allgemeinen (römischen) Rechts in Europa, das in vielem die Basis für das heutige Recht bildet.

Neben diese Fächer trat im 19. Jahrhundert die **Deutsche Rechtsgeschichte**. Beschrieben wird die Geschichte des Rechts von den Germanen in der Spätantike (ca. 450 n.Chr.) bis zum Ende des ersten deutschen Kaiserreichs (1806). Der Schwerpunkt lag einerseits in der germanischen Zeit bis zum Hochmittelalter und andererseits im Verfassungsrecht, vor allem vor dem Westfälischen Frieden (1648).

Parallel wurde das sog. **deutsche Privatrecht** entwickelt. Hier versuchten Wissenschaftler vor allem des 19. Jahrhunderts, dem römischen Recht ein allgemeines Privatrecht auf deutsch-germanischer Grundlage an die Seite zu stellen. Dieses allgemeine deutsche Recht gab es so nicht. Es wurde aus den sehr zersplitterten Rechtsquellen konstruiert (vgl. Rdnr. 527 ff.).

Im 20. Jahrhundert, forciert durch die Studienordnung der Nationalsozialisten, trat die **Verfassungsgeschichte der Neuzeit** an die Seite der bisherigen Fächer. Hier studierte man – oft als Nebenfach des öffentlichen Rechts – die Geschichte des Verfassungsrechts seit dem Westfälischen Frieden von 1648.

Die **Privatrechtsgeschichte der Neuzeit** wollte im Anschluss an das all(gemeine) römische Privatrecht die Entwicklung des Privatrechts in Europa von der Rezeption bis in das 20. Jahrhundert hinein aufzeigen.

Nachdem sich frühe Werke der deutschen Rechtsgeschichte auf das Strafrecht der Germanen und des Mittelalters konzentriert hatten, entwickelte sich besonders nach dem Zweiten Weltkrieg ein eigenes Fach **Strafrechtsgeschichte**. Es geht um die Entwicklung der strafrechtlichen Ideen, des Strafprozesses, aber auch des materiellen Strafrechts und aller Gesetze bis in die neueste Zeit.

Der jüngste Spross der rechtsgeschichtlichen Fächer ist die **juristische Zeitgeschichte** oder auch die **neueste Rechtsgeschichte**. Hier konzentriert man sich im Wesentlichen auf die Rechtsentwicklungen des 20. Jahrhunderts. Im Mittelpunkt stehen die Beschreibung des nationalsozialistischen Rechts und jüngst auch das Recht der DDR. Das ist Geschichte, die noch qualmt etwa beim Rechtsvergleich von Diktaturen und dem Übergang von autoritären zu demokratischen Gesellschaften (transitional justice).

Rechtsgeschichte und Deutsche Rechtsgeschichte

Kroeschell, Karl/ Cordes, Albrecht [Bd. 2]/ Nehlsen-von Stryk, Karin [Bd. 2]	Deutsche Rechtsgeschichte, Bd. 1 (bis 1250), 13. Aufl. 2008; Bd. 2 (1250–1650), 9. Aufl. 2008; Bd. 3 (seit 1650), 5. Aufl. 2008 (glänzende moderne Darstellung, enthält viele Quellen und vorzügliche Orientierung über Forschungsprobleme)
Hattenhauer, Hans	Europäische Rechtsgeschichte, 4. Aufl., Heidelberg 2004
Mitteis, Heinrich/ Lieberich, Heinz	Deutsche Rechtsgeschichte, 19. Aufl., München 1992
Laufs, Adolf	Rechtsentwicklung in Deutschland, 6. Aufl., Berlin 2006 (schöne problemorientierte Einführung mit reichhaltiger Literatur)
Eisenhardt, Ulrich	Deutsche Rechtsgeschichte, 5. Aufl., München 2008
Köbler, Gerhard	Deutsche Rechtsgeschichte. Ein systematischer Grundriss, 6. Aufl. 2005
Ebel, Friedrich/ Thielmann, Georg	Rechtsgeschichte. Von der Römischen Antike bis zur Neuzeit, 3. Aufl., Heidelberg 2003
Kaufmann, Ekkehard	Deutsches Recht. Die Grundlagen, Berlin 1984
Gmür, Rudolf/ Roth, Andreas	Grundriss der deutschen Rechtsgeschichte, Stuttgart 2010

Wesel, Uwe	Geschichte des Rechts, 3. Aufl., München 2006 (besonders empfehlenswert in den Passagen über das römische Recht)
Meder, Stephan	Rechtsgeschichte, 3. Aufl., Stuttgart 2008
Senn, Marcel	Rechtsgeschichte – Ein kulturhistorischer Grundriss, 4. Aufl., Zürich 2007
Schmoeckel, Mathias	Auf der Suche nach der verlorenen Ordnung. 2000 Jahre Recht in Europa – Ein Überblick, Köln 2005
Schmoeckel, Mathias	Rechtsgeschichte der Wirtschaft seit dem 19. Jahrhundert, Tübingen 2008
Schmoeckel, Mathias/ Stolte, Stefan	Examinatorium Rechtsgeschichte, Köln/München 2010

Strafrechtsgeschichte

Schmidt, Eberhard	Einführung in die Geschichte der deutschen Strafrechtspflege, 3. Aufl., Göttingen 1983, unveränderter Nachdruck 1995
Rüping, Hinrich/ Jerouschek, Günter	Grundriss der Strafrechtsgeschichte, 5. Aufl., München 2007 (instruktiver Überblick mit wichtigen Literaturhinweisen)
Sellert, Wolfgang/ Rüping, Hinrich	Studien- und Quellenbuch zur Geschichte der deutschen Strafrechtspflege, Bd. 1: Wolfgang Sellert: Von den Anfängen bis zur Aufklärung, Aalen 1989 Bd. 2: Hinrich Rüping: Von der Aufklärung bis zur doppelten Staatsgründung, Aalen 1994 (vorzügliche Einführungen und Quellen)
Schild, Wolfgang	Alte Gerichtsbarkeit. Vom Gottesurteil bis zum Beginn der modernen Rechtsprechung, 2. Aufl., München 1985
Vormbaum, Thomas	Einführung in die moderne Strafrechtsgeschichte, 2. Aufl., Berlin 2010

Privatrechtsgeschichte

Wieacker, Franz	Privatrechtsgeschichte der Neuzeit (1952), 2. Aufl., Göttingen 1967, unveränderter Nachdruck 1996 (wichtigstes Standardwerk mit geistesgeschichtlicher Einordnung der Rechtsentwicklung)
Schlosser, Hans	Grundzüge der neueren Privatrechtsgeschichte, 10. Aufl., Heidelberg 2005 (klarer, sehr instruktiver Überblick mit wichtigen Hinweisen auf neuere und neueste Literatur)

Wesenberg, Gerhard/ Wesener, Günther	Neuere deutsche Privatrechtsgeschichte, 4. Aufl., Wien/Köln 1985 (Schwerpunkt auf Dogmatik des Privatrechts)
Hattenhauer, Hans	Grundbegriffe des Bürgerlichen Rechts, Historisch-dogmatische Einführung, 2. Aufl., München 2000
Willoweit, Dietmar	Historische Grundlagen des Privatrechts, in: JuS 1977, 292–297, 429–433, 573–578
Hattenhauer, Hans/ Buschmann, Arno	Textbuch zur Privatrechtsgeschichte der Neuzeit, 2. Aufl., München 2008

Verfassungsgeschichte / Geschichte des öffentlichen Rechts

Willoweit, Dietmar	Deutsche Verfassungsgeschichte, 6. Aufl., München 2009 (modernste Darstellung)
Menger, Christian-Friedrich	Deutsche Verfassungsgeschichte der Neuzeit, 8. Aufl., Karlsruhe 1993
Kröger, Klaus	Einführung in die jüngere deutsche Verfassungsgeschichte. Ein Grundriss ihrer Entwicklungslinien (1806–1933), München 1988
Grimm, Dieter	Deutsche Verfassungsgeschichte 1776–1866, Frankfurt a.M. 1988
Brandt, Hartwig	Der lange Weg in die demokratische Moderne. Verfassungsgeschichte von 1800–1945, Darmstadt 1998
Kimminich, Otto	Deutsche Verfassungsgeschichte (1970), 2. Aufl., Frankfurt a.M. 1987
Stolleis, Michael	Geschichte des öffentlichen Rechts in Deutschland, Bd. 1: Reichspublizistik und Policeywissenschaft 1600–1800, München 1988; Bd. 2: Staatsrechtslehre und Verwaltungswissenschaft 1800–1914, München 1992; Bd. 3: Staats- und Verwaltungsrechtswissenschaft in Republik und Diktatur 1914–1945, München 1999 (günstigere Sonderausgabe als Taschenbuch, München 2002)

Römisches Recht

Bleicken, Jochen	Die Verfassung der Römischen Republik, Paderborn 2008
Dulckeit, Gerhard/ Schwarz, Fritz/ Waldstein, Wolfgang	Römische Rechtsgeschichte, 10. Aufl., München 2005
Kaser, Max/ Knütel, Rolf	Römisches Privatrecht, 19. Aufl., München 2008

Kaser, Max	Römische Rechtsgeschichte, 2. Aufl., Göttingen 1986, 5. Nachdruck der 2. Aufl. 1993
Kunkel, Wolfgang/ Schermaier, Martin	Römische Rechtsgeschichte, Köln 2008
Liebs, Detlef	Römisches Recht, 6. Aufl., Göttingen 2004
Honsell, Heinrich	Römisches Recht, 7. Aufl., Berlin 2010
Wieacker, Franz	Römische Rechtsgeschichte, 1. Abschn., München 1989
Bretone, Mario	Geschichte des Römischen Rechts. Von den Anfängen bis zu Justinian, 2. Aufl., München 1998
Exempla iuris Romani	Römische Rechtstexte, Lateinisch – Deutsch, Hrsg. von Manfred Fuhrmann, München 1988
Mommsen, Theodor	Römische Geschichte, 8 Bde., München 1976, Neudruck 2001
Heuß, Alfred	Römische Geschichte, 10. Aufl., Braunschweig 2007
Hausmaninger, Herbert/ Selb, Walter	Römisches Privatrecht, 9. Aufl., Wien 2001
Ebel, Friedrich/ Fijal, Andreas/ Kocher, Gernot	Römisches Rechtsleben im Mittelalter, Heidelberg 1988

Ergänzende Literatur

Hattenhauer, Hans	Die geistesgeschichtlichen Grundlagen des deutschen Rechts, 4. Aufl., Heidelberg 1996
Köbler, Gerhard	Bilder aus der deutschen Rechtsgeschichte von den Anfängen bis zur Gegenwart, München 1988
Senn, Marcel/ Thier, Andreas	Rechtsgeschichte III – Textinterpretation, Zürich 2005

Hilfsmittel zum Nachschlagen oder zum Einstieg in die Forschung

| Stolleis, Michael (Hrsg.) | Juristen. Ein biographisches Lexikon, München 2001 |
| Kleinheyer, Gerd/ Schröder, Jan | Deutsche und Europäische Juristen aus neun Jahrhunderten, 5. Aufl., Heidelberg 2008 |

Coing, Helmut (Hrsg.)	Handbuch der Quellen und Literatur der neueren europäischen Privatrechtsgeschichte, München 1973 ff.
Coing, Helmut	Europäisches Privatrecht, 2 Bde., München 1985, 1989
Köbler, Gerhard	Lexikon der europäischen Rechtsgeschichte, München 1997
Jeserich, Kurt/ Pohl, Heinrich/ v. Unruh, Georg-Christian	Deutsche Verwaltungsgeschichte, Bde. 1–6, Stuttgart 1982–1987
Erler, Adalbert/ Kaufmann, Ekkehard (Hrsg.)	Handwörterbuch zur deutschen Rechtsgeschichte, 5 Bde., Berlin 1971–1998 (Eine zweite Auflage erscheint seit 2008, hrsg. v. Albrecht Cordes)
Lutz, Liselotte (Hrsg.)	Lexikon des Mittelalters, 9 Bde., München 1980 ff.
Huber, Ernst Rudolf	Deutsche Verfassungsgeschichte seit 1789, Bd. 1: Nachdr. d. 2. Aufl. 1967, Stuttgart 1995 Bd. 2: 3. Aufl., Stuttgart 1988 Bd. 3: 3. Aufl., Stuttgart 1988 Bd. 4: Nachdr. d. 2. Aufl. 1982, Stuttgart 1994 Bd. 5: Nachdr. d. 1. Aufl. 1978, Stuttgart 1992 Bd. 6: Nachdr. d. 1. Aufl. 1981, Stuttgart 1993 Bd. 7: Stuttgart 1984 Bd. 8 (Register): Stuttgart 1991 Dokumente zur Deutschen Verfassungsgeschichte, 4 Bde., 3. Aufl., Stuttgart 1978 ff.
Henning, Friedrich Wilhelm	Handbuch der Wirtschafts- und Sozialgeschichte Bd. 1: Das vorindustrielle Deutschland bis 1800, 5. Aufl., Paderborn 1994 Bd. 2: Die Industrialisierung in Deutschland 1800–1914, 9. Aufl., Paderborn 1995 Bd. 3/1: Deutsche Wirtschafts- und Sozialgeschichte im Ersten Weltkrieg und in der Weimarer Republik 1914–1932, Paderborn 2003 Bd. 3/2: Deutsche Wirtschafts- und Sozialgeschichte im 20. Jahrhundert, 1933–1945, Paderborn 2004
Ritter, Joachim (Hrsg.)	Historisches Wörterbuch der Philosophie, 10 Bde., 1971 ff.
Brunner, Otto/ Conze, Werner/ Koselleck, Reinhart	Geschichtliche Grundbegriffe. Historisches Lexikon zur politisch-sozialen Sprache in Deutschland, 8 Bde., Neuauflage, München 2004
Aubin, Hermann/ Zorn, Wolfgang	Handbuch der deutschen Wirtschafts- und Sozialgeschichte, 2 Bde., Bd. 1, Stuttgart 1970, Bd. 2, Stuttgart 1976
Hilgemann, Werner/ Kinder, Hermann	dtv-Atlas zur Weltgeschichte Bd. 1: Von den Anfängen bis zur Französischen Revolution, 39. Aufl. 2007 Bd. 2: Von der Französischen Revolution bis zur Gegenwart, 40. Aufl. 2009

Gebhardt, Bruno (Hrsg.)	Handbuch der deutschen Geschichte, 24 Bde., 9. Aufl., Stuttgart 1970 ff.
Wehler, Hans-Ulrich	Deutsche Gesellschaftsgeschichte, Bd. 1, 4. Aufl., München 2005 Bd. 2, 4. Aufl., München 2007 Bd. 3, 2. Aufl., München 2007 Bd. 4, 2. Aufl., München 2003 Bd. 5, München 2008
Nipperdey, Thomas	Deutsche Geschichte, 1800–1918, 3 Bde., München 1998

Viele Verlage bieten inzwischen **preisgünstige Reihen** zur deutschen Geschichte an, darunter:

Grundriss der Geschichte	Oldenbourg-Verlag München
Deutsche Geschichte	Kleine Vandenhoeck–Reihe, Vandenhoeck & Ruprecht, Göttingen
Deutsche Geschichte der neuesten Zeit	DTV
Neue historische Bibliothek	in der Edition Suhrkamp

Zeitschriften:

forum historiae iuris	Rechtshistorische Internetzeitschrift: http://www.forhistiur.de (abgek.: FHI) Darin Überblick über rechtshistorischen Aufsätze, die in „normalen" juristischen Ausbildungs- und Fachzeitschriften enthalten sind.
Zeitschrift der Savigny-Stiftung für Rechtsgeschichte	Germanistische, romanistische und kanonische Abteilung (abgek.: ZRG GA bzw. RA bzw. KA)
Zeitschrift für Neuere Rechtsgeschichte	(abgek.: ZNR)
Rechtshistorisches Journal	(abgek.: RJ), 2001 eingestellt
Rechtsgeschichte	Zeitschrift des Max-Planck-Instituts für europäische Rechtsgeschichte (ab 2002)
Tijdschrift voor Rechtsgeschiedenis	(abgek.: TRG)

1. Teil: Überblick über die römische Rechtsgeschichte

1. Abschnitt: Einleitung

Römischen Rechts galt in einem Zeitraum von mehr als tausend Jahren (ca. 500 vor bis 500 n.Chr.); also vom kleinen Stadtstaat bis zum Riesenreich. Rom und sein Recht beherrschten den Mittelmeerraum. Im Hoch- und Spätmittelalter drang römisches Recht allmählich in die europäischen Rechtsordnungen ein (Rdnr. 279). Es bildet als *ius commune* (= [all]gemeines Recht) die Basis der meisten Rechtsordnungen in Europa. Auch das BGB stellte (nach einer Kritik am ersten Entwurf) „in Paragraphen gegossenes römisches Recht" dar. **1**

Versuche, ein gemeinsames europäisches Zivilrecht zu schaffen, machen sich diese Tatsache wieder verstärkt zunutze.[1]

Die Darstellung folgt der üblichen zeitlichen Einteilung in die Republik (510–31 v.Chr.), den Prinzipat (31 v.Chr. bis ca. 300 n.Chr.) und den Dominats (ca. 300 bis 476 n.Chr.). Um die römische Rechtsgeschichte genau darzustellen, müsste sie nicht statisch, sondern als Prozess vorgeführt werden. So wie das Recht heute entsteht, umstritten in Parlamenten und Öffentlichkeit, durch Gesetze oder Gerichtsurteile, nach Vorbereitung oder später kommentiert durch die Wissenschaft, so entstand es auch damals.

Rechtsgeschichte ist die Geschichte der Steuerung eines sozialen Systems.

Der durch die folgende punktuelle Darstellung des römischen Rechts erweckte Eindruck ist daher notwendig verzerrt. Die kurze Darstellung soll nur dem Vorurteil vorbeugen, in der Antike, die uns heute vom Gefühl und vom Verstand her sehr fern ist, habe ein juristisches Vakuum bestanden. **2**

In diesen großen Zeitabschnitten lassen sich Kontinuitäten aufzeigen. Dem Erreichen bestimmter rechtlicher Positionen (Beteiligung der Plebejer an der Rechtsetzung, Errichtung des Kaisertums) ging nicht selten ein jahrhundertelanger Kampf voraus, in dem sich politische, wirtschaftliche oder soziale Auseinandersetzungen normativ verfestigten.

Recht ist ‚geronnene Politik'.

Die Entwicklung rechtlicher Institutionen des römischen Rechts wie dem frei vereinbarten Vertrag oder dem Testament setzte freilich oft eine lange wissenschaftliche Auseinandersetzung voraus. Der corpus iuris civilis des Kaisers Justinian fasste in der ersten Hälfte des 6. Jahrhunderts diese Traditionen in einem Buch zusammen. **3**

Von verschiedenen antiken Rechtsordnungen soll allein das römische Recht in aller Kürze dargestellt werden.[2]

Selbstverständlich besaßen auch andere antike Hochkulturen Rechtsordnungen. Bekannt ist etwa das Recht der im Zweistromland lebenden **Babylonier**, das im Codex Hammurabi (ca. 1750 v.Chr.) niedergelegt wurde. Es ist als Stele erhalten, die im Louvre (Paris) und im Pergamon-Museum (Berlin) zu sehen ist. Auch die **ägyptische** Hochkultur brachte in vorrömischer Zeit ein Recht hervor, das sich unter ande-

---

1 Vgl. R. Zimmermann, Das römisch-kanonische ius commune als Grundlage europäischer Rechtseinheit, JZ 1992, 8 ff.

2 Vgl. den kurzen Überblick über andere antike Rechte in: F. Wieacker, Art. Rechtsgeschichte, II, in: Fischer, Lexikon Recht.

rem mit Grundstücksproblemen befasste, die aufgrund der jährlichen Nilüberschwemmungen entstanden.

In **Griechenland** wurden die Rechte des **Drakon** (unsicher, ca. 620 v.Chr.), bis heute berüchtigt für seine sprichwörtliche („drakonische") Härte, und von **Solon** (594/93 v.Chr.) bekannt; beide enthielten vornehmlich Strafrecht. Dass griechische Philosophen wie **Aristoteles** (384–322 v.Chr.) und **Plato** (427–347 v.Chr.) das Denken über Recht und Gerechtigkeit zu einem ihrer Hauptgegenstände machten, bedarf kaum der Erwähnung.

Im römischen Recht entstand ein hochentwickeltes Gebäude von rechtlichen Regeln, das – auf wissenschaftlicher Durchdringung beruhend – in der Praxis zu bestimmten Zeiten hervorragend funktionierte und das geeignet war, den Rechtsfrieden zunächst im römischen Stadtstaat und in der Folge in der gesamten Mittelmeerwelt zu sichern.

2. Abschnitt: Republik (510–31 v.Chr.)

A. Geschichte und Ständekampf

4 Nach der sagenhaften **Gründung Roms** im Jahre 753 v.Chr. durch Romolus und Remus stand die zunächst unbedeutende Stadt unter der Herrschaft etruskischer Könige. Die Römer lebten seit ca. 1.000 v.Chr. überwiegend von landwirtschaftlicher Tätigkeit. Nach der durch Livius überlieferten Vertreibung des letzten etruskischen Königs Tarquinius Superbus ca. 510 v.Chr. begann die Zeit der Republik, die durch zwei Entwicklungen gekennzeichnet war:

- Der **Stadtstaat** mit einer bäuerlichen Wirtschaft entwickelte sich zur Großmacht, zum beherrschenden Staat im Mittelmeerraum. Das große römische Reich beruhte auf einem ausdifferenzierten politischen System. Es konnte nur durch eine gewaltige Armee beherrscht werden. Diese bedurfte wie der Staat einer strukturierten Verwaltung. Rom beruhte wirtschaftlich auf der Ausbeutung der eroberten Provinzen und einer hoch entwickelten Verkehrswirtschaft. Armee, Verwaltung und Wirtschaft konnten nicht ohne Rechtsnormen gesteuert werden.

- Der **Ständekampf** zwischen Patriziat und Plebs wurde um die rechtliche Gleichstellung geführt, insbesondere ging es um die Teilnahme an den öffentlichen Ämtern und der Regierungsgewalt. Am Ende standen Normen, die das Erreichte festschrieben.

I. Ständekampf

5 Die politisch und sozial entscheidende Macht im römischen Gemeinwesen bildeten die patrizischen Familien. Die **Patrizier** stellten die Mitglieder des Senats und der Priesterschaft. **Plebejer**, die während der Republik nicht als „dritter Stand" zu verstehen sind, sondern als alle römischen nicht patrizischen Einwohner, waren weder zum Senat noch zu den Priesterämtern zugelassen. Als Ergebnis des Ständekampfes bildet sich in der späteren Republik eine neue Mittelschicht heraus, die **Nobilität**. Diese setzt sich sowohl aus Plebejern als auch Patriziern zusammen und bezeichnet den regierenden Adel.[3]

---

3 Vgl. hierzu W. Kunkel/M. Schermaier, Römische Rechtsgeschichte, 14. Aufl., S. 29 ff.

1. Ämter-Magistrat, Volksversammlung und Senat

Im Laufe von zwei Jahrhunderten wurde eine Anzahl von öffentlichen Ämtern geschaf- **6**
fen, zu denen sich die Plebs nach und nach den Zugang erkämpfte. Bei allen Magistraten handelte es sich um unentgeltlich ausgeübte **Ehrenämter**, die zur besseren Kontrolle jeweils von **zwei Amtsinhabern (Kollegialität)** ausgeübt wurden. Mit dem Prinzip
der Kollegialität einher ging auch das Interzessionsrecht, d.h. die Möglichkeit, mit einem
Veto Entscheidungen des anderen Amtsinhabers zu verhindern. Die Ämter konnte man
in der Regel nur **ein Jahr** bekleiden **(Annuität)**.

Das größte **Imperium** (= Befehlsgewalt) stand den zwei **Konsuln** zu, denen die Führung **7**
der Innen- und Außenpolitik oblag und die den militärischen Oberbefehl hatten. Zudem
hatten die Konsuln in einem Falle des Staatsnotstandes einen Diktator einzusetzen, dessen Herrschaft auf 6 Monate begrenzt war und der in dieser Zeit eine völlig unbeschränkte Befehlsgewalt innehatte. Um Zugang zum Konsulat zu erhalten, musste der
cursus honorum, die Ämterlaufbahn, durchlaufen werden: Quästor, Ädil (oder später
auch Volkstribun), Prätor.

Der **Quästor** war für Verwaltung und Steuern zuständig sowie Hilfsbeamter der Kon- **8**
suln. Plebejer wurden hierfür von der Mitte des 5. Jhs. v.Chr. an zugelassen.

Die **Ädile** hatten die Marktaufsicht und die Polizeigewalt inne. Sie stammten aus der **9**
Plebs. Ihnen wurden ab 367 v.Chr. (Leges Licinae Sextiae) kurulische (= patrizische) Ädile
an die Seite gestellt, die in der Folge auch die Marktgerichtsbarkeit innehatten.

Ab der Einrichtung des Konsulats im Jahre 367 v.Chr. stellte der **Prätor** das zweithöchste **10**
Amt der Republik dar. Zu Beginn der Republik noch Träger der höchsten Staatsgewalt,
waren die Prätoren nunmehr auf die Rechtsprechung beschränkt. Der Prätor veröffentlichte zu Beginn seiner Amtszeit ein Programm, welches sowohl bestehende als auch
neue Klageformeln, die zulässigen Aktionen und Einreden im späteren Prozess, enthielt.
Die Prätoren erklärten also vor Amtsantritt, wie sie in bestimmten Fällen entscheiden
würden. Sie banden sich selbst. Auf diesem Wege hatten sie die Möglichkeit zur Weiterentwicklung des Privatrechts.

Die **Zensoren** schließlich waren für Volkszählungen und Sittenaufsicht zuständig. Dieses **11**
Amt wurde nur alle 5 Jahre für 18 Monate besetzt. Zensoren entschieden auch über den
Zugang zum Senat. Dieses Amt folgte in der Ämterlaufbahn wegen seines hohen Anse-
hens zumeist dem Konsulat nach.

Die Wahl der Beamten sowie die Entscheidung über Krieg und Frieden oblag der Zentu- **12**
rienversammlung. Alle römischen Bürger waren entsprechend ihrem Vermögen in 193
Zenturien (= Hundertschaften) eingeteilt. Die Einteilung entsprach der militärischen
Gliederung des römischen Volkes.

Kontrolliert wurden die Beamten durch den **Senat**. Dieser bestand aus ehemaligen Be- **13**
amten und hatte formell wenig Befugnisse; er konnte lediglich „Ratschläge" erteilen **(se-**
natus consulti). Dennoch hatte er faktisch **großen Einfluss**, resultiert vor allem daraus,
dass er der ruhende Pol neben den ständig wechselnden Magistraten war.

14   Als Vertreter der Plebs fungierten ab 494 v.Chr. die **Volkstribunen**, die auch gegenüber allen Beamten sakrosankt (= unverletzlich) waren und die ein **Vetorecht** gegenüber Gesetzen hatten sowie das Recht, jeden magistratischen Eingriff gegenüber einem Bürger zu unterbinden. Die Volkstribunen leiteten auch die Volksversammlung, deren Beschlüsse ab dem Jahre 287 v.Chr. (Lex Hortensia) förmlich ergangenen Gesetzen gleichgestellt waren.

Das sind nur ganz knappe Informationen; aber stellen Sie sich vor, welche politischen Kämpfe hinter jeder Konzession steckten, die sich in Rechtspositionen verfestigte.

2. Zwölf-Tafel-Gesetz

15   Der größte Erfolg der Plebs im Kampf gegen das Patriziat gelang im 5. Jh. v.Chr. mit der Durchsetzung ihrer **Forderung nach schriftlicher Fixierung des Rechts**. Zur Zeit der Könige hatten allein die Priester, die aus dem Patriziat stammten, Rechtskenntnisse. Durch das **Zwölf-Tafel-Gesetz** wurden grundlegende Rechtsregeln für jeden Römer zugänglich. Es stellte somit einen wesentlichen Beitrag zu Rechtssicherheit dar. Die bronzenen Tafeln wurden auf dem Forum aufgestellt. Ihr Inhalt ist heute leider nur noch bruchstückhaft überliefert[4].

Zusammengestellt wurde das Gesetz von einer 10-Männer-Kommission (den *decem viri*), von der berichtet wird, sie hätte sich von griechischen Gesetzen inspirieren lassen. Die Tafeln enthielten Regeln über den Zivilprozess (wahrscheinlich Tafeln I–III) sowie zum Familien-, Vormundschafts- und Erbrecht (IV–V), Sachenrecht, insbesondere Nachbarrecht (VI–VII), Strafrecht (VIII–IX) und Sakralrecht (X). Eine strenge Trennung von Straf- und Zivilrecht kannten die Römer allerdings nicht.

Die Tafeln XI und XII wurden von einer zweiten 10-Männer-Kommission hinzugesetzt und enthielten verschiedene Ergänzungen.

16   Wie bedeutsam die Gesetze im Rechtsverständnis der Römer waren, zeigt die Tatsache, dass man als Schüler noch zu Zeiten Ciceros das Gesetz auswendig lernen musste,[5] und dass noch im 2. Jh. n.Chr., mehr als 500 Jahre, nachdem die Originaltafeln beim Gallierbrand (387 v.Chr.) vernichtet worden sein sollen, der römische Jurist Gaius einen Kommentar der Zwölf Tafeln in sechs Bänden herausgab.

Beispiele:[6]

I. *Si in ius vocat, ito.* *Ni it, antestamino:* *igitur em capito.*	Wenn der Kläger jemanden vor Gericht ruft, soll der Beklagte gehen. Wenn der Beklagte nicht geht, soll der Kläger Zeugen auffordern. Dann soll der Kläger den Beklagten ergreifen.
VIII, 2: *Si membrum rupsit,* *ni cum eo pacit, talio esto.*	Wenn jemand einem anderen ein Glied verstümmelt und er sich nicht mit dem Verletzten friedlich einigt, so soll ihm das Gleiche geschehen. (Vgl. R. Düll, Zwölftafelgesetz. Rekonstruktionsversuch, 1995; F. Wieacker, Römische Rechtsgeschichte, 1. Abschn. München 1989, S. 287 ff.)

---

4 Vgl. Römisches Recht, Berlin und Weimar, 1975.

5 Cicero, De legibus, 2.23.59.

6 Nach H. Hausmaninger/W. Selb, Römisches Privatrecht, 9. Aufl., Wien 2001, S. 48 f.

II. Kriegerische Auseinandersetzungen und Ausdehnung Roms

Der Aufstieg Roms zur Weltmacht musste zu Veränderungen des Rechts führen. Die **17** Rechtsregeln, die für einen kleinen überschaubaren Stadtstaat entwickelt wurden, passten für ein Riesenreich ebenso wenig, wie die alte Verwaltung und das ursprüngliche politische System für die Verhältnisse in der Kaiserzeit angemessen sein konnten.

B. Recht und Rechtswissenschaft

I. Priesterrecht, legis-actionen-Verfahren

Einen weiteren Höhepunkt erreichte die Durchsetzung der Plebs gegenüber dem Adel **13** durch die **Zulassung zu Priesterstellen** (300 v.Chr., Lex Ogulnia). Trotz der XII Tafeln besaßen die **Priester faktisch ein Monopol der Rechtskenntnis** und, wichtiger noch, der Rechtsanwendung. Alle Rechtshandlungen der Zeit, auch der Prozess, waren in hohem Maße von der Einhaltung ritueller Formen abhängig, die ursprünglich nur die Priester kannten.

Das wurde besonders im **legis-actionen-Verfahren** deutlich. **Gaius**, der sein berühmtes Institutionen-Lehrbuch – Einführungslehrbuch für Anfänger – ca. 160 n.Chr. schrieb, berichtet über den legis-actionen-Prozess, also über ein zu seiner Zeit bereits unübliches Verfahren (IV, 11 ff.): **19**

„Die Klagen, die unsere Vorfahren anwandten, wurden *legis actiones* genannt, entweder weil sie in Gesetzen (*leges*) überliefert waren – damals waren nämlich Edikte der **Prätoren**, in denen die meisten Klagen eingeführt worden sind, noch nicht üblich[7] – oder deswegen, weil sie genau an die Worte des Gesetzes angepasst waren und deshalb als genauso unverletzlich galten wie die Gesetze. Daher gibt es eine **Rechtsauskunft**,[8] dass jemand, der wegen abgehauener Weinstöcke geklagt und dabei in der Klage das Wort Weinstöcke gebraucht hatte, seinen Prozess verloren habe, weil er das Wort ‚Bäume' hätte nennen müssen, denn im XII-Tafel-Gesetz, nach dem ihm die Klage wegen der abgehauenen Weinstöcke zustehe, sei allgemein von ‚abgehauenen Bäumen' die Rede."

Die Textstelle verdeutlicht die starke Bindung an Formalien innerhalb dieser Prozessform. Bereits ein einfacher Versprecher führt zum Prozessverlust. Fest vorgeschriebene Spruchformeln prägen das Verfahren bereits vor dem Prätor. Dieser entschied nach dem Vorbringen des Klägers darüber, ob eine „actio", ein Klaganspruch für das Begehren zur Verfügung stand. Im dem sich anschließenden Verfahren vor einem Laienrichter (Verfahren „apud iudicem") wurde letztlich Beweis erhoben und der Streit entschieden.

Der Zugang zur Justiz wurde so erleichtert. Zunächst bekam die Plebs Zugang zu Priesterstellen. Dann veröffentlichte das Ius Flavianum (ca. 300 v.Chr.) die **Prozess- und Klageformeln**, sodass die Rechtswissenschaft sich von einer Geheimwissenschaft entfernte. Beide Akte sowie die Abspaltung der Prätur markierten den Beginn der Laienjurisprudenz. **20**

---

7 Zu den prätorischen Edikten im folgenden Abschnitt.
8 Zu den Rechtsauskünften Rdnr. 30.

II. Prätor, Prozess und Edikte

21   Zivilprozesse wurden (ab 367 v.Chr.) beim Prätor als dem Jurisdiktionsbeamten/Magistrat eingeleitet. Ursprünglich hatte die Rechtsprechungsmacht zum Amt der Konsuln gehört. Nach der Abspaltung der Prätur vom Konsulat (Rdnr. 10) erhielten ab 337 v.Chr. auch Plebejer Zugang zur Prätur.

1. Zivilprozess und „actio"

22   Heute (seit Windscheid) trennen wir materielles und formelles (prozessuales) Recht; wir unterscheiden den Anspruch (§ 194 BGB) von seiner prozessualen Durchsetzung. Dem römischen Rechtsdenken war das fremd. Es fasste beides in der **actio**, dem Klagerecht, zusammen.

23   Der Formularprozess, der sich nach und nach neben dem legis-actionen-Verfahren durchsetzte, lief etwa so ab: Das **Verfahren beim Prätor** (*in iure*) sollte die Frage klären, ob für den vom Kläger behaupteten Sachverhalt eine Möglichkeit zur rechtlichen Durchsetzung gegeben war. Die zulässigen Klagen entnahm man den vom Prätor zu Beginn seiner Amtszeit verfassten Edikten. Zumeist übernahmen die Prätoren die Klagemöglichkeiten von ihren Vorgängern, oft enthielten die neuen Edikte aber neue Klagemöglichkeiten. Bei der actio unterstellte der Prätor dabei den Klägervortrag als wahr und prüfte, ob das Klagebegehren rechtlich anerkannt war, d.h. ob eine Klage (eine *actio*) für das Klagebegehren bestand. Das war der heutigen Schlüssigkeitsprüfung im Zivilprozess ähnlich. War das der Fall, so erteilte er dem Kläger eine *actio*. Diese Klageformel enthielt eine bedingte Verurteilung, in der neben den materiell-rechtlichen Voraussetzungen die prozessuale Durchsetzung gleich mitbedacht war. Gleichfalls konnte der Prätor dem Beklagten für Einwendungen und Einreden eine *exceptio* (z.B. *exceptio doli* = Einrede der Arglist) erteilen. Die Rechtsfragen wurden somit „vorweg" geklärt. Darauf fand die **litis contestatio** (Streitbefestigung) statt, weil die Rechtsfragen durch die Handlungen des Prätors festgeschrieben waren, und das Verfahren ging in das **zweite Stadium** (*apud iudicem*) über. Dieser Verfahrensabschnitt fand bei einem **Laienrichter** statt, der die entsprechenden Beweise erhob und in der Sache selbst entschied.[9]

Ein Beispiel, wie ein Prätor das Problem behandelte, dass z.B. eine Kuh einer Person Schaden zugefügt hatte:[10]

„Gaius Sejus soll Richter sein.

Wenn es sich erweist, dass der Vierfüßer Schaden angerichtet hat, um welche Angelegenheit es hier geht [... genaue Beschreibung des Geschehens], weswegen der Kläger dem Beklagten entweder den Schaden zu ersetzen oder das Tier für die Schadenszufügung auszuliefern verpflichtet ist [hiermit waren die Voraussetzung und die Rechtsfolge festgelegt; vgl. heute § 823 Abs. 1 BGB], dann sollst Du, Richter, den Beklagten dem Kläger (entweder) in den Geldbetrag verurteilen, den diese Angelegenheit ausmacht, oder (das Tier) für die Schadenszufügung ausliefern.

Wenn es sich nicht erweist, sollst Du freisprechen."

---

9   Vgl. M. Kaser/R. Knütel, Römisches Privatrecht, 18. Aufl., München 2003, § 80 ff.; zur Ablösung des aktionenrechtlichen Denkens im 19. Jh.: a.a.O., S. 141.

10   Nach D. Liebs, Römisches Recht, 6. Aufl., Göttingen 1999, S. 38.

2. Zwangsvollstreckung

Die **Zwangsvollstreckung** nach den Zwölf Tafeln zeichnete sich durch große Härte aus. Der Gläubiger durfte den Schuldner für 60 Tage verhaften lassen. In dieser Zeit konnte er seine Schuld begleichen. Sodann durfte der Gläubiger den Schuldner im Wege der Personalexekution töten lassen oder ihn in die Sklaverei verkaufen. Mit dem Übergang zum Formularprozess wurde zwar die Möglichkeit der Personalhaftung nicht abgeschafft, gleichwohl vollstreckten die Gläubiger regelmäßig in das Schuldnervermögen.[11]

24

3. „Ius honorarium" und Edikte

Die Bedeutung des Verfahrens beim Prätor (*in iure*) war in früher Zeit entsprechend der strengen Bindung an die Prozessformeln gering. Das änderte sich durch den Übergang von einer agrarischen zu einer durch Handel und Unternehmertum geprägten Wirtschaft. Die als unabänderlich gedachten Prozessformeln reichten nicht mehr aus, um die neuen Rechtsverhältnisse zu erfassen. Allmählich trat neben das alte formstrenge Recht ein wesentlich flexibleres, **durch den Prätor geschaffenes Recht**, mit dem diese Lücken ausgefüllt wurden (*ius honorarium*; griech. *honos* = Ehrenamt). Die Bedeutung des *ius honorarium* nahm im Lauf der Jahrhunderte immer mehr zu, weil die Rechtsuchenden mit stets neuen Fragen an die Prätoren herantraten. Das ist heute bei den Gerichte ebenso. Die Prätoren bildeten das Recht – entsprechend ihren Kompetenzen – von Fall zu Fall fort. Heute gilt das vor allem für unsere Obergerichte, die das Recht offen fortbilden. Ansonsten gilt das Prinzip, dass die Richter an das Gesetz gebunden sind; eben keine Gesetzgeber. Die prätorische Rechtsfortbildung fand ihren Niederschlag in den **Edikten**, aus denen das obige Zitat stammt.

25

Alle Magistrate hatten das Recht, Edikte (in heutiger Terminologie: Verfügungen, Verordnungen) zu erlassen (*ius edicendi*). Es war üblich, zu Beginn der einjährigen Amtszeit darin Grundsätze über die zukünftige Amtsführung zu veröffentlichen. Von besonderer Bedeutung war das beim Prätor, der Klageformeln, die er anerkennen wollte, veröffentlichte. Damit aber nicht von Jahr zu Jahr die Grundsätze der Rechtsprechung geändert wurden, übernahm jeder Prätor in der Regel die Grundsätze seiner Vorgänger. Viel später (etwa 130 n.Chr.) kam es zu einer **Abschlussredaktion der prätorischen Edikte** durch den Juristen **Julian** (etwa 100–170 n.Chr.), in dem die Grundsätze des *ius honorarium* endgültig festgeschrieben wurden.

26

4. „Ius gentium" und „ius civile"

Ein römischer Bürger lebte nach römischem Recht. Er konnte sich z.B. in Strafsachen darauf berufen, in Rom von einem römischen Gericht abgeurteilt zu werden, wie es auch der Apostel Paulus getan hat.[12] In den römischen **Provinzen** galt einheimisches Recht z.T. weiter. In Italien waren seit den 80er Jahren des ersten Jhs. v.Chr. alle italienischen Bundesgenossen in den Bürgerverband aufgenommen worden und lebten nach römi-

27

---

11 Vgl. hierzu M. Kaser/R. Knütel, Römisches Privatrecht, S. 387 f.
12 Vgl. Apostelgeschichte 22, 25.

schem Recht. Die Aufnahme der gesamten provinzialen Bevölkerung in das römische Bürgerrecht durch die **Constitutio Antoniniana** (212 n.Chr.) hatte aber nicht denselben Effekt. Nach wie vor lebten große Teile der provinzialen Bevölkerung nach eigenem Recht (beispielsweise in Ägypten, wie Papyri – ägyptische Urkunden z.B. über Grundstücksgeschäfte und andere Verträge – beweisen).

28 Neben dem *ius civile*, nach dem römische Bürger lebten, kannte man das *ius gentium*:

> „Alle Völker, die durch Gesetze oder Gewohnheiten geleitet werden, befolgen teilweise ihr eigenes, teilweise das allen Menschen gemeinsame Recht. Denn das Recht, das ein Volk sich selber gibt, ist ihm allein eigen und heißt *ius civile*, das bedeutet etwa: das einem Staat [*civitas*] eigentümliche Recht [die wörtliche Übersetzung würde zwar ,Recht der Bürger' lauten, hat aber mit dem heutigen Begriff Bürgerliches Recht nichts gemein]; das Recht aber, das die natürliche Vernunft unter allen Menschen begründet, wird in völlig gleicher Weise bei allen Völkern befolgt und heißt *ius gentium*, das bedeutet etwa: das Recht, das alle Völker befolgen […]".[13]

Ius gentium ist das Recht der Völker. Aber nicht mit Völkerrecht zu übersetzen, das heute als internationales öffentliches Recht definiert wird, das die Völkerrechtssubjekte – vor allem Staaten und internationale Gemeinschaften wie die UNO – bindet. Das *ius gentium*, das auf Fremde angewandt wurde, war in Wirklichkeit römisches Recht.[14] Angewendet wurde es vornehmlich vom **Fremdenprätor**, der ab der Mitte des 3. Jh. v.Chr. in Rom für Rechtsstreitigkeiten zwischen Römern und Ausländern sowie zwischen Ausländern untereinander zuständig war. Da das *ius civile* für sie nicht galt, war der Fremdenprätor noch in stärkerem Maße auf eigene Rechtsetzung angewiesen und bildete das Recht entscheidend fort. Weil das *ius gentium* daher flexibler war, wurde es später teilweise auch auf Römer angewandt. Der zunehmende Handel mit Völkern, die nicht römischem Recht unterfielen, führte besonders zur Entwicklung handelsrechtlicher Bestimmungen unter dem Mantel des *ius gentium*.[15]

29 Der Begriff *ius civile* ist auch im Gegensatz zum *ius honorarium* zu sehen. Hier bedeutet er das alte, in den Zwölf Tafeln und anderen, die Zwölf Tafeln ergänzenden oder modifizierenden Gesetzen (z.B. der Lex Aquilia von 286 v.Chr., die das Schadensersatzrecht regelte) festgelegte (Gesetzes-) Recht – im Gegensatz zum Amtsrecht der Prätoren.[16]

III. Rechtsunterricht und Juristen

30 Eine Juristenausbildung, wie sie uns heute als staatliche selbstverständlich ist, gab es in Rom nicht. Zwar waren Rechtskenntnisse in der Oberschicht kulturelles Allgemeingut, doch brauchte selbst ein Prätor kein Rechtskundiger zu sein. Das Amt des Prätors war ein notwendiges Durchgangsstadium in der Ämterlaufbahn zum Konsul. Eine Vorform von Rechtswissenschaft begann mit den priesterlichen Rechtsauskünften. Mit der Laisierung der Rechtskenntnisse ging auch die **öffentliche Rechtsauskunft** (Respondiertätigkeit) auf Laien über. Coruncanius (ca. 250 v.Chr.) erteilte öffentlich Rechtsauskünfte und -unterricht. Er veröffentlichte *„memorabilia responsa"* (bemerkenswerte Bescheide).

---

13 Gaius, Institutionen, I 1.

14 Vgl. W. Kunkel/M. Schermaier, Römische Rechtsgeschichte, 14. Aufl., Köln 2005, S. 94 ff., 98.

15 Vgl. hierzu M. Bretone, Geschichte des römischen Rechts, Von den Anfängen bis zu Justinian, 2. Aufl., München 1998, S. 93 ff.

16 Vgl. W. Kunkel/M. Schermaier, Römische Rechtsgeschichte, S. 31 ff.

Diese Respondiertätigkeit war ein wichtiges Element der Rechtspflege. Alle Personen, auch Prätoren und andere Magistrate, konnten so Gutachten über Rechtsfälle einholen.

Erste rechtswissenschaftliche Bearbeitungen der Gesetze entstanden, z.B. der Kommentar zum *ius civile* von Quintus Mucius Scaevola (Libri XVI iuris civilis, ca. 90 v.Chr.).

IV. Strafrecht

Im bäuerlichen Stadtstaat reichte die **Privatklage** der Bürger gegeneinander oder die   31
Hausgewalt zur Wahrung des Rechtsfriedens aus. Bei den Germanen werden wir später ähnliches sehen. Gegen Ende der Republik wurde offenbar eine öffentliche Strafjustiz erforderlich, die im 1. Jh. vornehmlich von **Geschworenengerichten** ausgeübt wurde. Bei Verletzung individueller Rechte reichte es, den Konflikt unter Privaten zu regeln. Als das nicht mehr als ausreichend empfunden wurde, ging man zum öffentlichen Strafrecht über. Diese Entwicklung findet sich im Mittelalter erneut.

Die ersten Geschworenengerichte sollten über die **Vergehen der Provinzstatthalter** urteilen. Provinzstatthalter wurde man in der Regel nach dem erfolgreichen Durchlaufen der Ämterlaufbahn. Die Ehrenämter wurden unentgeltlich ausgeübt. Während der Dauer der Statthalterschaft versuchten die Statthalter, sich bei der Verwaltung der Provinzen schadlos zu halten, insbesondere weil bei ihren Wahlkampagnen erhebliche Kosten entstanden waren. Da die Geschworenengerichte für die Erpressungen der Statthalter mit Senatoren besetzt waren, denen vielfach die gleiche Laufbahn vorschwebte oder die sie bereits hinter sich hatten, blieben die Verfahren in der Regel erfolglos. Im Zuge der Reformbestrebungen zu Beginn der Bürgerkriege versuchte man, durch eine andere Besetzung der Geschworenenbank Abhilfe zu schaffen. Durch Sulla wurde das aber wieder rückgängig gemacht (82 v.Chr.). Man sieht hier erneut, wie stark die Entwicklung des Rechts mit den politischen Entwicklungen verwoben war und ist.

Durch die *leges Corneliae* (82 v.Chr.) wurden **ständige Straf-Schwurgerichte** eingerichtet, die auch auf Kapitalstrafen erkennen konnten. Dort traten als Ankläger und Verteidiger **Gerichtsredner** auf, die aber keine Rechtskenntnisse zu haben brauchten. Auch   32
Cicero (106–43 v.Chr.) wirkte als Gerichtsredner. Ein erfolgreiches Auftreten als Gerichtsredner – besonders als Verteidiger – sicherte hohes öffentliches Ansehen.[17]

---

17 Zum Strafrecht: W. Kunkel/M. Schermaier, Römische Rechtsgeschichte, S. 81 ff.; ders., Untersuchungen zur Entwicklung des römischen Kriminalverfahrens in vorsullanischer Zeit, 1962; T. Mommsen, Römisches Strafrecht, 1899.

Übersicht: Die römische Republik

Die Verfassung der Republik

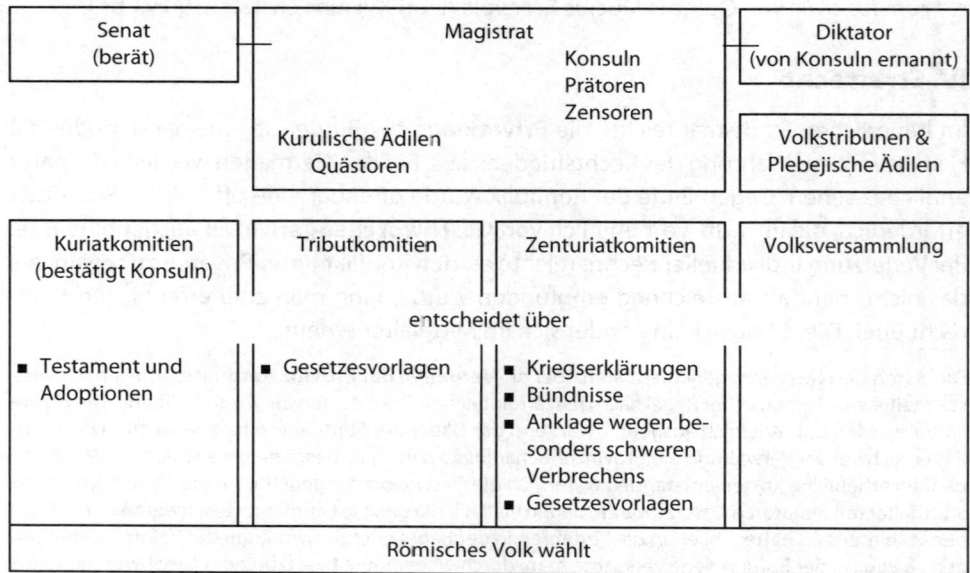

Senat (berät)	Magistrat	Diktator (von Konsuln ernannt)
	Konsuln Prätoren Zensoren	
	Kurulische Ädilen Quästoren	Volkstribunen & Plebejische Ädilen

Kuriatkomitien (bestätigt Konsuln)	Tributkomitien	Zenturiatkomitien	Volksversammlung
	entscheidet über		
■ Testament und Adoptionen	■ Gesetzesvorlagen	■ Kriegserklärungen ■ Bündnisse ■ Anklage wegen besonders schweren Verbrechens ■ Gesetzesvorlagen	

Römisches Volk wählt

Magistrat (gekennzeichnet durch Annuität und Kollegialität)	■ **Konsuln:** größte Befehlsgewalt; Hauptaufgaben: Innen- und Außenpolitik (in Notzeiten ein Konsul für max. 6 Monate Diktator) ■ **Prätoren:** zunächst höchstes Staatsamt, ab 367 v.Chr. auf Rechtsprechung beschränkt (267 v.Chr. Einführung des Fremdenprätors) ■ **Zensoren:** Volkszählung und Sittenaufsicht ■ **Ädilen:** Marktaufsicht und Polizeigewalt; ab 367 v.Chr. (Leges Liciniae Sextiae) Amt des kurulischen Ädilen eingeführt, die Marktaufsicht übernahmen ■ **Quästoren:** Verwaltungs- und Steuerbeamte
Senat	■ Kontrolliert die Beamten ■ Besetzung vorwiegend aus ehemaligen Beamten ■ auf Ratschläge beschränkt (senatus consulti)
Volkstribun	Amt, das 494 v.Chr. infolge des Ständekampfes als Vertreter des Volkes eingerichtet wurde; Volkstribune waren unverletzlich gegenüber Beamten und besaßen Vetorecht bezüglich Gesetzen
Volksversammlung	wählt Volkstribunen und plebejische Ädilen, Beschlüsse ab 287 v.Chr. (lex Hortensia) für das ganze Volk verbindlich

3. Abschnitt: Prinzipat (31 v.Chr.–285 n.Chr.)

A. Geschichtliche Entwicklung

Mit dem **2. Punischen Krieg** (218–201 v.Chr. gegen Karthago und Hannibal) war die Zeit Roms als Stadtstaat zu Ende; seine Zeit als Weltmacht begann. Die räumliche Ausdehnung Roms fand wirtschaftlich auf Kosten der bäuerlichen Mittelschicht statt. Die Bauern leisteten Militärdienst, zahlten Steuern und wurden wirtschaftlich sehr geschwächt. Die Folge war eine **Bodenkonzentration bei Großgrundbesitzern** sowie die Entstehung einer unfreien bäuerlichen Schicht und eines städtischen Proletariats. Bereits die Gracchischen Reformen (133–121 v.Chr.) versuchten, die größten Mängel zu beheben (z.B. Versuch einer Bodenumverteilung). Die Reformgesetze wurden aber schon 111 v.Chr. wieder aufgehoben.   34

Die Plebs begann in Rom ein großstädtisches, z.T. **parasitäres Leben** zu führen, dessen Strukturen sich bis in die Spätantike nicht veränderten. Man bot und verlangte *„panem et circenses"* (= Brot und Spiele).   35

Bürgerkriege kennzeichneten das erste vorchristliche Jahrhundert. Die alten republikanischen Kontrollen bei der Ausübung staatlicher Gewalt versagten. Nach der Einführung eines **Berufsheeres** lag die Macht im Wesentlichen bei den Heerführern.   36

Caesar, der durch innen- und außenpolitische Kämpfe die ganze Mittelmeerwelt unter seine militärische Kontrolle gebracht hatte, wurde bei dem Versuch, eine absolute Monarchie zu errichten, ermordet (44 v.Chr.). Sein Neffe Oktivian, der spätere **Augustus** (27 v.Chr.–14 n.Chr.), setzte sich in den Nachfolgekämpfen durch und lernte aus diesem Fehler seines Onkels. Die Republik, die in den Bürgerkriegen vernichtet worden war, wurde formell wieder hergestellt. Augustus nahm nie den Kaisertitel an, sondern blieb formal lediglich *„princeps senatus"*, der Erste im Senat. Die Epoche bis ca. 300 n.Chr. nannte man entsprechend **Prinzipat**. Die ersten zwei nachchristlichen Jahrhunderte stellten eine Konsolidierungsphase – insbesondere unter den nicht aus Italien stammenden Adoptivkaisern – dar, in der sich aber bereits die Gründe für den späteren Untergang Roms abzuzeichnen begannen. Die ökonomische Situation Roms verschlechterte sich. **An den Grenzen begannen Abwehrkämpfe** gegen z.B. germanische Völker. Demzufolge verlagerte sich die militärische Macht von Rom weg an die Grenzen. Bezeichnend war, dass 193 n.Chr. die Legionen an Rhein und Donau – und nicht die in Italien stationierten Truppen – einen neuen Kaiser, Septimius Severus, proklamierten.   37

Die auf die severischen Kaiser folgenden Soldatenkaiser regierten zwischen 235–284 n.Chr. oft nur wenige Wochen. In Rom und in der Umgebung von Rom wurde die Macht faktisch von der einzigen intakten Truppe in Italien, der Prätorianergarde, ausgeübt.   38

B. Stellung des Prinzeps und kaiserliche Rechtsschöpfungen

I. Stellung des Prinzeps

Im Prinzipat blieben die Ämter und Institutionen der Republik formal erhalten, während tatsächlich die Umstrukturierung zu einer absoluten Herrschaftsform erfolgte. Augustus   39 verschleierte seine Macht geschickt. Er regierte insbesondere dadurch, dass er sich vom Senat die alten republikanischen Ämter übertragen ließ, mit denen alle wichtigen Regierungsfunktionen verbunden waren. So hatte er durch das *imperium proconsulare* die Befehlsgewalt über die Provinzen und auch über die Heere in den Provinzen; daneben hatte er – zumindest ehrenhalber – die Befugnisse eines **Konsuls** und die eines **Prätors** inne. Darüber hinaus wurde ihm die *tribunicia potestas* und damit insbesondere die Unverletzlichkeit verliehen, und er konnte gegen Entscheidungen der anderen Magistrate vorgehen.

40   Die Volksgesetzgebung wurde praktisch abgeschafft. An die Stelle der Beschlüsse des Senats, die dieser nach vorangegangener Beratung traf und an die die Magistrate gebunden waren, traten die *„orationes augusti"*, d.h. die von einem Beauftragten vorgetragene Rede des Prinzeps im Senat. Dieser Rede wurde durch Akklamation zugestimmt. Ihr kam gegen Ende des 2. Jhs. **Gesetzeskraft** zu. Es gelang Augustus daher (wohl unter dem Eindruck der Fehler Caesars) mit der Errichtung des Prinzipats durch geschicktes Taktieren, Alleinherrscher zu werden, ohne aber dem Senat den Anschein politischer Mitwirkungsmöglichkeiten zu nehmen.

II. Kaiserrecht

41   Neben das (sogleich unten behandelte) **Juristenrecht** traten im 2. Jh. die **Rechtssetzungen** der *principes*/Kaiser, die Gesetzeskraft hatten. Die kaiserlichen Verordnungen – Erlasse (Konstitutionen) – wurden im 2. Jh. als gesetzesgleich angesehen. Sie unterteilten sich in die **Edikte** (der Kaiser hatte als Magistrat, z.B. als Konsul oder Prätor, das Recht, Edikte herauszugeben), **Dekrete** (Urteile des Kaisergerichts), **Reskripte** (kaiserliche Rechtsbescheide in Einzelfragen), **Mandate** (interne Dienstanweisungen an die Beamten).

Ulpian[18] umschrieb das so:

„Was der Kaiser befiehlt, hat Gesetzeskraft, da nämlich das Volk durch die Lex Regia über die oberste Gewalt seine ganze Macht und Gewalt demselben und an denselben übertragen hat (1). Was nun also der Kaiser durch Schreiben oder Aktenvermerk bestimmt oder als Richter beschließt oder was er außergerichtlich ausspricht oder durch Edikt vorschreibt, ist Gesetz. All dies versteht man gewöhnlich unter dem Namen Erlasse".[19]

C. Rechtsnormen und Rechtsquellen

42   Die gesamten Rechtsnormen und Rechtsquellen wurden von Gaius (I, 2–7) so beschrieben:

„2. Die Rechtsvorschriften des römischen Volkes bestehen aber aus Gesetzen, Volksbeschlüssen, Senatsbeschlüssen, kaiserlichen Erlassen, Edikten derer, die das Recht haben, Edikte zu erlassen, und den Auskünften der Rechtsgelehrten."

Wenn man genau hinsieht, listet Gaius hier die Normen ihrer historischen Entwicklung folgend auf. Man kann die Genese vom kleinen Stadtstaat, wo die Bürger (nach ihrem

---

18 Digesten 1, 4, 1.
19 Vgl. auch das Gaius-Zitat, S. 5.

Stand und unter Kämpfen) unmittelbar an der Gesetzgebung teilnehmen konnten, bis hin zum Riesenreich verfolgen, in dem der Schwerpunkt der Rechtsfortentwicklung beim Kaiser lag. Freilich blieben die älteren Gesetzgebungskompetenzen neben den neueren weiter bestehen, was zu großer Zersplitterung der Gesetzgebungskompetenz führte. Vielleicht als Reaktion auf diese Komplexität und zugleich als Antwort auf die politischen Verhältnisse wurde die Kompetenz zunehmend bei den *principes* und Kaisern gebündelt. Doch auch das führte, aus politischen Gründen wie solchen der Überschaubarkeit und Handhabbarkeit der Normen, zu neuen Problemen. – Nun weiter mit Gaius:

„3. Ein Gesetz *(lex)* ist Befehl und Verfügung des *populus*. Ein Volksbeschluss *(plebiscitum)* ist Befehl und Verfügung der Plebs. Plebs und *populus* unterscheiden sich aber dadurch, dass mit dem Wort *populus* sämtliche römischen Bürger unter Einschluss der Patrizier bezeichnet werden, mit dem Wort *plebs* aber die übrigen Bürger mit Ausnahme der Patrizier. Daher sagten in früheren Zeiten die Patrizier, Volksbeschlüsse gälten nicht für sie, da sie ohne ihre Genehmigung zustande gekommen seien. Aber später wurde die Lex Hortensia erlassen, die bestimmte, dass Volksbeschlüsse für den gesamten *populus* gelten sollten. Auf diese Weise wurden sie also den Gesetzen gleichgestellt.

4. Ein Senatsbeschluss *(senatus consultum)* ist Befehl und Verfügung des Senats. Er hat Gesetzeskraft, wenn das auch angezweifelt worden ist.

5. Ein kaiserlicher Erlass *(constitutio principis)* ist alles, was ein Kaiser durch Dekret *(decretum)*, d.h. mündlich verkündete Entscheidung, Edikt oder Schreiben *(epistula)*, anordnet, und man hat nie daran gezweifelt, dass er Gesetzeskraft hat, da der Kaiser selbst die höchste Staatsgewalt durch ein Gesetz empfängt.

6. Das Recht, ein Edikt zu erlassen, haben die Magistrate des römischen Volkes. Aber am bedeutungsvollsten ist das Recht in den Edikten der beiden **Prätoren**, des Stadtprätors und des Fremdenprätors – in den Provinzen haben die Statthalter entsprechende Befugnisse in der Rechtspflege –, und in den Edikten der kurulischen Ädilen – in den senatorischen Provinzen haben die Quästoren die entsprechenden Befugnisse in der Rechtspflege; in die kaiserlichen Provinzen werden nämlich überhaupt keine Quästoren entsandt, daher wird dies Edikt dort nicht erlassen."

D. Juristen

Die ersten zweieinhalb nachchristlichen Jahrhunderte bilden im römischen Recht die Zeit der **Klassik**. Die Juristen waren im Wesentlichen befasst mit **Rechtsgutachten** sowie **Kommentierungen** zum *ius civile* und *ius honorarium*. Die freie Gutachter-/Respondiertätigkeit war in der Republik oft ein Durchgangsstadium, um das nötige öffentliche Ansehen zu erwerben, das für die Ausübung eines Amtes notwendig war. Augustus schränkte diese freie Gutachtertätigkeit dadurch ein, dass er nur bestimmten Juristen gestattete, in seinem Namen **Gutachten** abzugeben. Hadrian hat diesen Grundsatz später ausdrücklich festgeschrieben. 43

Dieses *„ius respondendi ex auctoritate principis"* hatte zur Folge, dass Gaius (I, 7) erklärte:

„Die Auskünfte der Rechtsgelehrten *(responsa prudentium)* sind Ansichten und Meinungen derjenigen, die die kaiserliche Genehmigung haben, Rechtssätze zu schaffen. Wenn ihre Ansichten übereinstimmen, so hat das, was sie sagen, Gesetzeskraft [hier lag der Ursprung dessen, was man noch heute **h.M.** nennt; damals ging es um Vereinfachung, Überschaubarkeit und somit Rechtssicherheit]. Wenn sie aber uneinig sind, hat der Richter die Wahl, welcher Ansicht er sich anschließen will. Das steht in einem Reskript des verstorbenen Kaisers Hadrian [...]."

Während es noch zur Zeit der Republik eine Aufgabe der Juristen war, z.B. die Prätoren bei der Abfassung der Jahresedikte zu unterstützen, blieb ihnen nach der Abschlussredaktion des prätorischen Edikts (130) durch Julian nur die Möglichkeit, das Edikt zu kommentieren und auszulegen. Die **Rechtsfortbildung** verlagerte sich auch hier weiter auf die kaiserlichen Konstitutionen.

44   Die sog. Hoch- und Spätklassiker der römischen Rechtswissenschaft wirkten einerseits in Forschung und Lehre sowie andererseits im kaiserlichen Dienst. In der Mitte des 2. Jhs. fanden sich Juristen in allen Verwaltungen. In den Gutachtensammlungen **(Digesten)** und in ihren Kommentaren wurde der gesamte Rechtsstoff der Zeit erfasst und methodisch bearbeitet. Die Kunst der Distinktion, der Unterscheidung und Differenzierung zwischen diversen Fällen und Rechtsauffassungen, und der Interpretation von Rechtstexten war auf einem Höhepunkt angelangt. Damals – wie heute – vertraten die Autoren verschiedene Auffassungen bei der Lösung einzelner Fälle, die wissenschaftlich diskutiert wurden.

Beispiel: Zwischen den römischen Juristen Julian, Pomponius und Paulus war umstritten, ob ein Fruchterwerb im Rahmen der Ersitzung auch dann stattfinden sollte, wenn der Ersitzende zwar bei Beginn der Ersitzungszeit gutgläubig war, zum Zeitpunkt des Fruchterwerbs aber bereits wusste, dass das Grundstück nicht in seinem Eigentum stand. Das Problem hatte im römischen Recht eine größere Bedeutung, weil diesem ein gutgläubiger Erwerb unbekannt war, sodass nur eine Ersitzung zum Erwerb vom Nichtberechtigten führen konnte.

Aus ähnlichen Differenzen waren in der Frühklassik die berühmten Rechtsschulen der **Proculianer** und **Sabinianer** entstanden.

45   Von den Juristen besonders zu erwähnen sind die Spätklassiker **Paulus** († nach 224), **Ulpian** (170–ca. 223) und **Papinian** (150–213), aus deren Schriften die Hauptmasse des **Corpus Iuris Civilis** im 6. Jh. zusammengestellt wurde. Dieses bildet die Grundlage für unsere Kenntnis vom römischen Recht.

46   Von großer Bedeutung waren die **Institutionen** des Frühklassikers **Gaius** (ca. 160), die ein vollständiges Einführungslehrbuch in das röm. Recht der Zeit darstellen[20] und an dessen Aufbau sich heute noch der BGB-AT orientiert: *persones (Personen §§ 1–89), res (Sachen §§ 90–103), actiones (Rechtsgeschäfte §§ 104–185).*

47   Die wissenschaftliche Komponente der Rechtswissenschaft ging mit dem Aufkommen des absolutistischen Staates zunehmend verloren. Das *ius* wurde nicht mehr fortgebildet. Den Vorrang hatten die *leges*. Von besonderer Bedeutung war deshalb der Einfluss, den die größten Juristen der Zeit als **Berater der Kaiser** und zur severischen Zeit als höchste kaiserliche Beamte hatten. Die Spätklassiker **Papinian, Paulus** und **Ulpian** waren Prätorianerpräfekten. Sie standen damit nicht nur der wichtigsten militärischen Truppe in Italien vor, sondern hatten als Inhaber dieses Amtes zugleich Rechtspre-

---

20 Vollständig übersetzt in: Römisches Recht, Berlin und Weimar 1975.

chungsbefugnisse. So verdrängte zu dieser Zeit das **Kriminalgericht des Prätorianer-präfekten** die Geschworenengerichte.

E. Querschnitt: Römisches Privatrecht

Die Bedeutung des römischen Privatrechts wird bereits dem Studienanfänger deutlich, **48** wenn er mit den unzähligen lateinischen Fachbegriffen konfrontiert wird, die auch heutige Juristen dem Laien gegenüber nur zu gern verwenden (Kondiktion, Vindikation). Viele der uns heute noch bekannten Rechtsinstitute waren bereits in Rom voll entwickelt, galten zum Großteil als „ius commune" (allgemeines Recht) im Mittelalter und in der Neuzeit fort und hielten schließlich Einzug in unser BGB.

I. Personen

Vollberechtigtes Rechtssubjekt war der freie römische Bürger. Innerhalb der Familie galt **49** die **patria potestas**, die väterliche Hausgewalt, für all diejenigen, die zu dieser Hausgemeinschaft gehörten. Familienoberhaupt war der **pater familias**. Nur er war vermögensfähig und auch sui iuris, also frei von der Gewalt anderer. Alle, auch die erwachsenen Söhne, waren dieser Gewalt unterworfen, solange der Hausvater lebte. Daher konnte es vorkommen, dass man, obwohl man schon die höchsten Staatsämter bekleidete, noch unter der patria potestas des Vaters stand. Freilich gab es Möglichkeiten, z.B. durch Freilassung (emancipatio), gewaltfrei zu werden. Die Zwölf Tafeln bestimmten, dass derjenige Sohn, der vom Vater dreimal verkauft wurde, gewaltfrei werden sollte. Ursprünglich als Strafe gedacht, entwickelte sich diese Regelung zur Grundlage der Freilassung. Doch hielt sich diese „Emanzipation" aufgrund des festen sozialen Gefüges innerhalb der Familie in Grenzen. Die Tatsache, dass nur der Vater vermögensfähig war, hatte zur Folge, dass der Erlös aus allen von einem Mitglied des Familienverbandes getätigten Geschäften immer dem Familienvater zufiel. Daran änderte auch das als eine Art Taschengeld zu bezeichnende **peculium** nichts, da dieses immer noch zum Vermögen des pater familias gehörte.

Obwohl die Gewaltunterworfenen nicht selbst Inhaber von Vermögen waren, konnten **50** sie dennoch am Rechtsverkehr teilnehmen. Hierbei galt die unserem BGB ähnliche Einteilung in **infantes** (bis 7 Jahre, geschäfts- und deliktsunfähig), **impuberes** (ab 7 Jahre bis 12 [Mädchen]/14 [Jungen], konnten Rechte nur erwerben, sich aber nicht verpflichten), **minores** (bis 25 Jahre, geschützt vor Übervorteilung); **maiores** (ab 25 Jahre).

Die Gewährung des peculiums und das Handeln im Auftrag des Hausvaters begründe- **51** ten dessen Haftung für die Unterworfenen. Diese richtete sich nach den sog. **adjektizischen Klagen** (wichtigster Fall bei Klagen bezüglich des peculiums begrenzt auf dessen Höhe, **actio de peculio**). Auch im deliktischen Bereich haftete der Hausvater persönlich durch **Noxalklagen**. Dies bedeutete, dass der Hausvater zwar in voller Höhe haftete, sich dieser Haftung aber entziehen konnte, indem er den Gewaltunterworfenen übereignete. Es haftete dann der neue Eigentümer. Auch konnte er den Gewaltunterworfenen dem Geschädigten ausliefern.

II. Schuldrecht

52 Das römische Recht differenziert zwischen Delikt, Vertrag und vertragsähnlichen Schuldverhältnissen (z.B. Geschäftsführung ohne Auftrag und ungerechtfertigte Bereicherung).

1. Vertrag

53 Im Bereich der Kontraktobligationen wird nach dem Zustandekommen der Verträge zwischen Realkontrakten, Verbalkontrakten, Litteralkontrakten und Konsensualkontrakten unterschieden. **Vertragsfreiheit** außerhalb dieser Vertragsarten gab es nicht.

54 Zu den **Realkontrakten** zählte zum Beispiel das Darlehen. Der Vertrag kam mit der Hingabe der Sache (üblicherweise des Geldes) und einer Zweckbestimmung zustande. Bis zur Schuldrechtsreform war umstritten, ob das unverzinsliche Darlehen (§ 607 BGB a.F.), ein Realkontrakt sei, da es erst mit Hingabe des Geldes wirksam wurde. Heute ist das Darlehn in §§ 488, 607 BGB eindeutig als Konsensualkontrakt ausgestaltet. Zu den **Verbalkontrakten**, deren Zustandekommen vom Sprechen genau bezeichneter Formeln abhing, zählt die *stipulatio*. Durch eine stipulatio konnte jedes einseitige Versprechen, gleichgültig welchen Inhalts, begründet werden. Beim **Litteralkontrakt** kam es hingegen auf einen Bucheintrag an, um Recht zu begründen.

55 Der **Konsensualvertrag** verlangte die Übereinstimmung des Willens der beiden Vertragsparteien, einen Konsens eben und keine der oben beschriebenen rituellen Formen. Beispiele waren Kaufvertrag (emptio venditio) und die im römischen Recht begrifflich noch zusammengefassten Miet-, Werk- und Dienstverträge (locatio conductio). Im Laufe der Zeit bildete sich neben der Klage auf Lieferung der gekauften Sache (actio empti) oder auf Schadensersatz ein umfassendes System der Sach- und Rechtsmängelhaftung heraus. So kannten die Römer bereits Wandelung (Rücktritt) und Minderung (sog. aedilizische Rechtsbehelfe).[21] Auch die verschiedenen Arten, wie man Verträge begründen konnte, spiegeln die lange Geschichte des römischen Rechts; letztlich von der Formstrenge zur Willensübereinstimmung.

2. Delikt

56 Zunächst differenzierte das römische Recht nicht zwischen dem privatrechtlichen Deliktsrecht und dem öffentlichen Strafrecht. Das Zivilrecht verlor mehr und mehr das pönalisierende Element, und so entwickelte sich das Deliktsrecht zu einem Element des Schadensausgleichs. Die bisher für die Delikte Körperverletzung und Diebstahl zulässige Klage aus unerlaubter Handlung wurde mit dem Jahre 286 v.Chr. erweitert. Die **Lex Aquilia** erfasste nun (infolge der weiten Auslegung ihres 3. Kapitels) eine **umfassende** Haftung für eine **schuldhafte** Sach- und Personenschädigung und kann daher als Vorläufer unseres § 823 Abs. 1 BGB betrachtet werden.

---

21 Eine umfassende Darstellung der Gewährleistung für Sach- und Rechtsmängel findet sich bei M. Kaser/R. Knütel, Römisches Privatrecht, 17. Auflage, München 2003, § 41 Rdnr. 25 ff.

III. Sachenrecht

1. Allgemeines

Im römischen Sachenrecht entwickelte sich, ausgehend von dem undifferenzierten „meum esse", die Trennung zwischen **Besitz** (possessio) und **Eigentum** (proprietas, dominium). Der Eigentumsschutz erfolgte im Wesentlichen über die **rei vindicatio**, eine actio, deren Inhalt wir heute noch von § 985 BGB kennen: Der nicht besitzende Eigentümer verlangt die Sache vom Besitzer heraus. Störungen konnte man über die **actio negatoria** abwehren, auch eine Regelung, die uns aus dem heutigen Recht bekannt ist (§ 1004 BGB). Allerdings kannte man keinen gutgläubigen Eigentumserwerb. Um aber nicht Gefahr zu laufen, auf nicht absehbare Zeit Herausgabeansprüchen ausgesetzt zu sein, behalf man sich mit kurzen Ersitzungszeiten. An beweglichen Sachen konnte man durch einjährigen ununterbrochenen gutgläubigen Besitz Eigentum erwerben. Bei Grundstücken waren hierfür zwei Jahre notwenig. Der Markt und der Rechtsverkehr verlangen den Schutz des redlichen Erwerbers. Wie man dieses Ziel dogmatisch erreicht (gutgläubiger Erwerb oder kurze Ersitzung), ist letztlich gleichgültig.

Die **Übereignung** erfolgte ursprünglich durch den formalen Akt der **mancipatio**, der zunächst nur für bewegliche Sachen (genauer: der Formstrenge unterworfene sog. **res mancipi**, Sklaven, Großvieh und italienische Grundstücke) galt. Neben dieser gab es für nicht dem Formzwang der langsam verschwindenden mancipatio unterliegende Sachen (res nec mancipi) die formlose **traditio**, die Übergabe. Der Eigentumserwerb durch traditio war nicht – wie im BGB – abstrakt, sondern abhängig von der Wirksamkeit des kausalen Rechtsgeschäfts.

Beim Besitzerwerb unterteilten die Römer bereits zwischen der Besitzergreifung, also dem gewaltbegründenden Akt, und dem natürlichen Herrschaftswillen. Ebenso waren Besitzschutzansprüche bereits sehr ausgeprägt.

2. Sklaven

Sklavenrecht war Sachenrecht; das mag uns heute befremden. Sklaven durften für den Hausherrn Geschäfte tätigen; dennoch waren sie in Rom Gegenstand des Rechtsverkehrs. Das römische Recht stellte spätestens mit der Lex Aquilia von 286 v.Chr. die Sklaven dem Vieh gleich und ordnete sie so als Sache im Rechtsverkehr ein:

Lex Aquilia, Kapitel 1: „Wenn jemand einen fremden Sklaven, eine fremde Sache oder ein vierfüßiges Herdentier zu Unrecht getötet hat, so soll er verpflichtet sein, dem Eigentümer so viel Geld zu geben, wie diese Sache in diesem Jahr am meisten wert gewesen ist."

Dass die Behandlung von Sklaven in Rom nicht unumstritten war, zeigt folgender Auszug aus dem 47. Brief Senecas an Lucilius:

„Aber es sind Sklaven." Nein, vielmehr Menschen. „Es sind Sklaven." Nein, vielmehr Hausgenossen. „Aber es sind trotzdem Sklaven." Nein, vielmehr rangniedrigere Freunde. „Es sind trotz allem Sklaven!" Nein, vielmehr Mitsklaven, wenn du bedenkst, dass genauso viel dem Schicksal gegenüber jedem von beiden erlaubt ist ... Und bedenke du bitte, dass derjenige, den du deinen Sklaven nennst, weil er aus demselben Samen geboren ist, sich an demselben Himmel erfreut, in gleicher Weise atmet, in gleicher Weise lebt, in gleicher Weise stirbt.

Die soziale Stelle von Sklaven war höchst unterschiedlich. Der Griechische Philosoph, der als Sklave die Kinder des Kaisers unterrichtete, stand ungleich höher als der Sklavenarbeiter in den Bleiminen. Obgleich in der Kaiserzeit die Anzahl an Freilassungen stieg, waren die Lebensbedingungen der Mehrzahl der römischen Sklaven schlecht, sodass es immer wieder zu Sklavenaufständen kam. Der Berühmteste ist wohl der Aufstand des **Spartakus** in den Jahren 73–71 v.Chr.

IV. Eherecht

60 Bis zum Ende der Republik war es üblich, dass die Ehe als „manus-Ehe" geschlossen wurde. Das bedeutet, dass die Frau mittels der **coemptio** (einer Form der mancipatio) der Gewalt des Mannes, genauer gesagt des pater familias der neuen Familie unterstellt wurde. Die Begründung und Auflösung der Ehe unterlagen demgegenüber keinem Formzwang und waren eher Realakte. Eine weitere Möglichkeit, eine „manus-Ehe" zu begründen, war der Übergang in die manus durch **usus**, eine Art Ersitzung. Hierfür mussten Mann und Frau für ein Jahr zusammenleben. Unterbrochen werden konnte die Ersitzungszeit, wenn die Frau für das trinoctium, also drei Nächte, dem eigenen Haus fernblieb. Mittels der **remancipatio** konnte die Frau aus der manus-Ehe zurückübertragen werden. Sofern diese Rückübertragung nicht an den früheren Hausvater erfolgte, konnte die Frau über einen Tutor (eine Art Vormund) **sui iuris** werden, indem dieser sie freiließ. Die Ehe war bis in unsere Tage die einzige Form, wie legitime Nachkommen von illegitimen unterschieden werden konnten.

V. Erbrecht

61 Das römische Recht kannte die Trennung zwischen der gesetzlichen und der gewillkürten Erbfolge, wobei der Schwerpunkt zur Zeit der Republik auf der durch Testament bestimmten Erbfolge lag, welche noch nicht durch Pflichtteilsrechte beschränkt war. Es wurden vielfach Vermächtnisse (legata) gegeben, die sowohl (wie wir es heute kennen) einen schuldrechtlichen Anspruch (vgl. §§ 2247, 2274 BGB) gegen den Erben gewähren konnten, aber auch als Vindikationslegat dinglich wirkten. Dann konnte der zugewendete Vermögensgegenstand direkt mit der **rei vindicatio** herausverlangt werden. Erst im Jahre 40 v.Chr. zeichnete sich mit der Lex Falcidia eine Wende ab. Danach sollten dem Erben nach Berücksichtigung der Vermächtnisse 25% des Erbteils erhalten bleiben. Später wurde hierauf aufbauend ein Noterbrecht, ähnlich unserem Pflichtteilsrecht, für den „Enterbten" eingeführt.

62 In der Reihe der gesetzlichen Erbfolge (nach den Zwölf Tafeln) standen zunächst die **sui heredes**, also Kinder und Enkel des Erblassers. Danach kamen weitere Verwandte in der agnatischen (väterlichen) Linie. Die sui heredes werden bereits mit dem Erbfall Erben. Soweit aber weitere Verwandte, die **extranei heredes**, Erben waren, musste die Erbschaft erst ergriffen werden. Solange ruhte sie. Den Begriff der ruhenden Erbschaft, **hereditas iacens**, kennt das BGB nicht mehr. § 1922 Abs. 1 BGB geht davon aus, dass der Erbe mit dem Erbfall von selbst in die Rechtsstellung des Erblassers eintritt.

Durch prätorische Edikte wurde die alte gesetzliche Erbfolge verändert. Die starke Stellung der agnatischen Linie wurde durch das Erbrecht der nicht gewaltunterworfenen Ehepartner zurückgedrängt.

4. Abschnitt: Dominat (284 bis zum Frühmittelalter)

A. Geschichtliche Situation

Die Zeit des Dominats, des absoluten Kaisertums, ist gekennzeichnet durch die allmähliche Auflösung der zentralstaatlichen Gewalt im römischen Reich. Partikulare Interessen der einzelnen Völker traten in den Vordergrund. Das Reich war als Zentralstaat kaum noch zu verwalten, sodass **Diokletian** (284–305) versuchte, die oberste Reichsgewalt auf mehrere Kaiser zu verteilen. **Trier** wurde so eine der vier Hauptstädte. Zum Erstaunen der deutschen Jura-Studenten finden sich nicht wenige kaiserliche Erlasse, die in Trier gefertigt wurden.

63

Fremde Völker drangen auf römisches Reichsgebiet ein, und Rom hatte kaum noch die Kraft, sich dagegen zu wehren. Insbesondere im westlichen Teil des römischen Herrschaftsbereichs machte sich ab ca. 300 ein starker **kultureller und zivilisatorischer Niedergang** bemerkbar. Auch die **ökonomische Zerrüttung** des Reiches war nicht mehr aufzuhalten.

64

Roms Handelsbilanz war durchweg negativ. Gold- und Silbermünzen wurden verschlechtert. Die Notwendigkeit, an den Grenzen große stehende Heere zu unterhalten, bewirkte eine unerträgliche steuerliche Belastung der römischen Bürger. Weil die Steuermoral erheblich sank, wurden die Ratsherren von Gemeinden persönlich für die von der Gemeinde aufzubringenden Steuern haftbar gemacht. Waren die öffentlichen Ämter ursprünglich Ehrenämter gewesen, die unentgeltlich verwaltet wurden, so war infolge der Steuerhaftung kaum noch jemand bereit, solche Ämter zu übernehmen.

Trotz eines gewaltigen Verwaltungsapparates gelang es nicht, diese Probleme zu bewältigen. Der **Zwangscharakter** des Staates trat bereits unter **Diokletian** stark zutage. Die Freizügigkeit der Bauern wurde eingeschränkt, und die Kinder von Bauern und Handwerkern wurden erblich an Ort und Beruf der Eltern gebunden. Zwar wurden für bestimmte Güter **Höchstpreisedikte** erlassen, doch zeigten sich diese bald als wirkungslos; Ökonomen diskutieren, ob das nicht bei jeder Festsetzung von Höchstpreisen der Fall sein muss. Der Markt ist (fast) immer stärker. Die wirtschaftlichen Schwierigkeiten leiteten im Verlauf des 5. Jhs. einen Verfall der ehemals hoch entwickelte **spätantike Verkehrswirtschaft** im Westen des Reiches ein. Es entwickelten sich wieder Formen einer **Naturalwirtschaft**. Damit sank automatisch die Bedeutung des Zivilrechts im heutigen Sinne.

65

Das ewige Problem Roms mit den Grenzvölkern brach besonders im 5. Jh. wieder auf. Die durch die Völkerwanderung in Bewegung geratenen germanischen Stämme waren nicht mehr aufzuhalten. Sie waren es, die die Herrschaft Westroms faktisch und rechtlich beendeten.

66

Theodosius I. (379–395) versuchte vor der endgültigen Reichsteilung (395), Roms Macht noch einmal zu festigen. Militärisch konnte er einerseits die wandernden Stämme der Germanen nicht vom Reichsgebiet vertreiben, die Westgoten eroberten später (410) sogar Rom. Andererseits hoffte er, ihre militärische Stärke für die Sicherung des Reiches nutzbar zu machen. Daher versuchte er, diese Stämme als Verbündete zu gewinnen. So erlaubte er den **Ostgoten**, auf römischem Reichsgebiet in Italien zu siedeln,

67

den Westgoten zunächst am Schwarzen Meer, später in Spanien. Beide Gotenstämme wurden so **Föderaten** (Verbündete) der Römer. Später siedelten Germanenstämme auch ohne römische Erlaubnis als **Okkupanten** (Besetzer) auf römischem Territorium. Die Zentralgewalt Roms schwand.

68   Faktisch errichteten nach 490 die Ostgoten in Italien eine selbstständige Herrschaft. Auch in anderen Teilen des Westreiches hatten Föderaten oder Okkupanten die Macht inne. Die Selbstständigkeit der Bevölkerung in den Provinzen, z.B. in Gallien, zeigte sich daran, dass sich Grundbesitzer weigerten, weiterhin Abgaben an Rom zu bezahlen. Somit war die Absetzung des letzten weströmischen Kaisers durch seinen germanischen Heermeister **Odoaker** (476) nur noch ein formeller Akt. Auf dem Gebiet des ehemaligen weströmischen Reiches herrschten in Italien (493–553) die Ostgoten, in Spanien (507–711) die Westgoten und in Gallien (ab 496) die Franken.[22]

B. Kodifikationen römischen Rechts

69   Die Epoche der Klassik im römischen Recht war spätestens mit dem 3. Jh. zu Ende gegangen. Die Titel zweier Werke machen bereits deutlich, womit man sich befasste. Die **Paulussentenzen** und die *epitome* (= Auszüge) *Ulpiani* enthielten lediglich gekürzte Zusammenstellungen aus klassischen Schriften. Die Schwierigkeit, mit der ungeheuren Stofffülle des Juristenrechts umzugehen, zeigte schon die bei Gaius ca. 160 n.Chr. zitierte Regel, derzufolge nur bestimmte Juristen als Autoritäten für die Gerichte herangezogen werden durften. In der Kaiserzeit ergingen zwei Gesetze: Das **Kassiergesetz Konstantins** (321) verbot die Benutzung der Anmerkungen von Ulpian und Paulus zum Werk des Papinian. Im **Zitiergesetz** (426) ordnete der weströmische Kaiser **Valentinian** (425–455) an, dass bei Entscheidungen von Rechtsfragen allein als Autoritäten die Spätklassiker Papinian, Ulpian, Paulus, Modestin sowie noch Gaius zugelassen sein sollten. Bei abweichenden Meinungen zwischen den Klassikern sollte die Mehrheit entscheiden. Bei Stimmengleichheit sollte Papinian den Ausschlag geben.

Für das Kaiserrecht, die *leges,* ergaben sich ähnliche Probleme wie für das Juristenrecht. Welche kaiserliche Anordnung sollte gelten, welche war bereits überholt oder nicht mehr anzuwenden? Zunächst entstanden um 300 der Codex Gregorianus und der Codex Hermogenianus, in denen Kaiserkonstitutionen gesammelt waren. Diese privaten Sammlungen genügten nicht, sodass **Theodosius II.** (408–450) eine Sammlung der Kaiserkonstitutionen seit Konstantin veranlasste (Codex Theodosianus), die für beide Reichshälften in Kraft gesetzt wurde (439).

C. Rechtsentwicklung im Ostreich (Corpus Iuris)

70   Anders als im weströmischen Rechtskreis verlief die Entwicklung in Ostrom, zu dem sich in der Spätantike immer mehr der Schwerpunkt der politischen, kulturellen, ökonomischen und militärischen Entwicklung verschoben hatte. Im Gegensatz zu dem eher unsystematischen Rechtsunterricht selbst zur Zeit der Klassik in Rom wurden ab etwa 400 die Rechtsschulen im Ostreich immer bedeutender. Die berühmteste war Beryt (= Bei-

---

22 Vgl. hierzu die Karte im DTV-Atlas zur Weltgeschichte I, S. 114; vgl. F. Dahn, Ein Kampf um Rom, 1. Aufl. 1876; zum Verhältnis der Germanen zu Rom vgl. z.B. D. Claude, Geschichte der Westgoten, 1970.

rut). Doch selbst diese konnten nicht das gesamte Recht vermitteln. Alle Anstrengungen, die Masse des Rechts überschaubarer und damit handhabbarer zu gestalten, lösten die Probleme nicht.[23]

Der Kodifikationsgedanke konnte sich erst im Rahmen des politischen und kulturellen **Restaurationsprogramms** des Kaisers **Justinian** (527–565) durchsetzen. Zu diesem Programm gehörte auch die Rückeroberung des römischen Stammlandes Italien (535–553) von den Germanen, die allerdings in weiten Teilen nicht von langer Dauer war. Es herrschten weiterhin die Ostgoten, und in Oberitalien siedelten die Langobarden (568–774). Einzig das Gebiet um Ravenna blieb bis zur Zeit Karls des Großen unter byzantinischer Verwaltung.

71

Die Kodifikation Justinians, die vor allem von seinem Justizminister **Tribonian** vorangetrieben und angesichts der Stofffülle in erstaunlich kurzer Zeit (fünf Jahre) fertig gestellt wurde, wird seit dem 16. Jh. als **Corpus Iuris Civilis** bezeichnet. Seine „Wiederentdeckung" und Rezeption in Italien und Westeuropa seit Ende des 11. Jh. kennzeichnet die entscheidende Wende im mittelalterlichen Recht (dazu Rdnr. 230). Das Gesamtwerk gliedert sich in die **Institutionen, Digesten oder Pandekten**, den **Codex** und die **Novellen**.

72

Die **Institutionen** (abgekürzt I; 533 in Kraft getreten) stellen ein systematisches amtliches Elementarlehrbuch auf der Basis des Werkes von Gaius (von 160) dar.[24]

Die **Digesten** (abgekürzt D; 533 fertig gestellt) oder Pandekten enthalten in 50 Büchern Auszüge aus den klassischen Juristenschriften, insbesondere von Ulpian, Papinian und Paulus. Die Darstellung erfolgt kasuistisch, eingeteilt in Titel, Fragmente und Paragraphen. Beispiel:

D.9.2.33 Paulus im 2. Buch zu Plautius: *„Si servum meum occidisti: non affectiones aestimandas esse puto …"* („Wenn du meinen Sklaven getötet hast, so sind, wie ich meine, die Gefühlswerte [bei der Schadensberechnung] nicht zu berücksichtigen…").

Im Rahmen der justinianischen Studienreform wurde die Benutzung der ursprünglichen klassischen Werke verboten. Mit der Kompilation (Zusammenstellung) aus den klassischen Schriften wurde eine teilweise Angleichung der mehrere hundert Jahre alten Texte an die Zeit Justinians vorgenommen (Interpolationen). So wurde etwa die veraltete Übereignungsform vor Zeugen (*mancipatio*) durch die Sachübergabe (*traditio*) ersetzt. Durchweg wurde angegeben, von welchem Autor die zitierte Stelle stammte. Da diese zitierten klassischen Schriften in der Mehrzahl verloren sind, versuchten die Romanisten unter den Rechtshistorikern, die zeitbedingten Einschübe und Veränderungen Justinians herauszufinden und die „Originaltexte" aus der klassischen Epoche zu rekonstruieren (Interpolationenforschung).

Der **Codex** (529–534) stellte die in der Praxis des byzantinischen Rechtslebens bedeutendste Sammlung kaiserlicher Gesetze dar, zumal der Codex Gregorianus (= Konstitutionen von Hadrian bis Diokletian) und der Codex Hermogenianus (= Konstitutionen Diokletians, beide ca. 300) sowie der Codex Theodosianus (= Konstitutionen von Diokletian bis Theodosius, 439) wegen ihrer teilweisen Widersprüchlichkeit und Überalterung nicht mehr genügten und daher 529 außer Kraft gesetzt wurden.

Die **Novellen** (abgekürzt N) waren die späteren Konstitutionen Justinians und seiner Nachfolger, die nicht in den Codex eingegangen waren.

Im **byzantinischen Reich** lebte im Gegensatz zu Westrom das römische Recht in griechischer Sprache weiter, und zwar sowohl in der Praxis durch neue Gesetzgebung (z.B.

73

---

23 Vgl. D. Nörr, Zu den geistigen und sozialen Grundlagen der spätantiken Kodifikationsbewegung, ZRG RA 80 (1963), S. 109–140.

24 Noch immer sehr lesbar: lateinisch-deutsch UTB 1764.

die Basiliken Leos VI., des Weisen, 886–911 n.Chr.) als auch in der Wissenschaft bis zum Ende des Reiches (1453: Eroberung Konstantinopels durch die Türken).[25]

D. Rechtsentwicklung im Westreich

74 Um die Rechtsentwicklung in der Spätantike und im frühen Mittelalter zu verstehen, muss man einer an sich einfachen Überlegung folgen. Obwohl die Germanen auf römischem Boden siedelten oder ihn gar unter Ausschluss der römischen Herrschaft und Verwaltung eroberten und besaßen, hörte der faktische Einfluss ‚Roms' nicht auf. Die **Völkerwanderung** stellte kein plötzliches, rein kriegerisches Ereignis dar, welches den Austausch der Bevölkerungen bedingte. Vielmehr handelte es sich häufig um die langsame Ansiedlung germanischer Stämme und ihre allmähliche Vermischung mit der örtlichen Bevölkerung. In Spanien fanden sich also Römer, Iberer, Sueben, Reste keltischer Bevölkerung, nach ihrem Durchzug Vandalen und schließlich die Westgoten. Zudem existierten an den Küsten noch Nachfahren der Phönizier und Karthager. In Frankreich mischten sich Kelten, Römer und Germanen.

I. Vulgarrecht

75 Im politischen, militärischen oder wirtschaftlichen Einflussgebiet Roms entstand als Folge des wirtschaftlichen Niedergangs sowie der kulturellen und sprachlichen Vulgarisierung eine Rechtskultur, die wir heute als **Vulgarrecht** bezeichnen. Bereits die gekürzten Zusammenstellungen aus den Klassikerschriften (Paulussentenzen, *epitome Ulpiani* – vgl. Rdnr. 69) machten die Entwicklung deutlich. Die vielen feinen Distinktionen und Unterscheidungen des klassischen Rechts wurden zugunsten von Billigkeitserwägungen aufgegeben. Die klassische Rechtswissenschaft war untergegangen, und die neue Befassung mit dem Recht zeigte nicht die begriffliche und gedankliche Durchstrukturierung und Schärfe vergangener Epochen. Der Terminus „Vulgarrecht" ist negativ besetzt. Es ist aber offenkundig, dass das Vulgarrecht dem Kulturstand in Westrom entsprach und den reduzierten Anforderungen einer weniger komplexen Gesellschaft an das Recht genügte.[26]

76 Eine Gesellschaft, in der sich die gewohnte Ordnung auflöste und die mit dem Durchzug kriegerischer Stämme fertig werden musste, hatte andere Probleme als die differenzierter Rechtsentscheidungen. Italien hatte allein im 5. Jh. den Durchzug der Vandalen erlebt, den der Westgoten, die Eroberung durch die Ostgoten und schließlich die Landnahme der Langobarden. Da die Wirtschaft von hochentwickelten arbeitsteiligen Formen allmählich teilweise zu Formen der Naturalwirtschaft zurückkehrte, musste auch der Rechtsbedarf ein anderer sein. Alte Rechtsfiguren wie der Unterschied zwischen Eigentum (*dominium*) und Besitz (*possessio*) wurden nicht mehr genau eingehalten.

---

25 W. Kunkel/M. Schermaier, Römische Rechtsgeschichte, S. 223 ff.; zur gerichtlichen Rechtsfindung in Ostrom vgl. D. Simon, Rechtsfindung am byzantinischen Reichsgericht 1973; zur Geschichte Ostroms und Byzanz vgl. H. W. Haussig, Byzantinische Geschichte, 1969; einzige Gesamtdarstellung noch immer: Z. v. Lingenthal, Geschichte des Griechisch-Römischen Rechts, 3. Aufl. 1892.

26 Vgl. F. Wieacker, Recht und Gesellschaft in der Spätantike, 1964; grundlegend waren die Schriften E. Levys, West Roman Vulgar Law, 1951 (betr. insb. Sachenrecht); ders., Weströmisches Vulgarrecht: Das Obligationenrecht, 1956; vieles ist inzwischen zweifelhaft, vgl. nur T. Mayer-Maly, HRG IV, Sp. 1132 ff.

II. Römisch-germanische Rechtsaufzeichnungen

Die auf römischem Territorium siedelnden Germanen übernahmen von den Römern das Instrument der Gesetzgebung. Mithilfe römischer Juristen erließen sie Gesetze, die teilweise nur für die römische oder germanische Bevölkerung gelten bzw. ihr Verhältnis zueinander regeln sollten. Von den ersten „germanischen" Rechtsaufzeichnungen des 5. Jhs. sind die der Westgoten in Spanien zu nennen. Um 500 entstand das **Edictum Theodorici**, bei dem wahrscheinlich ist, dass es von dem Ostgotenherrscher Theoderich (493–526) stammt. Es enthält fast reines römisches Vulgarrecht und galt für die römische Bevölkerung. Neue, einfachere Gesetze wie der sog. **Codex Euricianus** (um 475) wurden konzipiert und erlassen. Der Westgotenkönig Eurich nahm hierin Bezug auf römisches Recht, und römische Juristen waren bei seiner Abfassung sicher beteiligt. Er galt für die Rechtsbeziehungen der Goten untereinander und die der Goten zu den Römern. Ebenso wie das Edictum Theodorici ging die **Lex Romana Visigothorum** (506) in besonders starkem Maße auf den Codices Theodosianus und Gregorianus zurück. Das gleiche gilt für die Volksrechte der Burgunder – **Lex Burgundionum** (ca. 500) und **Lex Romana Burgundionum** (ca. 506). Interessant sind bspw. die Regeln, die das Verhältnis von Römern und Germanen betreffen. Sie zeigen die Burgunder und ihre Könige, z.B. Gundobad als maßvollen Eroberer. Römisches (Vulgar-)Recht mischte sich mit germanischem Recht.

Zu den Volksrechten vgl. Rdnr. 85.

2. Teil: Recht im Frühmittelalter

1. Abschnitt: Recht der Germanen (bis ca. 500 n.Chr.)

78 Überliefert sind uns die Rechtsverhältnisse aus dieser Zeit insbesondere durch den römischen Schriftsteller **Tacitus** in dessen Schrift **„Germania"** (98 n.Chr.). Die Unzuverlässigkeit dieser Quelle ergibt sich schon daraus, dass Tacitus selbst wahrscheinlich nie in Germanien gewesen ist. Auch ist es wahrscheinlich, dass die Schrift dazu bestimmt war, politischen Zielen des Tacitus in Rom zu dienen. Man kann annehmen, dass Tacitus in seiner Schrift die Römer davor warnen wollte, dass im Norden ein kraftvolles unverbrauchtes Volk war, das Rom unter Umständen gefährlich werden könne. Immerhin sind Teile des Inhalts der Germania durch andere Forschungen, insbesondere archäologischer Art (Moorleichenfunde), bestätigt worden.[27]

79 Traditionell, besonders im **19. Jh.**, lag ein Schwerpunkt der Deutschen Rechtsgeschichte auf der germanischen Zeit. Man sah sich in der politischen Nachfolge der ‚kraftvollen Völker' aus dem Norden und legitimierte mit stark ideologisch geprägten Darstellungen die deutschen Einheitsbestrebungen, die kulturelle Identität, die es von der ‚welschen' – französischen – abzugrenzen galt.

> Natürlich waren die Darstellungen nicht ‚falsch', doch neuerdings ist von Kroeschell die Frage aufgeworfen worden, ob die Rechtslage des Zeitraums bis ca. 500 n.Chr. angesichts der höchst unsicheren Quellenlage überhaupt sinnvoll dargestellt werden kann.[28]

80 Die sozialen Verhältnisse der Zeit waren im Wesentlichen bestimmt durch die **Sippen** – Großfamilien, die zugleich Produktionsgemeinschaften waren. Die waffenfähigen Männer der Gemeinschaft fanden sich in bestimmten Abständen im **Thing** zusammen. Im Thing wurden die Häuptlinge und Führer gewählt, und das Thing entschied über Krieg und Frieden. Vorschläge wurden von den im Kreis stehenden Teilnehmern durch Zusammenschlagen der Waffen angenommen oder durch „Murren" abgelehnt.

81 Auch traf man im Thing die Entscheidungen, die wir heute in Gerichten treffen würden. War ein Mitglied einer Sippe verletzt oder gar getötet worden, so bestand für die übrigen Sippengenossen die Möglichkeit, vielleicht die Pflicht, zur **Blutrache**.[29]

> „Aufzunehmen auch die Feindschaften des Vaters oder eines Verwandten sowie die Freundschaften ist Notwendigkeit".[30]

Das Thing konnte wegen **Tötungen**, **Körperverletzungen** oder Eingriffen in das Eigentum angerufen werden. Die Zahlung von **Bußen** (= *compositiones*), z.B. in Gestalt von Vieh, an die Sippe war die regelmäßige Sanktion, die das Thing für Rechtsverletzungen verhängte.

---

27 H. Jankuhn, Archäologische Bemerkungen zur Glaubwürdigkeit des Tacitus in der Germania, Nachrichten Akademie Göttingen Phil.-Hist. Kl. 10, 1966; G. Köbler, Bilder aus der deutschen Rechtsgeschichte, München 1988, S. 35 ff.

28 Vgl. K. Kroeschell, Germanisches Recht als Forschungsproblem, FS Thieme (1986), S. 3 ff., hier S. 5: „Das ganze überlieferte Bild vom germanischen Recht hat allerdings in den letzten Jahrzehnten tiefgreifende Wandlungen erfahren. Sie haben ihren Grund einmal in der neuen Bewertung und im veränderten Gewicht der einzelnen Quellengruppen, zum anderen in der kritischen Auflösung vieler hergebrachter Denkmodelle und schließlich in der Fragwürdigkeit des Germanenbegriffs."

29 Dazu vgl. Boettcher, Art. Blutrache, in: Hoops, Reallexikon der germanischen Altertumskunde, 2. Aufl.

30 Tacitus, Germania, übersetzt und hg. von K. Büchner, 2. Aufl. 1963, cap. 21.

„Sie [sc. die Feindschaften] dauern aber nicht unversöhnlich an: gesühnt wird nämlich sogar ein Totschlag mit einer bestimmten Anzahl von Rindern und Schafen, und das ganze Haus nimmt die Genugtuung an, zum Nutzen für die Öffentlichkeit".[31]

Die Zitate sprechen gegen die verbreitete Auffassung, dass in jeder archaischen Rechtsordnung **Lebens- oder Leibesstrafen** für alle strafwürdigen Delikte verhängt wurden. Todesstrafen ergingen, falls die Darstellung des Tacitus zutrifft, nur dann, wenn der Träger gegen wichtigste Prinzipien der Gemeinschaft verstoßen (z.B. seinen Schild im Kampf weggeworfen) hatte, womit Feigheit vor dem Feind gemeint war. **32**

„Man kann beim Thing auch Klage führen und Gefahr für Leib und Leben anhängig machen. Die Strafen sind unterschieden nach dem Vergehen. Verräter und Überläufer hängen sie an den Bäumen auf, Feiglinge, im Krieg Versagende und körperlich Geschändete versenken sie, indem sie ein Geflecht darüber werfen, in Morast und Sumpf. Die Verschiedenheit der Todesstrafe hat den Sinn, dass man Verbrechen in der Bestrafung öffentlich zeigen müsse, Schandtaten verbergen. Aber auch für kleinere Vergehen gibt es nach ihrem Maß Strafe: mit einer Anzahl Rosse oder Vieh werden die Überführten geahndet. Ein Teil der Geldstrafe wird an den König oder Stamm, ein Teil dem, der gerächt wird, selber oder seinen Verwandten gezahlt".[32]

Das **Familienoberhaupt** hatte gegenüber den Haus- und Familienangehörigen die absolute Gewalt (*munt*, vgl. Rdnr. 227) inne, sodass besonders Sklaven und Hausknechte praktisch keinen Rechtsschutz genossen. **33**

„Dass man einen Sklaven peitscht und mit Gefängnis oder Strafarbeit züchtigt, ist selten: niederzuschlagen pflegen sie ihn, nicht mit Beherrschung und Strenge, sondern in Wut und Zorn wie einen Feind; abgesehen davon ist es straflos".[33]

Privatrechtlich erschien dem Römer Tacitus bemerkenswert, dass keine letztwilligen Verfügungen möglich waren. In Rom bildete die Einsetzung von Erben die wesentliche und sozial wichtigste Möglichkeit, das Vermögen auf die folgende Generation zu übertragen. **84**

„Erben und Rechtsnachfolger sind nur die leiblichen Söhne, und letztwillige Verfügungen gibt es nicht..."[34]

2. Abschnitt: Volksrechte

Nachdem die germanischen Stämme mit Ablauf der Völkerwanderungszeit sesshaft geworden waren, entstanden die sog. **Volksrechte (*leges barbarorum*, *Stammesrechte*)**, vgl. Zeittafel. Darin wurde i.d.R. das Gewohnheitsrecht des entsprechenden germanischen „Volkes" aufgezeichnet. Sie enthielten bevorzugt straf-, erb- und prozessrechtliche Regelungen. **85**

Bereits erwähnt wurden die Rechte römischer Föderaten, die unter sehr starkem römischen Einfluss standen (vgl. Rdnr. 77): das Edictum Theodorici (ca. 500), Codex Euricianus (ca. 470, zur Zeit des Westgotenherrschers Eurich) sowie die Lex Burgundionum (ca. 500), die Lex Romana Burgundionum (ca. 506) sowie **Lex Romana Visigothorum** (506). **86**

---

31 A.a.O.
32 A.a.O., cap. 12.
33 A.a.O., cap. 25.
34 A.a.O., cap. 20; vgl. H. Döbler, Die Germanen. Legende und Wirklichkeit von A bis Z; C. Paulus, Die Idee der postmortalen Persönlichkeit im römischen Testamentsrecht. Zur gesellschaftlichen und rechtlichen Bedeutung einzelner Testamentsklauseln, 1992.

Auch bei Nicht-Föderaten entstanden Volksrechte: Die **Lex Salica** (ca. 507–511) war das Gesetz der salischen Franken unter der Herrschaft Clodwigs.

87   Vielleicht waren diese Rechtsaufzeichnungen durch die größer gewordenen Rechtsgemeinschaften nötig geworden, vielleicht erschien es den mit dem römischen Vulgarrecht in Kontakt gekommenen Germanen auch geboten, ihr eigenes Gewohnheitsrecht aufzuzeichnen.

In der Einleitung (Prolog) der Lex Salica macht der Gesetzgeber deutlich, dass es sich beim Erlass dieses fränkischen Volksrechts um einen eminent politischen Akt nach vollzogener Eroberung und in der geistigen Nachfolge römischer Traditionen handelte, mit dem man sich gleichfalls neben den Westgoten mit ihrem Reich von Tolosa in Südfrankreich und ihrem Recht, der Lex Romana Visigothorum, aber auch gegenüber den Burgundern (Lex Gundobada/Burgundionum) hervorheben wollte.

Später entstanden noch das **Edictum Rothari** (643), in welchem das langobardische Recht (in der Lombardei, Oberitalien) niedergelegt wurde. Die im 8. Jh. entstandenen **Lex Alamannorum** (um 725) und **Lex Baiwariorum** (um 742) werden heute überwiegend als klösterliche Werke angesehen. Erst Karl der Große ließ anlässlich des Aachener Reichstages 802/803 weitere Volksrechte aufzeichnen: die **Lex Saxonum** sowie die **Lex Thuringorum**. In allen diesen Gesetzen waren das Prozessrecht und vor allem die berühmten „Bußgeldkataloge" enthalten.[35]

88   Im Rahmen der Erforschung der Volksrechte ergab sich die Frage, inwieweit die **Volksrechte römisches Recht** enthielten. Heute ist allseits anerkannt, dass die Volksrechte eine wohl kaum zu entwirrende Mischung aus germanisch-gewohnheitsrechtlichen Rechtssätzen und solchen des römischen Vulgarrechts darstellen. Der Blick für diese Tatsache wurde lange Zeit dadurch verstellt, dass man die Volksrechte mit dem mehr als 300 Jahre zuvor entstandenen Recht der „klassischen" römischen Juristen oder gar mit dem des im 6. Jh. n.Chr. entstandenen Corpus Iuris Civilis verglich und nicht mit dem des weströmischen Reiches.

Allein äußerliche Tatsachen machen die Verbindung beider Rechtskreise deutlich. Große Teile Germaniens hatten zum römischen Reich gehört. Trier z.B. war eine der vier späten Hauptstädte des Reiches (vgl. Rdnr. 63). Die auf römischem Gebiet lebenden germanischen Föderaten der Römer waren durchaus mit dem römischen Vulgarrecht vertraut. Zudem und ganz banal: Die Römer waren bei Eroberung durch die Germanen nicht verschwunden, sondern lebten nicht selten als Bevölkerungsmehrheit in dem eroberten Territorium.

Als Beispiel sei erneut das **„Edictum Theodorici"** genannt, bei dem lange Zeit umstritten war, ob es sich um ein Gesetz des Ostgotenherrschers Theoderich handelte oder das Edikt (ca. 460) eines römischen Statthalters unter dem Westgotenherrscher Theoderich II. (453–466) war. Es wurde mit größter Wahrscheinlichkeit bei der Abfassung späterer Volksrechte verwendet. Nachweisen lässt sich in dem Edict eine Verwendung des Codices Theodosianus (439) sowie der Codices Hermogenianus und Gregorianus (beide ca. 300). Ein Mitwirken „römischer Juristen" bei der Abfassung der lateinisch geschriebenen „germanischen Volksrechte" ist wahrscheinlich. Eine Kenntnis des römischen Rechts ist auch bei den Rechten erkennbar, die für die römische Bevölkerung der besetzten Gebiete erlassen wurden (Leges Romanae Visigothorum des Westgotenherrschers Alarich und Burgundionum) und die in besonderem Maße romanisiert waren.[36]

---

35   Zur Einführung: K. Kroeschell, Deutsche Rechtsgeschichte, Bd. 1, 12. Aufl. 2005, S. 26 ff.; zur Vertiefung die „Leges"-Artikel im HRG und im LexMA.
36   Vgl. H. Nehlsen, ZRG GA 86 (1969), S. 246 ff., Rez. über Vismara, Ed. Theodorici.

Auch bei den Völkern, die keine Föderaten waren, entstanden Volksrechte. Berühmt ist die **89** **Lex Salica**, das Gesetz der salischen Franken zwischen 507 und 511 n.Chr., die auf Befehl des Merowingerkönigs Clodwig abgefasst wurde. Aber auch dieses Germanenrecht weist Einflüsse römischen Rechts auf, die wohl durch die Lex Burgundionum oder den Codex Euricianus vermittelt sind. Auch hier liegen die Verbindungen zum römischen Kulturkreis auf der Hand: Als die römische Zentralgewalt ihre Macht in den Provinzen verlor, blieben viele Römer – auch in Gallien – am Ort, unter ihnen natürlich auch Beamte und Juristen. Die neuen germanischen Herrscher bedienten sich der römischen Verwaltungen ganz oder teilweise weiter.

Die **Abschichtung eines eigenständigen germanischen Kerns** in den Volksrechten **90** stößt auf größte Schwierigkeiten. Dass man im 19. Jh. von einem solchen eigenständigen germanischen Recht ausging, war wohl das Ergebnis einer ideologisch geprägten Forschung, die eine „deutsche", von der römischen Rechtskultur abgesetzte Rechtsgeschichte entdecken wollte.[37]

A. Bußen

Das Bußen- oder Kompositionensystem der Volksrechte sah für eine Fülle von Rechts- **91** verletzungen jeweils ganz bestimmte Geldleistungen vor – die **Buße** oder *compositio*. Das galt auch für Tötungen, wo sich die Bußzahlung nach dem ‚Wert' der getöteten Person richtete:

„ 43. Von den Tötungen der Freien. Wenn ein Freier einen Franken oder einen germanischen Mann, der nach salfränkischem Recht lebt, tötet, werde er zu 8000 Pfenningen gleich 200 Schillingen [solidi = Goldstücken] verurteilt"

Der königliche Gefolgsmann ‚kostete' 600, der Römer, der Tischgenosse des Königs war, 300, der römische Grundbesitzer 100, der römische Zinshörige 45.

Der Text war in lateinischer Sprache geschrieben, die Einschübe „gerichtlich …" in ‚germanischer' Sprache.

Von den Bußzahlungen empfing der Verletzte oder im Fall der Tötung seine Sippe 2/3 – **92** im Fall des Totschlags virgeld (= **Wergeld** = Mannbuße) genannt – und der Richter 1/3 als **Friedensgeld** (= *fredus*). Die Höhe der Buße konnte ruinös sein. 200 Schillinge entsprachen einer kleinen Viehherde. Für die Buße haftete die Sippe.

Die Buße des Täters hatte – wenn man heutige Terminologie verwendet – **gemischt** **93** **straf- und privatrechtlichen Charakter**. Eine Trennung in Straf- und Zivilrecht und in entsprechende Verfahren bestand nicht. Mit der Zahlung der Buße durch die Sippe des Verletzers und deren Annahme durch die Sippe des Verletzten war die Tat – „zivil- und strafrechtlich" – gesühnt, und der Friede war wieder hergestellt. Ein Strafrecht in unserem Sinne bestand zumindest zu Beginn des Frühmittelalters wohl nicht (hierzu vgl. unten das Kapitel zur Entstehung des „echten Strafrechts", Rdnr. 190). Bei den in den Volks-

---

37 H. Nehlsen, Sklavenrecht zwischen Antike und Mittelalter – Germanisches und Römisches Recht in den germanischen Rechtsaufzeichnungen, Bd. I 1972, S. 37 ff.; K. Kroeschell, Rechtsgeschichte, Bd. 1, S. 26 ff.; H. Conrad, Deutsche Rechtsgeschichte, Bd. I, S. 131 ff.; traditionell H. Planitz/K.A. Eckhardt, Deutsche Rechtsgeschichte, 3. Aufl. 1971; W. Kunkel/ M. Schermaier, Römische Rechtsgeschichte, S. 187 ff.; M. Kaser/R. Knütel, Römisches Privatrecht, § 52; als geschichtliche Einführung: F.G. Maier, Die Verwandlung der Mittelmeerwelt, Fischer, Weltgeschichte Bd. IX; H. Löwe, Deutschland im fränk. Reich, in: Gebhard, Geschichte, Bd. II.

rechten fixierten Bußen handelte es sich daher auch nicht um eine in ihrer Höhe unumstößlich feststehende ‚Geldstrafe', sondern um eine Festlegung dessen, was üblicherweise vereinbart worden war. Auch niedrigere Bußen konnten vereinbart werden, wenn beide Sippen den Frieden wiederherstellen konnten, aber die Buße ihr Leistungsvermögen überschritten hätte.

94 Die uns heute selbstverständliche Systematisierung, die Verallgemeinerungen und die Bildung „allgemeiner Teile" war dem mittelalterlichen Rechtsdenken fremd. An der Stelle unseres Systems abstrakter Begriffe standen typische Verhaltensweisen. Es gab z.B. den „Versuch" des Totschlags nicht, wohl aber folgende Tatbestände (Beispiele aus der Lex Salica):

„cap. 22 § 1. Wenn einer den andern töten will und der Schlag vorbeigeht – gerichtlich ‚Lebensgefährdung' –, werde er 62 1/2 Schillinge zu schulden verurteilt.

cap. 22 § 2. Wenn einer den andern mit vergiftetem Pfeil treffen will – gerichtlich ‚Lebensgefährdung' –, werde er 62 1/2 Schillinge zu schulden verurteilt.

cap. 25 § 2. Wenn einer einen Zaubertrank bereitet und (jener), der ihn nahm, davonkommt – gerichtlich, Zaubergaben-Angriff' –, werde er 62 1/2 Schillinge zu schulden verurteilt.

cap. 45 § 2. Wenn er aber den Verschluss von einer Webehütte erbricht und nichts davon nimmt, werde er – gerichtlich ‚Mannbuße' – 15 Schillinge zu schulden verurteilt.

cap. 98. Wenn einer einen Mann in einen Brunnen oder ins Meer hineinstößt oder in (sonstige) Todesgefahr, und derselbe dabei lebend davonkommt und selbst seinen Anspruch vorbringen kann – gerichtlich ‚Wassertauche' –, werde er 100 Schillinge zu schulden verurteilt."

Diese Bußen waren vor allem an dem Wert des verletzten Rechtsgutes (die folgenden Beispiele zum Diebstahl), in geringerem Umfang auch an der Begehungsweise der Tat orientiert

„cap. 3 § 3. Wenn einer Ochsen oder Kuh – gerichtlich ‚Jungtier' – stiehlt, werde er 35 Schilling außer Wert und Weigerungsgeld zu schulden verurteilt.

cap. 12 § 1. Wenn ein Freier außerhalb der Behausung was zwei Pfennige wertet stiehlt – gerichtlich ‚Diebstahl' –, werde er 15 Schillinge zu schulden verurteilt.

cap. 12 § 2. Wenn er aber außerhalb der Behausung was 40 Pfennige wertet stiehlt – gerichtlich ‚Diebstahl' –, werde er 35 Schillinge außer Wert und Weigerungsgeld zu schulden verurteilt.

cap. 12 § 3. Wenn aber ein Freier etwas innerhalb der Behausung stiehlt oder einen Verschluss aufbricht oder Nachschlüssel verwendet und dieblich etwas davonträgt – gerichtlich ‚Einbruch' –, werde er 45 Schillinge außer Wert und Weigerungsgeld zu schulden verurteilt."

B. Strafen und Bußen, Schuld- oder Erfolgsstrafrecht

95 Im Zusammenhang mit den Volksrechten ist die Frage aufgetaucht, ob und inwieweit das Recht der Volksrechte und allgemein das „Strafrecht" der Germanen ein Erfolgs- oder ein Schuldstrafrecht war. Insbesondere im 19. Jh. – und vereinzelt auch noch heute – wurde vertreten, dass die Rechtsfolge im Recht der Germanen vornehmlich an die bloße Tatbestandsverwirklichung anknüpfe und nicht an die Gesinnung oder den Willen des Täters; also sei **allein der eingetretene Erfolg entscheidend**.[38]

---

38 Zu dieser Frage vgl. – mit Hinweisen auf die ältere Literatur – H. Conrad, Bd. I, S. 174 f.; Eb. Schmidt, Einführung in die Geschichte der deutschen Strafrechtspflege, 3. Aufl., Göttingen 1983, unveränderter Nachdruck 1995, § 15; die Lehre vom Schuldstrafrecht vertritt E. Kaufmann, Die Erfolgshaftung, 1958, mit Rezension von Achter, in ZRG GA 77 (1960), S. 387 ff.; Boettcher, Art. Blutrache, in: Hoops, Reallexikon der germanischen Altertumskunde, 2. Aufl., S. 11/12; H.-P. Benöhr, Erfolgshaftung nach dem Sachsenspiegel, in: ZRG GA 92 (1975), S. 184–189.

Die beiden ursprünglich puristisch vertretenen Standpunkte haben sich stark angenä- **96**
hert. Anknüpfungspunkt für die Sanktion war damals – und ist ja auch noch heute –
die Verwirklichung eines Straftatbestandes. Klar ist auch, dass das germanische Recht
den Willen und die Gesinnung des Täters durchaus berücksichtigt; so wurde z.B. die
Heimlichkeit der Begehung schärfer geahndet als die offene Tat – Diebstahl damit
schärfer als Raub. So wurde, wie oben schon deutlich geworden ist, der im Versuch zutage getretene Wille allein – auch ohne Eintritt eines schädigenden Erfolges – sanktioniert. Auch wurde bei Fahrlässigkeit (sog. **Ungefährwerk**) oft der *„fredus"* für den
Richter nicht fällig. In diesem „Friedensgeld" kann man den Kern einer öffentlichen
(Geld-)Strafe erblicken.

Besonders die Literatur des 19. Jhs. versuchte mit Begriffen unserer Zeit, mit denen wir **97**
bestimmte Inhalte verbinden, über das germanische Recht Aussagen zu treffen, obwohl
dem germanischen Recht sowohl die Begriffe als auch die für uns damit verbundenen
Abstraktionen fremd waren.

Gerade ein Begriff wie der des Schuldstrafrechts in seiner ideologischen Besetzung darf **98**
nur mit größter Vorsicht auf eine andere Epoche Anwendung finden als auf die, aus der
er stammt. Es besteht die Gefahr, dass so an das germanische Recht das Raster einer
fremden neuzeitlichen Begrifflichkeit angelegt wird, wie es im 19. Jh. oft genug geschehen ist.

Dennoch ist das Bild des frühmittelalterlichen „Strafrechts" unvollständig, wenn man **99**
die rechtliche Behandlung der **Unfreien**, der römischen Zins-Hörigen und der Knechte
oder Sklaven nicht betrachtet. Sklaven wurden besonders in der römischen Tradition
schlecht behandelt. Zudem waren ‚romanisierte Volksrechte' (des Südens) stärker Stra-
forientiert als die eher bußenorientierten ‚germanischen Volksrechte' der Nordgerma-
nen.

Das Bußensystem funktionierte wegen der Gleichheit der Akteure. In den wenig besie- **100**
delten Gebieten standen sich in Sippen lebende Germanen gegenüber. Die Pflicht der
Sippe, für die Bußzahlungen zu haften, muss die **Sozialkontrolle** intensiviert haben.
Nur so funktionierte das System ohne ‚Strafrecht' mehrere Jahrhunderte lang. Die Personen, die außerhalb der Sippenverbände standen, waren schutzlos, soweit sie nicht deren Gastrecht genossen. Die Begehung von als besonders verwerflich angesehenen Taten konnte den Verlust des Schutzes der Sippe begründen, weshalb der Täter nicht
mehr dem maßvollen Bußenrecht, sondern schärferen Sanktionen unterfiel. Hierzu gehörten Verbrechen gegen die Gemeinschaft oder deren Moralvorstellungen. In diesen
Fällen schien auch die Ausstoßung aus der Gemeinschaft (*„wargus sit"*) als (echte) Strafe
möglich. Der Verlust der Zugehörigkeit zu einer fehdefähigen Sippe bewirkte die eigene
Rechtlosigkeit.[39]

C. Frühmittelalterlicher Prozess

In den Volksrechten finden sich Regelungen über den Prozess, besonders über die La- **101**
dung und die Sicherung der Durchführung des Verfahrens. Das Verfahren unterlag be-

---

39 H. Nehlsen, Entstehung des öffentlichen Strafrechts bei den germanischen Stämmen, Freiburger Festkolloqium für Thieme (1983), S. 3 ff.; J. Weitzel, Strafe und Strafverfahren in der Merowingerzeit, ZRG GA 111 (1994), S. 66 ff.

reits bestimmten strengen Formen. Nicht alle Streitigkeiten wurden aber „justizförmig" ausgetragen (vgl. das folgende Kapitel). Sehr vieles ist hier unsicher.

102 Das „Gericht" bestand zu Beginn des Frühmittelalters aus einem Verhandlungsleiter und dem **Umstand**. Das war die im Kreis um die Gerichtsstätte stehende waffenfähige männliche Bevölkerung, die zu jedem der feststehenden Gerichtstage erscheinen musste (= **„echtes Ding"**). Im Laufe der Zeit traten die Schöffen zwischen den Verhandlungsleiter und die waffenfähigen Männer. Diese machten dann die Urteilsvorschläge, die vom Umstand gebilligt wurden oder nicht. In der karolingischen Zeit war der Verhandlungsleiter regelmäßig der **Graf** oder sein Vertreter, der zugleich oberster Gerichtsherr und – davon nicht zu trennen – ‚Verwaltungsbeamter' seines Gaues war. Die Verhandlungen fanden – wie heute die Zivilprozesse – im Parteibetrieb statt. Sie kamen nur auf Anklage **(Akkusation)** eines Verletzten oder seiner Sippe in Gang. Auch fand keine Ermittlung der Wahrheit „von Amts wegen" statt. Ein solcher Prozess mag etwa so abgelaufen sein:

103 Zunächst gebot der Verhandlungsleiter, der nach heutiger Terminologie die sitzungspolizeiliche Gewalt innehatte, den Gerichtsfrieden, nachdem man sich zunächst vergewissert hatte, dass das Thing (= Ding) zur richtigen Zeit und am richtigen Ort stattfände. Darauf konnte ein waffenloser Gerichtsgenosse in den Ring treten und gegen einen anderen Klage erheben. Dieser musste nun ebenfalls in den Ring und sich auf die Klage einlassen. Das Verfahren konnte, da Anwesenheitspflicht bestand, i.d.R. sofort durchgeführt werden. War der Beklagte aber nicht anwesend, so musste der Kläger die Klage an zwei weiteren Gerichtstagen wiederholen und/oder den Beklagten laden. Hatte sich der Beklagte dann noch immer nicht auf die Klage eingelassen, so wurde er für frei erklärt, sodass ihn jedermann ohne Buße erschlagen konnte. Heute haben Versäumnisurteile gleichfalls Geständnisfunktion. Ließ sich der Beklagte aber auf die Klage ein, so musste er – was unserem Rechtsdenken fremd ist – sich von dem Vorwurf reinigen.

104 Die Verurteilung stand also unter dem Vorbehalt, dass der Beklagte den Unschuldsbeweis nicht erbringen konnte. Es war ein **„zweizüngiges Urteil"**. Bei dem folgenden Beweisverfahren kamen aber keine Beweise zum Zuge, die auf eine Erforschung der materiellen Wahrheit angelegt waren, sondern magische Beweismittel. I.d.R. konnte der Beschuldigte sich durch seinen **Eid** reinigen. Bei schwereren Anschuldigungen bedurfte er dazu der **Eideshilfe** von mehreren Personen, die allerdings nichts über den tatsächlichen Tathergang wissen mussten, sondern nur bekräftigten, dass sie den Beschuldigten für glaubhaft hielten. Sie waren also lediglich **Leumundszeugen**. Da die Familienangehörigen faktisch zur Eideshilfe verpflichtet waren, war auch dieser Beweis leicht zu erbringen. Gelegentlich mussten die Eideshelfer aber auch von anderen bestimmt werden. Aufgrund der dämonischen Weltsicht der Germanen darf der Eid, der eine bedingte Selbstverfluchung darstellte, in seiner Wirkung nicht unterschätzt werden.

105 Kam es aber zu einer besonders schweren Anschuldigung, so konnte den Schöffen der Eid nicht mehr ausreichend erscheinen, und sie ordneten ein **Gottesurteil** an, ein Ordal. Solche Gottesurteile waren z.B. der Zweikampf, die Bahrprobe, der Kesselfang u.v.a. mehr. Bei der Bahrprobe war der Schuldbeweis geführt, wenn die Wunden des Toten beim Herantreten des Beschuldigten an die Leiche zu bluten begannen. Beim Kesselfang und ähnlich bei der Eisenprobe musste der Beschuldigte einen Stein aus einem Kessel mit kochendem Wasser herausholen. Der Unschuldsbeweis richtete sich dann nach dem Grad des Verheilens der Wunden.

(Diese Darstellung ist zwangsläufig nicht genau, denn der Prozess war von Ort zu Ort verschieden, wenn auch die oben aufgezeigten Prinzipien wohl allgemein verbreitet waren.)

106 Im Laufe der Jahrhunderte veränderte sich der Prozess. So nahm z.B. die Kirche vom 8./ 9. Jh. an Einfluss auf das Beweisverfahren. Die germanisch-heidnischen Ordalien, **Gottesbeweise**, wurden christianisiert. Zur Zeit Karls des Großen zeigte sich bereits in einigen Belangen die Unzulänglichkeit des für den Beschuldigten leichten Reinigungsverfahrens. Als Erschwernis wurde zunehmend hinzugefügt, dass es dem Kläger überlassen war, die Eideshelfer auszuwählen. Wurde der Täter bei Begehung der Tat ergriffen – **handhafte** (= frische) Tat – oder von den Geschädigten verfolgt (**Spurfolge**), war der Reinigungseid nicht zugelassen.

H. Nottarp[40] ist der Ansicht, dass die Ordalien auf dem unerschütterlichen Glauben an die Rechtmäßigkeit der naturgegebenen Ordnung beruhten. Es ist für uns – in einer rationalen Zeit – nur schwer verständlich, wie man Beweise als Glaubensbeweise oder magisch führen konnte. Doch muss man sich Menschen vorstellen, die nicht in der Lage waren, einen Blitz zu erklären. Man glaubte an die Götter, und der Beweis enthielt immer zugleich einen Schwur mit bedingter Selbstverfluchung. Dieser psychische, ja existentielle Druck, eine Nacht mit einer frisch getöteten Person zu verbringen, um am nächsten Morgen den Reinigungseid zu schwören, konnte eine echte Prüfung darstellen. Der Glaube an die Kraft der Götter lässt das irrationale Beweisverfahren als bedingt ‚rational' erscheinen. Es sind jedoch bereits aus dem Frühmittelalter Stimmen überliefert, die erheblich an der Tauglichkeit der Gottesurteile zweifeln.[41] Dies gilt besonders für den Zweikampf, der durch die Parteien oder durch Berufskämpfer ausgeführt wurde. **107**

Eine Art Rechtsmittel war die **Urteilsschelte**. Sie musste i.d.R. vor dem Beweisverfahren gegen den Urteilsvorschlag eines Schöffen geltend gemacht werden. Das Schelten eines Urteilsvorschlages beinhaltete den Vorwurf der Rechtsbeugung und führte wohl zum Zweikampf zwischen dem gescholtenen Schöffen und dem, der die Urteilsschelte erhoben hatte. Gleichzeitig hatte die Urteilsschelte die Wirkung einer Berufung, sodass die Sache i.d.R. an den König zur Aburteilung gelangte. **108**

D. Wirklichkeit des Rechtslebens

Aus den unmittelbaren Rechtsquellen, wie z.B. den Volksrechten und ihren Bußgeldkatalogen, lassen sich keine sicheren Schlüsse auf die Wirklichkeit des Rechtslebens und z.B. darauf ziehen, wie im Fall einer bußwürdigen Rechtsverletzung wirklich verfahren wurde.[42] Überhaupt sind die Praxis und die Effektivität des mittelalterlichen Rechts schwer zu prüfen. **109**

Hinweise auf das frühmittelalterliche Rechtsleben gibt als mittelbare Rechtsquelle der Bericht des fränkischen Bischofs **Gregor von Tours** (573–594), der u.a. die **Fehde des Sichar** schildert. Hieraus geht hervor, dass die **Blutrache noch lebendig**[43] war, wenngleich die Kirche und die Volksrechte versuchten, sie zugunsten eines geordneten Prozesses einzudämmen. Die in seinem Bericht hervorragende Rolle der Kirche darf man nicht überschätzen, da Gregor versuchte, die Kirche in einem besonders günstigen Licht erscheinen zu lassen. **110**

Die Blutrache wurde oft als Vorwand zur Durchsetzung machtpolitischer oder zivilrechtlicher Ansprüche bemüht. Rechtsverletzungen wurden nicht immer in Prozessen oder durch Blutrache geahndet. Es waren außergerichtliche Verträge zur Beilegung solcher Konflikte möglich. Die Bußtaxen der Volksrechte lehnten sich höchstwahrscheinlich an die außergerichtlichen Werte an. **111**

---

40 Gottesurteilsstudien, 1956.
41 Vgl. H. Conrad, Bd. I, S. 146 ff.
42 Vgl. K. Bosl, Staat, Gesellschaft, Wirtschaft im deutschen Mittelalter, in: Gebhard Bd. 7, S. 21.
43 Vgl. Boettcher, S. 11/12.

112 Besondere Regeln galten, wenn der Täter bei Begehung der Tat betroffen wurde (handhafte Tat). Selbsthilfe war hier auch über die Grenzen unseres Notwehrbegriffes, z.B. bei der Flucht des Täters, möglich. Wurde der Täter dabei getötet, musste der Angegriffene das **„gerüft"** (= Geschrei) erheben, um das Geschehen offenkundig zu machen und die Rechtmäßigkeit seines Handelns zu behaupten. Wurde der betroffene Täter aber vor Gericht angeklagt, war ihm der Reinigungseid durch den Eid des Anklägers verwehrt.

Gegen Unfreie/Knechte wurde Leibes- und Lebenssanktionen nicht nur in den Normen angedroht, sondern tatsächlich überliefert:

> „Als er dort einen Knecht antrieb, seine Arbeit zu tun, und ihn mit dem Stock schlug, zog dieser das Schwert vom Gürtel und unterstand sich, seinen Herrn zu verwunden. Als der zu Boden stürzte, liefen seine Gefolgsleute herbei, ergriffen den Knecht, schlugen ihn grausam, schnitten ihm Hände und Füße ab und brachten ihn an den Galgen".[44]

3. Abschnitt: Reich, Kirche und Verwaltung

A. König und Kirche

113 Im fränkischen Reich der Karolinger war die ‚verfassungsrechtliche' Lage (z.B. das Verhältnis des Königs zur Kirche oder das Verhältnis des Königs zu den einzelnen Stämmen) weniger von verfassungsrechtlichen **Rechtssätzen** als von den **faktischen Machtverhältnissen** geprägt. So war z.B. das Recht der Königswahl nicht genau festgeschrieben. Zum Hochmittelalter hin entstand ein Geblütsrecht, bei dem der König aus einem bestimmten Geschlecht stammen musste, allerdings hatten die Mächtigen des Reiches Einfluss auf die Auswahl der Person.

114 Die **Kirche** verfügte über die Kulturhoheit. Sie war das Bindeglied zum Wissen der Antike, jedoch in allen weltlichen Angelegenheiten einerseits auf den Schutz weltlicher Machthaber angewiesen, andererseits Teilnehmerin im Machtspiel. Die Schutzrolle hatten die Frankenkönige übernommen, die ihre Herrschaft zunehmend christlich legitimierten. Außerdem förderten sie die Kirche durch reiche Schenkungen, um die Verwaltung ihres Reiches zu verbessern. Die gewaltsame Christianisierung heidnischer Stämme, besonders der Sachsen, bedeutete zugleich Ausdehnung und Stärkung der fränkischen Königsmacht.

Aufgrund der großen Bedeutung der Kirche für die königliche Macht nahmen die Frankenkönige Einfluss durch den Erlass von Verordnungen, welche die Kirche betrafen, und durch die Einsetzung von Vertrauten in Kirchenämter. Viele der eingesetzten Bischöfe entstammten sogar der Hofkapelle. Insbesondere Karl der Große erreichte die völlige Vormachtstellung der weltlichen Gewalt über die Kirche.

115 Besonders deutlich wird das Verhältnis der weltlichen Gewalt zur Kirche bei den **Eigenkirchen**. Wenn sich eine Kirche auf dem Boden eines Grundherrn befand, so stand das ‚Eigentum' an der Kirche und die Verwaltung der kirchlichen Güter allein dem Grundherrn zu. Der Grundherr empfing die Abgaben und setzte die Geistlichen ein. Ein ähnliches Verhältnis wie es die Grundherren zu ihren Eigenkirchen hatten, herrschte auch zwischen dem König und der Reichskirche: die Reichskirche war quasi **Eigenkirche des Königs**.

---

44 Aus: Zehn Bücher Geschichten, 2. Bd.: Buch 6–10 (= Ausgewählte Quellen zur Deutschen Geschichte des Mittelalters, Freiherr-von-Stein-Gedächtnisausgabe hgg. v. R. Buchner, Bd. III), 1974, 7. Buch, 47. Kap., S. 155.

Ein gleichfalls bedeutendes Element des fränkischen „Staatskirchenrechts" war die **Kirchenvogtei**, die oft auch dem Eigenkirchenherrn zufiel. Die einzelnen Kirchen und Klöster wurden als unfähig angesehen, ihre weltlichen Angelegenheiten z.B. bei Gericht zu vertreten. Für seine Verwaltungsbefugnisse und die damit verbundenen finanziellen Vorteile schuldete der Vogt (*advocatus* – Vormund) der Kirche Schutz und rechtliche wie außerrechtliche Vertretung ihrer Interessen.

116

B. Verwaltung und Regierung des Reiches

Der König war Träger einer umfassenden Banngewalt, die neben dem Heeres- auch den Verwaltungs- und Gerichtsbann umfasste. Die Ausübung dieser Rechte stieß wegen der gewaltigen Ausdehnung des karolingischen Reiches, das ganz Zentraleuropa umfasste, und den schlechten Kommunikationsmöglichkeiten jener Zeit auf erhebliche Probleme. Die Könige reisten mit ihrem Gefolge von Pfalz zu Pfalz, um ihre Herrschaftsrechte auszuüben und die wichtigen persönlichen Beziehungen zu den Grafen zu pflegen.[45]

117

Die Verwaltung des Reiches glich einer erweiterten Verwaltung des Hofes. Als „Behörde" gab es nur die von Klerikern besetzte Kanzlei. Von einer zentral gesteuerten Verwaltung kann keine Rede sein.

118

Der König übte an seinem **jeweiligen Aufenthaltsort** im Reich die oberste Gerichtsgewalt aus. Er hatte auch das Recht, Verfahren, die an anderen Gerichten anhängig waren, zur Entscheidung an sich zu ziehen. Über die praktische Wirksamkeit dieser frühen Königsgerichtsbarkeit ist jedoch noch wenig bekannt.

119

Die eigentlichen Verwalter und Gerichtsherren waren die vom König in den Gauen eingesetzten **Grafen**. Diese waren aber keine Verwaltungsbeamte im heutigen Sinne, sondern ursprünglich Vertrauensleute des Königs und Wahrer des Königsgutes. Die Grafen waren militärische Befehlshaber und im Kriegsfall für das Heeresaufgebot zuständig. Darüber hinaus war ihnen der Gerichtsbann und damit die lokale Gerichtshoheit vom König verliehen, und sie saßen in dieser Eigenschaft dem Gaugericht vor, das die oben beschriebenen Bußen verhängen konnte.

120

Unmittelbare Eingriffe in die Verwaltung und Kontrolle der Grafen waren durch die *Missi*, die Sendboten des Königs, möglich (je ein weltlicher und geistlicher Sendbote). Ihre tatsächliche Effektivität ist jedoch wie bei den Kapitularien unbekannt.

121

Insbesondere Karl der Große erließ **Kapitularien**, aufgeteilt in *capituli*, woher der Name stammt. Diese enthielten – nach heutiger Terminologie – eine Mischung aus Gesetz, Verordnung und Verwaltungsanordnungen. Darin regelte Karl Materien verschiedensten Inhaltes (z.B. kirchliche Fragen, Ergänzungen der Volksrechte, Schutz der Witwer und Waisen sowie einzelne Anordnungen, konkrete Rechts- oder Verwaltungsfälle betreffend). Teilweise enthielten die Kapitularien auch strafrechtliche Sanktionen mit Leibes- und Lebensstrafen.[46]

122

---

45 Zur Person vgl. Einhard (Biograph Karls): Vita Caroli Magni, lat. und deutsch, Reclam 1969; Modern: J. Fleckenstein, Karl der Große (3. Aufl. 1990); Art. „Karl der Große" im LexMA.

46 Vgl. W. Ebel, Geschichte der Gesetzgebung in Deutschland, 2. Aufl. 1958; F.L. Ganshof, Was waren die Kapitularien?, 196. K. Kroeschell, Rechtsgeschichte, Bd. 1, S. 70 ff.

123 Karl der Große sammelte und reformierte die Stammesrechte durch. 802/803 wurde die **Lex Saxonum**, das für die Sachsen geltende Recht, aufgezeichnet. Sie enthielt als Konzession an die unterworfenen Sachsen statt eines aufgezwungenen Rechts deren Stammesrecht (vgl. Rdnr. 87). Allerdings wurde das Gesetz stark an das fränkische Recht angeglichen. Weitere **Reformen** fanden **im Prozesswesen** statt. Die Gerichtstage, an denen jeder teilnehmen musste, die „echten Dinge", wurden auf drei im Jahr beschränkt (vgl. Rdnr. 103). Allerdings tagte das Grafengericht nur mit den Schöffen ohne den Umstand öfter. Es konnte nur über geringe Angelegenheiten entscheiden („gebotene Dinge" – aufgeboten, geladen).

124 Bei der Verwaltung kam es mangels echter Kontrollmöglichkeiten im Wesentlichen auf das Vertrauensverhältnis zwischen dem König und dem Verwaltungsausübenden an. Das galt auch im besonderen Maße für das **Lehnswesen**, das in der karolingischen Zeit entstand.

125 Rationale Verwaltung im heutigen Sinne setzt schriftliche, d.h. überprüfbare Anordnungen voraus, deren Vollzug und ggf. deren Kontrolle. In dieser Zeit konnten die allermeisten Menschen weder Lesen noch Schreiben. Daher war die Kommunikation beschränkt. Auch fehlte Infrastruktur. Um dennoch Herrschaft in großen Gebieten auszuüben, trat einerseits das Vertrauens-, andererseits das Familienprinzip an die Stelle rationaler Verwaltung im heutigen Sinne. Der jeweilige ‚Herrscher' beauftragte einen ihm treu ergebenen ‚Vertreter' mit der Wahrnehmung seiner Herrschaftsrechte in der Hoffnung, dass dieser seine Aufgaben im Sinne des Herrn ausüben würde.

126 Das Lehnswesen der fränkischen Zeit geht auf **mehrere Wurzeln** zurück, die Vasallität, die germanische Gefolgschaft und das *beneficium*.

127 Am Anfang der Entwicklung, noch in gallorömischer Zeit, konnte sich jedermann durch einen formellen Ergebungsakt in den **Schutz eines Herren** begeben. Der Herr schuldete dann Schutz und Nahrung, und der Vasall, der sich in den Schutz begeben hatte, schuldete dem Herrn Dienste nach dessen Wahl. Hinzu kam bei den germanischen Stämmen die aus der germanischen Gefolgschaft entwickelte Vorstellung von der **Treue des Vasallen** gegenüber dem Herrn. Diese Treue wurde nur für höhere Dienste, z.B. Kriegsdienste und Rat, geschuldet. Parallel zu dieser Entwicklung ging bei den Franken die Praxis der Landvergabe durch den König an dessen Gefolgsleute einher.

128 Die Wirtschaftsform ließ eine Bezahlung der Gefolgsleute für ihre dem König geleisteten Dienste nicht zu. Diese erhielten statt dessen für ihre Lebzeit – also nicht zu „freiem Eigentum" im heutigen Sinn – Land als *beneficium*, als Lehen, von dem sie ihren Lebensunterhalt und die Verwaltungskosten sowie den Aufwand für die Unterhaltung ritterlich-militärischer Bereitschaft bestritten. Die Vergabe von Land durch den König war möglich, da alles Land als dem König zustehend angesehen wurde. Aus der Verbindung der vasallitischen – persönlichen – Seite mit der Vergabe von Benefizien entstand das Lehnswesen, das sich bald nicht mehr nur auf die reine Landvergabe beschränkte, sondern auch Ämter und sonstige Rechte ergriff. So konnte z.B. das Grafenamt zu Lehen vergeben werden.

129 Wie stark die Verflechtung der Kirche mit dem Reich war, kann man daraus ersehen, dass die Könige auch **Kirchengut zu Lehen** ausgaben. Eigentlich sollte das Lehen nach dem

Tode des Lehensnehmers an den König zurückfallen. Über die Jahrhunderte kämpften die Vasallen darum, dass der König verpflichtet sei, es an einen Nachkommen des Vasallen wieder auszuleihen. Je erfolgreicher die Vasallen mit dieser Forderung wurden, desto größer wurde ihre Unabhängigkeit vom Herrn.[47]

Während das Lehnsrecht das Leben der Oberschicht des fränkischen Reiches prägte, hatte für die Masse der Bevölkerung des agrarisch strukturierten Reiches die rechtliche und faktische Abhängigkeit durch die **Grundherrschaft** entscheidende Bedeutung. Die Grundherrschaft stammte aus derselben Wurzel wie das Lehnswesen. Zur fränkischen Zeit bedeutete sie die Herrschaft des Grundherrn über die Sachen, die sich auf seinem Gebiet befanden, und über die Menschen, die dort lebten. Es war gleichgültig, ob sie sich – wie es wohl ursprünglich der Fall war – freiwillig in den Schutz des Herrn begeben hatten, weil sie dann von Dingpflicht und Heerfolge befreit waren. Bewirtschaftete der Grundherr seinen eigenen Hof, den **Fronhof**, so waren die Hörigen zu Hand- und Spanndiensten verpflichtet. Die Grundhörigen bewirtschafteten teilweise auch ihre Höfe, mussten dafür aber Abgaben und Dienste zahlen/leisten. Die Grundherrschaft war Wirksamkeitsvoraussetzung für das Lehnswesen, denn ohne Menschen, die den Boden bearbeiteten, war Land für den Lehnsnehmer wertlos. Erst durch die Grundherrschaft wurde die Möglichkeit, Land zu vergeben, zur wirtschaftlichen Grundlage mittelalterlicher Herrschaft. **130**

Auch Klöster und Kirchen waren große Grundherren. Der Grundherr hatte die Hofgerichtsbarkeit inne. Dieses Hofgericht entschied über Streitigkeiten der Grundhörigen untereinander (Grenzstreite, erbrechtliche Fragen), aber nicht über schwere Vergehen, wofür das Grafengericht zuständig blieb.[48] **131**

4. Abschnitt: Privatrecht

Zum materiellen Privatrecht soll hier nicht viel gesagt werden. Die Haftung wegen „unerlaubter Handlung" wurde schon oben bei dem Kompositionensystem (vgl. Rdnr. 91) behandelt. **Grundstücke** waren **an die Familien gebunden**. Es war aber die Vergabe von Todes wegen zugunsten der Kirche möglich („Seelteil"). Der Umfang war auf bis zu 1/3 der Erbmasse begrenzt. Wenn es zu dinglichen Rechtsgeschäften kam, z.B. wenn ein freier Bauer sein Grundstück seinem Herrn „übertrug" und zu erblicher Leihe zurückbekam, wurden die uns heute geläufigen Abstraktionen durch symbolische Handlungen, Gebärden und rituelle Akte (Erdwurf, Begehung) ersetzt. **132**

---

47 Vgl. H. Mitteis/H. Lieberich, Deutsche Rechtsgeschichte, 19. Aufl., München 1992, Kap. 16; K. Bosl, Staat, Gesellschaft Wirtschaft im deutschen Mittelalter, in: B. Gebhardt, Handbuch der deutschen Geschichte, 24 Bde, 9. Aufl., Stuttgart 1970 ff., Bd. 7 Kap. 10.

48 Zur Grundherrschaft: K. Kroeschell, Rechtsgeschichte, Bd. 1, S. 94 ff. und 113 ff.

3. Teil: Recht im Hoch- und Spätmittelalter

1. Abschnitt: Kirche und Reich

133 Im Hochmittelalter standen die deutschen **Kaiser** und mit ihnen das deutsche Reich in gespanntem Verhältnis zu der selbstbewusst auftretenden **Kirche** und den nach Selbstständigkeit strebenden **Fürsten**.

> Schon dieser Satz setzt bei den Lesern viel voraus, nämlich Kenntnisse in mittelalterlicher Geschichte – und welcher Normal-Jurist hat die schon! Jeder der folgenden Sätze könnte mit einer Vielzahl von Literaturangaben versehen werden. Viele der Behauptungen sind unter Historikern umstritten. Allein, die Betrachtung der öffentlichen, politischen oder verfassungsrechtlichen Verhältnisse soll eines deutlich machen: **Recht entsteht im politischen Kontext.** Es gab und gibt keine strenge Trennung des Politischen vom Rechtlichen; und das gilt nicht nur für die Rechtsgebiete, die wir heute öffentliches Recht oder Verfassungsrecht nennen.

134 Auch die Ottonen bedienten sich der **Kirche** zur Verwaltung des Reiches. Die Kirche war indes nicht mehr so stark vom Königtum abhängig wie zur Zeit Karls des Großen. Sie war zu einer politischen Organisation geworden, die Vormachtstellung in der Welt forderte. Das erwachte Selbstbewusstsein war nicht nur ein Produkt der durch Schenkungen gewachsenen weltlichen Macht der Kirche, sondern es beruhte auch auf innerkirchlichen Reformen, die letztlich mit der **cluniazensischen Reform** zusammenhingen. Mit dem 11. Jh. begann sich das bisherige Weltbild aufzulösen, in dem Kaiser und Kirche zur Erreichung derselben Ziele zusammengewirkt hatten. Im **Investiturstreit** wurde deutlich, dass sich **zwei selbstständige Mächte** mit eigenen politischen Interessen gegenüberstanden.

135 Mit dem kirchlichen Selbstverständnis war es unvereinbar geworden, dass die Vergabe kirchlicher Ämter **(Investitur)** von weltlichen Herrschern vorgenommen wurde. Da Kirchenämter aber mit weltlicher Macht verbunden waren, konnte der König auf diese Form der Herrschaftsausübung durch Personalpolitik nicht verzichten. Ein Kompromiss wurde erst 1122 im **Wormser Konkordat** gefunden, wonach der Kaiser in das weltliche Amt (Temporalien), der Papst in das geistliche Amt (Spiritualien) einsetzte.

136 Das wechselvolle Ringen zwischen Kaiser und Papst um die Vormachtstellung in der abendländischen Welt während des Hochmittelalters wird besonders an den verschiedenen Auffassungen der **„Zweischwerterlehre"** deutlich. Ausgehend von dem Bibelwort in Lukas 22, 38 vertrat die päpstliche Seite, dass beide Schwerter, das weltliche und das geistliche, der Kirche anvertraut seien. Diese habe dann das weltliche Schwert – als Lehen – an den Kaiser weitergegeben. Daraus folgte, dass der Kaiser dem Papst untertan war und der Papst somit in alle weltlichen Angelegenheiten des Kaisers eingreifen, ja ihn sogar absetzen konnte. So argumentierte z.B. Gregor IX. (1170–1241) gegenüber Friedrich II. (1215–1250).

137 Nach kaiserlicher Auffassung war dem Papst das geistliche Schwert und dem Kaiser gleichberechtigt das weltliche Schwert von Gott verliehen worden. Diese Auffassung ist z.B. im **bedeutendsten Rechtsbuch** der Zeit, dem **Sachsenspiegel** (vgl. Rdnr. 146), vertreten:

> „Zwei Schwerter verleiht Gott dem Erdreich, um die Christen zu beschirmen: dem Papst das geistliche und dem König das weltliche. Dem Papst ist auch bestimmt, zu gegebener Zeit auf einem weißen Pferd

zu reiten, und der Kaiser soll ihm den Steigbügel halten, damit der Sattel nicht rutscht. Das hat die Bedeutung: Was dem Papst widersteht und von ihm mit geistlicher Gewalt nicht bezwungen werden kann, das soll der Kaiser mit weltlichem Gericht zwingen, dem Papst Gehorsam zu erweisen. So soll auch die geistliche Gewalt dem weltlichen Gericht helfen, wenn es dessen bedarf" (Sachsenspiegel I, 1).

Nutznießer des Investiturstreits und der Auseinandersetzung des Kaisers mit dem Papst **138** waren die Fürsten. Indem sie ebenfalls politischen Druck auf den Kaiser ausübten, verschafften sie sich eine immer größere Machtstellung. Aus verliehenen Gebieten, Lehen, wurden im Laufe der Jahrhunderte, spätestens in der frühen Neuzeit **Territorien**, die auch gegenüber dem Reich eine eigenständige Politik verfolgten.

Zu Beginn des 14. Jhs. entbrannte die Diskussion mit erneuter Heftigkeit. **Papst Bonifatius VIII.** (1294–1303) vertrat in der Auseinandersetzung mit den französischen Herrschern einen totalen Herrschaftsanspruch der Kirche gegenüber allen weltlichen Gewalten. Das weltliche Schwert sei allein für die Kirche zu führen. Bonifatius konnte sich aber politisch nicht durchsetzen. Ludwig von Bayern (1283–1347) vertrat dagegen die Theorie, dass das Konzil über dem Papst stehe und dass der Kaiser, wenn er nicht Herr des Konzils sei, so doch zumindest gleichberechtigt neben diesem stehe. Ludwig konnte sich dabei auf **Marsilius von Padua** (1290–1342/3) beziehen, der besonders mit seiner Schrift **„Defensor Pacis"** (= Der Verteidiger des Friedens, Reclam Nr. 7964) hervorgetreten war. Am Hof Ludwigs unterstützte auch der berühmte Philosoph und Jurist **William von Ockham** († 1349), der wegen der Wiederbegründung des Nominalismus bekannt war und verfolgt wurde, in derselben Weise die kaiserliche Seite. Sogar **Dante** († 1321) trat in seiner Schrift **„De Monarchia"** für ein gleichrangiges Verhältnis der beiden Mächte ein und schlug sich auch politisch in den Auseinandersetzungen in Oberitalien auf die staufische (,ghibellinische') Seite, die gegen die papsttreuen ,Guelfen' stand.

Beendet wurde der Streit durch die Gefangennahme der Nachfolger des Bonifatius durch die französischen Herrscher und deren Festsetzung in **Avignon** („Babylonische Gefangenschaft der Kirche", 1309–1324).

1338 beschloss der Kurverein von Rense (bei Koblenz), dass der gewählte deutsche Kö- **139** nig keiner päpstlichen Bestätigung bedürfe, um kaiserliche Rechte auszuüben. Dieses Weistum wurde vom Kaiser im selben Jahr in dem Reichsgesetz *Licet Juris* festgeschrieben. Das Verfahren der Königswahl wurde 1356 in der **Goldenen Bulle** geregelt, ursprünglich zur Vermeidung von Doppelwahlen. Dabei wurde der bisher geübte Brauch als Rechtsgrundsatz festgeschrieben, wonach der deutsche Kaiser durch die sieben Kurfürsten gewählt werde.

Es gab zunächst drei **geistliche** Kurfürsten, die Erzbischöfe von Mainz, Köln und Trier, und die vier **weltlichen**, den König von Böhmen, den Kurfürst von Sachsen, den Markgraf von Brandenburg und den Pfalzgraf am Rhein.

Die kirchliche Lehre von den Gesetzen und der Gesetzgebung wurde durch **Thomas** **140** **von Aquin** († 1274) begründet, der unter Berufung auf Aristoteles **drei Gesetze** der natürlichen Weltordnung feststellte: *lex aeterna, lex naturalis* und *lex humanae (= lex positiva)*, vgl. Rdnr. 348. Der *lex positiva* bedürfe es, um den Frieden in der Welt zu gewährleisten, wozu allein der Papst berufen sei (vgl. Naturrecht, Rdnr. 341). Dementsprechend nahm der Papst für sich das Gesetzgebungsrecht in Anspruch.

Demgegenüber vertrat Marsilius von Padua wohl als erster die **Lehre von der Volkssouveränität** („Defensor Pacis", 1324). Nicht der Herrscher, sondern das Volk sei der Gesetzgeber. Aus diesem Souveränitätsgedanken begründete er auch das **Widerstandsrecht** des Volkes gegen den Herrscher, wenn dieser die Gesetze übertrat.

141   Nach mittelalterlichen Vorstellungen war der König nicht von den Gesetzen ausgenommen. Im römischen Recht und später, als die Territorien ab dem 16. Jh. immer stärker wurden, galt der Satz *„princeps legibus solutus"* (= der Fürst unterliegt nicht den Gesetzen) gewissermaßen als Beleg für den absoluten Herrschaftsanspruch des Herrschers, was **Jean Bodin** (1530–1596) **„Souveränität"** nannte (vgl. Rdnr. 272). Im deutschen MA hingegen war die gegenteilige Meinung herrschend. Das zeigen auch der Sachsenspiegel (vgl. Rdnr. 146) und die Goldene Bulle. Politisch unumstritten war das alles also nicht. Die deutschen Herrscher, insbesondere die Staufer, versuchten allerdings in Anknüpfung an die römische Tradition, den Gedanken der Freiheit des Königs vom Gesetz durchzusetzen.[49]

142   Gab es, wenn hier so viel vom Herrscher und seinen Rechten gesprochen wurde, von der Verwaltung und der Gerichtsbarkeit abgesehen, einen **Staat des hohen Mittelalters**? So fragt Mitteis im gleichnamigen Buch. Die Frage entstand im 19. Jh., wobei die Öffentlichrechtler den Staat ihrer Zeit begründen wollten. Die Geschichte sollte ihnen als Mittel der Legitimation dienen. Mitteis knüpfte im 20. Jh. daran an.

Die Frage dürfte zu verneinen sein. Wenn man von einem mittelalterlichen Staat spricht, so bestenfalls als **personenbezogenem Verbandsstaat**, bei dem die Bindungen durch die Lehnsverhältnisse hergestellt wurden, nicht aber als Staat im heutigen Sinne (charakterisiert durch Staatsvolk, Staatsgebiet und Staatsgewalt). Erst die Territorien der frühen Neuzeit, welche versuchten, alle rechtlichen Kompetenzen auf sich zu vereinigen, die im Mittelalter personell wie sachlich sehr zersplittert waren (vgl. Rdnr. 241), kamen der heutigen Staatskonzeption nahe.[50]

2. Abschnitt: Rechtsaufzeichnungen

143   Die Zeiten hatten sich geändert, politisch, wirtschaftlich wie sozial. Ein großes Bevölkerungswachstum ging mit wirtschaftlichen und technischen Fortschritten einher. Man spricht von der industriellen Revolution des MA. Allein das Kummet für das Pferd erhöhte auf einen Schlag die zur Verfügung stehende PS-Zahl um 1/3; bessere Techniken wurden eingesetzt, so z.B. der Räderpflug.

Eine Vielzahl von größeren Siedlungen und Städten entstand. Rodungen vergrößerten die Anbauflächen und machten, wie die Eroberungen im Osten, neue Ansiedlungen erforderlich. Neuer Rechtsbedarf entstand.

144   Für uns ist heute Recht fast immer geschriebenes Recht. Im MA war das keineswegs der Fall. Nach der Periode der Kapitularien, also besonders zur Zeit Karls des Großen und

---

49 Jordan, Investiturstreit und frühe Stauferzeit, in: B. Gebhardt, Hb. Dt. Geschichte, Bd. 4; K. Kupisch, Kirchengeschichte Bd. 2, S. 87 ff., 126 ff.; H. Conrad, Bd. I, S. 222 ff., 229 ff., 284 ff.; H. Krause, Königtum und Rechtsordnung in der Zeit der sächsischen und salischen Herrscher, in: ZRG GA 82 (1965), S. 1 ff.; K. Kroeschell, Lehnrecht und Verfassung im deutschen Hochmittelalter, in: forum historiae iuris, http://www.forhistiur.de/zitat/ 9804kroeschell.htm.

50 D. Willoweit, Rezeption und Staatsbildung im Mittelalter, in: D. Simon (Hg.), Akten des 26. Rechtshistorikertages 1987, S. 19 ff.; ders., Rechtsgrundlagen der Territorialgewalt, 1975.

auch noch unter Otto des Großen, trat eine Zeit der Quellenarmut ein. Dies bedeutete jedoch keine Rechtlosigkeit. Die Menschen lebten in einem engen Geflecht von Verhaltensregeln, die von Religion, Moral, Sitte und Gewohnheit, aber auch von Vereinbarungen geprägt wurden und die den Menschen bewusst waren.[51]

Die Grenzen zwischen Religion, Politik und Recht sind dabei schwer zu ziehen. Etwa ab der Wende zum 13. Jh. ist eine Welle von Rechtsdokumentationen zu verzeichnen. Gagnér[52] spricht von einer **explosiven Aktivität zur schriftlichen Fixierung des Rechts**. **145**

Diese Erscheinung war keineswegs auf Deutschland beschränkt: In Spanien zeichnete man die **Fueros** auf (germanische Landesrechte, z.B. den *Fuero Real* aus dem Jahre 1263, der auf der Lex Visigothorum basierte, dazu Rdnr. 77), in Frankreich die **Coûtumes** (lokales germanisches Gewohnheitsrecht; z.B. *Très ancien coutumier de Normandie* 1199–1220). Die Kirche zeichnete gleichfalls ihr Recht auf.[53] Die Volksrechte mit ihrem Schwerpunkt auf den Bußen konnten den neuen Bedürfnissen des Handelsverkehrs und der neuen Mobilität sowie den veränderten politischen Verhältnissen ebenso wenig gerecht werden wie Kapitularien oder einzelne Anordnungen des Herrschers. Die Zeit war reif für neue rechtliche Regelungen.

A. Sachsenspiegel

Die bedeutendste Rechtsaufzeichnung in Deutschland für den ländlichen Bereich war der **Sachsenspiegel**. Der Sachsenspiegel (zwischen 1220 und 1230) war eine **private Sammlung** des sächsischen Gewohnheitsrechts durch den schöffenbar Freien **Eike von Repgow**, der zwar nicht rechtsgelehrt war, der aber das Recht aus seiner Tätigkeit als Beisitzer im Gericht kannte. Dieses Rechtsbuch erlangte bald nach seinem Erscheinen für Jahrhunderte eine solche Bedeutung, dass es in weiten Teilen des Deutschen Reiches, aber auch bis in die Ukraine wie ein Gesetz angewendet wurde. Das lag in der Qualität der Darstellung, in der Vollständigkeit der rechtlichen Regelungen und insbesondere in seinem Praxisbezug begründet. Außerdem übersetzte Eike den ursprünglich lateinischen Text ins Deutsche. Der Sachsenspiegel regelte das Landrecht, das nach heutiger Terminologie in etwa den Bereich des Privatrechts, aber auch den des Strafrechts sowie das Lehnsrecht umfasst (zum privatrechtlichen Inhalt des Sachsenspiegels vgl. Rdnr. 211).[54] **146**

Der Sachsenspiegel kannte keine begriffliche und systematische Geschlossenheit, war aber dennoch nicht unsystematisch. Krause[55] nennt das mittelalterliche Recht ein „offenes Recht", d.h. nur im konkreten Sachverhalt trat zutage, was Recht sein sollte. Das hochmittelalterliche Recht war zudem von Ort zu Ort verschieden. **147**

Der Sachsenspiegel erfuhr über die Zwischenform des **Deutschenspiegels** (wahrscheinlich 1274/75) durch Augsburger Mönche eine umfassende Überarbeitung, die im Gegensatz zum Sachsenspiegel kirchliche Positionen verstärkt berücksichtigte. Dieses **Kaiserrecht** genannte Rechtsbuch (1275/76) erfuhr ebenfalls eine weite Verbreitung und wird seit dem 17. Jh. oft als **Schwabenspiegel** bezeichnet. **148**

---

51 Vgl. G. Althoff, Spielregeln der Politik im Mittelalter, 1997.
52 Studien zur Ideengeschichte der Gesetzgebung, 1960, S. 288 ff.
53 Decretum Gratiani 1140, S. 40; vgl. auch Art. „Coûtumes" und „Fueros" im HRG.
54 Sachsenspiegel mit Einl. von F. Ebel, Auszüge aus der Bilderhandschrift; A. Laufs, Rechtsentwicklung in Deutschland, Kap. I; K.-P. Schroeder, Eike von Repgow – Schöpfer des Sachsenspiegels, JuS 1998, S. 777 ff.
55 Dauer und Vergänglichkeit im mittelalterlichen Recht, ZRG GA 75 (1958), S. 206 ff.

B. Decretum Gratiani

149 Besondere Bedeutung erlangte im Hochmittelalter die **Aufzeichnung des Kirchenrechts**. Die Kirche hatte sich nicht nur in ihren politischen Zielsetzungen, sondern auch als rechtliche Anstalt vom Reich getrennt und strebte danach, ihre rechtlichen Gewohnheiten zu sammeln und zu systematisieren.

150 Als Quellen des Kirchenrechts galten in erster Linie die Bibel, z.B. die Zehn Gebote, und die Schriften der Kirchenväter. Daneben war die Kirche seit dem 4. Jh. immer Ämter- und Rechtskirche gewesen (*„ecclesia vivit lege romana"*, vgl. Rdnr. 233). Sie verfügte daher über eine gewaltige Zahl von Erlassen und Anordnungen der Päpste, die gesammelt worden waren. Geregelt wurden nicht nur organisatorische Fragen, sondern auch solche des rechten Glaubens und Lebens.

151 Die *canones* waren kirchliche Regeln, denen als weltliches Pendant die *leges* gegenüberstanden. Geistliche waren stets auch im Kirchenrecht unterrichtet worden, und es waren Unterrichtsbedürfnisse, die den Mönch **Gratian** ca. 1140 veranlassten, die *„Concordantia discordantium Canonum"* zu verfassen (= Vereinheitlichung widersprechender Regeln). Die scholastische Methode und die harmonisierende Zielsetzung wurden schon im Titel des Werkes deutlich. Das nach seinem Verfasser genannte Decretum Gratiani verstand sich – wie auch die anderen Rechtsbücher – als eine *„consuetudo in scriptis redacta"* (= in Schriftform festgehaltene Gewohnheit[56]). Ca. 1234 wurden dem Decretum Gratiani päpstliche **Dekretalen** als Liber Extra hinzugefügt. Dekretalen (der Terminus stammt aus dem römischen Recht) waren päpstliche Entscheidungen von Einzelfällen größerer Bedeutung. Unter Bonifatius VIII. wurde 1298 der Liber Sextus beigefügt.[57]

152 Die ganze Sammlung mit einigen Erweiterungen nannte man ab ca. 1580 im Gegensatz zum **Corpus Iuris Civilis** des römischen Rechts das **Corpus Iuris Canonici**.[58] Die Einflüsse des Kirchenrechts kann man sich nicht groß genug vorstellen. Ist die Kirche heute eine Institution unter vielen, viel weniger bedeutend als der Staat, so war sie im MA von Anspruch und Realität her universell. Sie determinierte durch Festlegung moralisch-rechtlicher Regeln – besonders durch die Beichte – das äußere und innere Leben der Menschen und gab dem Handeln und Denken eine Form.

C. Urkunden

153 Auch die Zahl der Urkunden nahm sprunghaft zu. Urkunden enthielten im Unterschied zu sonstigen Quellen immer Vorgänge von Rechtsqualität. Inhaltlich reichten sie von privaten Geschäften bis zur Verleihung von Stadtrechten. Besondere Qualität hatte die Königsurkunde, da sie vor Gericht nicht anfechtbar war.

154 Bedeutende Urkunden bestanden aus drei großen Teilen: dem Protokoll, dem Kontext und dem Eschatokoll (= Schlussprotokoll).

---

56 Gagnér, Studien zur Ideengeschichte der Gesetzgebung, 1960, S. 216 ff., 296 ff.
57 R. Sohm, Das altkatholische Kirchenrecht und das Dekret Gratians, FS Adolf Wach (1918), Nachdruck WBG 1967 mit Rez. U. Stutz; P. Landau, Canones und Dekretalen, 1997.
58 K. Kroeschell, Deutsche Rechtsgeschichte, Bd. 2, 9. Aufl. 2006, S. 10 ff.

Protokoll:

- Invocatio (Anrufung Gottes)
- Intitulatio (Name und Titel des Ausstellers, Devotionsformel)
- Inscriptio (Nennung des Empfängers)
- Arenga (Allgemeine redensartliche Begründung, weshalb Urkunde abgefasst, Schwäche des Gedächtnisses etc.)

Kontext:

- Promulgatio (Verkündungsformel)
- Narratio (Tatbestand)
- Dispositio (Regelungsinhalt)
- Sanktio (Strafandrohung/Poenformel)
- Corroboratio (Angabe der Beglaubigungsmittel)

Eschatokoll:

- Subscriptiones (Unterschriften, Vollziehungsstrich)
- Datierung
- Apprecatio (Segenswunsch)

Zum weiteren Beweis der Echtheit wurden Urkunden von Aussteller und Zeugen gesiegelt.

3. Abschnitt: Ständische Gliederung des Rechts

155 Während das Recht seit der Aufklärung vorwiegend vom Individuum und dessen Freiheitsrechten und zudem vom Gleichheitsgrundsatz ausgeht, war das Recht des MA ein ständisches Recht, das der tatsächlichen ständischen Differenzierung der Gesellschaft folgte oder sie abbildete. Die Zugehörigkeit zu einer **sozialen Gruppe** bestimmte die Rechtsverhältnisse wesentlich stärker als heute. Nicht als Individuum, sondern als Mitglied eines Standes oder eines besonderen Zusammenschlusses von Menschen, z.B. einer Gilde, einer Zunft oder von Stadtbewohnern, war der Einzelne Träger von Rechten und Pflichten. Für den **Adel** war das Lehnsrecht entscheidend. Für den **Bauern** und die i.d.R. adeligen Grundherren war das Recht der Grundherrschaft maßgeblich, da beide „aus dem Boden" lebten. Die Rechtsverhältnisse der freien Leute (Adel, freie Bauern) waren zumeist im Landrecht geregelt. Die **Kirche** hatte hingegen ihr eigenes, freilich für alle Menschen verbindliches universelles Recht. Die im Spätmittelalter aufkommenden **Städte** lebten in der Regel nach eigenen Stadtrechten. Diese ständische Gliederung bot zwar für die Angehörigen eines Standes eine rechtlich klar umrissene Rechtsstellung, hatte aber für diejenigen, die keinem Stand, sondern gesellschaftlichen **Randgruppen** angehörten, sehr schlechte Folgen. Diese Mitglieder der Bevölkerung waren fast rechtlos, während z.B. der Grundhörige von seinem Herrn noch einen gewissen Schutz verlangen konnte. Dass diese Randgruppen außerhalb der Gesellschaft standen, wurde teilweise auch äußerlich deutlich gemacht; so legte das IV. Laterankonzil von 1215 ein Ämterverbot und eine bestimmte Kleidung für Juden fest.[59]

156 Diese Schichtung lässt sich am besten – stark vereinfachend – durch das System der **Grundherrschaft** erläutern, die die Verhältnisse auf dem Land dominierte. Das mittelalterliche Herrschaftssystem außerhalb der Städte hing vom Boden und den Bodenberechtigungen durch Lehnswesen und Grundherrschaft ab. Darin dokumentierte sich die

---

59 A. Borst, Lebensformen im Mittelalter; O. Brunner, Sozialgeschichte Europas im Mittelalter, Kl. Vandenhoeck Reihe 1442; R. Sprandel, Verfassung und Gesellschaft im Mittelalter.

Abhängigkeit der sozialen von der rechtlichen Schichtung. Der Grundherr hatte – übersetzt in heutige Terminologie – eine Doppelfunktion inne. Er war einerseits öffentlich-rechtlich ‚Oberherr‘ des Bodens und andererseits dessen Ober-‚Eigentümer‘. Sehr selten existierte bei den Bauern der Grund-‚besitz‘ als **„allod"** (freier Besitz, freies, nicht oberherrlich gebundenes Eigentum, vgl. Rdnr. 167). Meist besaßen die grundherrlich gebundenen Bauern ihre Grundstücke entweder zu Erbrecht (als „Unter"- oder Nutzungs-Eigentümer), als Dauerpächter oder nur als zeitliche Pächter. Sie alle hatten Abgaben an den Grundherrn, entweder in Natur (Zehnter) oder zunehmend in Geld, zu leisten. Das **Leistungs-Gegenleistungs-Verhältnis** war also zumindest theoretisch im Lot. Land wurde ‚ausgeliehen‘ gegen Abgaben und gewisse Schutzleistung des Grundherrn.

157 Da die Zahl der Grundstücke und damit ‚Bodenberechtigungen‘ bei steigender Bevölkerung nicht beliebig vermehrt werden konnte, entstanden Probleme: In der dörflichen Oberschicht musste der Konflikt gelöst werden, wer die Bodenberechtigung ‚erben‘ sollte. Gab es – wie mancherorts üblich – nur einen Hoferben (z.B. den ältesten oder jüngsten Sohn – **Anerbenrecht**), so mussten die weichenden Geschwister versorgt werden. Sie und ihre Kinder standen in der Gefahr, in die dörfliche Unterschicht abzusinken. Wählte man das Prinzip der Realteilung, so wurden die Grundstücke bald so klein, dass man wie die übrige Unterschicht auf landwirtschaftliche oder gewerbliche Zuarbeit angewiesen war.

Einerseits bedingt durch diese Probleme und andererseits bedingt durch das Bevölkerungswachstum auch in der Unterschicht entstand so schnell eine **unterbäuerliche Schicht** aus Gärtnern, die keine Bauernstelle besaßen, aber ein Haus im Dorf mit (großem Nutz-)Garten. Unter ihnen standen die Häusler, die nur ein Häuschen besaßen. Die Bezeichnungen für diese Personengruppen wechseln in allen deutschen Landschaften (Kötter, Maier).

Die beiden letztgenannten Gruppen zählten zur Dorfgemeinschaft, daher standen ihnen Berechtigungen an der Allmende zu (am gemeinsamen ‚Besitz‘ des Dorfes). Sie durften also ihre Schweine in den Gemeindewald zur Mast treiben, ihr Vieh in der gemeindlichen Herde hüten lassen und Fallholz aus dem Gemeindewald sammeln. Die Berechtigungen schwankten von Ort zu Ort und Zeit zu Zeit. Teilweise nahmen die Innlieger (Wohnungsmieter) nicht an diesen Rechten teil, was ihre wirtschaftliche Position erheblich verschlechterte.

Die letzten Gruppen ernährten sich vor allem vom Tagelohn oder – falls möglich – von gewerblicher Arbeit (z.B. Weberei im Verlagswesen). Für die Jugendlichen wurde Gesindearbeit zur Notwendigkeit: vom Gänsehüten der ganz Jungen bis zu schwerer Arbeit mit dem Großvieh und bei der Ernte für die jungen Erwachsenen. Unterhalb dieser Schichten fanden sich Bettler, Vaganten (Fahrendes Volk) oder gar Kriminelle.

Man muss die Bedeutung dieser Schichtung sehr hoch ansetzen, zumal in Zeiten steigender Bevölkerung die unterbäuerliche, sehr arme Schicht zwangsläufig ansteigen musste.[60]

A. Lehnsrecht

158 In den Jahrhunderten der Entwicklung des Lehnswesens seit fränkischer Zeit (Rdnr. 130) waren Lehnsordnungen entstanden, die die Rechtsverhältnisse zwischen den Lehnsnehmern (Vasallen) und den Lehnsherrn zunehmend genau bestimmten. Der Sachsenspiegel regelte neben dem Landrecht sehr ausführlich das Lehnsrecht.

159 Die **Einsetzung** in ein Lehen geschah durch den feierlichen Akt der **Investitur**. Der Vasall musste knien, seine Hände in die des Lehnsherrn legen und ihm Treue schwören (Hulde = Selbstaufgabe und Aufnah-

---

60 Vgl. W. Abel, Agrarkrisen und Agrarkonjunktur, 1978; ders., Massenarmut und Hungerkrisen im vorindustriellen Europa, 1974.

me in die Huld des Herrn). Der Lehnsmann war also nicht dem ‚Staat' gegenüber, sondern nur dem Lehnsherrn persönlich verpflichtet. Der Vasall musste beim Tode des Herrn (Herrenfall) dem neuen Amtsinhaber erneut huldigen.

Das Lehnsverhältnis beruhte ursprünglich auf **wechselseitigen Rechten und Pflichten**. Der Lehnsmann, z.B. ein Bischof oder Graf, schuldete Rat und Tat. Wenn es sich um ein unmittelbares Lehen des Königs handelte, schuldete er also Heerfolge und Teilnahme an den Hoftagen/Reichstagen, welche sich von einem Beratungs- und Rückversicherungsgremium des Herrschers in eine Ständeversammlung wandelten. Der König schuldete hingegen Schutz und Trutz.

Die Tatsache, dass man glaubte, sich nicht allein schützen zu können, war ursprünglich ein Grund, aus dem sich Personen freiwillig in die Abhängigkeit begeben hatten, obwohl sie damit einen „Ober"-Herrn oder -Eigentümer erhielten. Sie wurden somit abgabenpflichtig und verloren – in unserer Terminologie – ihre Freiheit. Doch so lange, wie das Verhältnis von Leistung und Gegenleistung angemessen erschien, kam es nicht zu Störungen. Sobald aber das persönliche Treueband einerseits (z.B. bei Kindern und Kindeskindern) und das Verhältnis von Leistung und Gegenleistung andererseits gestört waren, musste dieses System der Herrschaftsausübung dysfunktional werden. Formell bestand es bis zur Abdankung des Kaisers 1806 fort. Diese schnitt aber formell nur der Lehnspyramide die Spitze ab. Das Lehnswesen existierte bis 1918 völlig denaturiert fort.

Das **Lehnsrecht** entwickelte sich aus Gewohnheiten, Vereinbarungen und Verträgen. Der Sachsenspiegel stellte im Grunde nur fest, wie die vielen möglichen Rechtskonflikte im Lehnssystem gelöst wurden bzw. zu lösen seien. Es war z.B. mit der Zeit üblich geworden, dass ein Sohn des Herrn dessen Lehen und etwa dessen Grafenamt erbte. Damit traten dynastische Interessen neben die Pflichten gegenüber dem Lehnsherrn. Da mit dem Lehen persönliche Pflichten begründet wurden, enthielten die Lehnsordnungen detaillierte Regelungen über die **Erbfolge in Lehen**, die sich von der gewöhnlichen Erbfolge unterschieden:

„*Papen unde wif, dorpere, koplude, unde alle rechtens darvet oder unrecht geboren sint, unde alle de nicht ne sint van ridderes art van vader unde van eldervader, de scolen lenrechtes darven*" („Kleriker und Frauen, geistig Behinderte, Verrückte und alle, die nicht alle Rechte haben oder unehrlicher Geburt sind, und alle, die nicht von ritterlichem Stand seit dem Vater und dem Großvater sind, die sollen kein Lehen haben"[61]).

„*It erft neman nen len wan de vader op den sone*" („Es vererbt niemand sein Lehen als der Vater auf den Sohn"[62]).

Wer überhaupt Lehen empfangen und vergeben durfte, war in **Heerschildordnungen** bestimmt. Zur Erläuterung sei die des Sachsenspiegels (I, 3, § 2) dargestellt:

---

61 Sachsenspiegel, Lehnsrecht, hgg. v. Eckhardt 2,1.

62 A.a.O. 21, 3.

163   War die Vergabe von Lehen ursprünglich ein Willkürakt, so erschwerte die Vererblichkeit und der Zwang, an die Kinder zu vererben, vieles. Weil sich überdies mit der Zeit die Vorstellung verbreitete, dass das Lehen nur bei schwersten Verfehlungen eingezogen werden konnte, hatten die Lehnsnehmer einen **sehr starken selbstständigen Machtbereich** vor allem gegenüber dem König aufgebaut. Die Treuepflicht bestand nur jeweils zwischen denen, die sich den Treueeid geleistet hatten. Ein Lehnsnehmer eines unteren Heerschildes war deshalb dem König nicht zur Treue, noch nicht einmal zur Neutralität verpflichtet.

In England und Frankreich hatte die Treue bzw. Neutralitätspflicht aller Lehnsnehmer zugunsten des Königtums eine Stärkung des Königtums zur Folge. Faktisch bewirkten die Lehnsverhältnisse durch die damit verbundenen Ämter, Rechte und Privilegien einen **Machtzuwachs der Fürsten** und **Territorien** gegenüber dem Reich. Durch den Frieden von Münster und Osnabrück 1648 (dazu Rdnr. 257) wurden die Lehnsnehmer später sogar von der Verpflichtung der Reichstreue beim Vertragsschluss mit ausländischen Mächten entbunden.

164   Die für die Lehnsverhältnisse zuständigen Gerichte waren die **Lehnsgerichte**. Nur durch deren Spruch konnte ein Lehen entzogen werden. Der berühmteste dieser Fälle war der **Prozess Heinrichs des Löwen**, dessen bayerische und norddeutsche Lehen Friedrich I. kraft Urteil des Lehnsgerichts wieder einzog und neu vergab (zur genaueren Prozessgeschichte Rdnr. 197).[63]

B. Ministerialen/Dienstrecht

165   Auf der fünften Stufe des o.a. Heerschildes standen u.a. die **Ministerialen**. Diese waren ursprünglich abhängige ,Beamte' des Königs. Im Rahmen seiner Auseinandersetzung mit den Reichsfürsten und der Kirche versuchte Heinrich IV. im 11. Jh., gegen den belehnten Hochadel eine Schicht von Verwaltungsbeamten aufzubauen, die allein von ihm abhängig und deren Ämter auch **nicht erblich** sein sollten. Im Laufe der Zeit erhielten die Ministerialen den Amtssitz, von dem aus sie das Königs- oder Grafengut verwalteten, als Dienstgut. Von da ergab sich eine **Parallelentwicklung zum Lehnsrecht**. Äm-

---

63 O. Brunner, Land und Herrschaft, 5. Aufl. 1965; F. Uhlhorn/Schlesinger, Die deutschen Territorien, in: B. Gebhardt, Hb. Dt. Geschichte, Bd. 13; H. Mitteis, Lehnsrecht und Staatsgewalt, 1933; W. Goez (Der Leihezwang, 1962) bestreitet, dass ein rechtl. Leihezwang bestand; M. Bloch, Die Feudalgesellschaft, 1982; G. Althoff, Spielregeln der Politik im Mittelalter, 1997.

ter wurden erblich und an die Familie gebunden, sodass allmählich eine Schicht entstand, die im 13. Jh. als **niederer Adel** akzeptiert wurde. Zwar hatte noch im 11. Jh. der hohe Adel, die Grafen und Reichsfürsten, bittere Klage darüber geführt, dass der Kaiser Männern vertraute, die aus der Schicht der Hörigen stammten, doch führte im Hochmittelalter langsam die gemeinsame ritterlich-höfische Lebensweise und der massenhafte Übertritt Edler in die Ministerialität zu einer Verschmelzung beider Schichten.

Allein **Friedrich II.** (1215–1250) war es gelungen, mithilfe von Ministerialen in **Sizilien**   **165** eine moderne Verwaltung aufzubauen. In ihrem Versuch, sich auf Ministeriale und teilweise Unfreie zu stützen, hatten die deutschen Herrscher übersehen, dass dies eine der wenigen Möglichkeiten für die abhängige Schicht war, die strengen Standesgrenzen zu überspringen.[64]

C. Bauern

Im Hochmittelalter gehörten nur noch wenige Bauern zur Schicht der **Freien**. Freilich ist   **167** auch der Begriff der „Freien" für das MA problematisch.[65] Entweder saßen sie seit der fränkischen Zeit auf eigenem Land oder sie hatten es z.B. im Rahmen der Ostkolonisation durch Rodung erworben („Rodungsfreie"). Das Land dieser Bauern war **allod = eigen**, d.h. es stand nicht unter einer Form von Obereigentum oder sonstigen Abhängigkeit. Ein freier Bauer hatte gegenüber dem hörigen Bauern eine erheblich selbstständigere Stellung, die z.B. darin zum Ausdruck kam, dass er selbst Partei bei Gericht sein konnte.

Die **Hörigen** hingegen waren aufgrund der Struktur der Grundherrschaft in der Gestal-   **168** tung ihrer persönlichen Rechtsverhältnisse nicht frei. Sie durften die Scholle nicht verlassen und waren sogar in so höchstpersönlichen Dingen wie der Heirat an die Zustimmung des Herrn gebunden. Im Falle des Todes stand dem Grundherrn ein Teil der Erbschaft zu.

Während sich im Westen des Reiches die Grundherrschaft allmählich auflöste, verdich-   **169** teten sich im Osten die sozialen und rechtlichen Abhängigkeiten der bäuerlichen Bevölkerung zur **Gutsuntertänigkeit**: Der Gutsherr bewirtschaftete mit vielem Gesinde und Tagelöhnern einen eigenen – großen – Gutshof. Für diesen schuldeten abhängige (später: hörige) Bauern Hand- und Spanndienste, also nicht nur Geld- oder Naturalabgaben. Die Entwicklung der Hörigkeit (Leibeigenschaft) vollzog sich seit dem Mittelalter bis in das 18. Jh. in Wellen. Sie verdichtete sich durch die Bündelung von Eigentümerrechten der Herren mit Hoheits- und Gerichtsrechten, bis Hörige 1794 vom ALR (vgl. ab Rdnr. 387) gewissermaßen als Zubehörstücke des Bodens angesehen wurden.

In Preußen wurde die persönliche Abhängigkeit der Bauern vom Grundherrn, die Erbuntertänigkeit, erst mit den Stein-Hardenbergschen Reformen (Martini-Edikt 1810, vgl. Rdnr. 477) aufgehoben.

---

64 Vgl. K. Kroeschell, Rechtsgeschichte, Bd. 1, S. 200 ff.; K. Bosl in: Gebhard, Bd. 7, S. 152 ff.
65 Vgl. nur H. Krause, HRG II, Art. „Königsfreie".

D. Städte

170 Im frühen MA war die Bedeutung der Städte gering. Von römischen Verwaltungszentren hatten sie sich in ihrer Bedeutung zurückentwickelt. Mit dem hohen Mittelalter begann sich das Bild zu ändern.

171 Höhere Produktivität der Landwirtschaft ermöglichte die Versorgung vieler Menschen, die nicht ausschließlich landwirtschaftlich tätig waren. Infolge der u.a. durch die Ostkolonisation erhöhten Mobilität wuchs die Anziehungskraft der Städte. Technische Neuerungen führten zu einer Blüte von Handel und Geldwirtschaft in den Städten.[66]

172 **Stadtrechte** wurden entweder vom Stadtherrn verliehen, von anderen Städten übernommen oder autonom (meistens vom Rat) gesetzt. Die meisten Städte hatten wie die Bauern auf dem Land i.d.R. einen **Stadtherrn**, z.B. den Landesherrn oder den Bischof. Neben den alten Städten, meist alte Bischofssitze, wurden sog. **Gründungsstädte** gezielt von Fürsten ins Leben gerufen (so zuerst Freiburg i.Br., wahrscheinlich 1120). In **Privilegien**, ähnlich den wirtschaftsfördernden Maßnahmen heute, garantierten die Stadtgründer den Zuzugswilligen, z.B. freie erbliche Leihe des Grundbesitzes, persönliche Freiheit, d.h. Freizügigkeit, Steuerfreiheit und freies Erbrecht.[67]

173 Der so erst im 19. Jh. formulierte Satz **„Stadtluft macht frei"** begründete die Attraktivität der Städte für viele Landbewohner. Während die „Luft" auf einer grundherrlichen Besitzung „eigen" machte, war ein Höriger frei, der von seinem Grundherrn binnen „Jahr und Tag" (ein Jahr, sechs Wochen Dingfrist und drei Tage Ladungsfrist) nicht von der Stadt zurückgefordert worden war.

174 Auch wurde oft eine freie Richterwahl garantiert, und die Stadt konnte sich das Recht, nach dem sie leben wollte, selbst aussuchen. Sie waren damit i.d.R. von anderer Gerichtsbarkeit, z.B. der des Grafen, ausgenommen. Viele Städte wählten so berühmte Stadtrechte wie das Lübecker oder das Magdeburger, sodass es zur Bildung von **„Stadtrechtsfamilien"** kam. In Zweifelsfällen wandten sich die Schöffenstühle der Tochterstädte mit der Bitte um Auskunft an das Gericht der Stadt, von der sie ihr Recht ableiteten **(Oberhofsystem)**. Durch deren Schöffensprüche (allgemeine Rechtsmitteilung/konkrete Rechtsweisung) wurden die Stadtrechte in ihrem Verbreitungsgebiet ausdifferenziert und vereinheitlicht. Trotz der Rezeption des römischen Rechts (vgl. Rdnr. 279) blieben diese Rechte teilweise bis ins 18. Jh. von Bedeutung.

175 In alten wie in neuen Städten kam es zu **Kämpfen um die Unabhängigkeit von den Stadtherrn** (Bischöfen, Landesherrn). Angestrebt wurde der Status der freien Reichsstadt, die nur dem König untertan war.

176 Als Selbstverwaltungsform bildete sich die **Ratsverfassung** heraus. Der Rat, besetzt von Kaufleuten und/oder – oft nach Kämpfen – Handwerkern, bildete nicht nur die oberste Verwaltungsinstanz, sondern war auch Gericht (Lübeck). Teilweise entstand der Rat aus den Stadtgerichten, die als selbstständige Schöffenstühle fortexistierten (Magdeburg).

---

66 Zur Wirtschaftsgeschichte des MA: H. Pirenne, Sozial- und Wirtschaftsgeschichte Europas im Mittelalter.
67 Zum Freiburger Stadtrecht von 1120 vgl. K. Kroeschell, Bd. 1, Rechtsgeschichte, S. 161 u. 223.

Bevorzugt geregelt wurden in den Stadtrechten die Materien, die besondere Wichtigkeit **177**
hatten (z.B. das Marktrecht sowie das Recht des Kaufs und Handels, aber auch der Erwerb des Bürgerrechts).

Dem Handwerk wurde in den **Zunftverfassungen** eine Ordnung gegeben oder die **178**
Zünfte gaben sich diese Ordnung autonom. Die Zunftordnungen existierten oft bis zum
Beginn des 19 Jh., als die Gewerbefreiheit eingeführt wurde (vgl. Rdnr. 482). Ihre Kartell-
funktion schrieb vor, wer wie Meister werden konnte, wie viele Lehrlinge dieser haben
und zu welchen Preisen er die Ware verkaufen musste. Ihre ‚arbeitrechtliche Komponente' regelte ob und wie lange die Gesellen wandern mussten, wie und wo diese zu arbeiten hatten.

In einigen Städten wurden die Zünfte die entscheidenden politischen Kräfte, in anderen die Inhaber der
großen Handelsgesellschaften (z.B. Fugger in Augsburg) oder die Kaufmannsgilden in Köln.

Insgesamt war die Verwaltung der Städte rationaler und effektiver als die sonstige Ver- **179**
waltung im Reich. Ein rein äußeres Zeichen hierfür sind z.B. die **Stadtbücher**, in denen
oft alle rechtlich erheblichen Vorkommnisse in der Stadt aufgezeichnet wurden. Mit der
Zeit differenzierten sich diese Bücher zu Gerichts-, Geschäfts-, Privilegien- und solchen
Büchern aus, die vor dem Rat protokollierte Geschäfte enthielten und heute dem Notar-
und Grundbuchwesen zuzuordnen wären. Manchmal entwickelten sich aus den Rats-
büchern und den darin protokollierten Beschlüssen das spätere Stadtrecht oder dieses
wurde danach neu gefasst (vgl. Rdnr. 310).

4. Abschnitt: Gerichte und Rechtsgang

Der ständischen Gliederung des Rechts und der örtlichen Verschiedenheit entsprach **180**
eine Fülle von verschiedenen Gerichten, von denen einige bereits erwähnt wurden: z.B.
Hofgericht, Lehnsgericht, Grafengericht, Schöffenstühle und Kirchengerichte.

Das **Königsgericht** (Hofgericht) war das höchste Gericht im Reich. Von fast allen ande- **181**
ren Gerichten konnte man im frühen und hohen MA daran appellieren. Das Gericht tagte dort, wo der König sich gerade aufhielt. An diesem Ort konnte er die Gerichtsgewalt
an sich ziehen (Evokationsrecht). Praktisch musste man die von Pfalz zu Pfalz ziehenden
Könige erst einmal finden. Im Laufe des Spätmittelalters mit dem Niedergang des
Lehnswesens häuften sich königliche Privilegien für die Landesherrn, nach denen die
Parteien nicht mehr an das Königsgericht appellieren durften und nach denen der König die Sachen nicht mehr an sich ziehen konnte. Diese *privilegia de non appellando*
und *privilegia de non evocando* spielten vor allem vom 16. Jh. an eine Rolle.

Das Landrecht war im Wesentlichen das Recht der Freien (des Adels, der freien Bauern **182**
etc.). Landrechtliche Streitigkeiten wurden beim **Grafengericht** ausgetragen, das sich
im Laufe des Hochmittelalters immer mehr zu einem Zivilgericht entwickelte. Das Strafrecht begann sich abzuspalten, und die hohe oder Blutgerichtsbarkeit oblag oft neuen
Gerichtstypen, z.B. den Gogerichten (vgl. den Abschnitt über die Entstehung des ‚echten' Stafrechts). An den ursprünglichen Grafengerichten wurde daher z.B. über Eigen
und Erbe verhandelt.

183   Die von der fränkischen Zeit bis zum Hochmittelalter erfolgte **Formalisierung** des Prozesses und der Prozesshandlungen wurde allmählich zurückgedrängt.[68] Aufgrund der **„vare"** (= Prozessgefahr) konnte bereits eine falsche Wortwahl oder Bewegung den Verlust des Prozesses bedeuten, weshalb sich die Parteien eines Fürsprechers bedienen konnten, der für sie vor Gericht sprach. Er galt jedoch nur als Mund seiner Partei, nicht als ihr Vertreter (Anwalt). Schon der Sachsenspiegel wandte sich gegen übertriebene Formalisierungen.[69]

184   Nicht alle Rechtsstreitigkeiten wurden bei den Gerichten erledigt. Es gab häufig außergerichtliche **Schiedsverfahren**, an denen anfangs Kleriker teilnahmen.[70] Auch bei Konflikten im Hochadel waren Schiedsrichter von größerer Bedeutung als Gerichtsurteile.[71]

185   Die Zurückdrängung der Formalien eines Prozesses, die allmähliche Rationalisierung des Beweisverfahrens und der darin liegende Versuch, die materielle Wahrheit zu erforschen, beruhten im Wesentlichen auf **kirchlichem Einfluss** (vgl. zum Strafprozess Rdnr. 202). Im Frühmittelalter und zu Beginn des Hochmittelalters hatte die Kirche noch bei dem irrationalen Beweisverfahren des fränkischen Prozesses mitgewirkt. So hatten Priester die Reinigungseide abgenommen und trotz vorhandener Bedenken auch an den **Ordalien** (= Gottesurteilen) teilgenommen. Spätestens seit dem IV. Laterankonzil (1215) wirkte die Kirche an magischen Beweisen nicht mehr mit.

186   Der hochmittelalterliche **kirchliche Prozess** wurde im Gegensatz zum germanischen **schriftlich** geführt. Klage und Klageerwiderung mussten schriftlich erfolgen, ebenso die Beweisanordnungen. Die Zeugenaussagen wurden protokolliert. Aus dem kirchlichen Prozess stammt der Satz: *„Quod non est in actis, non est in mundo"* (= „was nicht in den Akten ist, ist nicht in der Welt").

187   Die wesentliche Neuerung war aber das **Beweisverfahren**. Zur Erforschung der materiellen Wahrheit wurden Augen-, nicht Leumunds-Zeugen gehört. Als noch besseres Beweismittel wurden allerdings Urkunden angesehen. Dabei waren nur **Notariatsurkunden** oder Urkunden mit authentischem Siegel beweiskräftig. Das Aufkommen des öffentlichen Notariats hängt mit dieser Prozessreform zusammen.

188   Der Einfluss des kirchlichen Prozesses war deshalb so groß, weil dort nicht nur kirchenrechtliche Materien im heutigen Sinne behandelt wurden, sondern auch eine Fülle von Rechtsstreiten, für die heute die Zivilgerichte zuständig wären.

189   So unterteilte sich der Liber Extra im Decretum Gratiani (vgl. Rdnr. 151) systematisch in *iudex, iudicium, clerus, sponsalio, crimen* (= Sachen, betreffend die Gerichtsverfassung, Prozess, kirchliche Ämter, Ehe- und Strafrecht). Es bestanden die Zuständigkeiten für Rechtsstreitigkeiten zwischen Klerikern über kirchliche Güter und Rechte, in Ehesachen wegen des sakralen Charakters der Ehe und wegen allen sündhaften Handelns. Gerade dieser letzte Punkt brachte eine erhebliche **Zuständigkeitsausweitung**, weil es auch sündhaftes Handeln war, vertragsbrüchig zu werden oder unerlaubte Handlungen zu

---

68   K. Kroeschell, Rechtsgeschichte, Bd. 1, S. 272.
69   Lehnrecht, 68 § 7.
70   Vgl. K. Kroeschell, Rechtsgeschichte, Bd. 2, S. 32 ff.
71   Vgl. G. Althoff, Spielregeln der Politik im Mittelalter, 1997.

begehen. Dazu kam die günstige Möglichkeit der Vollstreckung. Während die Macht eines Stadtgerichts vor den Toren der Stadt endete, konnte die Kirche überall vollstrecken. Als Zwangsmittel standen ihr hierbei die Kirchenstrafen zur Seite, die im MA von sehr großer Wirkung waren. Eine **Exkommunikation** konnte die bürgerliche Existenz eines Menschen vernichten;[72] ähnlich wie ein päpstlicher Bann massiv in das Leben sogar des Königs eingreifen konnte.

5. Abschnitt: Entstehung des ‚echten' Strafrechts

A. Peinliches Strafrecht

Die Entstehung eines „echten" Strafrechts im Hochmittelalter und die damit verbundene Trennung von Straf- und Zivilrecht ist eine der erstaunlichsten Erscheinungen dieser Epoche. Seit der germanisch-fränkischen Zeit waren Eingriffe in den Rechtskreis eines anderen vornehmlich zwischen den Sippen des Schädigers und des Geschädigten geregelt worden. Das geschah früher oft im Wege der Selbsthilfe (Blutrache), oft aber auch durch ein Gerichtsverfahren, in dem die *compositio* (Buße, vgl. Rdnr. 91) angeordnet wurde.

190

Allein, was hier auf wenigen Seiten geschildert wird, war in der historischen Wirklichkeit viel komplexer. Sicher ist eines: Mehrere Sanktionssysteme bestanden seit der Spätantike nebeneinander bis in das 16. Jh. hinein: Rache durch Gewalt, Ausgleich (*compositio*), Kirchenbuße und ‚echte' (peinliche) Leibes- oder Lebensstrafe, ggf. mit vorangegangener Folter. Am Ende dieses Zeitraums, spätestens mit der Entstehung frühmoderner Staaten, dominierte die öffentliche Strafe. Die anderen Sanktionen waren zurückgedrängt worden.[73]

Die **Ursachen** für die Entstehung des echten, öffentlichen Strafrechts sind vielfältig und können hier nur ansatzweise angeführt werden. Eine wichtige Rolle spielte der Anstieg der Kriminalität, der wiederum auf verschiedene Ursachen zurückging. Dieser führte zu einer gravierend veränderten sozialen Reaktion auf abweichendes Verhalten. Man entfernte sich vom Ausgleich zwischen den Parteien und verhängte obrigkeitliche Sanktionen. Strafrechtliche Sanktionen gegen Angehörige der Unterschicht (vgl. für die Knechte Rdnr. 99) hatte es immer gegeben. Im Verfahren bei „handhafter" (= frischer) Tat waren trotz des Bußenrechts Todes- und Leibesstrafen üblich.

191

Die Ursachen für den Anstieg der Kriminalität sind gleichfalls vielfältig. Als erstes sind der Anstieg der Bevölkerung und die Verschlechterung der wirtschaftlichen und sozialen Bedingungen eines großen Teils der Bevölkerung zu nennen. Armut und Elend waren unvorstellbar groß, wie heute in Teilen der Dritten Welt. Zu den Ursachen zählten weiter die Fehde, die neue Mobilität, die Verwilderung der Sitten während der Kreuzzüge und das Raubrittertum verarmter Adeliger.

Im Hochmittelalter galt die **Fehde als legitimes Mittel** des Adels zur Durchsetzung von Ansprüchen, weil es keine staatliche Zentralgewalt gab, wo man sein Recht hätte suchen können. Zudem gab es praktisch keine Gerichte, die den Fehden Einhalt geboten

192

---

72 Zum Prozess: H. Schlosser, Spätmittelalterlicher Prozess nach bayerischen Quellen, 1971; zum kirchlichen Prozess: W. Trusen, Anfänge des gelehrten Rechts in Deutschland, 1962.

73 Hierzu D. Willoweit, Gewalt und Verbrechen, Strafe und Sühne im alten Würzburg, in: Die Entstehung des öffentlichen Strafrechts, 1999, S. 215 ff.

hätten. Die Entstehung des Strafrechts hängt engstens mit dem Versuch der weltlichen und geistlichen Mächte zusammen, die Fehde einzudämmen. Mit der Fehde ist vornehmlich die **ritterliche Fehde** gemeint. Diese legale und legitime Form der Selbsthilfe diente der Durchsetzung vermeintlicher oder wirklicher Ansprüche zivil- oder lehnsrechtlicher Art, was heute streng untersagt ist – vgl. § 229 BGB.

Sie wurde oft aus gewichtigen, manchmal aber auch aus nichtigen Anlässen vom Zaun gebrochen. Wie sollte man sich in einer Zeit sehr unklarer öffentlicher Gewalt und geringer Durchsetzungskraft der wenigen Gerichte auch sonst sein Recht erhalten? – Inwieweit die mittelalterliche Fehde mit der germanischen Blutrache zusammenhängt, ist umstritten.[74]

193 Im 11. Jh. begann von Südfrankreich aus die Kirche, auf die Beschwörung von **Gottesfrieden (*pax dei*)** zu dringen.[75] Die Kirche allein konnte ein Verbot der typischen Fehdedelikte nicht durchsetzen und versuchte deshalb, die weltlichen Herren bestimmter Bezirke durch Eid zu verpflichten, den Gottesfrieden einzuhalten. Durch diese beschworenen Einigungen wurden bestimmte Orte und Personen von Fehdehandlungen ausgenommen, also insbesondere Kirchen und Priester, aber auch der Bauer auf dem Felde, die Arbeitsgeräte des Bauern (Mühlen etc.). Typische Fehdedelikte wie Raub, Mord, Diebstahl und Notzucht sollten verboten sein. Die Fehde war nämlich i.d.R. nicht der ritterliche Zweikampf zweier Herren, sondern die Fehden wurden auf Kosten der Hintersassen der Herren ausgetragen. Hatte sich nämlich der Herr in seiner Burg verschanzt, so war diese kaum zu erobern. Der Gegner begnügte sich dann z.B. damit, dass er ein zur Herrschaft gehörendes Dorf verwüstete und das Vieh wegnahm, um so Ansprüche finanzieller Art durchzusetzen.

Weiter beinhalteten die Gottesfrieden die ***treuga dei***, wodurch Fehdehandlungen an bestimmten Tagen, Sonntagen und Kirchenfesten verboten waren.

Diese Gottesfrieden waren nicht nur mit Kirchenstrafen wie der Exkommunikation bewehrt, sondern bereits auch mit peinlichen Strafen an Hals und Hand. Der Bruch des Gottesfriedens war nicht mehr nur eine Tat gegenüber dem Verletzten, sondern gegenüber der ganzen Gemeinschaft. Diese musste den Eidbruch strafen, sollte nicht Gottes Strafe die gesamte Gemeinschaft treffen.

194 Es war insbesondere Heinrich IV. (1056–1106), der sich an die Spitze der Gottesfriedensbewegung in Deutschland stellte. Die Gottesfrieden, an denen deutsche Kaiser beteiligt waren, werden auch **Landfrieden** genannt. Die Gewohnheit setzte sich durch, dass jeder neue König zur Wahrung des inneren Friedens unmittelbar nach seiner Krönung einen neuen Landfrieden erließ. Berühmt sind der sog. **„Mainzer Reichslandfriede"** Friedrichs II. von 1235 und der sog. **„Ewige Landfriede"** von 1495 (vgl. Rdnr. 252).

Es ist umstritten, ob diese Frieden, die beschworene Einigungen zwischen den Kaisern und den Fürsten waren, bereits als Gesetze anzusehen sind. Der Sachsenspiegel (vgl. Rdnr. 146) nahm jedenfalls Regelungen aus den Landfrieden auf.[76]

---

74 Vgl. A. Erler/E. Kaufmann (Hrsg.), Handwörterbuch zur deutschen Rechtsgeschichte, 5 Bde., Berlin 1971–1998, Bd. I, Art. „Fehde"; O. Brunner, Land und Herrschaft, 5. Aufl. 1965, betonen den Zusammenhang; K. Kroeschell, Rechtsgeschichte, Bd. 2, S. 161, bestreitet diesen; vgl. auch Boettcher, Art. „Blutrache", in: Hoops, Reallexikon.

75 Vgl. Dhond, Das frühe Mittelalter, Fischer Weltgeschichte, Bd. 10, S. 252 ff.

76 J. Gernhuber, Die Landfriedensbewegung in Deutschland bis zum Mainzer Reichslandfrieden von 1235, 1952; E. Wadle, Gottes- und Landfrieden als Gegenstand der Forschung nach 1950, in: K. Kroeschell/A. Cordes, Funktion und Form, 1996, S. 63 ff.

Im Rahmen dieser Gottes- und/oder Landfriedensbewegung kam es auch zur Umwandlung der gräflichen Hochgerichte zu selbstständigen Blutgerichten. Es entstanden auch neue Gerichtstypen, z.B. die **Gogerichte** in Sachsen. Die Gründe für das Entstehen des echten Strafrechts sind weitgehend ungeklärt. Die darüber bestehenden älteren Theorien haben teilweise spekulativen Charakter.

195

In der Person Heinrichs IV. werden die politischen Motive und Hoffnungen, die die deutschen Herrscher mit den Gottesfrieden verbanden, deutlich. Die Strafandrohungen richteten sich gegen jedermann – zumindest gegen diejenigen, die die Einigung beschworen hatten. Damit waren auch die Reichsfürsten, die nach immer mehr Selbstständigkeit strebten, in ihrer Handlungsfreiheit beschränkt.

196

Heinrich hoffte, „damit die Axt an das Eigenrecht des deutschen Hochadels" zu legen,[77] indem er auch die Adeligen zu möglichen Subjekten schwerer Strafen machte. Diese politische Zielsetzung wird auch deutlich, wenn Heinrich in seinen Frieden die Friedenswahrung als Aufgabe des gesamten Volkes bezeichnete. Heinrich versuchte hier, sich in der Schicht der Unfreien Verbündete zu schaffen (vgl. zu Ministerialen Rdnr. 165).

Dass die Frieden als politisches Element wirksam waren, zeigt der **Prozess Heinrichs des Löwen** (1180 in Gelnhausen). Heinrich war nämlich nicht vor dem Lehnsgericht wegen seines (politischen) Treuebruchs angeklagt, sondern zunächst vor dem Königsgericht wegen seiner Landfriedensbrüche. Als er nach Ladung in drei Terminen nicht erschien, wurde er geächtet. In einem zweiten lehnsrechtlichen Verfahren verlor er als Vogelfreier seine Lehen.

197

Ein Hauptmotiv für die Errichtung der Frieden war der allgemeine Wunsch, angstfrei und in Sicherheit leben zu können. Die im Hochmittelalter immer **größer werdenden menschlichen Gemeinschaften** waren **als Instanzen sozialer Kontrolle** nicht mehr so effektiv wie es früher die Sippe, die Familie und die Dorfgemeinschaft gewesen waren. Die Kriminalität war beträchtlich gestiegen.[78]

198

Soziale Spannungen waren die Folge der sich ändernden wirtschaftlichen Verhältnisse. Die Bußgeldkataloge waren durch die Inflation entwertet worden. Viele Grundherren, deren Einkommen in genau fixierten Geldbeträgen von ihren Hörigen bestanden, verarmten **(Raubrittertum)**. Die dauernden Fehden, der Investiturstreit, das Interregnum und nicht zuletzt die Kreuzzüge hatten zu einer oft bezeugten „Verwilderung der Sitten" geführt und in deren Folge zu einem Ansteigen der Kriminalität, deren Opfer nicht selten Juden wurden.

Besonders berüchtigt war der **„Kreuzzug" Peters des Einsiedlers** (April 1096). Diesem Kreuzzug des einfachen Volkes hatte sich eine Zahl von Raubrittern und Vagabunden angeschlossen, sodass es in der Folge zu einer Fülle von Übergriffen auf die Zivilbevölkerung kam. Auch die jüdische Bevölkerung musste leiden.[79]

Die Landfrieden selbst und auch andere Rechte, die solche Strafen in der Folge übernahmen (Stadtrechte), gaben Begründungen für diese Strafen: Unfrieden müsse die staatliche Gewalt um der **Liebe Christi** willen bekämpfen. Zunächst müsse man gerechte Ver-

199

---

77 K. Bosl, Staat, Gesellschaft, Wirtschaft im deuten Mittelalter, in: Gebhard Bd. 7, S. 144.

78 Vgl. die historisch-kriminologische Darstellung von Radbruch/Gwinner, Geschichte des Verbrechens, 1951.

79 Vgl. R. Pernoud (Hg.), Die Kreuzzüge in Augenzeugenberichten.

geltung für die Missetat üben. Das alttestamentliche **Talionsprinzip** (Auge um Auge, Zahn um Zahn) schlug sich besonders in den spiegelnden Strafen nieder: Abschlagen der Hand bei Körperverletzung, Herausreißen der Zunge bei Gotteslästerung. Weiterhin sollten diese Strafen **abschreckend** wirken. Man ließ die Todesstrafen durch den Nachrichter oder Henker öffentlich vollstrecken. Von dem Abschreckungsgedanken geprägt sind auch minder schwere Strafen wie das Ausstellen am Pranger oder die öffentliche Auspeitschung. Drittens sollten diese Strafen die Allgemeinheit vor dem Verbrecher **sichern**. Dazu diente z.B. die Verbannung und auch das Brandmarken des Diebes. Die letztgenannte Maßnahme kann als Vorläufer unserer Strafregister angesehen werden.

200 Weder die oben aufgezeigten äußeren Bedingungen für das Ansteigen der Kriminalität noch die Angaben in den Strafgesetzen vermögen allerdings zu erklären, warum als Abwehrmaßnahme gegen die Kriminalität zu derart **grausamen Strafen** gegriffen wurde. Die Antworten der Lehre auf diese Frage können bislang nicht befriedigen, weil ein Ansteigen der Kriminalität zwar immer soziale Reaktionen hervorruft, diese Reaktionen aber nicht zwangsläufig in derartig brutalen Strafen bestehen müssen.

Nach einer Ansicht ist es das aufkommende **Zweckdenken** im Recht gewesen, nach dem man es als legitim angesehen haben soll, dass zur Erreichung des allgemeinen Friedens so grausame Strafen anzuwenden seien. Das Strafensystem selbst sei bereits schon vorhanden gewesen, und zwar in den Strafen, die man gegen Unfreie angewendet habe **(Nivellierungstheorie)**. Andere vertreten, man habe das Verfahren bei „handhafter Tat", das die sofortige Tötung oder peinliche Strafen i.d.R. zur Folge hatte und bei dem Beschuldigten der Reinigungseid durch den Kläger verlegt werden konnte, ausgeweitet. Für Dritte steht der Gedanke des Friedensbruchs durch den Bruch des Landfriedensschwures **(Eidbruchstheorie)** im Vordergrund.[80]

Wenn man der Nivellierungstheorie folgt, so bleibt die Frage nach der Entstehung der peinlichen, insbesondere der Todesstrafen offen. Sie wird nur in die germanisch-fränkische Zeit zurückverlegt. Für die Entstehung der Todesstrafen in germanischer Zeit sind die Erklärungen ebenfalls nicht hinreichend und haben spekulativen Charakter, z.B. die Sakraltheorie von Amira u.a., nach der Leibes- und Lebensstrafen Opfercharakter zur Versöhnung der Götter hatten, oder die Theorie, nach der die Todesstrafen auf der Friedloserklärung (Ausstoßung aus der Gemeinschaft) beruhten.[81]

201 Jüngst weist Jerouschek auf die Fegefeuervorstellungen hin, wonach die Bestrafung durch die Gemeinschaft als milder als die Bestrafung durch Gott im Fegefeuer angesehen wurde.[82]

B. Strafprozess

202 Mit der Veränderung im Bereich des Strafrechts ging ebenso langsam die Veränderung des Strafprozesses und auch seine Abspaltung vom Zivilprozess einher. Auch das war ein Prozess, der sich über Jahrhunderte erstreckte. Vielfach bestanden Gewaltreaktion (Rache), Akkusation und Inquisition lange nebeneinander.

Während im frühen MA der Grundsatz galt: Wo kein Kläger, da kein Richter, wo also die Gerichte nur auf **Akkusation des Verletzten** tätig wurden, gewann im Lauf des Hochmittelalters der **Inquisitionsprozess** an Bedeutung. Im Zuge der Rationalisierung des Rechts ging man dazu über, bei schweren Delikten den Parteien die Herrschaft über den

---

80 Zur Einarbeitung und zu den früher vertretenen Theorien vgl. H. Conrad, Bd. I, S. 441 f.; K. Kroeschell, Rechtsgeschichte, Bd. 1, S. 186 ff.

81 Vgl. Eb. Schmidt, Einführung in die Geschichte der deutschen Strafrechtspflege, §§ 3–14 und § 52 m.w.N.

82 Vgl. G. Jerouschek, Geburt und Wiedergeburt des peinlichen Strafrechts im Mittelalter, in: FS Kroeschell (1997), S. 497 ff.

Prozess zu entziehen und die materielle Wahrheit von Amts wegen zu ermitteln (zum Einfluss der Kirche vgl. Rdnr. 185).

In manchen Teilen Deutschlands gab es für die Bevölkerung sogar einen Anzeigezwang und in den Städten amtliche Ankläger. Wenn man die materielle Wahrheit erforschen wollte, so konnte das irrationale Beweisverfahren des fränkischen und frühmittelalterlichen Prozesses mit seinen Reinigungeiden und Gottesurteilen nicht genügen. Dieses Verfahren war allein auf die Schlichtung zwischen zwei Parteien zugeschnitten.

Insbesondere die Städte, die im Interesse einer effektiven Verwaltung ein strenges Strafrecht hatten, gingen mit dem neuen Verfahren energisch gegen Verbrecher oder vermeintliche Verbrecher vor – freilich nicht immer konsequent. Viele Beispiele bezeugen, wie manche Delinquenten mit Kirchenbußen (z.B. Wallfahrten) selbst unter Todesstrafe gestellte Taten abgelten konnten. Manchen gelang das durch Bußzahlungen an die Familie des Verletzten.[83]

Die Anfänge des Augenzeugenbeweises mögen im **Handhaftverfahren** des Frühmittelalters gelegen haben. Wenn ein Täter auf frischer Tat betroffen wurde, konnte ihm der Kläger den Reinigungseid durch einen Eid mit sechs Eideshelfern „übersiebnen" und ihm den Reinigungseid verlegen. Hieraus entwickelte sich auch die Überzeugung, dass man ebenso **„landschädliche Leute"** (Zigeuner, fahrendes Volk), also vornehmlich verdächtig erscheinende Fremde, übersiebnen könne. **203**

Neben **Augenzeugen** war aber noch – wie auch im heutigen Strafverfahren – der Angeklagte selbst Beweismittel. Eine Verurteilung war nur bei vollem Beweis von Tat und Täter möglich. Der Zeugenbeweis stellte jedoch nur einen unvollständigen, halben Beweis dar. War der Angeklagte von zwei Zeugen beschuldigt, so konnte er zur Erlangung eines Geständnisses und somit vollen Beweises gefoltert werden. Die Überzeugung stellte sich ein: *„confessio est regina probationum"* (= das Geständnis ist die Königin der Beweismittel). **204**

Die erste systematische Anwendung der **Folter** ist im Anfang des 13. Jhs. bezeugt. Auch die Kircheninquisition bediente sich im Fall der Häresie dieses Mittels seit der Mitte dieses Jahrhunderts. Im Laufe der folgenden Jahrhunderte wurde die Folter immer rücksichtsloser angewendet. Oft reichte schon ein schlechter Leumund oder die Tatsache aus, dass der Beschuldigte ein „landschädlicher Mann" sei, um ihn der Folter zuzuführen. **205**

Während der fränkische Prozess öffentlich war und der Beschuldigte eine Verteidigungschance hatte, verlegte sich das Erkenntnisverfahren auf das heimlich (= nicht öffentlich) durchgeführte **Vorverfahren**. Das Urteil stand meist aufgrund des protokollierten Geständnisses vor dem „endlichen Rechtstag", der öffentlichen Verhandlung fest und wurde dann dort nur noch wiederholt und zumeist auch sogleich öffentlich vollstreckt. **206**

C. Oberitalienische Strafrechtswissenschaft

Ähnlich wie im Zivilrecht fand in Oberitalien unter Einfluss des römischen und kirchlichen Rechts die Entwicklung zu einem begrifflich-dogmatischen Strafrecht statt. Der *„Tractatus de maleficiis"* des Richters **Albertus Gandinus** (1245–1311) ist die erste straf- **207**

---

83 Hierzu erneut D. Willoweit, Gewalt und Verbrechen, Strafe und Sühne im alten Würzburg, in: Die Entstehung des öffentlichen Strafrechts, 1999, S. 215 ff.

rechtliche Monographie. Die dogmatische Auseinandersetzung mit dem materiellen und prozessualen Strafrecht erinnert in manchen Belangen stark an die Kommentare unserer Zeit.[84] Gandinus begann mit einem Obersatz (= Definition), dessen einzelne Bestandteile dann unter ausführlichen Hinweisen auf den Corpus Iuris, die Glossatoren und auch auf die Bibel erläutert wurden:

208 „Es ist aber der Diebstahl die fraudulös Berührung einer fremden beweglichen körperlichen Sache, die gegen den Willen des Eigentümers in Bereicherungsabsicht geschieht; d.h. um der Sache selbst, ihres Nießbrauch oder Besitzes willen, welcher Diebstahl zu begehen durch das Naturrecht verboten ist [... Quellenbelege]. Denn auch die göttliche Autorität bezeugt: Was Du nicht willst, was Dir geschehen soll, das füge keinem andern zu. Dieses hier ist eines der Prinzipien der Theologie: ‚Begehe keinen Diebstahl‘, wie im mosaischen Gesetz im Alten Testament im Buch Exodus [geschrieben steht].

Fraudulös habe ich eben gesagt, weil, wenn er geglaubt hat, dass es ihm erlaubt sei, kein Diebstahl angenommen werden kann [...]. Ebenso, wenn er glaubt, den Willen des Eigentümers zu tun, wie der Herr Azo [...] bemerkt. Berührung wird angenommen, weil ohne sie kein Diebstahl begangen werden kann [...]. Eine wirkliche Berührung wird verlangt und kennzeichnet jede Wegschaffung und Wegtragung (?). Fremd habe ich eben gesagt, weil ich keinen Diebstahl bezüglich meiner eigenen Sache begehen kann, es sei denn, ein anderer ist mit mir zusammen Miteigentümer derselben Sache [...]. Ebenso wird die Sache fremd genannt, die niemandem gehört [...]. Beweglich habe ich gesagt, weil es Diebstahl an unbeweglichen Sachen nicht gibt [...]. Körperlich habe ich gesagt, weil unkörperliche Sachen nicht berührt oder getragen oder besessen werden können [...]. Gegen den Willen des Eigentümers heißt es, weil, wenn er glaubt, der Eigentümer werde einverstanden sein, kein Diebstahl vorliegt. Bereicherungsabsicht ist verlangt, weil, wenn jemand nicht den Willen der Bereicherung hat, sondern die Lust ausüben will, er nicht überführt werden kann [...].“

209 Die von Gandinus vertretene **Kontrektationstheorie** verlegte die Vollendung des Delikts auf die Berührung der Sache, faktisch die Besitzergreifung, vor, weil der Diebstahlsversuch als solcher nicht bestraft wurde. Nicht erforderlich war ein Wegbringen der Sache **(Ablationstheorie)** oder ein Bergen der Beute **(Illationstheorie)**. Heute wird allein die **Apprehensionstheorie** (Bruch fremden und Herstellung neuen Gewahrsams durch Ergreifen der Sache) vertreten.

210 Unter dem Einfluss des kanonischen Rechts begann man im Anschluss an römisches Recht eine „Schuldlehre" zu entwickeln. Hatten die mittelalterlichen Rechte teilweise eine Haftung für Zufälle („Ungefährwerk") angeordnet, so begann man allmählich stärker auf den Willen abzustellen. Man unterschied zwischen **dolus** (= Vorsatz), **culpa** (= Fahrlässigkeit) und **casus** (= Zufall). Gandinus führte aus, dass eine „zufällig" begangene Tat in keiner Weise bestraft werden dürfe.[85]

6. Abschnitt: Privatrecht in Deutschland

211 Im 19. Jh. versuchte eine Gruppe von Juristen, die **Germanisten**, aus den verschiedenen Rechtsordnungen des MA ein **„deutsches Privatrecht"** zu konstruieren. Die Germanisten, die sich damit bewusst in Gegensatz zu den römisch-rechtlich orientierten Romanisten stellen wollten, waren überzeugt, dass in den vielen verschiedenen Volks-, Stadt- und Landrechten doch eine gemeinsame „germanische" Rechtsüberzeugung lebendig

---

84 Vgl. K. Kroeschell, Rechtsgeschichte, Bd. 2, S. 280 f. m.w.N.

85 W. Engelmann, Die Schuldlehre der Postglossatoren, 2. Aufl. 1965; S. Kuttner, Kanonistische Schuldlehre von Gratian bis auf die Dekretalen Georgs IX., 1935; H. U. Kantorowicz, Albertus Gandinus und das Strafrecht der Scholastik, 2 Bde., 1907, 1926.

war. Die Germanisten versuchten Darstellungen eines (all-)gemeinen deutschen Privatrechts. Sie berücksichtigten zu wenig die örtliche und zeitliche **Rechtszersplitterung**, die unterschiedlichen Regelungen in nord- und süddeutschen Rechten. Allgemein gültige Aussagen zu treffen wie: „Sachenrecht war in Deutschland in dieser bestimmten Weise ausgestaltet", war und ist höchst problematisch.

Im Folgenden werden deshalb beispielhaft Institute des Privatrechts herausgegriffen, deren Regelung sich an den Sachsenspiegel anlehnt, weil dieser nicht nur in weiten Teilen des Reiches eine ganz erhebliche praktische Bedeutung hatte.

Als allgemeine Tendenz lässt sich trotz des oben Gesagten feststellen, dass das Privatrecht mit fortschreitendem MA immer verkehrsfreundlicher wurde. Es war allerdings noch immer viel **konkreter** ausgestaltet als heute; man stellte wie noch im Frühmittelalter ab auf Sichtbares und Symbolhaftes. So z.B. auch im Bereich des heutigen Allgemeinen Teils des bürgerlichen Rechts: **212**

„Alle Fahrhabe (= bewegliche Güter) gibt der Mann ohne Erbenlaub [= Erlaubnis durch die Erben] an allen Orten weg und veräußert und verleihet Gut, solange wie er es vermag, dass er, gegürtet mit einem Schwert und mit einem Schilde, auf ein Pferd steigen kann von einem daumenellenhohen Stein oder Baumstumpf ohne jemandes Hilfe, außer dass man ihm das Roß und den Steigbügel halte; wenn er dies nicht mehr tun kann, so kann er nichts weggeben, noch veräußern, noch verleihen, sodass er es jenem entzöge, der es nach seinem Tode zu erwarten hat".[86]

Dagegen vgl. heute § 104 BGB:

„Geschäftsunfähig ist: […] 2. wer sich in einem die freie Willensbestimmung ausschließenden Zustand krankhafter Störung der Geistestätigkeit befindet, sofern nicht der Zustand seiner Natur nach ein vorübergehender ist".[87]

Die Formulierung, „der es nach seinem Tode zu erwarten hat", deutet bereits an, dass es noch keine gewillkürte **Erbfolge** gab. Tacitus hatte ja berichtet, die Germanen kannten *„nullum testamentum"* (= **kein Testament)**. In der fränkischen Zeit war dieser Grundsatz in der Weise aufgelockert worden, dass zumindest der **Seelteil** zugunsten der Kirche vergeben werden konnte (vgl. Rdnr. 132). Im Hochmittelalter galt der Satz: „Das Gut rinnt abwärts wie das Blut". Verfügungen unter Lebenden waren indes schon in beschränktem Umfang möglich. **213**

Das römische Recht kannte nach dem Tode des Erblassers die *„hereditas iacens"* – das war die ruhende Erbschaft, die in niemandes Eigentum stand bis zum **Erbantritt** des wahren Erben. Dass dieses Institut viele Rechtsprobleme mit sich brachte, liegt auf der Hand. Im germanischen Raum galt allerdings der Grundsatz: Der Tote erbt den Lebendigen (Erbanfall), der auch heute noch im BGB (§§ 1922, 1942) enthalten ist. Er besagt, dass praktisch im Moment des Todes der Erbe in die „Fußstapfen" des Erblassers tritt. Noch bei der Abfassung des BGB war umstritten, welches Prinzip (das des Erbanfalls oder des Erbantritts) man für die künftige Regelung wählen wollte. **214**

Im Gegensatz zur heutigen Gesamtrechtsnachfolge (§ 1922 BGB) kannte das germanisch-deutsche Recht noch **Sondererbfolgen**. So erbten bspw. die Söhne die Heerge-

---

86 Sachsenspiegel, Landrecht I, 52 § 2.
87 Vgl. zur historischen Entwicklung der Geschäftsfähigkeitsregeln: A. Thier, Geschäftsfähigkeit (§§ 104–113), in: M. Schmoeckel/J. Rückert/R. Zimmermann (Hg.), Historisch-kritischer Kommentar zum BGB, Bd. I, 2003.

räte, das waren die Pferde, Waffen und die Kriegsausrüstung des Vaters, und die Töchter die Gerade, das war die Ausstattung der Mutter. Weiter unterschied sich die Erbfolge in Lehen von der landrechtlichen Erbfolge:[88]

> „Mancher Mann von Rittersart erbt auch in zweifacher Weise, das Erbe an den nächsten Verwandten, wer er auch sei, und das Heergeräte an den nächsten männlichen Verwandten."

215 Die Erbfolge in Sondervermögen hatte in der fränkischen Zeit eine größere Bedeutung als im Hochmittelalter.

Die Erbteilung erfolgte viel klüger als heute (§§ 2042 ff. BGB):

> „Wo auch immer zwei Männer ein Erbe nehmen sollen, da soll der Ältere teilen, und der Jüngere soll wählen".[89]

Mit dem Eindringen des römischen Rechts setzte sich später das Testament durch.

216 Während heute jedermann in der Regel unbeschränkt über sein Vermögen auch schenkweise zu Lebzeiten verfügen kann, bestand insbesondere zur fränkischen Zeit durch das **Erbenwartrecht** eine Verfügungsbeschränkung. Die Erben hatten eine Anwartschaft auf das zukünftige Erbgut, und sie konnten, falls der Vater das Gut (und insbesondere ein Grundstück) weggab, dieses wieder an sich, also in das Familienvermögen, ziehen. Dies Erbenbeispruchsrecht (= Wartrecht) gab ihnen einen direkten Anspruch gegen den Erwerber des Gutes. Im Hochmittelalter setzte sich die Überzeugung durch, dass der zukünftige Erblasser Grundstücksvermögen nur mit förmlicher Erlaubnis der Wartberechtigten, der zukünftigen Erben, bei Gericht veräußern durfte.

> „Ohne Erbenlaub (= Erlaubnis, Zustimmung) und ohne echtes Ding kann niemand sein Eigen noch seine Leute weggeben".[90]

217 Im Verlauf des Spätmittelalters schränkte sich der Erbenbeispruch immer mehr zu einem Vorkaufsrecht für die nächsten Verwandten ein. Mit seinem Näherrecht (**Retrakt**, Abtriebsrecht) konnte der jeweils nächste Verwandte im Fall der Veräußerung eines Grundstücks dieses Grundstück an sich ziehen, später war dies nur gegen Bezahlung des Kaufpreises möglich. Die Übereignung von Grundstücken war im Spätmittelalter und in der frühen Neuzeit allerdings möglich, falls ein Fall von echter Not gegeben war oder falls es sich um wohlerworbenes Gut, d.h. Gut, das der Erblasser zu seinen Lebzeiten selbst erworben und nicht erbt hatte, handelte. Auch die Rezeption des römischen Rechts konnte dieses germanisch-rechtliche Institut nicht verdrängen. Im 16. Jh. bestand Einigkeit darüber, dass das Institut in Kraft stand (heute vgl. § 2034 BGB).

218 Begrifflich unterschied man im Sachsenrecht zwischen **gewere**, worunter man etwa den berechtigten Besitz verstehen kann, und dem **allod** (= Eigen), das waren Grundstücke ohne Obereigentümer oder Lehnsherrn. Lasten konnten auf Grundstücken liegen aus Lehns- oder Grundhörigkeitsverhältnissen. Seit 1135 begann man in Köln, Grundstücksgeschäfte in **Grundbücher** einzutragen, die in einen Schrank eingeschlossen waren (daher der Name **„Schreinsbücher"**).

---

88 Sachsenspiegel I, 27 § 2.
89 Sachsenspiegel III, 29 § 2; nach BGB entsteht eine Erbengemeinschaft, deren Auflösung § 2042 ff. (oft Versteigerung) durch nur einen Miterben erzwungen werden kann.
90 Sachsenspiegel I, 52 § 1.

Diese Form der **Publizität**, die die förmliche öffentliche Erklärung nicht mehr aus- **219**
reichen ließ, war insbesondere in den aufstrebenden Handelsstädten von Bedeutung,
wo es wesentlich darauf ankam, Mittel zur Kreditsicherung zu erlangen. Die Kölner
Schreinsbücher kannten kein Realfolium.

Als eine Art beschränktes dingliches Recht war im Hochmittelalter die (ältere) **Satzung** **220**
bekannt. Wie heute die **Pfandrechte** diente die ältere Satzung zur Sicherung von Schulden oder Darlehen. Sie war nach heutiger Terminologie nicht streng von der Veräußerung zu unterscheiden, d.h. bei der älteren Satzung entstand eine Art Besitzpfand, der
Erwerber durfte i.d.R. Nutzungen aus dem Pfand ziehen.

Die Errichtung der älteren Satzung hatte nach den gleichen Grundsätzen wie die Veräußerung eines
Grundstücks zu geschehen. Sie war dem heutigen Wiederkauf ähnlich. Wurde die Schuld z.B. nach Ablauf eines Jahres nicht bezahlt, so verfiel das Pfand ohne Weiteres; später trat der Pfandverkauf an die
Stelle des Verfalls (heute §§ 1228 ff. BGB). Die jüngere Satzung, die besonders in den Städten verbreitet
war, stellte eine Art besitzloses Pfandrecht dar, das ein spekulatives Element enthielt. Es wurden z.B. keine Zinsen bezahlt, aber wenn die ursprüngliche Schuld fällig war, wurde dem Gläubiger das Eigentum
an dem Pfand zugewiesen. Nach manchen Rechten, z.B. wie es aus den Kölner Schreinsbüchern hervorging, musste die Errichtung einer jüngeren Satzung eingetragen werden. Mit dem allmählichen Eindringen des römischen Rechts verstärkte sich die Tendenz zu besitzlosen Pfändern. Auch bei Grundstücken war dann oft keine Eintragung mehr erforderlich, was dem Kreditwesen sehr abträglich war.

Die Kölner Schreinsbücher zeigen über die o.g. Punkte hinaus noch, dass es ein Eigentum an Wohnungen gab, und dass weiterhin insbesondere in Handelsstädten im Gegensatz zum römischen Recht die
Gütergemeinschaft der Ehegatten – wohl auch aus Gründen der Kreditschöpfung und -sicherung – üblich war.

Neben den o.g. Beschränkungen des Grundeigentums existierten auch noch Beschränkungen aufgrund der lehnsrechtlichen Verhältnisse und aufgrund **nachbarrechtliche**
Regelungen, die in den Städten schon ausgebildet waren.

„Ofen, Abort und Schweinestall sollen drei Fuß vom Zaun entfernt stehn."[91] – Ein „Umweltschutzrecht"
im heutigen Sinn entstand freilich erst im 20. Jh.

Was die **Fahrhabe** – die beweglichen Sachen – anging, so konnte diese ohne besondere **221**
Förmlichkeiten veräußert werden. Für den Fall, dass jemand einen Gegenstand willentlich aus der *gewere* ließ und ein Dritter den Besitz dieses Gegenstandes – gleichgültig,
ob mit oder gegen den Willen des Zweiten – erlangte, so gab es **keinen „Vindikations-**
anspruch" i.S.d. heutigen § 985 BGB gegen den Dritten. Der erste musste sich an seinen
Schuldner (den zweiten) halten. Dieser Grundsatz, der den heutigen §§ 932 ff. BGB zugrunde liegt – mit der Einschränkung des Abhandenkommens – hieß: **„Hand wahre**
Hand" (vgl. Rdnr. 330), oder: „Wo du deinen Glauben gelassen hast, da musst du ihn suchen". Es versteht sich, dass auch diese Regelung sehr verkehrsfreundlich war, da der Erwerber einer Sache fast immer geschützt war.[92] Auch diese deutsch-rechtliche Regelung
blieb insbesondere in den Hansestädten gegenüber den römisch-rechtlichen Prinzipien
noch im 16. Jh. erhalten (Rdnr. 315). Der praktische Grund lag darin, dass man auf den
Märkten die Eigentumsverhältnisse nicht prüfen konnte.

Klagen waren nur aus dem Bruch der *gewere* möglich. Bei dieser **Anfangsklage** wird **222**
noch die Verbindung von Zivil- und Strafrecht deutlich, da diese Klage zivilrechtlich an-

---

91 Sachsenspiegel II, 51 § 1.
92 Sachsenspiegel II, 60 § 1.

fing und peinlich enden konnte. Nicht der Eigentümer, sondern nur derjenige, dem die Sache gegen seinen Willen genommen worden war, konnte durch Berühren der Sache den Bruch seiner *gewere* und damit seine Berechtigung an der Sache behaupten. Der Beschuldigte musste dann seinerseits seine *gewere* dadurch beweisen, dass er dem Gericht denjenigen stellte, von dem er sie herleitete. Gelang ihm das nicht, musste er die Sache herausgeben, und es konnte gegen ihn ein Strafverfahren wegen Raubes oder Diebstahls durchgeführt werden.

223 Was das Schuldrecht anging, so waren im frühen MA vornehmlich **Formalverträge** bekannt, d.h. die Schuld gründete sich nicht auf die Einigung der Vertragsparteien, sondern sie knüpfte eher an symbolhafte Handlungen an. Im Hochmittelalter wurde allmählich das bloße Versprechen einklagbar („ein Mann, ein Wort"). Und während im römischen Recht der Satz galt: *„Ex nudo pacto actio non oritur"* (= aus dem bloßen Vertrag entsteht kein Klagrecht), setzte sich der kirchliche Rechtssatz *„pacta sunt servanda"* (= Verträge muss man halten) durch.

224 Im Rahmen der **christlichen Morallehre** achtete die Kirche auch auf ein gerechtes Verhältnis von Leistung und Gegenleistung (Lehre vom *iustum pretium* = gerechten Preis). So setzte sich im Hochmittelalter das Institut der *„laesio enormis"* durch, wonach jede Vertragspartei, die „enorm verletzt", d.h. etwa um 50% übervorteilt war, an den Vertrag nicht gebunden war.[93]

225 Aus der Lehre vom gerechten Preis folgte auch ein **Wucherverbot**, das sich in einem Verbot, Zins zu nehmen, konkretisierte (hergeleitet aus Lukas 6, 35). Da Zinsen der Preis für Geld auf Zeit waren, die Zeit jedoch nur Gott gehörte, stand den Zinsen kein gleichwertiges Gut gegenüber.

Die Juden waren an das Zinsverbot allerdings gegenüber Andersgläubigen nicht gebunden und betrieben infolgedessen Geldgeschäfte in großem Umfang (30–40% Jahreszins waren keine Seltenheit). Christen suchten das Zinsverbot durch Umgehungsgeschäfte wie den Rentenkauf, bei dem für eine einmalige Zahlung eine jährliche Rente gewährt wurde, zu umgehen. Auch im jüdischen wie im muslimischen Recht existierten Zinsverbote, die entsprechend den wirtschaftlichen Notwendigkeiten mehr oder weniger streng angewandt wurden.

226 Die Haftung aus **unerlaubter Handlung** bestand nach wie vor. Jedoch hatten die Bußgeldkataloge des frühen MA (vgl. Rdnr. 91) ihre überragende Bedeutung verloren, weil ein echtes Strafrecht eingeführt war.

227 Im Bereich des **Familienrechts** und besonders im persönlichen Eherecht war der kirchliche Einfluss am stärksten. Diese Gegenstände unterlagen ja auch der Jurisdiktion von kirchlichen Gerichten. Ursprünglich, im Frühmittelalter, kam die Ehe durch Vereinbarung zwischen Sippen zustande. Durch die Kirche war in der Folge eine Verrechtlichung des Zustandekommens einer Ehe zu verzeichnen. Bereits im 12. Jh. hatte sich der Grundsatz durchgesetzt, *„consensus facit nuptias"*, d.h. auch eine zwischen den Ehegatten heimlich geschlossene Ehe sollte – selbst wenn der Wille ihrer Sippen entgegenstand – gültig sein. Auch hier sieht man die Gültigkeit formloser Versprechen. Während zunächst der Priester bei der Eheschließung lediglich anwesend sein sollte, galten im Hoch- und Spätmittelalter nur solche Ehen, die vom Priester geschlossen waren (Konzil

---

93 Vgl. H.J. Wallraff, HRG II, Art. „iustum pretium".

von Trient 1563). Die Lehre von den Ehehindernissen wurde von der Kirche aufgestellt; diese Hindernisse sollten bei der Eheschließung durch den Priester geprüft werden. Nach kirchlicher Doktrin war die Ehe unauflöslich. Der Satz, dass der Ehemann das Haupt der Familie sei, geht auch in besonderem Maße auf kirchlichen Einfluss (Paulus) zurück.[94]

Güterrechtlich bestand in der Regel Gütergemeinschaft mit der Maßgabe, dass der Mann die Verwaltung auch des Frauengutes innehatte, wie ihm auch im persönlichen Bereich die *munt* (= die Vormundschaft) über seine Frau zukam.   **228**

7. Abschnitt: Römisches Recht in Westeuropa

Unter dem Begriff **Rezeption des römischen Rechts** wird in der rechtsgeschichtlichen Wissenschaft traditionell das allmähliche Eindringen römischen Rechts und römischen Rechtsdenkens im Europa des MA verstanden. Ebenso wie die bisher beschriebenen Veränderungen im Recht des MA sich über einen Zeitraum von Jahrhunderten erstreckten, verhielt es sich auch mit der Rezeption.   **229**

Die theoretische Rezeption ab ca. 1100 in Bologna wurde oft als **„Wiederentdeckung" des römischen Rechts** gefeiert. Das ist aber allenfalls richtig, soweit es sich um klassisches oströmisches Recht handelte. Römisches Recht war in Westeuropa nie völlig vergessen worden. Vulgarrecht war in die Volksrechte eingegangen und die Kirche hatte es in Unterricht und Praxis gepflegt (vgl. z.B. auch die Turiner Institutionenglosse vor 900). Wiederentdeckt oder erstmals entdeckt wurden aber die Digesten.[95]   **230**

Seit dem Untergang des weströmischen Reiches fand aber kaum mehr eine „wissenschaftliche" Befassung mit dem römischen Recht in Westeuropa statt, wenn man von der langobardischen Rechtsschule in Pavia absieht. Dieser Prozess ist aber keine Einzelerscheinung für das Gebiet des Rechts. In keinem der wissenschaftlichen Fächer der Antike ist im Zeitraum zwischen dem 6. und 10. Jh. eine wissenschaftliche Weiterbearbeitung festzustellen. Das änderte sich erst im Hochmittelalter **(Renaissance)**.   **231**

A. Glossatoren – „mos italicus" (Bologna)

Erst gegen Ende des 11. Jhs. begann man, sich erneut mit römischem Recht in Gestalt des Corpus Iuris zu befassen. Dies geschah zunächst an den Artistenfakultäten im Rahmen der **Rhetorik** und **Grammatik**, weil das Corpus Iuris und besonders die Pandekten eine Fülle von Argumenten, Gedanken und (juristischen) Entscheidungen enthielten.   **232**

Die Kirche war im Laufe des Hochmittelalters zu einer Gemeinschaft geworden, die aufgrund ihrer Größe und Organisation einer Verrechtlichung ihrer inneren Verhältnisse bedurfte. Bei diesem Prozess wurde immer wieder auf römisches Recht zurückgegriffen: **„Ecclesia vivit lege romana"** (= die Kirche lebt nach römischem Recht, vgl. Rdnr. 150). Dieser Satz besagte, dass in der Kirche zumindest dann, wenn kein kirchenrechtlicher Rechtssatz für die Lösung eines Falles zur Verfügung stand, auf römisches Recht zurück-   **233**

---

94 Vgl. noch ALR und Code Civil, S. 3143 ff.
95 Vgl. K. Kroeschell, Rechtsgeschichte, Bd. 1, S. 237 ff.

gegriffen wurde. Das galt sogar auch für das Bußsakrament, dessen Verwaltung letztlich ständige Entscheidungen darüber erforderte, ob ein Mensch recht oder unrecht gehandelt hatte. In Handbüchern der Beichtpraxis (Beichtsummen) kann man den starken Einfluss des römischen Rechts sehen. Das gilt aber vor allem für die Zeit, als man sich in Bologna bereits wieder – auf weltlicher Ebene – mit dem römischen Recht befasste.[96]

234   Die Universität des MA war zunächst bestrebt, die **Kenntnisse der Antike** (Renaissance) zu vermitteln und nicht unmittelbar anwendbares Wissen. Daher war auch das Interesse an diesem antiken Text (dem Corpus Iuris) anfangs vor allem theoretischer Natur. Die Methode der ersten Bearbeiter des römischen Rechts, der **Glossatoren**, spiegelte diese Gedanken wieder. Die Glossen waren Anmerkungen zu einzelnen Wörtern des Textes.

235   **Irnerius** († ca. 1140) befasste sich wohl als erster in Bologna wieder mit den Pandekten (um die Jahrhundertwende vom 11. zum 12. Jh.). Seine Schüler, die *quattuor doctores* **Bulgarus, Martinus, Jacobus** und **Hugo** sind dadurch bekannt, dass sie Friedrich I. beim Reichstag auf den Roncalischen Feldern als Rechtsbeistände dienten (1158) und z.B. beim Streit mit den oberitalienischen Städten um die kaiserlichen Regalien (hierzu Rdnr. 247). Noch bedeutender waren **Azo** († vor 1236) und **Accursius** († 1263), der die „Glossa ordinaria" verfasste. Dieses Werk enthielt eine Zusammenfassung der älteren Glossen und gewann wegen seiner Vollständigkeit bald eine solche Autorität, dass es bis ins 18. Jh. hinein immer wieder gedruckt und verwendet wurde.

236   Auch der **Stil**, in dem die Glossatoren lehrten und in dem sie die Texte des Corpus Iuris behandelten, der *mos italicus* – die italienische Art der Rechtswissenschaft –, blieb über Jahrhunderte hinweg in der europäischen Rechtswissenschaft vorherrschend. Kennzeichen dieses Stils war die **scholastische Methode der Texterläuterung**, die auch in der **Philosophie** und der **Theologie** angewandt wurde. Die Theologie kann daher auch insoweit als „Mutterwissenschaft" der mittelalterlichen Wissenschaften einschließlich der Rechtswissenschaft gelten. Wie die Bibel und Schriften der Kirchenväter im Bereich der Theologie, so war das Corpus Iuris im Bereich der Rechtswissenschaft als *„ratio scripta"* kritiklos anerkannt. Folglich versuchte man, die offenbaren Widersprüche zwischen einzelnen Textstellen als Scheinwidersprüche aufzulösen.

237   Wie man lehrte, zeigt ein kirchenrechtliches Beispiel aus dem 13. Jh. (Henricus de Segusio, zit. nach Otte, Skript „Rechtsgeschichte"):

„Wie man lehren müsse: Zuerst einen Fall bilden oder den Inhalt des Textes umreißen. Zweitens den Text vorlesen und erklären und auch die grammatische Konstruktion angeben, wenn er schwer erscheint. Drittens ähnliche Stellen angeben. Viertens widersprechende Stellen anführen und die Widersprüche lösen und Unterscheidungen einführen. Fünftens Probleme stellen und entscheiden. Sechstens Merksätze angeben und zeigen, wie sie auf die (jeweils behandelte) Dekretale (= päpstliche Entscheidung) gestützt werden kann."[97]

---

96   W. Trusen, Forum internum und gelehrtes Recht im Spätmittelalter, ZRG KA 57 (1971), S. 83–126; ders., Anfänge des gelehrten Rechts in Deutschland, 1962; Fried, Die Entstehung des Juristenstandes im 12. Jh., 1974; B. Diestelkamp, Art.: Rezeption und römisches Recht, in: Handlexikon zur Rechtswissenschaft: Bd. II, hgg. v. A. Görlitz.

97   Zum gesamten Problemkreis vgl. G. Otte, Dialektik und Jurisprudenz, 1971; S. Gagnér, Studien zur Ideengeschichte der Gesetzgebung, 1960.

B. Postglossatoren/Konsiliatoren

Die Nachfolger der Glossatoren, die Postglossatoren oder Konsiliatoren genannt wer-   238
den, gaben der Rechtswissenschaft an den Universitäten eine praktischere Ausrichtung.
Für die beiden Hauptvertreter dieser Richtung, **Bartolus** (1314–1357) und **Baldus**
(1327–1400), stand nicht mehr die Erläuterung eines antiken Textes im Vordergrund,
sondern die **Anwendung des römischen Rechts als geltendes Recht**. Antikes römisches Recht wurde so lebendiges Recht im MA.

Die Anpassung und die Realität des MA erreichten sie zum Teil durch ihre Gutachter-   239
und Ratgebertätigkeit (Gutachten = Konsilien) sowie durch ihre Bearbeitung italieni-
scher Stadtrechte und des italienischen Lehnsrechts. Ihr methodisches Instrument war
vor allem die Interpretation. Gemeinsam mit den Glossatoren war ihnen, dass sie keine
Systematisierung des Rechts im heutigen Sinne anstrebten. Da insbesondere auch die
Postglossatoren dazu übergegangen waren, die Glossen anderer Rechtslehrer wiederum zu erläutern, also erneut zu glossieren, wurde der Rechtsstoff sehr unübersichtlich.
Es ist daher schwer vorstellbar, wie die Studenten der Zeit sich die ungeheure Stofffülle
einprägen konnten.[98]

---

98 Zur Einführung: H. Dilcher, Romanistische Mediävistik, JuS 1966, S. 387–392.

4. Teil: Recht der Neuzeit

1. Abschnitt: Reich und Verwaltung

A. Die Entwicklung des frühmodernen Staates der Neuzeit

I. Überblick: Entwicklung der Reichsorganisation

240 Zur Zeit der **Franken** war die königliche Verwaltung vor allem durch die persönliche Bindung der Verwaltenden an die Person des Herrschers gekennzeichnet. Das Amt des Vogts und des Grafen war weniger entscheidend als vielmehr das **persönliche Vertrauensverhältnis** zwischen Amtswalter und Herrscher. Im MA setzte die feudale Verwaltung durch das Lehnswesen diese Grundsätze fort und verrechtlichte die Bedingungen der Verwaltung vor allem in Beziehung auf den Lehnsnehmer und den Lehnsgeber.

241 Von dieser Art der Verwaltung unterschied sich bereits im **Hochmittelalter** die städtische Verwaltung. Diese entwickelte moderne Formen von Verwaltungshandeln. Zunächst ging es in den Städten auch darum, innere und äußere Sicherheit zu garantieren. Gewerbe, Gesundheit und Sitten wurden überwacht. Die Gewerbeüberwachung fand natürlich z.T. auch durch Zünfte und Gilden statt. Bemerkenswert sind auch bauordnungsrechtliche und bauplanungsrechtliche Vorschriften. Bauplanung kam insbesondere bei der Neugründung von Städten zum Tragen, wie beispielsweise bei der Neugründung der Stadt Freiburg durch den Herzog von Zähringen (1120).

242 Wie der Kaiser mit dem weiten Raum des Reiches umgegangen ist und was geschah, wenn er auf Widerstand einzelner Vasallen traf, das blieben das ganze MA hindurch Kernfragen der Staatsgeschichte des Heiligen Römischen Reiches (Deutscher Nation). Formen staatlicher Existenz im Reich, die Fürstenterritorien und die großen Städte, entwickelten sich aus eigenem Recht und nach eigenem Bedarf. Die Städte schieden alsbald aus dem Wettbewerb aus, und ebenfalls viele Kleinterritorien. Die großen Länder, zu klein im europäischen Maßstab, aber ansehnlich innerhalb des Reiches, blieben ernsthafte Teilnehmer am innerdeutschen Wettlauf um die Staatlichkeit. Nach dem Dreißigjährigen Krieg (1618–1648) war er zugunsten der Territorien entschieden.

243 Am Ende des Dreißigjährigen Krieges zum Zeitpunkt des Westfälischen Friedensschlusses war der **Prozess der zunehmenden Territorialität** politischer Herrschaft als Entwicklungsschritt zum frühmodernen Staat bereits weitgehend abgeschlossen. Sowohl das Reich als auch die einzelnen Territorien hatten neue Formen der Herrschaftsausübung entwickelt. Dies ist u.a. auf die fortwährenden Unabhängigkeitsbestrebungen der Reichsstände zulasten von Kaiser und Reich, auf Entwicklungen der Wirtschaftsstrukturen und auf das gegenüber dem MA geänderte Verhältnis des Staates zu seinen Bürgern zurückzuführen.

II. Landesherrschaften

244 Die Politik der Landesherren im späten MA zielte neben der Ausdehnung des jeweiligen territorialen Herrschaftsgebietes auf Intensivierung ihrer Herrschaftsrechte. An die Stelle des Personenverbandstaats des MA trat nun der **frühmoderne Flächenstaat**. Aus un-

terschiedlichen Rechtskreisen versuchte er ein Einheitsrecht zu formen und die ständischen Unterschiede in einen allgemeinen Untertanenstatus einzuebnen. Dies führte zu einer Herrschaftsverdichtung innerhalb der Territorien (Steuerstaat, Entstehung von Landesgesetzgebung, Aufbau eines staatlichen Kirchenelementes).[99]

Die Festigung territorialer Herrschaft geschah vor dem Hintergrund des Niedergangs **245** der feudalen Gesellschaftsordnung. Die Städte entwickelten sich außerhalb des Feudalismus und brachten einen neuen Stand hervor: das Bürgertum. Politischen Einfluss erhielten die Städte aufgrund ihrer Finanzkraft: sie erwarben die Reichsstandschaft, d.h. neben den Fürsten das Recht, auf dem Reichstag Sitz und Stimme zu haben. Kaiser und Landesherrn blieben lang auf deren Einkünfte angewiesen.

Zudem hatte sich ein **Strukturwandel des Lehnswesens** vollzogen, der sich in einer **246** Verdinglichung des Vasallenrechts, d.h. der Hervorhebung des Benefizialgedankens als dinglicher Komponente des Lehnrechts ausdrückte (vgl. Rdnr. 124). Pflichten gegenüber dem Herrn beruhten nicht mehr auf persönlich begründeten, übernommenen und ererbten Rechtsbeziehungen, sondern auf der Nutzung einer Liegenschaft. Die wechselseitigen Bindungen des Lehnssystems wurden gelockert, teilweise sogar aufgelöst: Fürsten wurden als Vasallen des Königs immer unabhängiger, ihre eigenen Lehnsleute allerdings (die adligen Landstände) verloren mit zunehmender Territorialisierung ihre Autonomie.

Innerhalb ihrer Landesherrschaften versuchten die **Fürsten**, eine umfassende **Herr-** **247** **schaft** in ihren Territorien aufzubauen. Zu den Bauelementen des frühmodernen Staates zählen neben den eigenen Grundherrschaften der Landesherren: Vogteien (vgl. Rdnr. 116), Regalien, eine eigene Hofverwaltung mit festem Fürstensitz und schließlich das Hofgericht.

Regalien waren ursprünglich dem König zustehende **Hoheitsrechte**, mit deren Hilfe verwaltet und regiert wurde. Unter diesen Hoheitsrechten bildeten die nutzbaren Regalien, die dem König erhebliche Einkünfte erbrachten, eine besondere Gruppe. Man war im MA in Deutschland überzeugt, dass nur der König allein befugt sei, z.B. die Jagd oder die Fischerei auszuüben, und dass weiterhin dem König alle Bodenschätze, die in einer bestimmten Tiefe unter dem Erdboden waren, zuständen. Von besonderer Wichtigkeit war das Münzregal, also das Recht, nach eigenem Gutdünken Geld in Umlauf zu setzen und zu prägen. Ein großer Teil dieser Regalien war bereits im MA auf die Landesherren übergegangen, so waren z.B. Fischerei, Jagd und Bergregal, aus dem der König und das Reich einen großen Teil ihrer Kosten bestritten, in manchen Teilen des Reiches vom König auf andere – z.B. Kurfürsten – übertragen worden. Die Regalien, ursprünglich wie im Lehnsrecht wegen besonderer Verdienste verliehen, wurden später nicht selten gegen politische Gegenleistungen oder entgeltlich übertragen. (Nur so ist es erklärlich, dass der Erzbischof von Salzburg die Produktion seiner Tiroler Silberbergwerke wegen verschiedener Darlehen an die Fugger weiterverpfänden konnte.)

Gleichzeitig erlaubten die Geldeinkünfte, Macht durch Richter, Amtmänner, Beamte **248** und Söldner auszuüben und zu sichern. Die Entwicklung des Beamtentums ging einher mit der **Entwicklung vom Lehnsstaat zum Beamtenstaat**.[100] Während der Lehnsmann aus den Einkünften seines erblichen Lehens lebte, wurde der Beamte besoldet, war weisungsgebunden, absetzbar und damit abhängig.

---

99 M. Stolleis, Staat und Staatsräson in der frühen Neuzeit, 1990, S. 12; D. Willoweit, Die Entwicklung und Verwaltung der spätmittelalterlichen Landesherrschaft, in: Deutsche Verwaltungsgeschichte, Bd. 1: Vom Spätmittelalter bis zum Ende des Reichs, 1983, S. 66–142.

100 K. Kroeschell, Rechtsgeschichte, Bd. 2, S. 205 f.

249 Das Lehnswesen als Methode der Gewährung von Verwaltungs- und Kriegsdiensten gegen die Überlassung von Land und Rechten verlor damit seine Bedeutung, auch wenn es pro forma beibehalten wurde. Der Adel übernahm am Hof Vertretungs- und Beratungsaufgaben und wandelte sich von Lehnnehmern allmählich zu Fürstendienern (später schließlich zu Staatsdienern). Freilich verlief die Entwicklung nicht linear. Es gab Gegenkräfte. Im Laufe des 15. und 16. Jhs. erstritt sich der Adel Rechte (z.B. das Steuerbewilligungsrecht) und bildete in den sog. Landständen (zusammengesetzt aus Prälaten, Ritterschaft und den Städten) ein Gegengewicht zur Territorialherrschaft.

III. Reichsreform

250 Im MA war über die Lehnspyramide eine **Verteilung von Rechten** erfolgt, von denen die wichtigsten sich auf Herrschaftsgewalt über bestimmte Territorien bezogen. Zumeist war damit auch die Gerichtshoheit für den Beliehenen verbunden. Auch die Regalien (Rdnr. 247) waren zum großen Teil auf Dritte übertragen worden.

251 Mit den Änderungen in der Verwaltung gingen Versuche einer **Reichsreform** einher. Besonders die kleineren Territorien und die reichsunmittelbaren Städte waren auf das Reich angewiesen. Ihnen ging es dabei nicht um eine Stärkung der Kaisermacht, sondern um Mechanismen zur Friedenssicherung.

252 Die Reichs- und Länderpolizeiordnungen und das große Justizgesetz der Zeit, die **Reichskammergerichtsordnung** (RKGO) von 1495, sind ein Teil dieser Reformversuche. Auf strafrechtlichem Gebiet kann man zu diesen Bestrebungen den **Ewigen Landfrieden von 1495** und die **Constitutio Criminalis Carolina von 1532** zählen.

Der Ewige Landfriede enthielt ein endgültiges Fehdeverbot in der Nachfolge der früheren Reichslandfrieden (Rdnr. 194). Das Reichskammergericht (näher Rdnr. 291) war für die strafrechtliche Friedenssicherung zuständig und wurde im 16. Jh. häufig wegen Friedensverletzungen angerufen. Die Carolina ordnete den Strafprozess und große Teile des materiellen Strafrechts völlig neu (näher Rdnr. 409).

253 Um eine zentrale Reichsgewalt zu schaffen und zu finanzieren, wurde versucht, eine allgemeine bescheidene Reichssteuer, den **gemeinen Pfennig**, einzuführen. Da aber für die Beitreibung dieser Steuer kein Organ zuständig war, hatte die Maßnahme keinen Erfolg. Es kam sogar dazu, dass gelegentlich noch nicht einmal die Mittel vorhanden waren, um die Richter des neuen Reichskammergerichts zu besolden. Die bisherige Art der Finanzierung der Reichsverwaltung aus den Erträgen des Reichsgutes und durch Regalien war kaum noch möglich, da diese Erträge erheblich zurückgegangen waren.[101] Auch das Reichsregiment, eine Art zentraler Reichsregierung unter Mitwirkung der Fürsten, wurde Anfang des 16. Jhs. nach kurzem Tätigwerden wieder aufgehoben. Die Versuche, ein Reichsheer aus Söldnern aufzustellen, scheiterten an der Finanzierung. Das aus Kontingenten der Reichsstände aufgestellte Heer war organisatorisch und zahlenmäßig zu schwach, um die Entstehung einer Zentralgewalt zu ermöglichen. Von Erfolg waren bei der Reichsreform letztlich nur die Maßnahmen, die die Stellungen der immer stärker werdenden Landesherren nicht beeinträchtigten. Hinzu kam, dass es aufgrund der Zusammensetzung des Reichstages und des komplizierten Gesetzgebungsverfahrens kaum möglich war, wirkungsvoll Reichsgesetze zu beschließen. Zu den wenigen erfolgreichen Maßnahmen gehörte die Einrichtung von Reichskreisen zur Sicherung des Landfriedens.

---

101 Vgl. H. Conrad, Bd. II, S. 132 ff.

Die **Reichsnotariatsordnung** von 1512 ordnete das Urkundenwesen im Anschluss an **254** die oberitalienische und kirchliche Praxis neu. Darin wurden auch Regelungen über die Form und den Inhalt von Testamenten getroffen.[102]

IV. Glaubenskriege als Legitimationskrise des HRRDN

Eine nachhaltige Legitimationskrise des von den Unabhängigkeitsbestrebungen der **255** Landesherren schon stark angegriffenen Reiches bewirkte die Reformation Luthers. Seit dem **Augsburger Religionsfrieden** 1555 war deutlich, dass das Universalkaisertum nicht länger aufrechtzuerhalten, die abendländische Einheitsvorstellung von Reich und Kirche zerfallen und rivalisierende dynastische bzw. nationale Einzelstaaten im Vordringen begriffen waren.

Die außerdeutschen Besitztümer wurden aufgegeben, auf die päpstliche Kaiserkrönung **256** verzichtet. Im Rahmen der Religionskriege versuchte der Kaiser nicht nur, die Protestanten zu besiegen, sondern auch, die kaiserliche Stellung allgemein gegenüber der ständischen Opposition beider Konfessionen zu stärken. In den religiösen Auseinandersetzungen 1555 bis 1648 ging es somit auch immer um die Emanzipationsbestrebungen der größeren Territorien einerseits, um die Stärkung der Stellung von Reich und Kaiser andererseits. Die Fürsten konnten durch den Augsburger Religionsfrieden ihre Macht hinsichtlich der Bestimmung der Konfession ihrer Untertanen auf der Grundlage der Formel *„cuius regio, eius religio"* (= wessen Territorium, dessen Religion) erweitern. Die Ständemacht war weiter gefestigt, ja unüberwindlich geworden. Insbesondere die evangelischen Landesfürsten errangen durch das landesherrliche Kirchenregiment als oberste Kirchenherrn eine besondere Machtposition.

Der unter der Garantie Frankreichs und Schwedens geschlossene **Westfälische Frieden** **257** **(1648)** war durch seine Aufnahme in den jüngsten Reichsabschied (1654) zum letzten Reichsgrundgesetz geworden. Er sicherte den Reichsständen die volle Territorialhoheit (*„droit de souverainité"*) und das Bündnisrecht mit auswärtigen Staaten, jedoch nicht gegen Kaiser und Reich.[103]

Nach dem Westfälischen Frieden wurde die Frage nach der **Staatsqualität des Reiches** **258** gestellt. Denn die Attribute der Staatlichkeit fanden sich bei den Territorien der Reichsfürsten, die den Wandel vom personenrechtlichen Verband zum Territorialstaat bereits vollzogen hatten. Der Kaiser regierte nicht das deutsche Volk, er versuchte nur, die Reichsstände zu regieren. Dies veranlasste Samuel von Pufendorf (1632–1694) dazu, das Reich in seinem Buch „De statu imperii Germanici", das er 1667 unter dem Pseudonym Severinus von Monzambano veröffentlichte, *„monstro simile"* zu nennen:

„Es bleibt uns also nichts anderes übrig, als das Deutsche Reich, wenn man es nach den Regeln der Wissenschaft von der Politik klassifizieren will, einen irregulären und einem Monstrum ähnlichen Körper zu nennen, der sich im Laufe der Zeit durch die fahrlässige Gefälligkeit der Kaiser, durch den Ehrgeiz der Fürsten und durch die Machenschaften der Geistlichen aus einer regulären Monarchie zu einer so disharmonischen Staatsform entwickelt hat, dass es nicht mehr eine beschränkte Monarchie, wenngleich

---

102 A. Laufs, Frieden durch Recht – Der Wormser Reichstag 1495, JuS 1995, 665–671; ders., Die Reichsreform, JuS 1966, 45–49.

103 Vgl. M. Heckel, Der Westfälische Friede als Instrument internationaler Friedenssicherung und religiös-weltanschaulicher Koexistenzordnung, JuS 1988, 336–341.

der äußere Schein dafür spricht, aber noch nicht eine Föderation mehrerer Staaten ist, vielmehr ein Mittelding von beiden".[104]

259 Dennoch hielt die bindende Kraft des Reichsgedankens die politisch auseinander strebenden Teile des Reiches noch wie mit einem Seidenfaden zusammen. Es gab eine Reihe von Organen und Einrichtungen wie etwa die Reichsgerichtsbarkeit, die das Reich bis zu seinem Ende 1806 als Institution aufrechterhielten.[105]

B. Verwaltung in der frühen Neuzeit

260 Gegen Ende des MA und zu Beginn der Neuzeit wurde die ständische Verwaltung entscheidend. Hierbei handelte es sich um eine **zentralisierte Amtsverwaltung**, die nicht mehr durch das persönliche Verhältnis des Herrschers zum Amtswalter gekennzeichnet war. Ständisch ist diese Verwaltung deshalb zu nennen, weil die Landesherren zu dieser Zeit noch durch ständische Privilegien, z.B. der Steuerbewilligung, beschränkt waren. Auch übten die Stände z.T. eigene Verwaltung aus. Es bestand noch keine eigene Verwaltungsgerichtsbarkeit. Je mehr sich nun der Zuständigkeitsbereich des Landesherrn für die Gesetzgebung und die Verwaltung ausweitete, desto eher wurden Eingriffe in wohlerworbene Rechte der Einzelnen und der Stände möglich.

261 Die alten Verwaltungsstrukturen konnten den Anforderungen des Staates der Neuzeit an eine sachgemäße „wohlfahrtspolizeiliche" Verwaltung nicht mehr genügen. Zwar blieben die Lehnsordnung und auch das Regalienwesen formell in Kraft, jedoch gewann die **direkte und effektivere Verwaltung durch Amtmänner** und andere Beamte der Landesherren an Bedeutung. Insbesondere in den Städten kam die neue Art von Verwaltung zum Tragen, etwa bei der **Überwachung der Märkte, der Lebensmittel, von Maß und Gewicht**. Aber auch die immer unabhängiger werdenden Fürsten bedienten sich direkt weisungsgebundener Untergebener, um ihr Land zu regieren. Aus den Kanzleien, ehemals die von Klerikern besetzten Schreibstuben, wurden Verwaltungsbehörden, in denen gelehrte Juristen tätig waren.

I. Polizeiordnungen

262 War dem MA ein Regieren durch Gesetzgebung unbekannt, und hatte sich geschriebenes Recht stets als Wiedergabe bestehender Regeln („Spiegel", „Weistum") oder Wiederherstellung alter Rechtssätze („Reformation") ausgegeben, wurde **Gesetzgebung** im 16. Jh. zur umfassenden Regelung aller Lebensbereiche eingesetzt. Das Rechtsleben des 16. Jhs. wurde neben den Stadt- und Landrechtsreformationen durch eine Fülle von Polizeiordnungen und Strafgesetzen bestimmt. Die Polizeiordnungen des Reichs (z.B. Reichspolizeiordnungen von 1530, 1577), der Länder und Städte sind deshalb bemerkenswert, weil sich in ihnen der Versuch dokumentiert, dem Staatswesen von der Obrigkeit her eine „gute Ordnung" zu geben.

263 Der heutige **Polizeibegriff** erschien erstmals im Preußischen Allgemeinen Landrecht (ALR) von 1794. Im 16. Jh. bedeutete der Begriff Polizei nichts anderes als **„gute Ord-**

---

104 Übersetzung von H. v. Denzer, aus U. Wesel, Geschichte des Rechts, 3. Aufl., München 2006, Rdnr. 242; Vgl. K.-P. Schroeder, Der Dreißigjährige Krieg, das Alte Reich und Samuel von Pufendorf (1632–1694), JuS 1995, 959–965.

105 Vgl. H. Thieme, Der Reichsgedanke in der deutschen Geschichte, JuS 1962, S. 53–57; ders., Das Heilige Römische Reich und seine Glieder, JuS 1981, 549–556.

nung und Verwaltung des Staatswesens". Demzufolge behandelten die Polizeiordnungen verschiedenste Materien des Zivil-, Straf- und nach heutiger Terminologie öffentlichen Rechts. In ihnen war tendenziell eher das Recht geregelt, das auch den „kleinen Mann" betraf.

Die folgenden Beispiele sind verschiedenen Ordnungen entnommen. Im Einzelnen wurden so verschiedene Materien behandelt wie Glücksspiel, Gesundheitswesen, Bekämpfung von Luxus – z.B. Angaben über die zulässige Höhe der Mitgift, die sich nach dem Stand der Braut bestimmte, oder über die Ausstattung von Hochzeiten und Begräbnissen, Kleiderordnungen (z.B. durften Mägde keine seidenen Kleider tragen). **264**

Auch enthielten die Ordnungen Angaben über die Behandlung unehrlicher Leute – Bettler, Narren, Zigeuner, Spielleute – und Strafvorschriften z.B. für Ehebruch. Während die Stadt- und Landrechtsreformationen vor allem Regelungen des Ehegüterrechts enthielten, nahmen sich die Polizeiordnungen auch anderer eherechtlicher Fragen an, die im MA allein bei kirchlichen Gerichten verhandelt worden waren; z.B. Verbot heimlicher Eheschließungen, Verbot, Kinder zu einer Ehe zu zwingen, Scheidungsfolgen, insbesondere Verteilung des Vermögens, vornehmlich zugunsten der Kinder und des unschuldigen Teils. Auch Fragen der Vormundschaft und Fragen des Kaufrechts wurden behandelt. Unsere heutige vormundschaftliche Regelung, nach der das Gericht stets der Obervormund ist, hat seine Wurzeln in diesen Polizeiordnungen.[106] Eine der bedeutendsten Neuerungen in den Polizeiordnungen lag darin, dass zu ihrer Durchsetzung keine Klage des einzelnen Bürgers – also keine quasi-privatrechtliche Aktion – mehr gegen den Rechtsverletzer nötig war, sondern es genügte, ähnlich wie es inzwischen auch in Strafsachen der Fall war, die **Anzeige** des Betreffenden bei einem Amtmann oder bei einem anderen Beamten.

Auch die Gesellschaft der frühen Neuzeit war **ständisch gegliedert**. Wie im MA bestimmte auch im 16. Jh. und in den folgenden Jahrhunderten die Zugehörigkeit zu einer sozialen Gruppe die Rechte und Pflichten des Einzelnen. Die Polizeiordnungen konservierten diesen Zustand durch Regelungen über Standesgrenzen, wie z.B. durch das Verbot für das Gesinde, sich wie Herren zu kleiden, oder durch Regelungen über die Ausgestaltung von Hochzeiten und Taufen. Diesen rigorosen Sitten- und Luxusordnungen standen gewisse **Pflichten der Obrigkeit gegenüber ihren Untertanen** gegenüber. Aufgaben der allgemeinen Fürsorge waren im MA vornehmlich von der Kirche durch individuelle karitative Maßnahmen übernommen worden; nun übernahm sie auch der Fürst. **265**

II. Wirtschaftsverwaltung

In der Behandlung wirtschafts- und sozialrechtlicher Fragen zeigte sich das aufkommende **wohlfahrtsstaatliche Denken**, das endgültig wohl erst mit dem Liberalismus des 19. Jhs. wegfiel. Die Reichspolizeiordnung von 1530 enthielt einen Katalog der verbotenen wucherischen Geschäfte. In anderen landesrechtlichen Polizeiordnungen waren lebensmittelrechtliche Vorschriften und solche über Maße und Gewichte enthalten. Im „Kaufrecht" waren z.T. feste Preise vorgeschrieben, die Ausfuhr von knappen Gütern (z.B. Wolle und Leder) verboten. Zwischenhandel war ebenfalls nicht immer erlaubt wegen der damit verbundenen Preissteigerungen. In manchen Fällen waren für Waren Anbietungspflichten und Abschlusszwang vorgeschrieben, z.B. mussten in manchen Städten durchreisende Kaufleute die mitgeführten Waren zunächst – manchmal sogar zu bestimmten Preisen – auf dem örtlichen Markt anbieten. Über die autonomen Satzungen der Zünfte hinaus waren in manchen Fällen Lohntarife vorgesehen. Auch wurde, wenn auch wenig erfolgreich, versucht, gegen einige Missstände beim Zunftwesen vorzugehen, die sich aus der protektionistischen Politik der Zünfte ergeben hatten.[107] **266**

In einigen Fällen wurden noch **Zinsverbote** ausgesprochen. Andere Ordnungen setzten Maximalzinsen (von bis zu 5%) fest. Die Praxis der Wirtschaft hatte die Zinsverbote, **267**

---

106 Vgl. G. K. Schmelzeisen, Polizeiordnungen und Privatrecht, 1955; ders. (Hg.), Polizei- und Landesordnungen, 1969.
107 Vgl. W. Treue, Wirtschaft, Gesellschaft und Technik vom 16. bis zum 18. Jh., in: B. Gebhardt, Hb. Dt. Geschichte, Bd. 12.

wie sie die Kirche des MA aufgestellt hatte, umgangen, sodass in der Folge auch die Kirche daran nicht mehr festhalten konnte. In den aufstrebenden protestantischen Staaten hatte die Kirche ohnehin an Einfluss verloren.

268 Insgesamt sind die oben erwähnten Regelungen nicht als Maßnahmen im Rahmen eines ökonomischen Steuerungssystems, also im Rahmen gesamtvolkswirtschaftlicher Politik zu verstehen, sondern als **Einzelfallregelungen**, als Maßnahmengesetze, wie auch der Fall der Monopolgesetzgebung zeigt.

269 In einem Reichsabschied von 1512 und in der Wahlkapitulation Kaiser Karls V. von 1519 wurde erklärt, dass letztlich Monopole aufgetreten seien, die „allerlei Waren und Kaufmannsgüter, wie Spezerei, Erz, wollene Tücher, in ihre Hand und Gewalt allein zu bringen sich unterständen, um zu ihrem Vorteil derselben Ware einen Wert nach ihrem Willen und Gefallen zu setzen".[108]

Gegen die missbräuchliche Ausnutzung ging das Reich dann mit den oben bezeichneten Maßnahmen vor. Ein Verstoß gegen die Regelungen der Polizeiordnungen wurde unter Strafe gestellt. Auch sollte der im Reich noch höchst wichtige Geleitschutz für die Kaufleute entzogen werden. Es wurden aber *konkret keine Maßnahmen* gegen die natürlich bekannten monopolistischen Gesellschaften getroffen.

Karl V. stellte selbst einen Prozess ein, der sich gegen die Kaufherren Fugger und Welser aus Augsburg richtete. Die Fugger hatten praktisch ein Monopol für Edelmetalle in Europa. Dieser Bruch seiner Wahlversprechen liegt darin begründet, dass die Fugger die Hausfinanziers der Habsburger waren und die Wahlbestechungen sowie die Kriege Karls finanzierten.[109]

C. Der absolutistisch regierte Fürstenstaat

270 Kennzeichnend für die Herrschaftsform im Absolutismus, der seine stärkste Phase in der Zeit nach dem Dreißigjährigen Krieg erreichte, war, dass die gesamte Staatsmacht in der Hand des Landesherrn vereinigt wurde. Als Vorbild fungierte der französische König **Louis XIV.** (1661–1715; *„l'état, c'est moi"* = „der Staat bin ich"), der sich als absoluter Monarch sowohl der feudalen als auch der ständischen Mitregierung entledigt hatte und sich als Stellvertreter Gottes weder der Kirche noch dem Volk rechenschaftspflichtig fühlte.

271 Für das HRRDN war typisch, dass nicht etwa der Kaiser als Oberhaupt des Reiches, sondern die Landesherren, die Territorialfürsten, in die Stellung absoluter Herrscher hineinwuchsen. Mit unterschiedlichem Erfolg und wechselnder Intensität drängten die deutschen Territorialfürsten die Landstände zurück, indem sie z.B. das Steuerbewilligungsrecht der Stände zur leeren Form degradierten. Die Stände wurden damit zum Privilegienhüter abgestuft, und der Landesherr zum alleinigen Sachwalter der durch das römische Recht mit Rechtsvorrang versehenen *utilitas publica*. Der Staat (etwa in Preußen oder Österreich) wurde nunmehr in der Person des Herrschers verkörpert, das gesamte Handeln des Einzelnen auf den im Fürsten verkörperten Staatszweck entsprach der herrschenden Auffassung von der „Staatsraison". Eine naturrechtliche Begründung des Absolutismus lieferte der vom englischen Bürgerkrieg geprägte Gelehrte **Thomas Hobbes** (1588–1679), der im Rahmen seiner Vertragstheorie in seinem berühmten Buch **„Leviathan"** (1651) den Staat als „unwiderstehlich größte Macht auf Erden" charakterisierte.

---

108 H. Conrad, Deutsche Rechtsgeschichte, Bd. 2, 1966, S. 148.
109 Vgl. W. Treue a.a.O., S. 92 ff.; Oesterreich, Verfassungsgeschichte vom Ende des Mittelalters bis zum Ende des alten Reiches, in: B. Gebhardt, Hb. dt. Geschichte, Bd. 11, S. 30 ff.; K. Nehlsen v. Stryk, Die Monopolgutachten des rechtsgelehrten Humanisten Conrad Peutinger aus dem frühen 16. Jh., in: ZNR 1988, 1–18.

I. Der Souveränitätsgedanke

Im politischen Denken der Neuzeit nahm **Niccolò Machiavelli** (1469–1527), Leiter der **272** florentinischen Staatskanzlei und Diplomat, eine Schlüsselstellung ein. Er gilt als der eigentliche Begründer der Lehre von den Staatsinteressen, d.h. der Autonomie politischer Entscheidungen gegenüber den Geboten der Moral, der Religion und des Rechts.[110] In seinen Hauptwerken „Il principe" (bereits 1513 geschrieben, posthum 1532 erschienen) und „Discorsi" (1531) entwickelte er den **Begriff der Macht** als Grundkategorie des politischen Denkens. Die Politik des Fürsten dürfe nicht durch das Recht behindert werden, sondern solle sich stets nur an dem Vorteil des Staates orientieren. Daraus verfestigte sich das absolutistische Prinzip der Losgelöstheit des Fürsten von Recht und Gesetz (*„princeps legibus solutus est"*).[111]

Darauf aufbauend entwickelte der hugenottische Gelehrte **Jean Bodin** (1530–1596) **273** in seinem Hauptwerk „Six livres de la République" (1576) wesentliche Elemente des modernen Staatsdenkens und begründete die **Lehre von der Souveränität** (vgl. Rdnr. 141). Souveränität bedeutet nach Bodin „die dem Staat eigene absolute und zeitlich unbegrenzte Gewalt". Danach ist souverän, „wer außer Gott keinen Höheren über sich anerkennt". Diese dem Herrscher zugeschriebene *„puissance absolue et perpétuelle d'une république"* (= absolute, ewige Macht eines Staates) befreite den Staat von traditionellen Bindungen, machte ihn fähig zur Monopolisierung von Rechtsetzung und Machtausübung, zu „souveräner Selbstbestimmung".[112] Die Souveränitätslehre gilt daher als Wegbereiter des Absolutismus, obwohl Bodins Staatskonzeption durchaus von der absolutistischen Staatsform abweicht. So betonte Bodin etwa die Bindung der Herrschaftsausübung an die Maxime der Gerechtigkeit.[113]

Der **Souveränitätsbegriff**, der vor dem Hintergrund des französischen Einheitsstaats **274** konzipiert war, wurde auf die **Verhältnisse des deutschen Reiches** übertragen. Dessen Machtstruktur zeichnete sich gerade dadurch aus, dass niemand uneingeschränkte Macht beanspruchen konnte. Es entstanden daher Brüche in der Souveränitätslehre, da einige Autoren eine zwischen Reich und Territorien gespaltene Souveränität annahmen. Die Territorialfürsten nutzten den Souveränitätsgedanken zur Begründung ihrer Herrschaftsansprüche. Sie betrachteten den Staat als Patrimonium, d.h. als väterliches Erbe oder Eigentum. Der Staat gehörte dem Fürsten, d.h. kein anderer Privatmann hatte als solcher Mitspracherecht im Staate. Wenn der Fürst andere mitreden ließ, dann nur als von ihm eingesetzte Berater und Verwalter. Die Souveränität, die seit dem 19. Jh. zur Umschreibung der rechtlichen Qualität des Staates dient, galt im Absolutismus als Eigenschaft des Herrschers.[114]

II. Zentralisierte Verwaltung im Absolutismus

Im Vordergrund stand eine zentrale Staatsgewalt, die für soziale Ordnung und Gestaltung des Gemeinwesen sorgte. Hierzu diente ein zentraler und straff geleiteter Verwal-

---

110 M. Stolleis, Staatsdenker in der frühen Neuzeit, S. 23.
111 E. Schmitt, Machiavelli, in: Klassiker des politischen Denkens, Bd. 1, 2. Aufl. 1968, S. 198 ff.
112 M. Stolleis, Staatsdenker in der frühen Neuzeit, S. 15.
113 K. Stapelfeldt, Jean Bodin, in: G. Kleinheyer/J. Schröder, Deutsche und Europäische Juristen aus neun Jahrhunderten 4. Aufl., Heidelberg 1996, S. 71–74.
114 H. Quaritsch, Souveränität, 1988; J. Miethke, Art. Souveränität, Lexikon des Mittelalters, Bd. 7.

tungsapparat. Es wurden Zentral-, Mittel- und Unterbehörden eingerichtet, der Instanzenzug war von Bedeutung, die Unterbehörden wurden durch die Oberbehörden kontrolliert. In größter Vollendung wurde dieser Verwaltungstyp durch **Napoleon** (1769–1821) geschaffen, an dessen Vorbild sich die deutschen Partikularstaaten im Beginn des 19. Jhs. anlehnten.

275 Besonderes Augenmerk legten die absolutistischen Staaten auf die **Wirtschaftsverwaltung** und Wirtschaftsförderung. Durch Schutzzölle und Ausfuhrprämien sollten Gewerbe und Handel zu größerer Leistungsfähigkeit gebracht werden (Merkantilismus). Unabdingbare Voraussetzung für diese planmäßig betriebene bürokratische Verwaltung war die Ausdehnung der kapitalistischen Geldwirtschaft und die damit steigenden Einnahmen des Staates, wozu natürlich auch Steuereinnahmen gehörten.

276 Es ist bezeichnend, dass sich gerade im 17. und 18. Jh. eine Verwaltungslehre und Verwaltungswissenschaft entfaltete, damals bekannt unter dem Namen **Kameral-** und/oder **Polizeiwissenschaft** (nicht zu verwechseln ist diese Kameralwissenschaft mit den Kameralisten des 16. Jhs.). Die Gegenstände dieser Verwaltungswissenschaften waren insbesondere **Finanzplanung** und merkantilistische Wirtschaftspolitik. Im 18. Jh. wurden für diese Gegenstände auch Lehrstühle an den Universitäten eingerichtet. Diese Wissenschaft näherte sich aber immer mehr den Staatswissenschaften an, die am Ende des 19. Jh. in der Volkswirtschaftslehre aufgingen. Eine eigentliche Verwaltungsrechtslehre bestand zumindest im 17. Jh. noch nicht, wohl aber ein Staatsrecht.

277 Der Wille des Fürsten war das oberste Gesetz. Der Fürst konnte also positives Recht beliebig setzen, wenn er sich dabei nur auf das öffentliche Wohl oder die Zweckmäßigkeit berief. Er regierte durch Edikte, Reglements, Ordres, Instructiones, Decrete etc. Justiz und Verwaltung waren noch nicht getrennt. Der absolutistische Herrscher beanspruchte eine hoheitliche Überlegenheit über die wohlerworbenen und althergebrachten Rechte der Stände, die sich allerdings in den einzelnen Territorien erst allmählich und recht unterschiedlich durchsetzte.

III. Das neue Herrschaftsverständnis im aufgeklärten Absolutismus

278 Mit dem **aufgeklärten Absolutismus** bahnte sich die Entwicklung des Fürstenamtes vom Staatsträger zum Staatsorgan an. Die durch die Aufklärung vorangetriebene Säkularisierung des öffentlichen Lebens lockerte auch die religiöse Bindung des absoluten Herrschers. Der Monarch verstand sich nicht länger als von Gott gesetzte Einrichtung, sondern als **erster Diener des Staates** (so etwa Friedrich der Große, Joseph II. von Österreich). So setzte sich im aufgeklärten Absolutismus die Überzeugung durch, dass der Fürst doch zumindest **an das Naturrecht gebunden** sei. Die neue Staatsauffassung, die von der Staatslehre der Aufklärung[115] vorbereitet worden war, beschränkte sich nicht nur auf die Herrscher. Sie wurde auch von den höchsten Beamten vertreten und dokumentiert sich auf dem Felde der Gesetzgebung. Galt bis dahin das Gesetz in erster Linie als Ausdruck des Herrscherwillens, so drängte das an den deutschen Universitäten gelehrte Naturrecht zur gesetzlichen Fixierung des einmal für richtig Erkannten. Im ALR von 1794 (vgl. Rdnr. 387) sind etwa die Anfänge eines **Rechtsschutzes gegen unrecht-**

---

115 Etwa bei Pufendorf, Thomasius, Wolff.

mäßiges Verwaltungshandeln zu verzeichnen. Wie das Beispiel aus §§ 74 f. Einl. ALR zeigt, sollte der Staat nur, wenn er eine Entschädigung zahlte, zugunsten des öffentlichen Wohls in die Rechte Einzelner eingreifen können.[116]

2. Abschnitt: Zivilrecht

A. Rezeption des römischen Rechts in Deutschland

I. Gründe für die Rezeption

Die oben beschriebene theoretische Aufarbeitung des römischen Rechts in Italien wurde lange Zeit als Voraussetzung für die angeblich erst danach erfolgte praktische Rezeption in Deutschland angesehen. Diese wurde in **Früh- und Vollrezeption** unterteilt.[117]   **279**

Diese Unterteilung ist schematisch gut verständlich, aber nicht ganz richtig. Schon vor der sog. Vollrezeption war das deutsch-germanische Recht **ständig vom römischen Recht beeinflusst** (vgl. Rdnr. 230). Die Vollrezeption war keine vollständige Übernahme des fremden Rechts „en bloc". Eine Rezeption *„in complexu",* wie sie schon im Spätmittelalter behauptet worden war (Lotharische Legende), hat nie stattgefunden (vgl. Rdnr. 318). Die Rezeption ist vielmehr als ein jahrhundertelanger theoretisch-praktischer Prozess anzusehen, in dem das römische Recht, wie es in Oberitalien bearbeitet worden war, mit dem einheimischen Recht um Anerkennung stritt.   **280**

Die **Rolle der Kirche** hierbei ist sehr hoch einzuschätzen. In Bologna waren es vornehmlich Ordensangehörige, die dort das Recht studierten. Insbesondere wurde Kirchenrecht studiert, und man promovierte zum *„doctor decretalium"* – also zum Doktor der päpstlichen und kirchlichen Gesetze. Der *„doctor legum"*– der Doktor des weltlichen Rechts – trat verstärkt erst vom 15. Jh. ab in Erscheinung.[118]   **281**

Ein weiterer Vorzug des römischen Rechts war, dass das Recht der Glossatoren bereits nach der scholastischen Methode wissenschaftlich durchgeformt war, während es in Deutschland noch **keine wissenschaftliche Behandlung des einheimischen Rechts** gab, wenn man von den Glossen und Erläuterungen zum Sachsenspiegel absieht, die ihrerseits aber auch oft in der Rezeptionszeit entstanden und römisch-rechtlichen Charakter hatten.   **282**

Das eindringende römische Recht veränderte im Rahmen der **Rationalisierung der Rechtsfindung** zunächst den Prozess und die Technik der Rechtsfindung, und erst in zweiter Linie das materielle Recht. Hier ist erneut auf den Einfluss des kirchlichen Prozesses hinzuweisen, der ja seinerseits vom römischen Prozess herkam (vgl. Rdnr. 186). Insofern wird nicht die „Rezeption" des römischen Rechts, sondern die Säkularisierung des kirchlichen Rechts für entscheidend gehalten.[119]   **283**

---

116 D. Klippel, Von der Aufklärung der Herrscher zur Herrschaft der Aufklärung, ZHF 17 (1990), S. 193 ff.; W. Rüfner, Verwaltungsrechtsschutz in Preußen von 1749–1842, 1962.

117 Einen guten Einblick in die Rezeptionsgeschichte bietet B. Schildt, Die Rezeption des römischen Rechts, Jura 2003, 450–455.

118 Vgl. W. Trusen, Anfänge des gelehrten Rechts in Deutschland, 1962, S. 35.

119 Vgl. W. Trusen a.a.O.; K. Kroeschell, Rechtsgeschichte, Bd. 2, S. 231.

284   Das mittelalterliche römische Recht wurde im 16. Jh. nicht als fremdes Recht angesehen. Der Terminus „Heiliges Römisches Reich Deutscher Nation" zeigt, wie lebendig die Vorstellung gewesen sein muss, dass das deutsche Reich das römische Imperium fortsetzte.[120]

285   Auch hatten die deutschen Kaiser sich seit Heinrich IV. in Rechtsangelegenheiten oberitalienischer Juristen als Ratgeber bedient; z.B. Karl IV. des **Bartolus** und Friedrich I. der *quattuor doctores* (vgl. Rdnr. 235).

286   Die gegen Ende des Hochmittelalters entstandene **Lotharische Legende** machte eine Entscheidung des Kaisers für die Übernahme des römischen Rechts verantwortlich. Nach dieser Legende soll Kaiser Lothar III. im Jahre 1135 bei der Eroberung von Amalfi die im 6. Jh. entstandene Pisaner Digestenhandschrift in die Hände gefallen sein. Diese Handschrift habe er den Pisanern zum Dank für ihre Hilfe beim Kampf geschenkt. Daraufhin sei Irnerius an den Kaiser mit der Bitte herangetreten, die Anwendung des römischen Rechts bei Gericht und im öffentlichen Leben vorzuschreiben. Dieser Bitte habe Lothar entsprochen, und auf diese Weise sei römisches Recht in Deutschland verbindlich geworden.

287   Der Begründer der Rechtsgeschichte, der Universalgelehrte **Hermann Conring** (1606–1681), wies bereits 1643 in seinem Werk „De origine iuris germanici" die Unrichtigkeit der Legende nach und trat als erster der Konzeption einer Rezeption *„in complexu"* entgegen. Dass eine solche Legende entstanden ist, zeigt einerseits das Bedürfnis, die Rezeption an der Autorität des Kaisers festzumachen, andererseits die Tatsache, dass die angebliche kaiserliche Entscheidung Auswirkungen auf die Rezeption des römischen Rechts hatte.

288   Das römische Recht kam vor allem durch die **in Oberitalien ausgebildeten Juristen** nach Deutschland. Diese waren zunächst in den Verwaltungen der Fürsten und als Anwälte, später dann auch als Richter tätig. Dank ihrer Ausbildung waren sie insbesondere argumentativ den einheimischen Juristen überlegen. Seit dem 15. Jh. enthielten viele Gesetze Elemente römischen Rechts. Die bedeutendsten waren die **Reichskammergerichtsordnung** (1495) und die **Constitutio Criminalis Carolina** (1532) sowie eine Fülle von neu bearbeiteten Stadt- und Landrechten.

289   Das deutsche Recht war in eine Fülle von Einzelgesetzen und besonderen Rechtskreisen **zersplittert**. Anders als bspw. in Frankreich oder England gab es in Deutschland keine Zentralgewalt, die zur Vereinheitlichung des „deutschen" partikularen Rechts beigetragen oder die das ausländische Recht abgewehrt hätte – wie es z.B. in England der Fall war. Ein Obergericht, das in der Lage gewesen wäre, die deutsch-germanische Rechtsanwendung zu vereinheitlichen, bestand nicht.[121]

290   Neben den o.g. traditionellen Argumenten, die ideengeschichtliche Vorgänge oder die höhere Rationalität des römischen Rechts betonen, darf die **ökonomische Seite** nicht übersehen werden.

---

120 Vgl. H. Krause, Kaiserrecht und Rezeption, Abhandlungen Heidelberger Akademie der Wissenschaften, Phil.-Hist. Klasse, 1952.

121 H. Coing, Römisches Recht in Deutschland, in: Ius Romanum Medii Aevi, Bd. V, 6, 1964.

Neben Klerikern konnten sich vor allem Kaufmannssöhne das Rechtsstudium leisten. In Deutschland hatten sich seit dem Frühmittelalter in der dominierenden Agrarwirtschaft Inseln einer Verkehrswirtschaft entwickelt. Das römische Recht enthielt für viele neue Wirtschafts- und Handelsprobleme Lösungen, da Rom als Warenverkehrsgesellschaft diese Probleme in seinem Privatrecht bereits geregelt hatte. Es ist daher kein Zufall, dass zu Zeiten wirtschaftlicher Umbrüche im Spätmittelalter bzw. in der frühen Neuzeit und zur Zeit der industriellen Revolution im 19. Jh. Rezeptionsschübe, also Rückgriffe auf ein erprobtes Warenverkehrsrecht, erfolgten.

II. Reichskammergerichtsordnung von 1495

Als ein **Teil der Reichsreform** des Jahres 1495 wollte die Reichskammergerichtsordnung (RKGO) dem Reich nicht nur für den Strafprozess ein neues, starkes Obergericht geben, nachdem das Hofgericht des Kaisers faktisch bedeutungslos geworden war. Die RKGO stellte darüber hinaus eine Hauptrezeptionsquelle für das römische Recht dar. Sie spiegelt die verschiedenen Ursachen für die praktische Rezeption anschaulich wider. 291

Das Reichskammergericht (RKG) war **oberste Appellationsinstanz für Zivilsachen** im Reich. Es musste mindestens zur Hälfte mit Assessoren, also mit gelehrten Juristen besetzt sein. Das Gericht sollte urteilen „*nach redlichen, erbern und leidlichen Ordnungen, Statuten und Gewohnheiten der Fürstenthum, Herrschaften und Gericht, die für sy pracht werden*".[122] Des Reichs **gemeines Recht** (= allgemeines Recht) war in Ermangelung anderer Reichsgesetze vor allem das römische Recht. Es sollte grundsätzlich das partikulare Recht dem römischen oder gemeinen Recht vorgehen, wie es ja auch schon in einer Fülle von Rechten des 15. Jhs. angeordnet war. Der Grundsatz lautete: Stadtrecht bricht Landrecht, und Landrecht bricht gemeines Recht. In der Praxis des RKG war dieser Grundsatz wieder eingeschränkt, denn das partikulare Recht musste „*für sy pracht*" werden. Es musste dem Gericht also vorgetragen werden. Zudem musste seine Geltung bewiesen werden, was schwer war. 292

Der auch heute noch geltende Grundsatz **„curia novit iura"** (= das Gericht kennt das Recht) galt lediglich für das gemeine Recht, denn es war faktisch ausgeschlossen, dass die Richter die Vielzahl der einzelnen Partikularrechte kannten. Eine weitere Einschränkung des Partikularrechts lag darin, dass dieses Recht dem Gericht „*leidlich erber und redlich*", also einigermaßen vernünftig erscheinen musste. Darüber hinaus wurde der dem Bartolus zugeschriebene Satz „*statuta sunt stricte interpretanda*" (= Statuten, also Partikularrechte, sind eng auszulegen) angewendet. Trotz des grundsätzlichen Vorrangs des einheimischen Rechts wurde durch die obigen Regeln das **Eindringen des römischen Rechts erheblich gefördert**. 293

Römisches Recht wurde in Form des mittelalterlichen Rechts angewendet. Die Regel lautete „*quidquid non agnoscit glossa, non agnoscit curia*" (= was die Glosse nicht anerkennt, erkennt das Gericht nicht an). Ein Rechtssatz, der durch eine **communis opinio** (= gemeinsame Meinung von Azo, Accursius, Bartolus und Baldus) gestützt war, galt praktisch als unumstößlich. Das war typisch für den *mos italicus* (vgl. Rdnr. 236), der die Autorität des Textes und der Glosse bedingungslos anerkannte. 294

---

122 § 3 RKGO.

295 Im gemeinen Prozess fragte der Richter nicht die Schöffen nach dem Urteil, sondern aus dem Rechtserfrager wurde endgültig der selbst urteilende Richter. *„Da mihi facta, dabo tibi ius"* (= gib mir den Sachverhalt, ich gebe dir das Recht) oder *„curia novit iura"* (s.o.) waren die neuen **Prozessgrundsätze**. Aus dem ursprünglich mündlichen Verfahren wurde der Aktenprozess: *„quod non est in actis, non est in mundo"* (vgl. Rdnr. 186); dagegen für den heutigen landgerichtlichen Zivilprozess §§ 128 ff. ZPO). Die Urteile wurden schriftlich gefällt, wenn auch anfangs die Begründungen nicht veröffentlicht wurden. Während der mittelalterliche Richter noch nach seinem Rechtsgefühl und seinem Verständnis von Gerechtigkeit urteilen durfte, trat nun eine **stärkere Bindung an geschriebenes Recht** ein. Das RKG pflegte sich entsprechend der wissenschaftlichen Methode der Glossatoren mit dem Recht, vor allem dem römischen Recht, auseinander zu setzen.

296 Der Prozess wurde nach Art der kirchlichen Gerichte geführt. Der **Kameralprozess** kannte keinen Konzentrationsgrundsatz, auf jede neue Behauptung konnte die andere Partei mit einem neuen Schriftsatz antworten. Über jede dieser Behauptungen wurde dann getrennt verhandelt und Beweis erhoben. Verfahren dauerten so Jahre, in einigen Fällen sogar Jahrhunderte.

297 Die lange Zeit sehr kritisch betrachtete historische Rolle des RKG wird inzwischen differenzierter und insgesamt höher eingeschätzt. Dies gilt etwa für die immer wieder kritisierte lange Prozessdauer. Ranieri konnte nachweisen, dass anfangs etwa die Hälfte der Prozesse im Schnitt nur 2 Jahre dauerte. Die im späten 16. Jh. ansteigende Prozessdauer kann angesichts politischer Unruhen und oftmals schleppender Beteiligung der Prozessparteien nicht nur den Richtern angelastet werden.

Die Wirklichkeit von Prozessen am RKG wird langsam offenbar, aber wie und worüber an Untergerichten gestritten und entschieden wurde, ist weitgehend unbekannt.[123] Die Entscheidungen eines Patrimonialrichters um 1700 sind genau untersucht. Bei ihm spielte römisches Recht eine gering und lokales Recht (Ordnungen) eine bedeutende Rolle. Straf- und Zivilrecht waren in den Verfahren nicht wirklich getrennt.[124]

III. Juristen, Juristenausbildung und „mos gallicus"

1. Kameralisten

298 Das obergerichtliche Vorgehen ist uns durch die Schriften der Kameralisten bekannt. **Joachim Mynsinger** (1514–1588) und **Andreas Gail** (1526–1587) waren zumindest zeitweise am RKG tätig. In ihren juristischen Arbeiten gingen sie von der herrschenden Meinung aus (also der oberitalienischen Literatur), verwandten aber auch die Rechtsprechung des RKG.

299 Sie leiteten (in ihren Auseinandersetzungen mit Urteilen des RKG) die für den deutschen Rechtskreis typische Auseinandersetzung zwischen Rechtsprechung und Lehre ein. Die sächsischen Juristen **Benedict Carpzov** (1595–1666) und **David Mevius** (1609–1670)

---

123 Hierzu die Schilderungen von Goethe (Rechtsreferendar am RKG) in Dichtung und Wahrheit, Teil III Buch 12; wissenschaftlich grundlegend F. Ranieri, Recht und Gesellschaft im Zeitalter der Rezeption, 2 Bde. 1985; sehr lesenswert: B. Diestelkamp, Rechtsfälle aus dem alten Reich, 1995.

124 Jenny Thauer, Gerichtspraxis in der ländlichen Gesellschaft. Eine mikrohistorische Untersuchung am Beispiel eines altmärkischen Patrimonialgerichts um 1700 (= Berliner Juristische Universitätsschriften; Bd. 18), Berlin 2001.

sind in diesem Zusammenhang zu erwähnen. Carpzov wurde vor allem als Strafrechtler berühmt (vgl. Rdnr. 425); Mevius setzte sich in seinen „Decisiones" mit den Entscheidungen sächsischer Obergerichte auseinander. Die Decisiones selbst bestanden aus Leitsätzen, denen dann tragende Entscheidungen beigefügt waren.

Die besonders enge Verknüpfung von Rechtsprechung und Lehre wird auch durch die **Gutachtertätigkeit der juristischen Fakultäten** deutlich. Gelehrte, also studierte Richter, waren an den meisten Gerichten noch lange eine Ausnahme.   **300**

Bei komplizierten Fragen des gemeinen Rechts baten die Gerichte die Universitäten um Rechtsauskunft. In sog. **Responsen** nahmen Fakultäten zu praktischen Rechtsfragen Stellung, oftmals lieferten sie sogar die fertigen Urteile. Die Aktenversendung von Gerichten an Fakultäten, die bis zum Ende des 18. Jhs. erfolgte, offenbart den hohen Einfluss der Lehre auf die Gerichte. Sie zeigt auch, dass die Rechtsprechung im Gegensatz zur heutigen Zeit nicht die rechtsfortbildende Kraft war, sondern dass man in dieser Hinsicht von einem **Primat der Lehre** sprechen kann.

2. Rechtsfindung

Eine der Folgen der Verwissenschaftlichung der Rechtsprechung war, dass die Rechtsanwendung dem Verständnis des Volkes entwuchs. Früher, auch noch im Spätmittelalter, war – zumindest in der Theorie – der rechtserfahrene, aber nicht unbedingt rechtsgelehrte Richter Garant dafür, dass gerechte und sachgemäße Urteile gefällt wurden. Mit der allmählichen **Bindung des Richters an geschriebenes Recht** wurde dieser vom Rechtsfinder zum bloßen Rechtsanwender. Billigkeitsentscheidungen nach Rechtsgefühl – wie sie noch im MA möglich und üblich waren, ohne dass der Urteilende seine Entscheidung durch eine Rechtsvorschrift rechtfertigen und begründen musste – waren nun kaum noch möglich.[125]   **301**

3. Anwälte

Für die ordnungsgemäße Führung eines Zivilprozesses war ein Anwalt nötig. Anders als der Fürsprecher des mittelalterlichen Prozesses war der *advocatus* des gemeinen Prozesses echter Vertreter seiner Partei. Die **Advokaten waren bei der Bevölkerung höchst unbeliebt**. Sie wurden wohl zu Recht oft der Prozessverschleppung beschuldigt. Die lange Dauer der meisten Zivilprozesse lag in der Struktur des gemeinen Prozesses begründet. Dort war nämlich eine Vielzahl von Schriftsätzen und mündlichen Verhandlungen nötig, weil über jede einzelne Position, über jede Einrede, Replik und Duplik einzeln verhandelt werden musste (vgl. zum kirchlichen Prozess Rdnr. 186). Dazu kam, dass noch **keine gesicherte Lehre** vorhanden war und die Anwälte in der Lage waren, die verschiedenen vielfältigen Lehrmeinungen in Prozessen gegeneinander auszuspielen. Auch ist zu berücksichtigen, dass bei vielen Juristen nur eine juristische Halbbildung vorlag.   **302**

Der Mangel an Standesethik vieler Amtsinhaber führte zu dem scharfen Urteil der Zeitgenossen, Juristen seien **Rabulisten** und **Beutelschneider**. Im Volk regte sich allgemein Widerstand gegen die gelehrten Juristen, die *„doctores"*. Das Sprichwort **„Juristen böse Christen"** kennzeichnete die Situation. Lu-

---

125 Vgl. F. Wieacker, Privatrechtsgeschichte der Neuzeit, 2. Aufl., Göttingen 1967, unveränderter Nachdruck 1996, S. 188; K. Kroeschell, Rechtsfindung, in: FS Heimpel, Bd. III (1972), S. 498 ff.; ders., Rechtsgeschichte, Bd. 2, S. 122 ff.; G.K. Schmelzeisen, Rechtsfindung im Mittelalter, ZRG GA 91 (1974), S. 73–89; W. Wiegand, Studien zur Rechtsanwendungslehre der Rezeptionszeit, 1977.

ther setzte sich damit auseinander und kam zu dem Schluss, dass man sehr wohl Jurist und gleichzeitig Christ sein könne, dass aber eine besondere Gnade erforderlich sei, um das Amt auszuüben.[126]

303 Beim Volk bestanden nicht nur Einwände gegen die Advokaten, sondern auch gegen das neue – römische – Recht. Deutlichstes Zeichen für die **Unbeliebtheit des römischen Rechts** stellen Dokumente aus den Bauernkriegen (1515–1525) dar, in denen die Rückkehr zum „guten alten Recht" gefordert wird.[127] Dass zu Beginn der Neuzeit mit ihren sozialen Umwälzungen der Ruf nach dem „guten alten Recht" eine Rolle gespielt hat, steht außer Zweifel. Umstritten ist neuerdings, welches Recht mit diesem Ruf überhaupt gemeint war – etwa das alte germanische? – und wie groß die Bedeutung dieser Forderung war.[128]

4. Juristenausbildung

304 Da bis in das 16. Jh. hinein die Lehre des weltlichen Rechts in Deutschland nur in geringem Umfang erfolgte, konzentrierte sich der Lehrbetrieb auf Oberitalien, und dort insbesondere auf **Bologna**. Auch konnte man in Frankreich weltliches Recht studieren, obwohl Papst Honorius II. noch 1219 das Studium der Rechte in Paris für Geistliche verboten hatte. Mit der erstarkenden Selbstständigkeit der deutschen Territorien und den **Gründungen der Universitäten** wurde es allmählich auch in Deutschland üblich, neben dem kirchlichen Recht römisches Recht zu lehren.

305 Der Titel des Dr. iuris war nicht nur deshalb attraktiv, weil er den Zugang zu den höchsten juristischen Ämtern sicherte, sondern auch, weil er als der Ritterwürde ebenbürtig angesehen wurde. Die Promotion war also die Erhebung in einen höheren Stand.

306 Begründer des schlechten Rufes der Juristen waren auch diejenigen, die nicht zu Ende studiert hatten (aber dennoch Positionen innehatten, die heute Volljuristen vorbehalten wären – z.B. Stadtschreiber = Syndicus). Dies lag zunächst in der Länge und den Kosten des Studiums begründet. Anfänglich war es üblich, vor dem Jurastudium zunächst ein Studium aus den sieben *artes liberales* (Grammatik, Logik = Dialektik, Rhetorik = Trivium [also vor allem lateinische Sprache]; Arithmetik, Geometrie, Musik, Astronomie = Quadrivium) zu wählen und erst nach dem Abschluss mit dem Rechtsstudium (oder Theologie oder Medizin) zu beginnen. Die Mängel des Rechtsstudiums lagen neben seiner Länge in der unsystematischen Darbietung des Stoffes. Die Fülle von Informationen aus dem auch nicht systematisch gegliederten Corpus Iuris war für den Studenten kaum zu verarbeiten. Die Verwirrung der Studenten wurde in der Folge noch vergrößert, weil man dazu überging, die von den Glossatoren und Konsiliatoren geäußerten Meinungen in den Unterricht in der oben beschriebenen Weise mit einzubeziehen, sodass nicht nur der Text des Corpus, sondern auch dessen Glosse erläutert wurde.[129]

307 Die Notwendigkeit einer Unterrichtsreform wurde allenthalben anerkannt, und es ist das Verdienst des *mos gallicus,* dass man sich von der Exegese einzelner Stellen löste und die Anfänge von zusammenhängenden Darstellungen legte.[130]

5. „Mos gallicus"

308 Am Beginn des 16. Jhs. kam in Frankreich eine **neue Lehrmethode** auf, der *„mos gallicus".* Dieser stand in engem Zusammenhang mit dem Humanismus. Während bei der

---

126 Vgl. H. Conrad, Bd. II, S. 354.
127 Fuchs, Das Zeitalter der Reformation, in: B. Gebhardt, Hb. dt. Geschichte, Bd. 8, S. 112 ff.
128 Vgl. K. Kroeschell, Rechtsgeschichte, Bd. 2, S. 253 ff.; A. Laufs, Rechtsentwicklungen in Deutschland, Kap. III.
129 Ausführlich dazu: H. Wieling, Rechtsstudium in der Spätantike, JuS 2000, 10–15.
130 J. Burmeister, Das Studium der Rechte im Zeitalter des Humanismus im deutschen Rechtsbereich, 1974.

Methode der Glossatoren und Konsiliatoren der Glaube an die Autorität des Textes und seiner Erläuterung im Vordergrund stand, versuchte der *mos gallicus,* mit einer philologisch-historischen Methode den ursprünglichen **Sinn der Texte** herauszuheben. Auch bestanden Ansätze zu einer **Systematisierung des Stoffes**.[131]

Methodisch strebte man in der Gelehrtenbewegung des Humanismus dem Ideal der Eleganz nach. Deshalb heißt die Schule des *mos gallicus* auch die **„elegante Jurisprudenz"**. Als bedeutendste Vertreter sind zu nennen **Jacob Cujas** (= **Cujatius**, 1522–1590), der sich besonders mit textkritischen Forschungen und byzantinischem Recht befasste, und **Hugo Donellus** (1527–1591), der mit ersten systematischen Versuchen über das Privatrecht hervortrat.

Der Freiburger Jurist **Ulrich Zasius** († 1535), der berühmte Schöpfer des Freiburger Stadtrechts von 1520 (dazu Rdnr. 312), versuchte, von „dem zu einem Missbrauch gewordenen Kult des Bartolus und Baldus freizukommen".[132] Einen Satz wie *„quidquid non agnoscit glossa, non agnoscit curia"* (= „was die Glosse nicht anerkennt, kann auch das Gericht nicht anerkennen") konnte für die Vertreter des *mos gallicus* nicht gelten.[133]

IV. Populäre Bearbeitungen des römischen Rechts

Neben der wissenschaftlichen Behandlung des Rechts gab es gegen Ende des 15. und im 16. Jh. eine Fülle populärer Bearbeitungen des römischen und des einheimischen Rechts. Populär heißt allerdings nicht, dass diese Werke für jedermann bestimmt waren, sondern diese populären Bearbeitungen waren wohl für einheimische unstudierte Richter, Schöffen und „Rechtshonoratioren" gedacht. Als bedeutendste populäre Darstellungen des römischen Rechts sind vor allem der **„Klagspiegel"** des **Sebastian Brant** († 1521) – des Autors des „Narrenschiffs" – und der **„Laienspiegel"** des **Ulrich Tengler** († nach 1511) zu nennen. Diese Werke enthalten Straf- und Zivilrecht sowie Prozessrecht und versuchten, das lokale Recht in Übereinstimmung mit dem römisch-oberitalienischen Recht darzustellen.

V. Stadt- und Landrechtsreformationen

Als Rezeptionsquellen von ganz besonderer Wichtigkeit stellen sich die sog. Stadt- und Landrechtsreformationen dar. Der Anlass für die vielen Überarbeitungen und auch Neuredaktionen der Stadt- und Landrechte seit der Mitte des 15. Jhs. waren oft **Streitigkeiten über die richtige Anwendung des gemeinen Rechts**. Zwischen dem neuen gemeinen Recht und den Partikularrechten gab es Widersprüche, die Rechtsunsicherheit hervorriefen. Neben dem Wunsch, diese Widersprüche zu beseitigen, bestand die Absicht, den Vorrang des partikularen Rechts gegenüber dem römischen Recht zu sichern.

Trotz der letzten Absicht ist aber relativ viel römisches Recht, insbesondere bei den süddeutschen Gesetzen eingedrungen. Das Wort **Reformation** ist hier im Sinne einer Erneuerung und Wiederherstellung des Rechts zu verstehen. Als bedeutende Reformationen sind zunächst die **Nürnberger Reformation** (1479) und die **Wormser Reformation** (1498) zu nennen. Die Letztere ist im Grunde kein Gesetz, sondern ein populäres Lehrbuch des kaiserlichen Rechts. Die **Frankfurter Reformation** (1509) stellt nur eine

309

310

311

---

131 G. Wesenberg/G. Wesener, Neuere deutsche Privatrechtsgeschichte, 4. Aufl., Wien/Köln 1985, S. 62 f.

132 G. Wesenberg/G. Wesener, Neuere deutsche Privatrechtsgeschichte, S. 112.

133 Vgl. Kisch, Studien zur humanistischen Jurisprudenz, 1972; Hübner, Jurisprudenz als Wissenschaft im Zeitalter des Humanismus, in: FS Larenz (1973), S. 41 ff.; K.-P. Schroeder, Ulrich Zasius, JuS 1995, 97 ff.

partiellere Reformation dar; sie enthält oft Verweise auf allgemeines römisches Recht. Sie wurde 1578 durch **Johann Fichard** (1512–1581) erneut reformiert, weil der Rat der Stadt Frankfurt sie *„gantz confusa, an vielen orthen dunkel und in vielen stücken mangelbar"* empfand.[134]

312   Das **Freiburger Stadtrecht** von Ulrich Zasius (1520) ist eine glänzende Synthese des gemeinen und partikularen Rechts. Das **Württembergische Landrecht** (1555) entstand unter der Mitarbeit des Zasiusschülers Johann Sichart (1499–1557) und war in besonderem Maße romanisiert.

313   Dass die Reformationen vornehmlich in den süddeutschen Städten und dort besonders stark romanisiert vorkamen, mag damit zusammenhängen, dass diese Städte i.d.R. einen bedeutenden Handel mit Oberitalien trieben. Die Patrizier schickten ihre Söhne zum Jura-Studium oder um die oberitalienische Kaufmannspraxis zu erlernen dorthin. Gerade auf dem Gebiet des Handelsrechts und auch in kaufmännischen Praktiken waren die Oberitaliener den Deutschen überlegen. So bestanden bereits Ansätze zu einem Wechselrecht, und auch die doppelte Buchführung war bereits in Gebrauch.

314   Weniger stark romanisierte Rechte sind z.B. die **kursächsischen Konstitutionen** von 1572. Diese stellen kein Gesetz im heutigen Sinne dar. Es handelt sich um Entscheidungen des Gesetzgebers über Kontroversen zwischen den Gerichten in Sachsen vor allem nach dem Sachsenspiegel. Auch dieses Beispiel zeigt, dass Sachsen durch dessen Tradition einen selbstständigen Rechtskreis darstellte.

315   Auch das **Hamburger Stadtrecht**, das sich gleichfalls seit dem Hochmittelalter an den Sachsenspiegel anlehnte, war nicht stark romanisiert. Das alte Stadtrecht von 1270 wurde 1497 und dann erneut 1605 revidiert. Die letzte Revision entstand unter starker Beachtung der kursächsischen Konstitutionen. Der Rat der Hansestadt hatte hinsichtlich der Revision von 1605 verlangt, *„dat ock so viele mögelich de latinische und andere vor den gemeinen Man unverstendtliche Worter uthgelaten und davor reyne düdesche Worter gesettet werden".*[135]

Wie stark die Anlehnung des Hamburger Stadtrechts – auch noch des Staatsrechts von 1603/05 – an die Tradition des Sachsenspiegels war, zeigt z.B. die Beibehaltung des deutsch-rechtlichen Instituts **„Hand wahre Hand"** (vgl. Rdnr. 330).

„Welcher Mann dem andern leihet sein Pferd / Kleidt / oder war es für Gutt sey / und auf wasserley weise er das aus seinen wehren lasset / mit seinem willen / und verkaufft es derjenige / der es in seinen wehren hat / oder versetzt er dasselbige / oder wird es, ihm abgeraubet oder abgestohlen: So mag derjenige der es erstlich verliehen oder versetzt hat / darauf wieder den Einhaber desselben / wo fern derjenige solche mit gutem Titel an sich gebracht / keine fürderung haben / sondern muss sich deswegen an denselben / welchem er es geliehen oder versetzt hat / oder so derselbige verstorben / an dessen Erben halten".[136]

Vgl. hierzu den Text des Sachsenspiegels in hochdeutsche Übersetzung (II § 60, 1):

„Welcher Mann einem anderen verleiht oder verpfändet sein Pferd oder ein Kleid oder irgendwelche andere Fahrhabe, auf welche Weise er sie auch aus seiner Gewere lässt mit seinem Willen, verkauft der sie, der sie in seiner Gewere hat, oder verpfändet er sie oder verspielt er sie oder wird sie ihm gestohlen

---

134   F. Wieacker, Privatrechtsgeschichte, S. 194; Coing, Die Frankfurter Reformation von 1578 und das Gemeine Recht ihrer Zeit, 1935; ders., Die Rezeption des römischen Rechts in Frankfurt am Main, 2. Aufl. 1962.

135   F. Wieacker, Privatrechtsgeschichte, S. 191.

136   Der ander Theil, cap. 7 – S. 167 f.

oder geraubt: jener, der sie verliehen oder verpfändet hat, hat keinerlei Forderung darauf, außer gegen den, dem er sie verlieh oder verpfändete" (vgl., wie heute die §§ 932, 935 BGB das Problem lösen).

Dieses Prinzip kam dem Rechtsverkehr entgegen. Es blieb bezeichnenderweise in einer großen Handelsstadt erhalten.

Viele germanisch-deutschrechtlichen Institute, die in den Reformationen erhalten blieben und nicht durch römische Vorstellungen ersetzt wurden, entstammten dem Familienrecht und dort dem Ehegüterrecht, z.T. aber auch dem Liegenschaftsrecht (Reallasten, Liegenschaftskauf) sowie auch dem Erbrecht (Erbverträge und Retrakte). In manchen Rechten finden sich auch Rechtsneuschöpfungen wie z.B. das **Pflichtteilsrecht** des Freiburger Stadtrechts, das auf Zasius zurückgeht: **316**

„[…] Es haben ouch vatter und mutter, alle die wil, sy byeinander leben und sich die kind gepürlich halten, nit macht, einich testament, vergabung oder ordnung zesetzen oder zetun, dadurch den kinden die vorgeschribnen ire erbsgerechtigkeiten abgesprochen wurden […]" (III, 3, 4; vgl. § 2303 BGB).

B. Zivilrecht im 17. und 18. Jahrhundert

I. Rechtswissenschaft und „usus modernus pandectarum"

Einige Aspekte der Rezeption besonders des 16. Jhs. sind bereits dargestellt worden, vor allem der Versuch, Gesetze an das römisch-oberitalische Recht anzupassen – durch Stadt- und Landrechtsreformationen (Rdnr. 310) und die veränderte Juristenausbildung (Rdnr. 304). Vom Ende des 16. Jhs. an war die beherrschende Richtung die des *„usus modernus pandectarum"* (= zeitgemäßer Gebrauch der Pandekten). Der Name ist nach dem gleich lautenden Titel des Werkes von **Samuel Stryk** († 1701) gebildet. Er bezeichnet zugleich ein Programm der Behandlung des Rechts bis in das 19. Jh. hinein. Der *usus modernus* war die Wissenschaft und die Praxis des in Deutschland geltenden römischen Rechts in der Nachfolge des *mos italicus* (vgl. Rdnr. 236). Vom *mos italicus* unterschied er sich dadurch, dass er das deutsche Recht stärker mit einbezog; und zwar nicht unter dem Aspekt der „Entartung" des römisch-oberitalischen Rechts, sondern unter der Prämisse, dass das römische Recht legitimerweise durch einheimischen Brauch verändert werden könne. Kennzeichnend für den neuen, zeitgemäßen Gebrauch der Pandekten war neben seiner Ausrichtung auf die Praxis zunächst sein geändertes Verhältnis zu den Quellen und Autoritäten. **317**

Hermann Conring (1606–1681) hatte in seiner Schrift „De origine iuris germanici" (1643) bestritten, dass eine *„receptio in complexu"* (= vollständige Übernahme) des römischen Rechts erfolgt sei (vgl. Rdnr. 280). Das RGK ging davon aus, dass ein deutsches Partikularrecht, das vom römischen Recht abwich, vorgetragen und bewiesen werden müsse. Conring stellte dagegen die These auf, es müsse im Gegenteil die Geltung und Rezeption des römischen Rechts in Deutschland für jeden einzelnen Rechtssatz bewiesen werden.[137] **318**

In der Praxis setzte sich die Ansicht durch, dass eine vom römischen Recht abweichende deutsche Rechtsübung eine gewohnheitsrechtliche Änderung des gemeinen Rechts **319**

---

137 Vgl. G. Kleinheyer/J. Schröder, Deutsche und Europäische Juristen aus neun Jahrhunderten, S. 99 ff.; Becker, HRG I, Art. „Conring".

darstelle. **Schilter** († 1705) formulierte etwa, dass die Berufung auf einen Satz des Corpus Iuris die Vermutung der Richtigkeit bzw. die Geltung in Deutschland für sich habe, dass aber der Beweis des Gegenteils möglich sei. Die Frage, ob alle Sätze des römischen Rechts rezipiert seien, war nicht nur von theoretischer Bedeutung. So war die Frage, ob man auf die Leibeigenen oder das Gesinde das römische Sklavenrecht – also Sachenrecht – anwenden müsse, heftig umstritten.[138]

320   Das große Verdienst des *usus* liegt in der **praxisorientierten, vollständigen Erfassung** und Assimilation des Rechtsstoffes über eine Periode von mehr als 200 Jahren bis ins 19. Jh. hinein, wenngleich keine systematische Erfassung erfolgte. Die Professoren zur Zeit des *usus* waren oft praktisch als Richter tätig, teils an Hofgerichten und Schöffenstühlen, teils aber auch mittelbar als Gutachter, weil die Aktenversendung von Gerichten an Fakultäten zunahm.

Bedeutende Juristen des *usus* im 17. Jh. waren **Benedict Carpzov** (1595–1666, vgl. Rdnr. 299, 425), **David Mevius** (1609–1670), **Johann Brunnemann** (1608–1672) und **Georg Adam Struve** (1619–1692). Da sie aus Sachsen kamen, schufen sie aus der Praxis des relativ eigenständigen sächsischen Rechts heraus (vgl. Rdnr. 314) Werke über fast alle Rechtsgebiete.

321   Im 18. bis in das 19. Jh. hinein blieb die dogmatische Richtung des *usus* vorherrschend. Die gleichzeitig bestehenden humanistischen und naturrechtlichen Bestrebungen wurden zunächst als für die Praxis uninteressant abgetan. Die lokalen Richter (auf dem Land) scheinen indes das Privatrecht aus den Polizei- und Landesordnungen oder lokalen Statuten intensiv angewandt zu haben.[139] Es gibt, was die Rechtanwendung angeht, viele offene Fragen. Man wird auf für die frühe Neuzeit das **law in the books** deutlich vom law in action unterscheiden müssen.

Als besonders bedeutende Vertreter des *usus* im 18. Jh. sind **J.H. Böhmer** (1674–1749), **J.G. Heineccius** (1681–1741) sowie **A. von Leyser** (1683–1752) zu nennen. Einflüsse des Naturrechts wurden spürbar. **Heineccius** war Schüler des Naturrechtlers Thomasius. **Leyser** las nach dem Naturrechtler Pufendorf und vertrat entgegen dem Corpus Iuris den Satz: *„Omne pactum rebus sic stantibus intelligendum est"*. Die Gültigkeit eines Vertrages stehe unter dem Vorbehalt gleichbleibender Umstände.[140] In der Substanz war das Wegfall der Geschäftsgrundlage (im Gegensatz zum strengen pacta sunt servanda). Im Straf- und öffentlichen Recht blieb Leyser eher beim Althergebrachten und verteidigte den territorialen Absolutismus.[141]

Insgesamt ist der Einfluss des Naturrechts auf das positive Recht umstritten und konkret schwer nachzuweisen.

322   Aus dem Ringen um die Geltung des römischen und/oder deutschen Rechts ergab sich eine **Befassung mit Partikularrecht**. Mevius nahm eine der ersten wissenschaftlichen Bearbeitungen des deutschen Partikularrechts für das Lübecker Recht vor.[142] Heineccius schuf große wissenschaftliche Darstellungen des deutschen Privatrechts. Es scheint, als ob ein umfangreiches praktisches Privatrecht neben diesen Diskussionen auf hohem Niveau bestanden zu haben.

---

138   G. Wesenberg/G. Wesener, Neuere deutsche Privatrechtsgeschichte, S. 120 ff.

139   Vgl. Jenny Thauer, Gerichtspraxis in der ländlichen Gesellschaft. Eine mikrohistorische Untersuchung am Beispiel eines altmärkischen Patrimonialgerichts um 1700 (= Berliner Juristische Universitätsschriften; Bd. 18), Berlin 2001.

140   Zitat nach G. Wesenberg / G. Wesener, Neuere deutsche Privatrechtsgeschichte, S. 117.

141   Vgl. Art. Leyser, in: M. Stolleis (Hg.), Juristen, Ein biographisches Lexikon, München 2001, S. 387 f.

142   Mevius, Commentarii in Ius Lubicense, 1642/43.

Will man versuchen, eine **„Bilanz des *usus*"** für die deutsche Rechtswissenschaft zu zie- **323**
hen, dann ist nicht so sehr entscheidend, ob sich nun der eine oder andere römisch-rechtliche Satz in Deutschland durchgesetzt hat. Entscheidender ist, aus überlie-
fertem Recht wurde endgültig geschriebenes Recht. Aus einer populären Rechtsfindung nach Billigkeit im MA und richterlichem Ermessen war eine Rechtsfindung mithilfe
von Subsumtionen aus geschriebenem Recht geworden.

Unser Blick für die Bedeutung des *usus* wurde lange dadurch verstellt, dass die historische Rechtsschule
des 19. Jhs. und insbesondere Savigny die Behandlung des Rechts durch den *usus* in hohem Maße ab-
qualifizierte, wiewohl oder besser weil noch in der ersten Hälfte des 19. Jhs. Arbeits- und Denkweise des
usus sehr verbreitet war.[143]

II. Ergebnisse der älteren gemeinrechtlichen Wissenschaft und Praxis

Der kurze Überblick über das Privatrecht des 17. und 18. Jhs. soll verdeutlichen, dass vie- **324**
le privatrechtliche Institute ihre Form, in der wir sie heute kennen, durch die Rezeption,
die gemeinrechtliche Wissenschaft und den *usus modernus pandectarum* erhalten haben.[144] Die begrifflich-systematische Seite wurde erst vom Vernunftrecht und der Pandektenwissenschaft entwickelt.

Im *usus* begann man, einzelne Rechtsgebiete ausführlich zu erforschen. Insbesondere **325**
im Schuldrecht und im Recht der beweglichen Sachen ist heute noch ein starker Einfluss
des älteren gemeinen Rechts zu spüren.

Der **Vertragsformalismus** deutschen Rechts wurde überwunden und damit die Ein- **326**
klagbarkeit von vertraglichen Leistungen aus formlosen obligatorischen Verträgen anerkannt (vgl. Rdnr. 223). Die Vertragsschlusslehre (Angebot und Annahme) wurde entfaltet. Mit besonderer Sorgfalt wurde die „Erklärung" behandelt. Nur in Ausnahmefällen
sollte ein stillschweigender Konsens ausreichen (Zechen im Wirtshaus). Das römische
Obligationenrecht wurde fast vollständig übernommen. Im **Kaufrecht** setzte sich die
römisch-rechtliche Sachmängelhaftung (vgl. §§ 437, 434 BGB) durch. Nach deutschem
Recht war die Haftung des Verkäufers nur auf ganz erhebliche Fehler (= Hauptmängel)
und versprochene Eigenschaften beschränkt („Augen auf, Kauf ist Kauf!"). Im römischen
Recht hingegen war die Haftung wesentlich schärfer.

Die Frage der **Sachmängelhaftung** ist ein gutes Beispiel für das Problem, ob eine römisch-rechtliche
Regelung in der Praxis Anwendung fand. Die deutschen Partikularrechte hatten eine Tendenz zur Haf-
tungsmilderung, während die römische Sachmängelhaftung strenger war. Daraus folgerte Schilter
(† 1705), dass eine solch scharfe Haftung allgemein vor deutschen Gerichten nicht gelten solle. Stryk
(† 1701) widersprach und forderte die Durchsetzung strenger Haftung aus Gründen der Billigkeit und
Gerechtigkeit, falls nicht ein deutsches Partikularrecht die Haftung ausdrücklich anders regele. Solche
Kontroversen hatten naturgemäß Rechtsunsicherheit zur Folge. Was der Richter auf dem Lande machte, war eine ganz andere Frage...

Im **Mietrecht** blieb – gegen römisches Recht – das deutsch-rechtliche Prinzip in Kraft: **327**
„Kauf bricht nicht Miete" – eine Regelung, die noch bei der Abfassung des BGB heftig
umstritten war (§ 566 BGB).

---

143 Neuere Ergebnisse insbesondere in den Arbeiten von Klaus Luig, Römisches Recht, Naturrecht, nationales Recht, 1998 (u.a.
zu Leyser, Stryk u. Conring) sowie Wiegand, J. Schröder u. Wesener in: Akten des 26. Deutschen Rechtshistorikertages, 1987.

144 Vgl. hierzu G. Wesenberg/G. Wesener, Neuere deutsche Privatrechtsgeschichte, S. 120 ff.; F. Wieacker, Privatrechtsgeschichte, S. 225 ff.

328   Das mittelalterliche deutsch-rechtliche **Schadensersatzrecht** (vgl. Rdnr. 91, 226) wich hingegen römischen Prinzipien (enthalten in der *„actiolegis Aquiliae"*). Die darin enthaltene Beschränkung auf Schäden an Sachen entfiel bis zum 17. Jh., sodass die *actio legis Aquiliae* zu einer Generalklausel für Vermögensschäden wurde. Aus dieser Rechtsvorschrift wurde auch Schmerzensgeld zuerkannt.[145]

329   Auch die heutige Auffassung, dass nur **rechtswidrige und schuldhafte Vermögensbeschädigungen** zum Schadensersatz verpflichten, war bereits konzipiert. Notwehr war auch im Zivilrecht als Rechtfertigungsgrund anerkannt. Die **Schuld** unterteilte sich entsprechend der Lehre der Glossatoren in Vorsatz und Fahrlässigkeit, die ihrerseits wieder in *culpa lata, culpa levis* und *culpa levissima* (= schwere, leichte und besonders leichte Fahrlässigkeit) eingeteilt war. Die Schuldlehre rührte aber aus dem kanonischen Recht her.

Die Lehre vom **Eigentumserwerb an Fahrnis** war bereits durch die Glosse ausgebildet. Um zu übereignen, war der **modus** erforderlich, d.h. die Übergabe oder ein Übergabesurrogat, und der **titulus**, d.h. nach heutiger Terminologie ein Kausalgeschäft. So war die Übereignung auch im ALR geregelt, also **kein Abstraktionsprinzip**. Im Gegensatz zum heutigen deutschen Recht kennt auch das französische Recht keine abstrakte Übereignung, sondern z.B. die Übereignung (im Schuldrecht) durch bloße Willensübereinstimmung beim Kauf.[146] Das abstrakte Rechtsgeschäft des BGB geht auf Savigny zurück, der dieses im klassischen römischen Recht meinte gefunden zu haben.[147]

330   Im Bereich des heutigen **gutgläubigen Erwerbs** sind deutsch- und römisch-rechtliche Prinzipien verschmolzen. Nach deutschem Recht gab es den Grundsatz: **Hand wahre Hand**, d.h. der Eigentümer einer Sache konnte nicht gegen einen Dritten, der im Besitz der Sache war, vorgehen, sondern er musste sich an den halten, dem er die Sache gegeben hatte (vgl. Rdnr. 315). Das galt selbst dann, wenn der Dritte/Besitzer die Sache bösgläubig erworben hatte. Notwendig war nur, dass der Eigentümer die Sache willentlich aus seiner *„gewere"* gelassen hatte. Nach römischem Recht gab es die *„rei vindicatio"*, nach der der Eigentümer die Sache von jedermann herausverlangen konnte. Derjenige aber, der den Eigenbesitz redlich erworben hatte, wurde durch **kurze Ersitzungsfristen** geschützt. Durch die Regelung des *usus* (zuerst im lübischen Recht 1586) und heute im § 932 BGB wird der redliche Erwerber vom Nichtberechtigten geschützt, ansonsten kann der Eigentümer vom bösgläubigen Dritten immer herausverlangen. Diese Regelung diente dem Interesse des Warenverkehrs.

331   Anders als im germanisch-deutschen Recht, das vornehmlich von der *„gewere"* ausging, setzte sich die Unterscheidung zwischen **Eigentum und Besitz** durch. Das gemeine Recht ließ in Anlehnung an die deutsch-rechtliche Praxis einen abgestuften und auch einen ideellen (nicht mit tatsächlicher Sachherrschaft verbundenen) Besitz zu. Auch der Eigentumsbegriff war seit dem römischen Recht – aber in besonderer Weise durch die oberitalienische Rechtswissenschaft und den *usus* ausgestaltet – in vielfacher Weise un-

---

145   Vgl. H. Kaufmann, Rezeption und usus modernus der actio legis Aquiliae, 1958.

146   Art. 1582 I: „La vente est une convention par laquelle l'un s'oblige à livrer un chose, et l'autr à la payer." Art. 1583: „Elle est parfaite entre les parties, et la propriéteé est acquise de droit à l'acheteur à l'égard du vendeur, dès qu'on est convenu de la chose et du prix, quoique la chose n'ait pas encore livrée ni le prix payé."

147   Zu diesem Rdnr. 509; Buchholz, Abstraktionsprinzip und Immobiliarrecht, 1978.

terteilt, z.B. in **Ober- und Untereigentum** (*dominium* = Herrschaft/Eigentum, *directum* und *indirectum*). In Deutschland war der Obereigentümer des Bodens zugleich der Lehns- oder Grundherr und als solcher verfügungsberechtigt. Der Untereigentümer durfte Nutzen und Früchte ziehen. Heute gilt nach langen Kämpfen ein sog. absoluter Eigentumsbegriff, vgl. § 903 BGB.[148]

Als für die Rechtswirklichkeit besonders nachteilig stellte sich die Rezeption der römisch-rechtlichen Formen des **Rechtserwerbs an Grundstücken** heraus, weil weitgehend auf die Publizität verzichtet wurde. Ob und inwieweit sich auch bei Grundstücken die klassische römisch-rechtliche Form der Übereignung durch Übergabe („traditio") durchgesetzt hat, ist nicht völlig erforscht. Schon das nachklassische Recht kannte hier Formen, die der deutsch-rechtlichen Publizität nahe kamen. Einerseits behielt das Öffentlichkeitsprinzip, das durch viele Statuten vorgesehen war, nicht mehr seine überragende Bedeutung. Andererseits hielten sich besonders in großen Handelsstädten Publizitätsvorschriften. **332**

Die letzte Tatsache war von besonderer Bedeutung für die **Grundpfandrechte**. Nach römischem Recht konnten solche Rechte praktisch formfrei eingeräumt werden. Die im deutschen Rechtskreis entwickelten Grundbücher wurden hierdurch in ihrer Bedeutung zurückgedrängt. Die Folgen für den Realkredit waren verheerend. Aber auch hier setzten die Rechte der großen Handelsstädte ihre Tradition fort; aus wirtschaftlicher Notwendigkeit, um dem Kreditwesens eine Grundlage zu geben. Erst den absolutistischen Territorien war es vorbehalten, hier Abhilfe zu schaffen, z.B. durch die Preußische Hypothekenordnung von 1783, die das Grundbuchwesen vorbildlich für Deutschland regelte.

Für den Bereich der **Dienstbarkeiten (Servituten)** entschied das gemeine Recht, dass solche auch in einem „Tun" bestehen könnten, was germanisch-rechtlichen Vorstellungen entsprach, sodass der Satz *„servitus in faciendo consistere nequit"* nicht mehr galt. Warum sollten die Besitzer von Grundstücken nicht aufgrund von Dienstbarkeiten verpflichtet werden können, Fronden oder Dienste zu leisten. Heute gilt die Unterscheidung zwischen Dienstbarkeiten und Reallasten (§§ 1030 ff., 1105 ff. BGB). **333**

Die Dienstbarkeit soll als Beispiel dienen, um zu beobachten wie sich Autoren mit der deutsch-rechtlichen Abänderung des römischen Rechts auseinandersetzten. Stryk[149] meinte:

„Wenn es bei Gericht eine häufig auftauchende Streitfrage gibt, dann sicher über die Dienstbarkeiten […]. Wenn aber das Wesen der Dienstbarkeit darin besteht, dass der Eigentümer des dienenden Grundstücks auf diesem etwas zu dulden oder nicht zu tun verpflichtet ist, […] dann ist daher gewiss, dass nach Zivilrecht [sc. römischem Zivilrecht] keine Dienstbarkeit in einem Tun bestehen kann. Ob aber durch Gerichtsgebrauch etwas anderes Geltung hat, ist zu bezweifeln […]. Wahr ist die Ansicht des Manzius, wenn er sagt, es sei in der Praxis häufig, dass die Besitzer gewisser Häuser oder Landgüter auf Grund einer Dienstbarkeit zu einem Tun gezwungen werden, z.B. eine Brücke zu reparieren, Holz herbeizuschaffen und ähnliches mehr, und wenn jemand bei Gericht verneinte, dass man eine solche Dienstbarkeit auferlegen könne, wurde es unter Gelächter verworfen."

Was den Bereich des **Familienrechts** und besonders den des persönlichen Eherechts angeht, so war der Einfluss des römischen Rechts im Verhältnis zum kirchlichen Einfluss nicht so stark (vgl. Rdnr. 227). **334**

---

148 Hierzu: H. Hattenhauer, Grundbegriffe des Bürgerlichen Rechts, Historisch-dogmatische Einführung, 2. Aufl., München 2000, S. 129 ff.
149 Usus modernus pandectarum, 1690–1712, 8. Buch, Titel 1.

Im **Vormundschaftsrecht** setzten sich Vorstellungen durch, deren Ursprünge bereits im germanischen Recht, insbesondere im Hochmittelalter gelegt waren. Im germanisch-deutschen Recht war der **Vogt** (der Vormund) zumindest im Frühmittelalter ein Gewalt-herr, der in eigenem Namen auftreten konnte. Zumindest seit dem Sachsenspiegel konn-te der Vormund das Vermögen seines Mündels nicht mehr für sich selbst nutzen.[150]

In der Rezeption verstärkte sich die Tendenz, den Vormund zu überwachen. Aus dem Vogt wurde der Vertreter des Mündels, und dieser stand – wie auch heute – unter behördlicher Obervormundschaft. Nach dem Freiburger Stadtrecht musste der Vormund dem Rat der Stadt einen Eid schwören, dass er das anvertraute Gut getreulich verwalten wolle und in keiner Weise für sich nutzen werde. Darüber hi-naus musste er den Verwandten und dem Rat jährlich Bericht über seine Vermögensverwaltung geben. Weiter durfte er die Grundstücke des Mündels weder belasten noch veräußern, es sei denn mit Zustim-mung des Rates und der Verwandten.

335 Das **gesetzliche Erbrecht** wurde durch den Reichsabschied von 1529 in Anlehnung an die Auffassung des Zasius (Rdnr. 308) geregelt: „Kindeskinder erben in die Häupter", d.h. also wie nach altem germanischen und auch heutigem Recht nach Stämmen (Parente-len; §§ 1924 ff. BGB).[151]

Das **Repräsentationsprinzip** nach dem Freiburger Stadtrecht (III, VI 4):

„So ouch vatter oder mutter kind und kindskinder nach tod verläßt, so werden die kindskind an irer el-tem statt mit den kinden zugelassen und erben die kind ir jedes nach sinem houpt, aber die kindskind nemen alle nit me, dann ir vatter oder mutter, ob sy gelebt, genommen hetten; […]."

Vgl. § 1924 Abs. 3 BGB:

„An die Stelle eines zur Zeit des Erbfalls nicht mehr lebenden Abkömmlings treten die durch ihn mit dem Erblasser verwandten Abkömmlinge (Erbfolge nach Stämmen)."

336 Bereits gegen Ende des Hochmittelalters waren **Verfügungen von Todes wegen** in be-schränktem Umfang zugelassen (vgl. Rdnr. 132); mit dem römischen Recht setzte sich die Testierfreiheit endgültig durch. Im Württembergischen Landrecht von 1555 wurde erklärt (III, 1, 16):

„das einem jeden, so sein Testament und letsten Willen aufgericht het, hiemit in allweg frei und zugelassen sein soll, dasselbig, wennimmer er will, widerumb zu verendern, zu mindern, zu mehrn, gar oder zum Teil ab-zutun und zu widerüffen, auch seiner Gelegenheit nach ein anders zu machen, […]" (vgl. aber zum Pflicht-teil des Freiburger Stadtrechts, Rdnr. 312).

337 Die **Testierfreiheit** setzte sich in den Städten aus Gründen durch, die mit dem Wirt-schaften in Unternehmen zu tun hatten. Ist im Bäuerlichen die gesetzliche Erbfolge bis zu einer gewissen Kleinteiligkeit unschädlich, so führt die Zerschlagung der Unterneh-men aus Gründen der Erbfolge zu wirtschaftlich unerfreulichen Situationen. Daher favori-sierten die Städte die Testierfreiheit. Diese bedingte auch umfangreiche Anordnungen über die Testierfähigkeit, die Einsetzungsfähigkeit, die Enterbung etc. Diese Regeln waren in besonders umfangreichem Maße in den verschiedenen Rechten vertreten, und da das Testamentsrecht des BGB im Wesentlichen romanistisch bestimmt ist, sind sie auch heute vielfach noch erhalten.

Hingegen sind wichtige römisch-rechtliche Sätze durch das BGB abgeschafft: ***nemo pro parte testa-tus, pro parte itestatus decedere potest"*** (= niemand kann teils aufgrund testamentarischer Erbfolge,

---

150 Sachsenspiegel I, 23, 41; vgl. Rdnr. 146 ff.
151 Vgl. Mertens, Überlegungen zur Herkunft des Parentelensystems, ZRG GA 90 (1973), 149 ff.

teils aufgrund gesetzlicher Erbfolge beerbt werden) und *„heredis institutionem est caput et fundamentum totius testamentis"* (= die Einsetzung eines Erben ist die Hauptsache und Grundlage des ganzen Testaments). Diese Prinzipien wurden vielfach rezipiert z.B. in Lübeck 1610: *„Nach Lübischem Recht muss ein jeglich Testament institutionen haeredis haben".*

Von großer Bedeutung sind auch die über das römische Recht nach Deutschland gekommenen **Testamentsformen**, die sich im Wesentlichen auch heute noch im BGB finden. Die Vorgänge bei der Errichtung eines Testaments waren höchst kompliziert und führten in der Folge zu unzähligen Rechtsstreiten über diese Materie, besonders bei mündlicher Testamentserrichtung unter Zeugen. Die Testamentsformen waren in der bereits erwähnten Reichsnotariatsordnung von 1512 angeführt (vgl. Rdnr. 254). **338**

Das Erbrecht war noch durch **pflichtteilsähnliche Rechte** beschränkt, und zwar in der Gestalt des römisch-rechtlichen Noterbrechts. Danach war ein Testament als von Anfang an nichtig anzusehen, wenn ein Noterbe ohne gesetzlichen Enterbungsgrund übergangen worden war. **339**

Neben der Erbfolge aufgrund des Gesetzes und Testamentes wurde der **Erbvertrag** als dritter Berufungsgrund erst allmählich anerkannt. Das Institut des Erbvertrages entstammt dem germanisch-deutschen Rechtskreis und stand in engem sachlichen Zusammenhang mit den Retraktrechten (vgl. Rdnr. 217) und der Erlaubnis der zukünftigen Erben an den Erblasser, über das Erbgut zu verfügen. **340**

C. Naturrecht

I. Bedeutung des Naturrechts heute

Ernst Bloch beginnt sein Werk „Naturrecht und menschliche Würde" folgendermaßen: **341**

„Was rechtens sei? – Darum kommt man nicht herum. Die Frage lässt immer aufhorchen, sie drängt und richtet. Ein als naturrechtlich bezeichnetes Denken hat sich ihr gewidmet, grundsätzlich nicht von Fall zu Fall" (TB 1972).

Seit ca. 2.500 Jahren wird von allen vorstellbaren politischen und philosophischen Positionen aus versucht festzulegen oder zumindest zu verstehen, was (verbindlicher) **Inhalt des Naturrechts** ist. Das ist bisher nicht in allgemein akzeptierter Weise gelungen – und kann wahrscheinlich auch nicht gelingen. Eine auch nur ungefähre Inhaltsbestimmung bzw. Wiedergabe dessen, was zu verschiedenen Zeiten darunter verstanden wurde, kann in Abgrenzung zum positiven Recht geschehen. Naturrecht ist jedenfalls in der Regel nicht identisch mit dem gerade geltenden – positiven – Recht. Das Naturrecht ist als **Maßstab und Korrektiv für das positive Recht** zu sehen. **342**

Nach dem Zweiten Weltkrieg erhob sich die Frage, ob und wie diejenigen zu bestrafen seien, die in der Zeit des Dritten Reiches anderen an Leben, Gesundheit und Freiheit geschadet hatten, dies aber in Übereinstimmung mit den nationalsozialistischen Gesetzen getan hatten. Gleiches gilt in Bezug auf die sog. Mauerschützen, die sich oft auf die Rechtfertigungsgründe des DDR-Grenzgesetzes berufen konnten. **343**

Wenn die Gerichte nur das Recht der Tatzeit zugrunde gelegt hätten, wozu sie ja nach dem Grundgesetz und § 2 Abs. 2 StGB verpflichtet waren, dann hätte es nur schwer zu einer Verurteilung kommen können. Insbesondere dann nicht, wenn man – wie es der **344**

Gesetzes- und Rechtspositivismus sehen wollte (und wie es auch besonders vor dem Zweiten Weltkrieg massiv vertreten wurde) – die Kriterien der Gerechtigkeit voll im geltenden – legal zustande gekommenen – Gesetz enthalten sah. Deshalb sollte auch der Richter streng an das Gesetz gebunden sein. Insbesondere – so die ‚Positivisten' – sollte die Frage nach der Gerechtigkeit außerhalb des Gesetzes oder eine Hinterfragung des Gesetzes auf seine materiale Gerechtigkeit hin nicht stattfinden. Damit wären aber schwere und schwerste Taten ungesühnt geblieben, und jede Diktatur hätte ihren Unterstützern einen gesetzlichen Freibrief erteilen können.

345 Nur ein Teil der Täter wurde letztendlich bestraft. Das geschah unter Berufung auf Kriterien der Gerechtigkeit – unter Berufung auf Naturrecht. **Gustav Radbruch**, der als einer der bedeutendsten Gesetzespositivisten (vgl. Rdnr. 380) Weimars galt, vertrat 1946 die Ansicht, dass die Auffassung „Gesetz ist Gesetz" weichen müsse, wenn „der Widerspruch des positiven Rechts zur Gerechtigkeit ein so unerträgliches Maß erreicht, dass das Gesetz als ‚unrichtiges Recht' der Gerechtigkeit zu weichen hat".[152] Radbruch betonte somit wie viele andere nach 1945 **überpositive Kriterien der Gerechtigkeit.**[153]

346 Dass die Rechtsprechung sich im Kern auf überpositive Kriterien der Gerechtigkeit berief, um nach dem Dritten Reich – und nunmehr nach dem Ende der DDR (vgl. Rdnr. 881) – Tötungen abzuurteilen, macht einen Konflikt deutlich: Das Recht der Demokratie ist wenig geeignet, um **diktaturbedingtes Unrecht zu bewältigen.** Der Rekurs auf Naturrecht ist nichts als ein argumentativer Behelf, um ein moralisches Unwerturteil in rechtliche Formen zu kleiden.[154]

Doch ist ein solches Vorgehen nicht ungefährlich: Der BGH[155] berief sich 1954 gleichfalls auf Naturrecht, als er eine Entscheidung aus dem Bereich des Sexualstrafrechts rechtfertigte. Dieses Naturrecht zeugte von rigider klerikaler Sexualmoral. Die Problematik naturrechtlicher überpositiver Kriterien liegt somit auf der Hand.[156] Heute wissen wir: Auch die Nationalsozialisten argumentiert nicht selten ‚naturrechtlich' und eben nicht (immer) positivistisch, sondern sie nutzten Generalklauseln, setzten Unrecht in Gesetzesform oder handelten schlicht gesetzlos. Das macht die Frage, was Naturrecht ist und wie es das geltende Recht beeinflusst, noch verwickelter.[157]

II. Christliches Naturrecht

347 Im MA war die Naturrechtslehre das Hauptstück der **scholastischen Moraltheologie.** In Bezug auf die seelsorgerische Tätigkeit – und hier insbesondere beim sog. Bußsakrament – weiteten sich die naturrechtlichen Vorschriften zu einer detaillierten Moralordnung aus, die auf die Rechtsprechung der kirchlichen Gerichte Einfluss hatte (Ehe- und Familienrecht etc.). Diese naturrechtlichen Versuche sind aber bis in die Spätscholastik hinein dem Bereich der Moraltheologie zuzuordnen und nicht etwa der Rechtswissenschaft. Allerdings sind in den praktischen Fragestellungen erhebliche Überschneidungen zu verzeichnen (z.B. bei Fragen des gerechten Preises, des Zinses etc.).

348 Bei **Augustinus** (354–430) und auch noch bei **Thomas von Aquin** (1225–1274, vgl. Rdnr. 140), den beiden glänzenden Vertretern des theologischen Naturrechts, wurde

---

152 Radbruch, Rechtsphilosophie, 8. Aufl. 1973, S. 339 ff.; vgl. Rdnr. 781.

153 Vgl. auch BVerfGE 2, 381; hierzu die Einführung von Hassemer in Radbruch Gesamtausgabe, Bd. III 1990.

154 E. Buchholz-Schuster, Rechtsphilosophische Legitimation der Rechtspraxis nach Systemwechseln. Eine Untersuchung zur Funktion von „Juristenphilosophie", 1998, S. 142 ff.

155 BGHSt 6, 46 ff.

156 Vgl. Ellscheid, Naturrecht, in: Kaufmann, Einführung in die Rechtsphilosophie […], UTB 593.

157 Rüthers, Entartetes Recht, 1988.

das Verhältnis von göttlicher zu menschlicher Gerechtigkeit so erklärt: Die menschliche Gerechtigkeit ist nur insoweit legitimiert, als sie nicht im Widerspruch mit göttlichem oder natürlichem Recht steht; sie ist nach Wieacker „Notanstalt Gottes in der Zeitlichkeit". Also wurde eine **Reihenfolge der Rechtsordnungen** vorausgesetzt: *lex aeterna* (göttliches Recht), *lex naturalis* (Naturrecht) und *lex humana* oder *lex positiva* (menschliches Recht). Das göttliche Recht ist unabänderlich. Der Mensch hat keinen Einblick in dessen Sphäre. Es wird allenfalls von Gott offenbart. In das Naturrecht hat der Mensch hingegen Einblick, nach Thomas kraft seiner Vernunft, obwohl er im Zustand der Sünde lebt. Das Naturrecht selbst ist dem göttlichen Recht ähnlich. Das *ius positivum* steht unter dem Korrektiv des Naturrechts. Aufgabe dieses Rechts ist es, Frieden und Gerechtigkeit zwischen den Menschen und den Staaten zu ermöglichen und zu schaffen.

Thomas ergänzt diese in Grundzügen bei beiden gleichen Gedanken durch seine **„ordo-Vorstellung"**.[158] Danach sind alle drei Stufen des Rechts lediglich Erscheinungsformen des göttlichen Ordnungsgedankens. In der Welt sei jedem Ding sein Platz zugewiesen. Dem Menschen sei der Gemeinschaftsgedanke eingepflanzt. Kein „Gesellschaftsvertrag" (vgl. Rdnr. 356) sei nötig, um die Konflikte zwischen den verschiedenen o.g. Stufen des Rechts aufzulösen. Im Rahmen dieser dreistufigen Konstruktion ergeben sich also aus dem Naturrecht lediglich Pflichten des Menschen, den verbindlichen Vorschriften des Naturrechts zu genügen.

In der **spanischen Spätscholastik** im 16. Jh. traten z.B. **Francisco de Vitoria** († 1546) **349** und **Francisco Suarez** († 1617) in ihren Schriften den innerkirchlichen naturrechtlichen Bereich heraus. Sie befassten sich bereits mit völkerrechtlichen und privatrechtlichen Fragen unter naturrechtlicher Fragestellung.[159]

III. Säkularisierung des Naturrechts und Vernunftrechts

Spannend wurde das Naturrecht für weltliche Juristen mit seiner sogenannten Säkularisierung. Diesen Weg zum Vernunftrecht trieb der Holländer **Hugo Grotius** voran **350** (1583–1645). Er entwickelte im Anschluss an die Spätscholastik eine profane/weltliche Naturrechtslehre. Profan bedeutet nicht, dass Grotius etwa seine Lehren völlig losgelöst von den Lehren des Glaubens und der Kirche entwickelt hätte, sondern profan heißt nur, dass Grotius **keine innerkirchliche Moraltheologie** betrieb. Um seine Ansichten zu begründen, zog er Zeugnisse der gesamten Rechtserfahrung sowie theologische und humanistische Vorstellungen heran. Er belegte Ansichten mit Zitaten aus der Bibel, der Kirchenväter, der spanischen Spätscholastiker, der Klassiker (besonders der Stoa oder Cicero) sowie gleichrangig mit Argumenten römischer Juristen, besonders aus dem Corpus Iuris.

Hugo Grotius wurde berühmt durch seine völkerrechtliche Streitschrift **„Dissertatio de** **351** **mari libero"** (1609). Darin vertrat er die Interessen des kleinen Holland, dessen wirtschaftlicher Bestand vom unbeschränkten überseeischen Handel abhing. Die Schrift war gegen entgegenstehende spanisch-portugiesische und englische Machtansprüche gerichtet; das Meer, so John Seldon sei ein „mare clausum" (1635). Die von Grotius dagegen aufgestellten Prinzipien, dass die Meere frei, niemandes Eigentum seien und

---

158 Vgl. Welzel, Naturrecht und materiale Gerechtigkeit, 4. Aufl. 1962, S. 58.

159 Otte, Das Privatrecht bei Francisco de Vitoria, 1964.

folglich auch von jedermann befahren werden könnten, haben auch heute im Grundsatz noch Geltung.

352 In dem Werk **„De iure belli ac pacis"** (1623) entwickelte Grotius die Grundzüge eines bis in unsere Zeit hineinreichenden Völkerrechts. Grotius leitete die Existenz dieses Rechts aus einer alle Völker und Einzelwesen bindenden Autorität des Naturrechts her, nicht aus dem göttlichen Willen, sondern aus der gesamten menschlichen Rechtserfahrung. Grotius ging bei allem davon aus, dass das von ihm beschriebene Naturrecht auch gelten würde, wenn es Gott nicht gäbe. Hingegen war das kirchliche *ius divinum* undenkbar ohne die Existenz Gottes. Für Grotius stand auch fest, dass das Naturrecht im Gegensatz zum *ius civile* auch im Kriege Geltung haben müsse, und zwar – und hierauf bezog sich sein Werk „De iure belli ac pacis" – als *ius gentium,* also als Völkerrecht. Die Existenz der naturrechtlichen Prinzipien ist nach Grotius so evident, dass sie mit der gleichen Sicherheit erkannt werden können wie natürliche Gegenstände bei der Sinneswahrnehmung.

Diese **„Profanisierung" des Rechts** wurde von den späteren Naturrechtlern fortgeschrieben.[160]

353 Hauptprobleme des Naturrechts waren z.B. das Verhältnis von **Naturrecht und positivem Recht** – z.B. Zivilrecht –, die Frage, ob aus den Prinzipien des Naturrechts Rechtssätze abgeleitet werden können und ob der Inhalt des Naturrechts veränderlich oder unveränderlich sei.

354 Die Schule des Naturrechts **(Vernunftrechts)** im 17. und 18. Jh. und der *usus modernus pandectarum* standen nebeneinander. Naturrecht wurde an den Universitäten gelehrt, machte insgesamt im 18. Jh. jedoch kaum mehr als ein Zehntel der Lehrveranstaltungen aus. Ganz überwiegend wurde Naturrecht dabei nicht als Korrektiv des Gesetzesrechts verstanden, sondern einerseits als subsidiäre Rechtsquelle und andererseits als Geltungsgrund des mit ihm übereinstimmenden Gesetzesrechts.

355 Starken Einfluss erlangte das Naturrecht in den an der Schwelle zum 19. Jh. entstehenden Kodifikationen, wie dem preußischen Allgemeinen Landrecht von 1794, dem österreichischen Allgemeinen Bürgerlichen Gesetzbuch (1811) sowie den französischen Gesetzbüchern der napoleonischen Zeit.[161]

IV. Lehre vom Gesellschaftsvertrag

356 Durch die Profanisierung des Naturrechts (Grotius) blieb die *lex divina* ohne Relevanz, sie war gewissermaßen „abgeschafft". Was dennoch blieb, war die Schwierigkeit, das Verhältnis von Naturrecht und positivem Recht zu bestimmen. Die Lösungsversuche in dieser Frage hatten oft die Lehre vom Gesellschaftsvertrag als Ausgangspunkt. Darin wird erklärt, warum der Einzelne oder der Staat an naturrechtliche Regelungen gebunden oder auch nicht gebunden sei. Die Entstehung der menschlichen Gemeinschaften und die rechtliche Stellung der Menschen in ihnen ist ein Hauptthema dieser Lehren.[162]

---

160 Vgl. Pufendorf, Über die Pflichten des Menschen und des Bürgers nach dem Gesetz, 1994, mit Nachwort von K. Luig; Denzer, Moralphilosophie und Naturrecht bei Samuel Pufendorf, 1971.

161 Zu alledem Rdnr. 279 ff.; vgl. hierzu J. Schröder, Die juristische Methodendiskussion an der Wende zum 19. Jahrhundert, JuS 1980, 617 ff.

162 Vgl. Ellscheid, Art. Naturrecht, in: Krings u.a. (Hg.), Handbuch philos. Grundbegriffe.

Für die spanischen Spätscholastiker und für Grotius ergaben sich aus dem Naturrecht lediglich Pflichten. Nach Grotius war der „appetitus societatis" dafür entscheidend, dass das Individuum seine Freiheit der Gesellschaft unterwarf. Wie Grotius sah auch **Samuel Pufendorf** (1632–1694) das Naturrecht als Pflichtenlehre. Pufendorf ist weniger als Begründer einer Lehre vom Gesellschaftsvertrag denn als naturrechtlicher Systematiker und wichtiger strafrechtlicher Denker von Interesse.

357

Zwar ist auch **Thomas Hobbes** (1588–1679) zu den Systematikern zu zählen, doch hat er größere Bedeutung erlangt durch seine Auffassung vom „**Urzustand** der menschlichen Gemeinschaft und seiner Beendigung". Hobbes Stellung zu diesen Fragen ist durch die zwei bekannten Sätze gekennzeichnet: *„Homo homini lupus", „bellum omnium contra omnes"; der Mensch sei der Wolf des Menschen* und *zwischen den Menschen herrsche ein Krieg aller gegen alle*. Um den Urzustand dieses „Krieges aller gegen alle" zu beenden, ist nach Hobbes ein **Gesellschaftsvertrag** nötig. Hierdurch entstehe die naturrechtliche Gesellschaft. Aber auch dieser Schritt könne die andauernden Interessenkonflikte nicht beseitigen, sodass es gemäß der Natur des Menschen weiter zu Streitigkeiten zwischen den Einzelnen kommen müsse. Als vernunftbegabte Wesen könnten die Menschen diesen Zustand nur so abschaffen, dass sie einen weiteren Vertrag – einen Unterwerfungsvertrag – schlössen, in dem sie ihren Gesamtwillen einem quasi absoluten Herrscher übertrügen.

358

In diesen Vorstellungen offenbart sich eine höchst pessimistische Einstellung zum Menschen und eine machiavellistische Verachtung des Individuums. Die Menschen sind völlig den positiven Gesetzen des Staates unterworfen. Der **„Leviathan"** – wie Hobbes seinen Staat in der gleichnamigen Schrift nach dem Ungeheuer aus dem Buch Hiob benennt (1651[163]) – ist eine wohlfunktionierende Maschine. Sein Staatsbild entstammt der Physik Galiles, nur dass anstelle physikalischer Kräfte die Willensstärke der Menschen wirkt. Aus seiner Vertragslehre entwickelte Hobbes dann die Folgerung, der Unterwerfungsvertrag sei unkündbar.[164] Mit dieser Auffassung ließen sich absolutistische Staatsauffassungen rechtfertigen.[165] In dieser Konstruktion kann man eine naturrechtliche Rechtfertigung des Positivismus sehen. Gerade diese Konstruktion, die allein auf die faktischen Machtverhältnisse abstellt, die also von dem Satz *auctoritas non veritas facit legem*" ausgeht, hatte später die Verfemung des naturrechtlichen Denkens zur Folge.

359

Zu diametral entgegengesetzten Ergebnissen kam **John Locke** (1632–1704), für den der Mensch grundsätzlich ein gemeinschaftsbezogenes Wesen war. Der vertragliche Zusammenschluss hatte seiner Ansicht nach vor allem die Aufgabe, die Menschen zu schützen. Auch der Staat sei verpflichtet, die Gesetze und die natürlichen Rechte der Menschen zu achten. Im Falle, dass der Staat zu tief in die Grundrechte der Individuen eingreife, hätten die Bürger ein Widerstandsrecht (Anknüpfung an Marsilius von Padua, Defensor Pacis, vgl. Rdnr. 138). Lockes Vorstellungen von der Gewaltenteilung und den Grundrechten haben politisch einen besonderen Niederschlag bei der Virginia Bill of

360

---

163 Reclam Nr. 8348.
164 F. Wieacker, Privatrechtsgeschichte, S. 304.
165 Winters, Art. Naturrecht, in: Handlexikon der Rechtswissenschaft.

Rights, bei der Gründung der USA in der **Menschenrechtserklärung**, und in der **Verfassung der USA** gefunden.

361   Auf die französische Revolution (1789) wirkte die Lehre von **Jean-Jacques Rousseau** (1712–1778: Der Gesellschaftsvertrag, 1762[166]). Er ging über Locke hinaus, indem er sagte, dass der Vertrag allein durch den Volkswillen zustande komme. Auch der Bestand der Staatsgewalt sei von der *„volonté générale"* abhängig.

362   Verwirrend ist es, dass man von einer einheitlichen Naturrechtslehre spricht, wo doch die Ausgangspunkte (Gesellschaftsvertragslehre) und Inhalte der Lehren so verschieden waren. Wie kann man von „dem Naturrecht" sprechen, wenn einerseits absolutistische machtpolitische Ansprüche damit begründet werden konnten und andererseits die amerikanischen Föderalisten und die französischen Revolutionäre sich auf diese Lehre stützen konnten? Nach Wieacker stellte das Naturrecht indes keine Weltanschauung dar, sondern einen **gemeinsamen Argumentationsstil**. Das Naturrecht gebe keine inhaltlichen Postulate vor, sondern sei eher eine Methode der Rechtsbegründung.

V. Methodische und systematische Aspekte des Vernunftrechts

363   **Samuel Pufendorf** (1632–1694), **Christian Thomasius** (1655–1728) und **Christian Wolff** (1679–1754), von Wieacker als Systematiker des Vernunftrechts bezeichnet, hatten z.T. in Verbindung mit den Gedanken der Aufklärung größten Einfluss auf die Rechtswissenschaft ihrer Zeit und auch der folgenden Jahrhunderte.

364   Ausgangspunkt war für alle drei neben dem Durchbruch des profanen Vernunftrechts und den Lehren des Grotius der **Rationalismus** und die aufkeimenden **Naturwissenschaften** mit ihrer Methode. Einfluss hatten Descartes („Discours de la méthode", 1637), Galilei und die Entwicklung bis hin zu Newtons „Principia Mathematica" (1687). Am Anfang des systematischen Gedankens stand insbesondere auch **Baruch Spinoza** (1632–1677) mit seinem Werk „Ethica more geometrica demonstrata".[167] In diesem Werk wurden Grundsätze der Mathematik auf die Metaphysik angewendet. Der logische Zusammenhang der Naturgesetze ergab das System der physischen Welt.

365   Für die Naturrechtler ergaben die **„Naturgesetze" der sozialen Welt** ein System der Gesellschaft. Diesen letzten Schritt haben bei weitem nicht alle Philosophen und Juristen, die sich mit Naturrecht befassten, mitvollzogen. Aber diejenigen, die – wie z.B. Pufendorf, Thomasius, Wolff – diesen Ausgangspunkt hatten, haben die Rechtswissenschaft bis in unsere Zeit nachhaltig beeinflusst. Diese methodische Unabhängigkeit von dem bisher geltenden Recht und von der Methode des *usus modernus pandectarum* war es auch, die eine **kritische Überprüfung und freiere Handhabung des Rechtsstoffes** ermöglichte.

1. Privatrecht

366   Im Bereich des Privatrechts bedeutete dies eine **gewisse Freiheit von den mittelalterlichen Autoritäten** des gemeinen Rechts. Während bisher das Kommentieren und die wissenschaftliche Exegese einzelner Textstellen Vorrang hatten, lag nunmehr der Schwerpunkt auf der „logischen" Demonstration von Rechtssätzen aus dem naturrechtlichen System heraus. Dieses Vorgehen *„more geometrico"* hatte als Ausgangspunkt Oberbegriffe wie „Vertrag" oder „Delikt".

---

166 Reclam Nr. 1769.
167 Lat. und deutsch Reclam.

„Unter den unbedingten Pflichten jedermanns gegen jedermann gebührt der erste Rang dieser: **keiner schädige den anderen!** Diese ist die umfassendste aller Gemeinschaftspflichten, denn sie geht alle Menschen an. Sie ist sehr einfach zu erfüllen, weil sie nur gebietet, sich des Handelns zu enthalten. Allerdings hemmen bisweilen Leidenschaften, die der Vernunft widerstreben, den Gehorsam gegenüber dieser Pflicht. Sie ist aber nicht nur die einfachste, sondern auch die wichtigste Gemeinschaftspflicht, weil ohne ihre Beachtung kein Zusammenleben der Menschen sein könnte [...]."[168]

Aus dem o.g. Grundsatz wurde eine detaillierte Lehre über „unerlaubte Handlungen" hergeleitet. Die Möglichkeiten von Vertragsverbindungen, Geltung von Verträgen, Leistungspflichten führten zu Theorien über Rechtssubjekte, die Willenserklärung und das Rechtsgeschäft. Pufendorf gilt als derjenige, der das Fundament des heutigen Allgemeinen Teils des BGB gelegt hat. **367**

Ausgehend von der **bindenden Kraft des Versprechens** erörterte Grotius allgemein die **Willenserklärung** und den **Vertragsabschluss**. Zum Verhältnis von Wille und Erklärung führte er aus: **368**

„Die Rechtswirkungen sind an den Willen allein angeknüpft. Gemäß der menschlichen Natur ist aber nicht allein bloßen inneren Willensakten eine soziale Wirkung beizumessen. Diese Wirkung gibt es nur für geäußerte Entschlüsse. Daher wird das, was hinlänglich deutlich nach außen gemacht ist, auch gegen den Willen des Erklärenden als wahr behandelt. Erklärungswert kann auch reinen Handlungen zukommen, sogar Nichthandeln, z.B. bei langem Schweigen kann die Verschweigung, Versitzung oder Verjährung eintreten. Der Irrtum entkräftet das Versprechen. Allerdings tritt dann Vertrauenshaftung ein."

Es war auch Grotius, der die Lehre entwickelte, wonach ein Vertrag durch **Angebot** und **Annahme** zustande kommt und dass, wie in der heutigen Regel des § 145 BGB, ein Widerruf bis zur Annahme möglich ist. Die allgemeine Oberregel *„pacta sunt servanda"* leitete er aus Gottes Versprechenstreue im Alten und Neuen Testament ab. **369**

Auch das Recht der **Schuldverhältnisse** wurde bereits mit außerordentlicher Gründlichkeit behandelt. Es fand eine Einteilung in besondere Schuldverhältnisse statt. Als Erledigungsgrund für Schuldverhältnisse galten: Erfüllung, Erfüllungssurrogate, Aufrechnung, Erlass, Novation, Delegation, Rücktritt aufgrund Vereinbarung, Vertragsbruch, Statusänderung. **370**

Auch die Frage nach der **Gefahrtragung** beim Kauf und Regelungen über die Treuhand waren vorhanden. Sogar eine Theorie der Geschäftsgrundlage führte Pufendorf an, die der im 20. Jh. von Oertmann vertretenen nicht unähnlich ist. Zum **Eigentum** erklärte Grotius, dass es im Notstand antastbar sei, wenn der Eingriff unvermeidlich sei und wenn der Eigentümer sich nicht selbst im Notstand befinde. Fremder Gebrauch des Eigentums sei zu dulden, wenn dieser nicht für andere nachteilig sei – das letzte Argument leitete er von Plutarch her. Die Folge dieser Erwägung war, dass freier Gemeingebrauch der Gewässer und z.B. auch freier Gütertransit über Land zu gewährleisten sei. Die Übertragung des Eigentums müsse durch den Konsens geschehen. Wie auch später im (naturrechtlich beeinflussten) Code Civil reichte also allein die vertragliche Vereinbarung – im Gegensatz zur Regelung des BGB – für den Eigentumsübergang aus. **371**

Festzustellen bleibt, dass die Naturrechtler trotz ihres methodologisch anderen Ansatzes in der Regel zu den gleichen Ergebnissen kamen wie das geltende Recht – zumindest, was den Bereich des Zivilrechts anging. Bei Pufendorf findet sich die Besonderheit, dass er zur Begründung seiner Ansichten nicht nur deduktiv vorging, sondern zusätzlich noch Beobachtungen aus der **Rechtswirklichkeit** heranzog. Die Wirkungen der Naturrechtsschule auf die zivilistische Praxis blieben zunächst gering. Pufendorf selbst ge- **372**

---

168 Pufendorf, De Officio Hominis et Civis, 1673, Buch 1, Kap. 6, zit. n. Hattenhauer/Buschmann, Textbuch zur Privatrechtsgeschichte der Neuzeit, 2. Aufl., München 2005.

wann allmählich Einfluss, sodass z.B. Leyser, der dem *usus* zuzurechnen ist, nach Pufendorf las.

Trefflich die Bemerkung von Kleist im Zerbrochenen Krug, als der Dorfrichter Adam dem ihn inspizierenden preußischen Rat entgegenhielt: „Die Welt, sagt unser Sprichwort, wird stets klüger, und alles liest, ich weiß, den Pufendorf."[169]

2. Thomasius

373 Die Zubereitung des Rechtsstoffes in einer Form, dass er später als Gesetz übernommen werden konnte, blieb Christian Thomasius und besonders Christian Wolff vorbehalten. Beide Denker standen auch schon in besonderem Maße unter dem Einfluss der Aufklärung. Ihr Denken unterschied sich von dem ihrer Vorgänger besonders durch seine praktische Ausrichtung.

374 Was **Christian Thomasius** (1655–1728) angeht, so liegt das Verdienst dieses kämpferischen Geistes nicht so sehr in der theoretischen Rechtsfortbildung, sondern eher im praktischen **Kampf gegen den Missbrauch des Rechts**, besonders im Strafrecht.

Thomasius war seinen Zeitgenossen unbequem.[170] Er nannte das Corpus Iuris „ein einfältig Büchlein". Er wollte mit diesem Satz zeigen, dass auch das germanisch-deutsche, also das einheimische Recht von Bedeutung war. In der Tradition des Hermann Conring (1606–1681) wirkte er wiederbelebend für das einheimische Recht. Die Geltung der **deutschen Rechtsquellen** wurde von Thomasius und seinen Schülern – Georg Beyer, Heineccius (vgl. Rdnr. 321), Pütter[171] – bejaht. Allerdings kam man über das Stadium des Quellensammelns nicht hinaus. Eine wissenschaftliche Aufarbeitung des deutschen Rechts, insbesondere des deutschen Privatrechts, erfolgte erst im 19. Jh. Immerhin trat Thomasius schon mit **Vorlesungen über deutsches Privatrecht** in Halle (1705) hervor. Er hielt die erste Vorlesung in deutscher Sprache: „Christian Thomas eröffnet der studierenden Jugend zu Leipzig in einem Discours, welcher Gestalt man denen Frantzosen in gemeinem Leben und Wandel nachahmen solle? Ein Collegium über des GRATIANS Grund-Regeln Vernünftig klug und artig zu leben." Auch die von ihm herausgegebene Zeitschrift „Monats-Gespräche" oder „Teutsche Monate" war den Zeitgenossen zu kritisch.[172]

375 Mit Schriften, in denen er vom naturrechtlichen Standpunkt aus dartat, dass die Einehe naturrechtlich nicht geboten sei, machte er sich die Kirchen zum Feind. Als Frühaufklärer trat er im Gegensatz zu den zuvor genannten Naturrechtlern für ein Naturrecht mit wechselndem Inhalt ein – ein sog. **relatives Naturrecht**. Die Sätze des Naturrechts waren nach seiner Ansicht nicht von vornherein von logischer Richtigkeit, sondern sie mussten durch Beobachtung des Verhaltens der Einzelwesen gewonnen werden. Er ging davon aus, dass das Naturrecht nicht zu allen Zeiten und an allen Orten zu den gleichen gerechten und vernünftigen Lösungen Anleitung sein könne. Vielmehr sollten die jeweiligen Umstände des Einzelfalles mit berücksichtigt werden. Während sich frühere naturrechtliche Systeme als profane sozialethische Systeme verstanden, verwies Thomasius den Bereich der Ethik und insbesondere das *ius divinum* in das individuelle Gewissen. Somit trat er für eine **strikte Trennung von Recht und Sittlichkeit** ein. Zur Verdeutlichung dieses radikalen Gedankens sei darauf verwiesen, dass z.B. Grotius von einen absoluten Naturrecht ausgegangen war, das selbst Gott nicht ändern könne.

---

169 Vgl. auch Luig, Der Einfluss des Naturrechts auf das positive Privatrecht im 18. Jahrhundert, in: ZRG GA 96 (1979), S. 38 ff.

170 Vgl. Bloch, Christian Thomasius, ein deutscher Gelehrter ohne Misere, in: Bloch, Naturrecht und menschliche Würde.

171 Conrad, Bd. II, S. 379.

172 Auszüge daraus Reclam Nr. 8369.

3. Christian Wolff

Der größte Systematiker des Naturrechts war **Christian Wolff** (1679–1754). Wolff ging 376 in Anknüpfung an Pufendorf von einem geschlossenen absoluten Naturrecht aus. Sein neunbändiges Werk stellt nach Wesenberg „einen Triumph der deduktiven Methode" dar. Naturrecht war für Wolff eine Pflichtenlehre von guten und schlechten Handlungen. Wolffs Lehre beeinflusste in besonderem Maße die Gesetzgebung in Preußen. Seine Pflichtenlehre ging später in das Preußische Allgemeine Landrecht (1794) ein.

Für Wolffs Methode war die **Stellung** der einzelnen Naturrechtssätze im System beson- 377 ders bedeutsam. Kraft dieser lückenlosen Darstellung sollen die Sätze aufgrund der **Widerspruchsfreiheit der logischen Aussage** gelten. Neuere Untersuchungen weisen darauf hin, dass Wolff damit das geltende Recht nicht verlassen wollte. Für ihn galt: „woferne man die Erklärungen [des römischen Rechts …] ändert, so ändert man doch in dem Römischen Rechte nichts".[173] Ziel der Wolffschen Methode war die **wissenschaftliche Darstellung des positiven Rechts** als nach „unwidersprechlichen Gründen unumstößlich".[174]

Wolff kam in seinem Werk von allgemeiner Erörterung menschlicher Pflichten und 378 rechtlicher Oberbegriffe zu ganz konkreten und bestimmten rechtlichen Aussagen.

„§ 43. Aus diesem Grunde wiederum verpflichtet uns das Naturgesetz zur Vornahme derjenigen Handlungen, die sich auf die Vervollkommnung des Menschen und seines Standes richten, und zum Verzicht auf solche, die den Menschen zur Unvollkommenheit führen.

Folglich verpflichtet es uns, die freien Handlungen von den natürlichen Handlungen allein aufgrund dieses Zweckes abzugrenzen und alles zu tun, um Beeinträchtigungen für uns und unseren Stand zu vermeiden. Dies ist das allgemeine und umfassende Prinzip, aus dem sich als weitere Schlussfolgerungen alles das ergibt, was zum Naturrecht gehört, wie im folgenden gezeigt werden wird. Und da Gott die Menschen verpflichten kann, ihre Handlungen nach den Naturgesetzen einzurichten, so werden auch diejenigen gezwungen sein, dieses Prinzip anzuerkennen, die das Naturrecht aus dem göttlichen Willen ableiten wollen."[175]

Wolff wirkte über seine Schüler, z.B. **Nettelbladt** (1719–1791) und **Darjes** (1714–1791), 379 auf die Rechtswissenschaft des 19. Jhs., die Pandektenwissenschaft und auch das BGB ein. Nettelbladt forderte z.B. für die Darstellung des positiven Rechts ein „Demonstrieren der Rechtssätze aus Gründen", verbunden mit straffen Definitionen und systematisch richtiger Anordnung, „sodass das Allgemeine vor dem Besonderen stehe".

---

173 Christian Wolff, Proben von verbesserten Erklärungen in der Rechtswissenschaft, 1730.

174 Vgl. J. Schröder, Wissenschaftstheorie und Lehre der „praktischen Jurisprudenz" auf deutschen Universitäten an der Wende zum 19. Jahrhundert, 1979, S. 83 ff., 132 ff.

175 Christian Wolff, Institutiones Iuris Naturae et Gentium, 1769, S. 22; Übersetzung nach Hattenhauer/Buschmann, Textbuch, S. 185 ff.

380

Übersicht: Naturrecht und Positivismus	
Naturrecht	**Positivismus**
Naturrecht ist Maßstab und Korrektiv für das positive Recht	Rechtsanwendung, die sich nur am gesetzten Recht orientiert, ohne außerrechtliche Prinzipien zu beachten
Recht = Gerechtigkeit	Recht = formal korrekt erlassene Normen
■ Geltungsgrund des Rechts ist die gleichbleibende Natur des Menschen ■ Entscheidungen für den Einzelfall werden aus Normen, die aus absoluten ethischen Prinzipien abgeleitet werden, gewonnen ■ der Staat kann nicht absolut über das Recht verfügen, da es überpositive Maßstäbe der Gerechtigkeit gibt	■ Geltungsgrund des Rechts ist der wandelbare Wille des Gesetzgebers ■ Entscheidungen für den Einzelfall werden aus Normen und den dazugehörigen Gesetzesmaterialien abgeleitet ■ gibt Rechtssicherheit, verhindert Willkür in der Rechtsprechung
■ nach beiden Modellen ist das gesetzte Recht etwas a priori Festgelegtes, etwas Starres ■ beide kommen – von einem unterschiedlichen Fundament ausgehend – zu einem systematisch durchformten Rechtssystem	
Aristoteles, Hugo Grotius, Thomas Hobbes, John Locke, Samuel von Pufendorf, Jean-Jacques Rousseau, Christian Thomasius, Christian Wolff	Hans Kelsen, Georg Jellinek, Gerhard Anschütz, Richard Thoma, Georg Friedrich Puchta, Rudolph von Jhering, Bernhard Windscheid

Der Positivismus wird nochmals unterteilt in:

Rechtswissenschaftlicher Positivismus	**Gesetzespositivismus**
■ Recht wird aus System, Begriffen und Lehrsätzen der Rechtswissenschaft abgeleitet ■ Rechtsordnung ist ein geschlossenes System, existiert unabhängig von der sozialen Realität ■ Feststellung von Rechtssätzen durch rein logische Operationen	■ jedes ordnungsgemäße Gesetz ist ohne Rücksicht auf seinen Inhalt verbindlich ■ Recht ist identisch mit dem vom Gesetzgeber erlassenen Gesetz ■ Gesetzgeber ist nicht an ethische Prinzipien oder moralische Grundwerte gebunden

VI. Naturrechtskodifikationen

Nachdem durch den *usus* und das Vernunftrecht der gesamte Stoff der Rechtswissenschaft systematisch und dogmatisch durchgearbeitet worden war, gelang es einigen Staaten, die so entwickelten Ideen in Gesetzesform umzusetzen. Die Beurteilung des traditionellen Rechts durch die Gesetzgeber war in der Regel kritisch. **Vernunft, nicht Tradition**, sollte den Inhalt der neuen Gesetze bestimmen. Daher standen am Ende der naturrechtlichen Epoche auch keine „Reformationen" wie im 16. Jh. Diese Kodifikationen waren Teil einer umfassenden Gesellschaftsplanung. Sie entstanden in der Hoffnung, durch das Naturrecht fähig zu sein, Kriterien inhaltlich richtigen Rechts in Gesetzen festzuhalten.

381

Mit dem Begriff **Kodifikation** ist ein Gesetz gemeint, das den Anspruch erhebt, eine Materie vollständig und systematisch zu regeln. Dieser Begriff stammt von **Jeremy Bentham** (1748–1832), der in seinem Werk „A General View of a complete Code of Law" (1802), wenn auch vergeblich, gegen die Kasuistik des Common Law Stellung nahm.

382

1. Montesquieu

Von besonderer Bedeutung war in diesem Zusammenhang das Werk **Montesquieus** (1689–1755) **„De l'esprit des lois"**, „Vom Geist der Gesetze",[176] von dem in 18 Monaten 22 Auflagen gedruckt wurden. Dieses Werk stellt eine **Gesetzgebungslehre** dar, die sich nicht nur auf formale und äußerliche Kriterien beschränkt, sondern sich insbesondere dem Inhalt der Gesetze widmet:

383

„Richtiger ist es daher zu sagen, die Regierungsform entspreche am besten der Natur, deren Eigenart dem Wesen des betreffenden Volkes am meisten angepaßt ist. Die Einzelkräfte können sich nur zusammenschließen, wenn alle Willen sich vereinigen. ,Die Vereinigung aller dieser Willen', sagt Gravina weiter sehr richtig, ,bildet die sogenannte bürgerliche Verfassung'.

384

Das Gesetz, ganz allgemein, ist die menschliche Vernunft, sofern sie alle Völker der Erde beherrscht; und die Staats- und Zivilgesetze jedes Volkes sollen nur die einzelnen Anwendungsfälle dieser menschlichen Vernunft sein.

Sie müssen dem Volk, für das sie geschaffen sind, so genau angepaßt sein, dass es ein sehr großer Zufall wäre, wenn sie auch einem anderen Volke angemessen wären. Sie müssen der Natur und dem Prinzip der bestehenden oder erst zu errichtenden Regierungsform entsprechen, mögen sie nun die Regierung prägen wie die Staatsgesetze oder aufrechterhalten wie die bürgerlichen Gesetze. Sie müssen weiter der Natur des Landes entsprechen, seinem kalten, heißen oder gemäßigten Klima, der Beschaffenheit des Bodens, seiner Lage und Größe, der Lebensweise der Völker, ob Ackerbauer, Jäger oder Hirten; sie müssen dem Grad von Freiheit entsprechen, der sich mit der Verfassung verträgt, der Religion der Bewohner, ihren Neigungen, ihrem Reichtum, ihrer Zahl, ihrem Handel, ihren Sitten und Gebräuchen. Schließlich stehen sie in Beziehungen zueinander: zu ihrem Entstehungsgrund, dem Willen des Gesetzgebers und der Ordnung der Dinge, für die sie bestimmt sind. Von allen diesen Gesichtspunkten aus muss man sie betrachten. Dies soll die Aufgabe des vorliegenden Werkes sein. Alle diese Beziehungen will ich untersuchen: Sie alle zusammen bilden den **Geist der Gesetze**."

Aus der Vielzahl der von Montesquieu behandelten Fragen (vgl. auch Rdnr. 474) sei seine Lehre von den Staatsformen und der politischen Freiheit erwähnt. Weiter ist hervorzuheben seine pragmatische und praxisnahe Anschauung, dass Gesetze sich stets an die realen Gegebenheiten der Umwelt anzupassen hätten. Insbesondere die von ihm

385

---

176 Übersetzung Forsthoff, UTB 1710.

entwickelten Regeln über die Gesetzestechnik und -interpretation haben z.T. auch noch heute Bedeutung.

Er traf besonders scharfe Abgrenzungen zwischen dem Bürgerlichen Recht und den Gesetzen der Religionen, zwischen dem Öffentlichen und dem Bürgerlichen Recht, zwischen dem Zivilrecht und dem politischen Recht, zwischen den Polizeivorschriften und dem Zivilrecht. Er dachte darüber nach, dass Gesetze, die sich zu gleichen scheinen, nicht immer dieselbe Wirkung haben, dass diese Gesetze nicht immer denselben Beweggrund haben und auch ganz konkret darüber, dass nach griechischen und römischen Gesetzen der Selbstmord strafbar war, aber nicht aus demselben Grunde. Daraus erklärte er, dass man Gesetze nicht von den Umständen trennen dürfe, unter denen sie erlassen wurden.

2. Bayern

386 In Bayern waren die Werke des Wiguläus Xaverius Aloysius Freiherr von Kreittmayr (1705–1770), z.B. der **Codex Maximilianeus Bavaricus Civilis** und der Codex Juris Bavarici Criminalis, bemerkenswert. Beide Werke – um die Mitte des 18. Jhs. entstanden – waren allerdings noch eher im *usus* als im Naturrecht verhaftet. Nach Auffassung Kreittmayrs kam es darauf an, das Recht, so wie es in Deutschland praktiziert wurde, zu erfassen.[177]

3. Preußisches Allgemeines Landrecht von 1794

387 Die Kodifikationsgeschichte des ALR reichte in Preußen bis 1714 zurück. Später nannte Friedrich der Große in einer Kabinettsordre folgende Ziele seiner Kodifikation:

„Wenn Wir, wie nicht zu zweifeln ist, Unseren Endzweck in Verbesserung der Gesetze und der Prozeß-Ordnung erlangen, so werden freylich viele Rechtsgelehrten bey der Simplification dieser Sache ihr geheimnisvolles Ansehen verlieren, um ihren ganzen *Subtilitäten*-Kram gebracht, und das ganze Corps der bisherigen Advocaten unnütze werden. Allein Wir werden dagegen Unsere getreue Unterthanen von einer nicht geringen Last befreien, und desto mehr geschickte Kaufleute, Fabricanten und Künstler gewärtigen können, von welchen sich der Staat mehr Nutzen zu versprechen hat".[178]

Ein entsprechender Auftrag erging dann durch seinen Sohn an Thomasius, der allerdings keinen Gesetzesentwurf zuwege brachte.[179]

388 Die Intention des preußischen Gesetzgebers wurde im Titel eines 1749–1751 veröffentlichten Entwurfs deutlich: „Projekt des Corpus Juris Friedericiani, d.h. S.M […] in der Vernunft Landesverfassungen gegründetes Land Recht, worin das römische Recht in eine natürliche Ordnung und richtiges System deren dreyen Objectis iuris gebracht." Die vom Kanzler **Samuel von Cocceji** (1679–1755) betreute und begonnene Arbeit kam jedoch durch dessen Tod und den Siebenjährigen Krieg ins Stocken.

389 Erst nachdem der Großkanzler **Freiherr von Fürst** wegen des **Müller-Arnold-Prozesses** gestürzt war, wurde mit dessen Nachfolger **von Carmer** die Arbeit energisch wieder aufgenommen.

---

177 Gagnér, Die Wissenschaft des gemeinen Rechts und der Codex Maximilianeus…, in: Wilhelm/Coing (Hg.), Wissenschaft und Kodifikation Bd. I., 1974; Schlosser, Grundzüge der Neueren Privatrechtsgeschichte, S. 112.

178 Allerhöchste Königliche Cabinetts-Ordre die Verbesserung des Justiz-Wesens betreffend vom 14. April 1780, abgedruckt in: H. Hattenhauer, ALR von 1794 mit Einführung, Bibliographie und Register, 2. Aufl. 1994.

179 F. Wieacker, Privatrechtsgeschichte, S. 328 f.; Wagner, Die Wissenschaft des gemeinen römischen Rechts und das allgemeine Landrecht für die Preußischen Staaten, in: Wissenschaft und Kodifikation; Hattenhauer, Einführung in die Geschichte des ALR, in: ders. (Hg.) ALR von 1794 mit Einführung, Bibliographie und Register, 2. Aufl. 1994.

1779 hatte sich der **Müller Christian Arnold** direkt beim König darüber beschwert, dass sein adeliger Nachbar Wasser vom Bachlauf seiner Mühle für dessen Fischteiche abgezweigt hatte und dass dieser Adelige vor Gericht Recht bekommen hatte. Ohne nähere Prüfung ergriff Friedrich II. für den Müller Partei und hob per Machtspruch ("Kabinettsjustiz") das Urteil auf. Von Fürst hatte zuvor Reformvorschläge zum Zivilprozess abgelehnt und wurde nunmehr entlassen.[180]

Der Müller-Arnold-Prozess machte eine der Schwächen der Aufklärung in Preußen und wohl in allen absolutistischen Staaten deutlich. Besonders Friedrich II. wollte aufklärerische Ziele wie Ordnung, Planung, Vernunft und Humanität von "oben" durchsetzen; bis zu einer unabhängigen Justiz war es noch ein weiter Weg.   **390**

Ein Entwurf des ALR war schon 1780 fertiggestellt. Er enthielt über 20 000 Paragraphen. **Carmer** und **Svarez** legten ihn dem König vor, der in Anlehnung an Montesquieu dazu bemerkte: **"Es ist aber sehr dicke, und Gesetze müssen kurtz und nicht weitläufig seindt."** Dies wiederum veranlasste Svarez zu einem Vortrag mit dem Titel: "Inwiefern können und müssen Gesetze kurz sein?"[181] Darin führte er aus, dass Unklarheit und Undeutlichkeit von Gesetzen für die betroffenen Bürger von Übel seien, da hierdurch der Richter zum Gesetzgeber werde. Mit diesen Vorstellungen konnte er Friedrich überzeugen. Sie schlugen sich in einer Reihe von Vorschriften nieder, in denen Richtern die **Auslegung** des Gesetzes **verboten** war (vgl. §§ 6, 46, 47, 49 Einl. ALR).   **391**

Weiter versuchte das ALR, wie in § 6 Einl. deutlich wird, **gegen die Rechtsgelehrten** vorzugehen. Es verbot die übliche Aktenversendung an die Fakultäten. Die Anwälte bezeichnete Friedrich als Aktengeier, Rabulisten, Beutelfeger und Blackscheißer (= Tintenscheißer).   **392**

Der Entwurf wurde der Öffentlichkeit vorgestellt, die in vielfältigen Eingaben darauf reagierte. Das ging bis zu dem Vorschlag, die Vielweiberei wieder einzuführen zur Schonung der Frau vor Erschöpfung durch Geburten. Die **endgültige Inkraftsetzung** (1794) wäre beinahe durch die politische und theologische Reaktion um den Nachfolger Friedrichs, Friedrich Wilhelm II., verhindert worden. Das Werk blieb in seinen zivilrechtlichen Teilen z.T. bis zum Inkrafttreten des BGB 1900 gültig. Beim Landvolk und Bürgertum galt es als "weltliche Bibel".[182] Die Sprache des ALR war klar und allgemein verständlich. Die Überzeugung der Redaktoren, die in Anlehnung an Christian Wolff glaubten, alle Materien vollständig geregelt zu haben, führte allerdings z.T. zu einer absonderlichen Kasuistik.   **393**

Beispielsweise ALR 1. Teil 2. Titel zum Zubehör (heute § 97 BGB):   **394**

"§ 23. Putz ist, was außer Schmuck und Geschmeide zur Verzierung der Person getragen wird und nicht selbst ein Teil eines Kleidungsstückes ausmacht. […]

§ 26. Spitzen und Kanten gehören nicht zur Wäsche oder zum Weißzeuge, wohl aber zum Putze.

§ 83. Angeschlagene Wandtapeten, ingleichen die in der Wand befestigten Jalousien und Fensterladen, dergleichen Hausglocken und Bratenwender, so wie alle Kaminbretter, sind für Pertinenzstücke zu achten."

Die heutige Regel des § 97 BGB ist hochabstrakt und man muß bei der Frage interpretieren, ob die Mobilie dem wirtschaftlichen Zeck der Hauptsache zu dienen bestimmt ist. Das ist genuine Aufgabe der

---

180 Zum Müller-Arnold-Prozess: Eb. Schmidt, Einführung in die Geschichte der deutschen Strafrechtspflege, § 257; Sendler, Friedrich der Große und der Müller Arnold, JuS 1986, 759 ff.

181 Conrad, Bd. II, S. 389.

182 F. Wieacker, Privatrechtsgeschichte, S. 333, Thieme, ZRG GA 57 (1937), S. 407 ff., unter Berufung auf Achim v. Arnim, ZRG GA 13 (1892), S. 228 ff.

Rechtsanwender durch Interpretation. Was der preußische Gesetzgeber ins ALR schrieb steht heute im Kommentar. Verstehen konnten die Bürger das ALR viel leichter als der BGB!

395   In der **Wissenschaft** war das Werk nicht so beliebt wie beim Volk. Das lag wohl daran, weil die wissenschaftliche Rechtsfortbildung abgeschnitten war und auch weil es an der vom römischen Recht beherrschten Wissenschaft vorbeikonzipiert war. Savigny, der in Berlin einen Lehrstuhl für Landesrecht innehatte, las bis zum Jahre 1819 nur römisches Recht. Er nannte das ALR: **„in Form und Inhalt eine Sudeley"**.[183] In seinen wenigen Landrechtsvorlesungen verglich er das ALR mit den römisch rechtlichen Prinzipien.

396   Insgesamt war das Werk einerseits **autoritär und ständisch**, bspw. wurde die Leibeigenschaft erst 1807 im Zuge der Steinschen Reformen durch das Martini-Edikt aufgehoben – andererseits hatte das Werk aber eine **aufklärerische fortschrittliche Komponente**. In Abänderung des frühneuzeitlichen Polizeibegriffs definierte das ALR die **Polizei** in einer Weise, wie wir die Definition auch noch heute kennen (2. Teil, 17. Titel, § 10):

„Die nötigen Anstalten zur Erhaltung der öffentlichen Ruhe, Sicherheit und Ordnung, und zur Abwendung der dem Publico oder einzelnen Mitgliedern desselben vorstehenden Gefahr zu treffen, ist das Amt der Polizei."

397   Auch Klagen gegen den Staat, aber nur als Fiskus, sollten zulässig sein (Einleitung § 80):

„Auch Rechtsstreitigkeiten zwischen dem Oberhaupt des Staats und seinen Untertanen sollen bei den ordentlichen Gerichten nach den Vorschriften der Gesetze erörtert und entschieden werden."

398   Weiterhin finden sich bereits Regelungen über die **Aufopferung** (Einleitung, §§ 74, 75):

„§ 74. Einzelne Rechte und Vorteile der Mitglieder des Staats müssen den Rechten und Pflichten zur Beförderung des gemeinschaftlichen Wohls, wenn zwischen beiden ein wirklicher Widerspruch (Kollision) eintritt, nachstehen.

§ 75. Dagegen ist der Staat demjenigen, welcher seine besonderen Rechte und Vorteile dem Wohle des gemeinen Wesens aufzuopfern genötigt wird, zu entschädigen gehalten."

399   Die autoritären, patriarchalischen Züge des Gesetzes wurden besonders im Bereich des **Familienrechts** deutlich. Die Ehefrau verlor bei Eheschließung sogar die Verfügungsgewalt über ihr eigenes Vermögen:

„Der Mann ist das Haupt der ehelichen Gemeinschaft; und sein Entschluss gibt in gemeinschaftlichen Angelegenheiten den Ausschlag" (2. Teil, 1. Titel, § 184). (In der Sache galt das übrigens bist zum Gleichberechtigungsgesetz 1. Juli 1958.)

§. 66. Körperliche Pflege und Wartung, so lange die Kinder deren bedürfen, muß die Mutter selbst, oder unter ihrer Aufsicht besorgen.

§. 67. Eine gesunde Mutter ist ihr Kind selbst zu säugen verpflichtet.

§. 68. Wie lange sie aber dem Kinde die Brust reichen solle, hängt von der Bestimmung des Vaters ab.[184]

4. Code Civil und Allgemeines Bürgerliches Gesetzbuch

400   Im Rahmen der **napoleonischen Reformen** entstanden neue Gesetzbücher: Code pénal, Code de procédure pénal, Code de commerce, Code de procédure civile. Für das bürgerliche Recht beendete der Code Civil (1804) in Frankreich den Zustand der Rechts-

---

183   F. Wieacker, Privatrechtsgeschichte, S. 334.

184   Vgl. Schwennicke, Zwischen Tradition und Fortschritt – Zum Zweihundertsten Geburtstag des Preuß. Allgemeinen Landrechts, JuS 1994, 456 ff. (2. Teil, 2. Titel, § 68).

zersplitterung eher als in Deutschland. Im Süden Frankreichs galt von alters her noch ein modifiziertes römisches Recht, während im Norden das Recht der Coûtumes (entstanden aus germanischem Gewohnheitsrecht Rdnr. 146 ff.) nach wie vor Anwendung fand.

Im Gegensatz zum ALR ging die französische Gesetzgebung von der **bürgerlichen** **401** **Rechtsgleichheit** aus, und zwar auch im Erb- und Bodenrecht. Insoweit ist diese Gesetzgebung ein Produkt der Aufklärung – insbesondere der Lehre Rousseaus – und der Revolution von 1789. Stände waren in der Revolution praktisch abgeschafft. Die Freiheit der Individualsphäre wurde stark betont. Sie schloss in extrem individualistischer Weise auch vertragliche und wirtschaftliche Betätigungsfreiheit ein. Damit fiel auch die korporative Bindung insbesondere der wirtschaftlichen Betätigung weg.

Das **Familienrecht** war ähnlich wie im ALR autoritär und patriarchalisch gestaltet. In der **402** ursprünglichen Fassung war das Verhältnis von Ehemann zu Ehefrau wie folgt gekennzeichnet (Art. 213): *„Le mari doit protection à sa femme, la femme obéissance à son mari"* (= Der Mann schuldet seiner Frau Schutz, die Frau ihm Gehorsam).

Napoléon hatte 57 der 102 Sitzungen der Gesetzgebungskommission selbst geleitet. Eine seiner Stan- **403** dardfragen an die Redaktoren soll gewesen sein, ob die Regelung nicht nur dogmatisch korrekt, sondern auch „gerecht" sei. Vielleicht ist das eine der Napoléon glorifizierenden Legenden. Wahrscheinlicher erscheint dieses: Auch die Säkularisierung der Zivilehe und die Möglichkeit der einvernehmlichen Scheidung gingen auf Napoléon zurück, der sich von seiner ersten kinderlosen Frau scheiden lassen wollte. 1816 wurde die Scheidung in der katholischen Restauration wieder verboten und 1884 erneut eingeführt.

Auf die Dogmatik des Zivilrechts soll hier nicht weiter eingegangen werden. Es sei lediglich erwähnt, dass der Code Civil – anders als heute das BGB – **kein Abstraktionsprinzip** (vgl. Rdnr. 329) kennt. **404**

„Er [sc. Verkauf] ist abgeschlossen, und das Eigentum des Verkäufers geht Kraft des Gesetzes auf den Käufer über, sobald man über die Sache und den Preis einig ist, ohne dass dazu die Übergabe der Sache oder Zahlung des Kaufschillings vorausgehen muss" (Art. 1583; zit. n. Bad. Landrecht von 1809).

Als sehr nachteilig stellte sich der Verzicht auf die Publizität beim Liegenschaftsrecht heraus, welche in Preußen bereits 1783 durch die Hypothekenordnung eingeführt worden war. Dieser Zustand wurde in Frankreich erst 1918 geändert. **405**

Der Code Civil, der unter Abänderungen noch heute in Frankreich gilt, galt auch in **Tei- 406 len Deutschlands**, z.B. in den linksrheinischen Gebieten, bis 1900. Selbst in den Gebieten, die nach 1815 an Preußen fielen, wurde kein preußisches Recht eingeführt. Das **Badische Landrecht** von 1809 stellte eine Übersetzung des Code Civil dar. Die Tatsache, dass auf dem Gebiet des späteren Deutschen Reiches von 1871 z.T. französisches Recht galt, hatte zur Folge, dass sich ein Senat des Reichsgerichts (ab 1877) ausschließlich mit französischem Recht zu befassen hatte. Dieser Zustand wurde erst 1900 durch das BGB beendet.[185]

Der Code Civil hatte eine weltweite Wirkung, er war vorbildhaft z.B. für Italien, die Niederlande und Spanien. **407**

---

185 Schubert, Französisches Recht in Deutschland zu Beginn des 19. Jhs., 1977; Neumayer, Die wissenschaftliche Behandlung des kodifizierten französischen Zivilrechts bis zur Dritten Republik; ders., Die wissenschaftliche Behandlung des kodifizierten Privatrechtsstoffes im Großherzogtum Baden und auf dem linken Rheinufer bis zum Beginn der Vorarbeiten zum BGB 1874. Beides in: Wissenschaft und Kodifikation, Bd. 1, 1974.

408 Auch das **ABGB** von 1811 gilt in **Österreich** mit Änderungen noch heute. **Franz von Zeiller** (1751–1828) übernahm die formale Freiheitsethik Kants in das Gesetz. Er hielt gesetzliche Regelungen nur dann für erforderlich, wo sie zur Aufrechterhaltung der Freiheit nötig waren. Die Verhaftung des Gesetzes im Naturrecht wird z.B. in § 7 deutlich, der bestimmt, dass Gesetzeslücken zunächst durch Analogie und dann aber nach den Grundsätzen des Naturrechts geschlossen werden sollten.[186]

3. Abschnitt: Strafrecht von der Carolina bis zur Aufklärung

A. Missstände in der Strafrechtspflege am Ende des Mittelalters

409 Zwar hatte sich am Ende des Mittelalters das Strafrecht (in heutiger Terminologie) vom Zivilrecht gelöst. Dieses „neue" Strafrecht zeichnete sich jedoch durch seine äußerst harten Strafen und seine vielfältigen Missstände aus.

410 Insbesondere der **„Siegeszug" der Folter** konnte auch durch die intellektuelle Opposition nicht gestoppt werden. Zu groß war der Wunsch nach einer schnell zupackenden und effektiven Strafrechtspflege, besonders in den Städten. In einigen **Halsgerichtsordnungen** der zweiten Hälfte des 15. Jhs. (besonders Ellwangen 1466, Nürnberg 1485, Radolfzell 1506) wird deutlich, wie gering die Bedeutung des „endlichen Rechtstages", der abschließenden Hauptverhandlung, nur noch war. Zwar wurde diese Verhandlung mit großer Förmlichkeit durchgeführt, jedoch genügte beim Leugnen der Tat durch den Angeklagten das Zeugnis der Verhörsperson, um ihn zu überführen.

B. Constitutio Criminalis Carolina von 1532

411 Die Constitutio Criminalis Carolina ist das größte und bedeutendste Reformgesetz des 16. Jhs. Als Schöpfer der Carolina gilt **Johann von Schwarzenberg** (1465–1528). Es ist zwar nicht sicher, ob Schwarzenberg an den Vorarbeiten zur Carolina selbst beteiligt war, er hat aber jedenfalls die **Constitutio Criminalis Bambergensis** (1507) im Auftrag des Bischofs von Bamberg geschaffen, die mit Recht als die *mater Carolinae* gilt. Schwarzenberg gelang in den Gesetzen eine glückliche Synthese zwischen seiner Kenntnis aus der Praxis – er war Vorsitzender des Bambergischen Hofgerichts – und den Ergebnissen der oberitalienischen Strafrechtswissenschaft (vgl. Rdnr. 207).

412 In der Vorrede zur Carolina, der „Peinlichen Gerichtsordnung Kaiser Karls V.", wurde als Hauptursache für den schlechten Zustand der Strafrechtspflege die mangelnde Erfahrung der Richter im kaiserlichen Recht angeführt:

„[…] die meysten peinlich gericht mit personen, die unsere Keyserliche recht nit gelert, erfarn oder übung haben, besetzt werden […]").[187] Entsprechend ihrer reformerischen und humanen Intention war die Carolina zunächst eine **Prozessordnung**, allerdings mit materiell-rechtlichen Einschüben. Gegenüber der bislang üblichen Praxis brachte die Carolina eine Reihe von Verbesserungen für den Angeklagten.

---

186 Ogris, Die Wissenschaft des gemeinen römischen Rechts und das österreichische ABGB, in: Wissenschaft und Kodifikation, Bd. I, 1974.

187 Reclam Nr. 2990, Einleitung von Radbruch.

Zunächst betonte die Carolina gegenüber dem bis dahin vorherrschenden Zweckmä- **413**
ßigkeitsdenken das Erfordernis der Gerechtigkeit. Es sollte gestraft werden:

„[…] nach gelegenheyt und ergerniß der übelthat, aus lieb der gerechtigkeit, und umb gemeynes nutz willen […]" (Art. 104 CCC).

Aus dieser Vorstellung heraus versuchte die Carolina die **prozessuale Stellung des An-** **414**
geklagten zu stärken. Er durfte nur verurteilt werden auf Geständnis oder auf das (Au-
gen-)Zeugnis zweier Zeugen hin, die einen guten Leumund haben mussten (Art. 60, 66, 72).

Vor allem aber brachte die Carolina **Einschränkungen der Folter** mit sich. Der Satz **415**
„confessio est regina probationum" mag ursprünglich dazu erdacht worden sein, den Angeklagten nur bei völliger Sicherheit, dass er auch die Tat begangen hatte, zu verurteilen. Mit der Folter war allerdings praktisch jedes Geständnis zu erlangen. Sie wurde zwar
durch die Carolina nicht abgeschafft, jedoch durfte sie nur noch dann erfolgen, wenn Indizien von erheblicher Stärke vorlagen. Als beispielhafte Indizien wurden u.a. angeführt:
der allgemein verdächtig machende üble Leumund, die Tatsache, dass der Verdächtige
in der Nähe des Tatortes gesehen worden war, die Bezichtigung durch einen Sterben-
den auf dem Totenbett, der Fund eines dem Beschuldigten gehörenden Gegenstandes
am Tatort oder der Verkauf von geraubtem Gut (Art. 22 ff.).

Auch einem auf der Folter erlangten Geständnis sollte der Richter nicht ohne Weiteres **416**
trauen. Es sollten vielmehr alle Umstände genau nachgeprüft werden. Der Angeklagte
war nach der Folter erneut zu hören, z.B. zu den Gesamtumständen der Tat, die außer
ihm keiner wissen konnte. Die Folter selbst war begrenzt und sollte maßvoll gehandhabt werden.

„Item die peinlich frag soll nach gelegenheyt des argkwons der person vil, offt oder wenig, hart oder lin-
der nach ermessung eyns guten vernünfftigen Richters fürgenommen werden, und soll die sag des ge-
fragten nit angenommen oder auffgeschriben werden, so er inn der marter, sondern soll sein sag thun,
so er von der marter gelassen ist" (Art. 58).

Bei alledem bleibt erstaunlich, dass das Geständnis und die Folter zu seiner Durchset- **417**
zung im Grundsatz unangetastet blieben. Bloch[188] nennt die Carolina (m.E. zu Unrecht)
deshalb „ein Lehrbuch des Sadismus". Ob und inwieweit die Carolina in alles Konsequenz angewandt wurde, ob die Praxis milder oder härter war, ist nicht sicher. Die ex-
tremen Strafen z.B. für Diebstahl wurden sicher nicht in jedem Fall verhängt, aber vielleicht hielten sich manche Richter auch nicht an die prozessualen Vorsichts- und Schutzregeln?

Mit der Carolina wurde der **Inquisitionsprozess** als vorherrschende Prozessform bestä- **418**
tigt. Für das Haupt- und Vorverfahren waren genaue Regeln aufgestellt, z.B. auch psychologische Hinweise auf die Einvernahme von Zeugen. Der Zeuge war in Gegenwart des
Gerichtsschreibers, des Richters und zweier weiterer Amtspersonen mit Fleiß zu verhö-
ren *„und sunderlich eygentlich auffmercken, ob der zeug inn seiner sage würd wanckelmü-
tig und unbestendig erfunden"*. Diese Umstände und *„wie er den zeugen inn eusserlichen
geberde vermerckt zu dem handel auffschreiben"* (Art. 71). Weiterhin sollten keine Suggestivfragen gestellt werden (Art. 56).

---

188 Naturrecht, S. 278.

419 **Materiell-rechtlich** sind in der Carolina bereits erhebliche Fortschritte zu erkennen, die auf die Erkenntnisse des oberitalienischen Rechtskreises zurückgingen. Noch der Sachsenspiegel wie auch andere mittelalterliche Rechte hatten die Begriffe in den Tatbeständen als bekannt vorausgesetzt, z.B.: „Den Dieb soll man hängen".[189] Was als Diebstahl definiert war, blieb offen. Hingegen enthielt die Carolina bereits Ansätze eines Allgemeinen Teiles:

> **Versuch:** „Item so sich jemandt eyner missethatt mit etlichen scheinlichen wercken, die zu volnbringung der missethatt dienstlich sein mögen, understeht, und doch an volnbringung derselben missethatt durch andere mittel, wieder seinen willen verhindert wiirde, solcher boser will, drauß etlich werck, als obstent volgen, ist peinlich zu straffen, [...]" (Art. 178; vgl. zu den Volksrechten Rdnr. 85).

> Im Falle der **Notwehr** wechselte die Carolina ab zwischen einer abstrakten Definition und den Darstellungen besonders wichtiger Fälle: „Item so eyner mit eynem tödlichen waffen oder weer überläufft, anficht oder schlecht [= schlägt]; und der benöttigt [= genötigte] kan füglich an ferlichkeyt oder verletzung, seines leibs, lebens, ehr und gutem leumuts nicht entweichen, der mag sein leib und leben on alle straff **durch eyn rechte gegenweer** retten. Und so er also den benötiger entleibt, er ist darumb nichts schuldig, ist auch mit seiner gegenweer, biß er geschlagen wirdt zu warten nit schuldig, [...]" (Art. 140).

420 Keinesfalls galt in der Carolina der Satz: *„nullum crimen sine lege"*. Im Gegenteil gingen die Väter der Carolina davon aus, dass sie nicht alle möglichen Straftaten erfasst hatten (Art. 105 a.E., 104). Jedoch war der Katalog der Straftatbestände, die die Todesstrafe zur Folge hatten, abschließend gedacht.

421 Spätestens mit der Carolina begann in Deutschland die **Epoche des Schuldstrafrechts**. Es entfiel die Haftung für Zufallstaten, für Ungefährwerk (Art. 146). In konkreten Fällen begann man auch, die Unterscheidung zwischen **Vorsatz und Fahrlässigkeit** herauszuarbeiten (Art. 146). Strafschärfungen (Art. 128, 162, 176), z.B. beim Stehlen zum dritten Mal, und auch Strafmilderungen (Art. 166), beim Stehlen in echter Hungersnot, waren in Einzelfällen möglich.

422 Was die **Strafen selbst** anging, so blieben die Leibes- und Lebensstrafen des MA erhalten. Art. 137 unterschied zwischen Mord und Totschlag. Der Mörder wurde gerädert, der Totschläger enthauptet. Von erheblicher Bedeutung scheint auch das **Friedensgebot für den Henker**, den Nachrichter, gewesen zu sein (Art. 97). Dieses Friedensgebot besagte, dass niemand den Henker an seiner Arbeit verhindern dürfe und dass weiterhin niemand Hand an den Henker legen dürfe. Es sind Fälle überliefert, in denen die aufgebrachte Volksmenge bei der öffentlichen Hinrichtung einen Henker, dem die Hinrichtung misslungen war, lynchen wollte. Die heute übliche Gefängnisstrafe war noch nicht vorgesehen (vgl. Rdnr. 430). Die **Strafzwecke** waren dieselben wie bei der Einführung der Leibes- und Lebensstrafe, nämlich Vergeltung und generalpräventive Abschreckung. Die **Strafvollstreckung** erfolgte kurz nach dem endlichen Rechtstag, an dem auch noch die Carolina festgehalten hatte. Nachdem der Richter das Urteil gesprochen hatte, zerbrach er seinen Stab und übergab „den Armen" dem Nachrichter (Art. 96).

423 In Art. 219 sah die Carolina die **Aktenversendung** an die Oberhöfe und insbesondere an die juristischen Fakultäten vor, wenn das Gericht bei einem Strafurteil irgendwelche Zweifel hatte. So wollte die Carolina die Mängel der Strafrechtspflege bekämpfen, die

---

189 Sachsenspiegel, Landrecht II, 13, § 1.

von der ungelehrten Richterschaft ausgingen. Deshalb gewannen die Fakultäten erheblichen Einfluss auf die Ausgestaltung des Strafrechts.

Wiewohl auf den Widerstand der Städte und Reichsstände hin die salvatorische Klausel **424** eingeführt wurde, die einen Vorbehalt zugunsten der Partikularrechte darstellte – ähnlich wie in der RKGO –, stellte die Carolina ein Gesetz dar, welches das Strafrecht der nächsten drei Jahrhunderte in fast ganz Deutschland **nachhaltig beeinflussen** sollte.[190]

C. Frühneuzeitliche Strafrechtswissenschaft

Wie auch im Bereich des Zivilrechts beherrschte das römisch-oberitalienische Strafrecht **425** die im 16. Jh. auch in Deutschland beginnende wissenschaftliche Diskussion. **Benedict Carpzov** (1595–1666) schuf die wohl bedeutendsten strafrechtswissenschaftlichen Werke der Zeit. Das Strafrecht war für ihn auf göttliches Recht gegründet. Er selbst hatte als Schöffe des Leipziger Schöffenstuhls über Jahrzehnte hinweg an Strafurteilen mitgewirkt. Bei dieser Tätigkeit wirkte er zweifellos auch an Todesurteilen und an Hexenprozessen mit. Ob er selbst allerdings Hunderte von solchen Urteilen mitverfasste, wie ihm später vorgeworfen wurde, ist bestritten.[191]

Erst im 18. Jh. gelang es **J.H.S. Böhmer** (1704–1772), eine neue wissenschaftliche Systematik und Dogmatik des Strafrechts zu entwerfen, das letztlich immer noch religiös begründet wurde (Elementa jurisprudentiae criminalis, 1732). **426**

Ausgangspunkt für so viele gemeinrechtliche Überlegungen im Bereich des Strafrechts **427** war der **Verbrechensbegriff**, der die Elemente Handlung, Rechtswidrigkeit, Schuld und Strafbarkeit enthielt. Der Handlung war die Unterlassung gleichgestellt. Der bloße Gedanke hingegen sollte straffrei bleiben. Auch der dreiteilige Aufbau des Verbrechens war schon angelegt: *delicta atrocissima, atrocia* und *levia*. Diese Einteilung ergab sich anhand der angedrohten Strafen (vgl. § 12 StGB). Wie auch in der Carolina unterschied man zwischen *crimina ordinaria* und *crimina extraordinaria*. Die Letzteren waren Verbrechen, die nicht mit einer gesetzlichen Strafe bedroht waren. Also galt auch hier der Satz *„nullum crimen sine lege"* noch nicht.[192]

Von besonderer Bedeutung war die weitere Entfaltung des **Schuldbegriffs** durch Carpzov und Böhmer. Bereits Carpzov unterschied zwischen *dolus directus* und *indirectus*. Er wollte wegen Mordes bestrafen, auch wenn der **Wille des Täters** nur auf eine Körperverletzung gerichtet war, diese aber notwendig zum Tode führte. Für die Mordqualifikation war der Wille entscheidend und nicht, wie im früheren Recht, die heimliche Bege- **428**

---

190 Vgl. Schmoeckel, Humanität und Staatsraison. Die Abschaffung der Folter in Europa…Köln 2000; Kollmann, Die Schuldauffassung der Carolina, ZStW 34 (1914), S. 605 ff.; Schaffstein, Die Carolina in ihrer Bedeutung für die strafrechtliche Begriffsentwicklung, ZStW 52 (1932), S. 781 ff.; K. Kroeschell, Rechtsgeschichte, Bd. 2, S. 269 ff.; A. Laufs, Rechtsentwicklung in Deutschland., Kap. IV, 4; ausführlich Conrad, Bd. II, S. 406 ff.; als Beispiel für eine Klausur zur Strafrechtsentwicklung Gergen, „Mittelalter und Frühe Neuzeit", JA 2004, 365 ff.

191 Eb. Schmidt, Einführung in die Geschichte der deutschen Strafrechtspflege, § 142; Zu Carpzov ausführlich G. Kleinheyer/ J. Schröder, Deutsche und Europäische Juristen aus neun Jahrhunderten, S. 87 ff.; W. Sellert/H. Rüping, Studien- und Quellenbuch zur Geschichte der deutschen Strafrechtspflege, Bd. 1, 1989, S. 242 ff.; U. Falk, Zur Folter im deutschen Strafprozeß. Das Regelungsmodell von Benedict Carpzov (1595–1666), in: forum historiae iuris, http://www.forhistiur.de/zitat/0106 falk-folter.htm.

192 Auch hierzu Sellert/Rüping, Strafrechtspflege, Bd. 1, S. 244 ff.

hungsweise. Auch der Begriff der Fahrlässigkeit wurde entwickelt. Der Versuch war strafbar mit Ausnahme einiger *delicta levia*.[193]

429 Zwar waren Abschreckung und Vergeltung noch immer die Hauptziele der Gesetze. Jedoch wurden **Strafzwecke** – wie im Naturrecht z.B. bei Pufendorf – nun stärker diskutiert, sodass die Strafgesetze allgemein eine geringe Tendenz zur Milderung zeigten, z.B. in der ansonsten sehr harten Theresiana (Rdnr. 445) das Verbot der Verstümmelung des Täters bei zeitlichen Strafen. Besonders deutlich zeigen sich Nützlichkeitserwägungen bei der **Einführung der Freiheitsstrafe**.

430 Ursprünglich hatten die **Gefängnisse** nur als Verwahrorte für Untersuchungsgefangene gedient. Bereits die Carolina (Art. 218) führte zum Zustand der Gefängnisse aus:

„So werden auch an vilen peinlichen gerichten und derselben mancherley mißbreuch erfunden, als dass die gefengknuß nit zu der verwarung sondern mer peinigung der gefangen […] zugericht […]."

431 Die **ersten Gefängnisse**, bei denen der Freiheitsentzug der Strafe und Besserung dienen sollte, entstanden in England (1555/57). Es handelt sich um die Bridewells, deren Grundgedanke dann auch in Amsterdam übernommen wurde (1595) und zu Beginn des 17. Jhs. auch in Deutschland, insbesondere in den Hansestädten. In England waren die Bridewells – ab 1756 Houses of correction – Glieder eines umfassenden Systems der Armenpflege. Kranke und Arbeitsunfähige kamen in **Hospitäler**, hilflose Kinder in **Waisenhäuser** und kräftige Vaganten in die Bridewells. Der beherrschende Gedanke in Bezug auf die Bridewells war der der tätigen Fürsorge. Durch die Arbeit sollten die Insassen gebessert werden. Hierbei spielte das calvinistische Arbeitsethos eine beherrschende Rolle. In Amsterdam mussten die Frauen spinnen und die Männer Hart- und Süßholz raspeln. Die Arbeit sollte möglichst schwer sein, um erzieherisch zu wirken. Es bestand der Wunsch, besserungsfähige Diebe vor der Todesstrafe zu bewahren. Die Inschrift über dem ehemaligen Amsterdamer Spinnhaus war bezeichnend:

„Nur Mut! Ich räche nicht, Ich zwing' zum Guten hin. Zwar meine Hand ist hart, Doch liebreich ist mein Sinn!".[194]

432 Der Gedanke der Besserung trat aber allmählich hinter dem der Ausnutzung der Arbeitskraft von Insassen zurück, z.T. wurden ganze **Zuchthäuser** an Unternehmer verpachtet. In Preußen diente das Spandauer Zuchthaus (seit 1687) der Versorgung der Industrie mit billigen Arbeitskräften. Ähnliche merkantilistische Gedanken standen hinter den anderen Arbeitsstrafen (Galeerenstrafe, öffentliche Arbeiten, z.B. Festungsbau, Schiffsziehen auf der Donau).

D. Strafrecht in der Aufklärung

433 In der Aufklärung ging es dann um die **Säkularisierung und Rationalisierung** des Strafrechts, die Abschaffung der Folter, großenteils der Leibes- und Lebensstrafen sowie der Zauberei- und Hexereidelikte. Der Strafzweck der Vergeltung trat in der Literatur der Aufklärung in den Hintergrund. Sicherheit und Ordnung des Gemeinwesens wurden zu

---

193 Conrad, Bd. II, S. 422; Schaffstein, Die europäische Strafrechtswissenschaft im Zeitalter des Humanismus, 1954.
194 Zit. n. Radbruch, Elegantiae iuris criminalis, S. 121.

den tragenden Prinzipien. Es war nicht mehr nötig, eine theologische Begründung für das Strafrecht zu geben. Strafzweck war vor allem die Verhinderung von Straftaten.

Voltaire (1694–1778) war der Ansicht: *„La veritable jurisprudence est d'empêcher les délits"* (= „die wahre Rechtsprechung ist die Verhinderung von Delikten"). Er bekämpfte die Todesstrafe als ein unökonomisches Instrument. Aber auch eine Art von Besserungsidee lag in seinem Vorschlag, Falschmünzer in der staatlichen Münze arbeiten zu lassen.

Montesquieu (1689–1755) formulierte: *„[…] lorsqu'un peuple est vertueux il faut peu des peines"* (= „ein tugendhaftes Volk braucht wenig Strafe"). Er forderte die **Gewaltenteilung** und damit die Abschaffung der Kabinettsjustiz. Weiter sollte die Strafe in einem gerechten Verhältnis zur Tat stehen. Diese Idee der **Proportionalität der Strafe** bewegte die Diskussion.

Von ganz besonderer Bedeutung war die Schrift „Dei delitti e delle pene" (1764) des **Cesare Beccaria** (1738–1794). Neben der Forderung nach Reformation, insbesondere des Prozesses, forderte er die **Abschaffung der Todesstrafe**. Er begründete seine Ansicht aus der Lehre vom Gesellschaftsvertrag. **434**

Grotius hatte seine Lehre über die Strafbarkeit mit der Einwilligung des Verbrechers in die Strafe begründet. Beccaria war der Ansicht, dass der Einzelne nur so viel von seiner Freiheit auf das Gemeinwesen übertrage, wie zur Aufrechterhaltung der Ordnung nötig sei. Die Strafe solle den Täter abschrecken. Eine Abschreckungswirkung sei aber nur dann gegeben, wenn das angedrohte Übel den Vorteil, den die Tat bringt, überwiege. Daher müssten auch Tat und Strafe verhältnismäßig sein. Was die Todesstrafe angehe, so könne entsprechend der menschlichen Vernunft niemand so viel von seiner Freiheit aufgeben, dass er in seine eigene eventuelle Tötung einwillige. Niemand, auch nicht die menschliche Gemeinschaft, habe ein Recht, andere zu töten. **435**

Diese Forderungen zeigten ihre erste Wirkung bei der **Abschaffung der Todesstrafe** in der Toscana (1786).

Beccarias Werk ging aber weit über die o.g. Punkte hinaus. Es stellt eine kritische Bestandsaufnahme der Theorie und Praxis des Strafrechts im 18. Jh. dar. Seine Kritik wies nicht nur die Missstände auf, sondern sie beinhaltete auch konkrete Vorstellungen zur Beseitigung dieser Übelstände. So wies z.B. bereits Beccaria nach, dass nicht die Androhung der Strafe, sondern die **schnelle Ergreifung und Aburteilung des Täters das beste Abschreckungsmittel** sei. Insgesamt ist Beccarias in ganz Europa einflussreiches Werk ein beachtliches Lehrbuch der Kriminalpolitik.[195] **436**

Wie viele Denker der Aufklärung war auch **Pufendorf** (1632–1694) der Ansicht, dass der Anknüpfungspunkt für die Strafe der freie Wille des Täters sei. Im Gegensatz zu den mittelalterlichen Vorstellungen, die in den Bußgeldkatalogen hauptsächlich an den Wert des verletzten Gutes anknüpften, stellten die Straftheorien der Neuzeit in immer stärkerem Maße eine sittliche Beziehung des Täters zur Tat her und damit eine entsprechende Verantwortlichkeit. Die Frage nach der Zurechenbarkeit der Tat wurde auch von Pufendorf behandelt, der die Zurechenbarkeit im Fall der Notwehr und des Notstandes entfallen ließ.[196] **437**

Die Tatsache, dass viele Autoren des 18. Jhs. über Begründung von Strafe nachdachten, zeigt, dass die Legitimität der teilweise scharfen Strafen unsicher geworden war. Denn Begründungen gibt und diskutiert man nur, wenn es – so banal das klingt – erforderlich scheint. Der Verlust von Gewissheit brachte also ein neues Strafrechtsdenken hervor. **438**

---

195 Zu Beccaria ebenfalls Sellert/Rüping, Strafrechtspflege, Bd. 1, S. 349 f., 368 ff.
196 Über das Leben im Barock: Lahnstein, Zeugnisse und Berichte, 1750–1805.

I. Hexenprozesse und Thomasius

439   Bereits vor den bekannten französischen Aufklärern hatte es in Deutschland Kämpfer gegen die irrationalen Auswüchse des Strafrechts gegeben. Der Jesuit **Friedrich von Spee** (1591–1635) wandte sich in seiner 1631 anonym erschienenen „Cautio Criminalis" gegen den Wahn der Hexenprozesse. Aber erst dem Kampf des **Christian Thomasius** (1655–1728) gegen die Folter und gegen die Hexerei- und Zaubereidelikte war in der Folge besserer Erfolg beschieden.

440   Das Phänomen der **Hexenprozesse** kennzeichnete die Strafrechtspflege des 16. und 17. Jhs.[197] Im Europa der beginnenden Neuzeit sind über 50.000 Männer und Frauen auf dem Scheiterhaufen verbrannt oder sonst zu Tode gebracht worden, weil man sie der Hexerei oder Zauberei für überführt hielt. Noch die Carolina hatte versucht (Art. 108), die Bestrafung wegen Hexerei oder Zauberei auf die Fälle einzugrenzen, in denen anderen ein Schaden zugefügt worden war. Für die Kirche aber stellten Hexerei und Zauberei – als Verbindung mit dem Teufel – neben der Ketzerei schwerste Verbrechen des Abfalls vom Glauben dar.

441   Im **Mittelalter** (bis 1215) wurde die Ketzerei nur mit Klosterhaft bestraft. Aber von da an begann die Kirche, die Folter und peinliche Strafen einzusetzen. Der Gesichtspunkt des Abfalls vom Glauben gewann seit dem MA immer mehr Bedeutung. Die **Hexenbulle des Papst Innozenz VIII.** und vor allem der **„Hexenhammer"** der Dominikanermönche und Inquisitoren Jacob Sprenger und Heinrich Institoris, der 1487 mit falschem Kölner Universitätspatent erschien, leiteten die Entwicklung ein.

442   Dieser **„Malleus maleficiarum"** ist aber nur eines von mehreren bekannten „Lehrbüchern des Hexenglaubens".[198] Bis ins Detail war dem Richter oder Beamten das Untersuchungsverfahren die Fragen und die Folterungen vorgeschrieben. Was die meist grundlos oder von anderen unter der Folter Bezichtigten von der ersten Befragung, der Suche nach Hexenmalen, der peinlichen Frage (= Folter) bis hin zum Tod, dem man praktisch nicht entgehen konnte, erleiden mussten, wird bei der Lektüre der o.g. Literatur deutlich.

Die Tatsache, dass die Antworten der Gefolterten auch auf die absurdesten Fragen, z.B. auch auf die Frage, wie der Teufel ausgesehen habe, in der Regel gleich ausfielen, darf nicht zu falschen Schlüssen über deren Wahrheitsgehalt verleiten. Mit der **Folter** wurde nämlich erst dann aufgehört, wenn die „gewünschte" Antwort vorlag. Die geforderte Antwort war von okkulten und zeitbedingten Vorstellungen geprägt.[199] Die sadistisch-sexuellen Bezüge des ganzen Verfahrens verdeutlichen sich in der Art der Folterungen sowie z.B. in dem Vorwurf, dass die Hexen mit dem Teufel Geschlechtsverkehr gehabt haben sollen.[200] Während diese Vorwürfe absurd waren, wird immer deutlicher, dass manche Hexen in der Tat glaubten, zaubern zu können.

Besonders schlimm hat sich die Vorstellung ausgewirkt, dass der Teufel seinen Geschöpfen die Kraft gebe, zu lügen, und dass nur der Schmerz den Teufel vertreibe. Hinzu kam, dass die Ermittlung von Hexen als gottgefälliges Werk galt. Weil es sich bei der He-

---

197   Vgl. Soldan/Heppe, Geschichte der Hexenprozesse, 1912, Nachdruck WBG; Merzbacher, HRG II, Art. „Hexenprozesse".
198   Nachdruck in deut. Übers.; Überblick bei Schormann, Hexenprozesse in Deutschland, 2. Aufl. 1986.
199   Vgl. Hörger, Wirtschaftlich-soziale und gesellschaftlich-ideologische Aspekte des Hexenwahns, Zeitschrift f. bayerische Landesgeschichte 38 (1977), S. 945 ff.
200   Vgl. Schmidtbauer, Psychotherapie, S. 125.

xerei um *delicta atrocissima,* um *enormitas criminis* handelte, hielt man die Überschreitung der wenigen Einschränkungen der Folter für zulässig, ja für geboten, weil die Verhexten angeblich gegen den Schmerz gewappnet waren.

Während einige Autoren die Hexenverfolgungen rein prozessual bekämpften, ging **443** **Thomasius** dagegen mit Argumenten aus der Vernunft vor, körperliche Bündnisse mit dem Teufel seien schlechthin undenkbar, weil der Teufel kein körperliches Wesen sei. Wenn das Delikt aber nicht möglich sei, könne es auch nicht bestraft werden. Als dogmatische Erwägung fügte er hinzu, dass der Abfall von Gott eventuell ein Fehler des Verstandes, nicht aber ein strafwürdiger Fehler des Willens sei.[201]

II. Strafgesetzgebung

Im Laufe des 18. Jhs. drangen aufklärerische Gedanken auch allmählich bei der Gesetz- **444** gebung durch. Das Landrecht für das Königreich Preußen von 1721 erklärte Teufelsbündnisse für Wahn. Die endgültige Wende in Preußen trat mit der Regentschaft **Friedrichs II.** ab 1740 ein. Unmittelbar nach der Thronbesteigung verbot Friedrich die Anwendung der Folter außer in Militärangelegenheiten, da es besser sei, 20 Schuldige freizusprechen, als einen Unschuldigen zu verurteilen.[202] Auch machte Friedrich, der das geltende Strafrecht in vielen Punkten mildernd abänderte, i.d.R. von seinem Begnadigungsrecht Gebrauch, sodass nach Conrad die Zahl der Hinrichtungen in Preußen auf 15 pro Jahr sank. Er führte weiterhin eine Entschädigung für unschuldig Verhaftete ein. Desgleichen stellte er erste Gedanken über die Resozialisierung Entlassener an. Auch **präventive Gedanken**, wie man z.B. den Mord unehelicher Kinder durch ihre Mütter verhüten könne, stellte er an. Hier zeigt sich ein Einfluss Voltaires.[203]

In Österreich – ähnlich war die Entwicklung in Bayern – war die **Theresiana**, das Gesetz **445** Maria Theresias von 1768, noch von einem **theokratischen Gerechtigkeitsbild** und mittelalterlicher Härte bestimmt. Das Gesetz enthielt noch genaue Anordnungen über die „Prager" und „Wiener Art" zu foltern. Während die österreichischen Kanzler von Kaunitz und von Sonnenfels sich mit ihren Vorstellungen über die Folter noch nicht gegen Maria Theresia durchsetzen konnten, führte deren Sohn **Joseph II.** die meisten der Reformen durch. Maria Theresia hatte noch die Behandlung derartiger Fragen verboten, da solche Ansichten ihres Kanzlers **Sonnenfels** (1733–1817) wider die Gesetze und in sich anstößig seien.

Gemeinsam war den Gesetzbüchern der Aufklärung: das Prinzip der Willensfreiheit des **446** Täters, die Verhältnismäßigkeit von Strafe und Tat, die Abschaffung der Hexerei- und Zaubereiverbrechen, die Abschaffung der Folter, da man kein Übel zufügen dürfe wegen eines noch nicht bewiesenen Tatbestandes, sowie der Gedanke, dass die Strafbarkeit einer Tat vorher festgelegt sein müsse. Vgl. § 1 des Josephinischen Strafgesetzbuchs von 1787:

„Nicht jede gesetzwidrige Handlung ist ein Kriminalverbrechen oder sog. Halsverbrechen; und sind als Kriminalverbrechen nur diejenigen gesetzwidrigen Handlungen anzusehen und zu behandeln, welche durch gegenwärtiges Gesetz als solche erkläret werden."

---

201 Jerouschek, Christian Thomasius, Halle und die Hexenverfolgungen, JuS 1995, 576 ff.
202 Conrad, Bd. II, S. 445 und S. 438.
203 Vgl. S. 104; Wächtershäuser, Das Verbrechen des Kindsmords im Zeitalter der Aufklärung, 1973.

447 Als weitere allgemeine Tendenz lässt sich der Versuch feststellen, die Richter stärker an die Gesetze zu binden (Josephinisches Gesetzbuch, § 13):

> „Der Kriminalrichter ist an die buchstäbliche Beobachtung des Gesetzes gebunden, soweit in demselben auf die Missethat die Größe und Gattung der Strafe genau, und ausdrücklich bestimmet sei: Es ist ihm bei strenger Verantwortung die gesetzmäßig vorgeschriebene Strafe weder zu lindern noch zu verschärfen erlaubt. Noch weniger ist er berechtiget, die Gattung der Strafe zu ändern, oder die Bestrafung gegen eine Ausgleichung zwischen dem Verbrecher und dem Geschädigten ganz aufzuheben."

448 In Preußen bereitete man bereits eine Reform des Gefängniswesens vor, die allerdings wegen der Kriege mit Frankreich nicht zustande kam. Das ALR hielt auch nicht mehr an der Endgültigkeit eines Urteils im Inquisitionsprozess fest. Ähnlich wie heute bei der Wiederaufnahme des Verfahrens wurden in bestimmten Fällen Rechtsmittel zugelassen, z.B. wenn das Urteil auf gefälschten Urkunden beruhte oder auf der Aussage eines bestochenen Zeugen.

E. Immanuel Kant

449 Gegen Ende des 18. Jhs. setzt eine neue, im Vergleich zu früheren Zeiten qualitativ intensivere Diskussion über den Zweck der Strafe ein. Besonders **Immanuel Kant (1724–1804)** spielte hier eine dominierende Rolle.

450 Kants Strafrechtstheorie, die man eine absolute nennt, ist im Wesentlichen durch zwei Momente geprägt: 1. durch die **Abkehr von den utilitaristischen Strafvorstellungen**, die im 18. Jh. entwickelt worden waren, 2. durch die scharfe **Trennung von Legalität und Moralität**.

451 Von entscheidender Bedeutung in der Philosophie Kants war der Begriff der **Freiheit**. Freiheit ist aber nicht, wie wir das heute verstehen würden, die Entscheidung, so oder anders zu handeln, sondern die Freiheit bedeutete für Kant die Selbstbindung an das Gesetz der Vernunft.

> „Das Recht ist also der Inbegriff der Bedingungen, unter denen die Willkür des einen mit der Willkür des anderen nach einem allgemeinen Gesetze der Freiheit zusammen vereinigt werden kann."

> „Eine jede Handlung ist recht, die oder nach deren Maxime die Freiheit der Willkür eines jeden mit jedermanns Freiheit nach einem allgemeinen Gesetze zusammen bestehen kann [...]".[204]

452 Für Kant ergibt sich für den Staat hieraus, dass dieser insoweit – und nur insoweit – Zwang ausüben dürfe, als die Willkür an der Idee der Freiheit ohnehin ihre Schranken finde. Es sei demgegenüber *nicht* die Aufgabe des Staates, jemanden durch Zwang auf den Weg der Tugend zu führen, also ihn sittlich zu beeinflussen, denn hiermit überschritte der Staat die Grenze zur Moralität und würde die Freiheit der Staatsbürger unzulässig einschränken. Kant folgerte hieraus, dass weder die Spezial- noch die Generalprävention als **Strafzwecke** taugten. Denn der Staat dürfe weder den Täter moralisch erziehen (Spezialprävention) noch abschreckend wirken (Generalprävention). Vielmehr war das Strafgesetz ein kategorischer Imperativ.

> „Richterliche Strafe [...] kann niemals bloß als Mittel, ein anderes Gutes zu befördern, für den Verbrecher selbst, oder für die bürgerliche Gesellschaft, sondern muss jederzeit nur darum wider ihn verhängt werden, weil er verbrochen hat; denn der Mensch kann nie bloß als Mittel zu den Absichten eines an-

---

204 Kant, Metaphysik der Sitten, Rechtslehre, S. 337, zit. n. Weischedel (Hg.), 1956.

deren gehandhabt und unter die Gegenstände des Sachenrechts gemengt werden, wowider ihn seine angeborene Persönlichkeit schützt, ob er gleich die bürgerliche einzubüßen gar wohl verurteilt werden kann".[205]

Von diesem „Grund" der Strafe ausgehend, fragte sich Kant nach **Art und Maß der Be-** **453**
strafung, die die öffentliche Gerechtigkeit verlangt. Damit knüpfte er an die z.B. von Pufendorf angestoßene Diskussion über die Proportionalität der Strafe an.

„Nur das Wiedervergeltungsrecht *(ius talionis)* aber, wohl zu verstehen, vor den Schranken des Gerichts (nicht in deinem Privaturteil) kann die Qualität und Quantität der Strafe bestimmt angeben; [...]."

„So hat z.B. Geldstrafe wegen einer Verbalinjurie gar kein Verhältnis zur Beleidigung; denn, der des Geldes viel hat, kann diese sich wohl einmal zur Lust erlauben, aber die Kränkung der Ehrliebe des Einen kann doch dem Wehtun des Hochmuts des Anderen sehr gleichkommen: [...]."

„Es gibt hier kein Surrogat zur Befriedigung der Gerechtigkeit. Es ist keine Gleichartigkeit zwischen einem noch so kummervollen Leben und dem Tode, also auch keine Gleichheit des Verbrechens und der Wiedervergeltung, als durch den am Täter gerichtlich vollzogenen, doch von aller Mißhandlung, welche die Menschheit in der leidenden Person zum Scheusal machen könnte, befreiten Tod".[206]

Im Anschluss hieran kam Kant zu dem viel zitierten Satz, der weiteste Wirkung in der Rechtswissenschaft entfaltet hat und Anlass zu vielen Missverständnissen gab:

„Selbst, wenn sich die bürgerliche Gesellschaft mit aller Glieder Einstimmung auflöste (z.B. das eine Insel bewohnende Volk beschlösse, auseinander zu gehen, und sich in alle Welt zu zerstreuen), müßte der letzte im Gefängnis befindliche Mörder vorher hingerichtet werden, damit jedermann das widerfahre, was seine Taten wert sind, und die Blutschuld nicht auf dem Volke hafte, das auf diese Bestrafung nicht gedrungen hat; weil es als Teilnehmer an dieser öffentlichen Verletzung der Gerechtigkeit betrachtet werden kann".[207]

Ob Kant mit diesem Gleichnis wirklich vertreten hat: *„fiat justitia, pereat mundus"* (= es **454**
werde Gerechtigkeit, und gehe die Welt daran zugrunde), ist zweifelhaft.[208] Mit der o.g. Argumentation Kants und der noch darzustellenden Hegels (Rdnr. 462) war es möglich, das Nachdenken über den Zweck der Strafe weitgehend wieder einzustellen und Strafe bloß als **Vergeltung für begangenes Unrecht** zu sehen. Die aufklärerischen Ausgangspunkte seiner Lehre, z.B. Sicherung der freien persönlichen Entfaltungsmöglichkeit des Einzelnen, wurden oft vergessen. Dramatisch war allerdings, wie sich Kant gegen **Beccaria** (1738–1794) und dessen naturrechtliche Gedanken wandte (vgl. Rdnr. 434):

„Überdem hat man nie gehört, dass ein wegen Mordes zum Tode Verurteilter sich beschwert hätte, dass ihm damit zuviel und also Unrecht geschehe, jeder würde ihm ins Gesicht lachen, wenn er sich dessen äußerte [...]."

„Hiergegen hat nun der Marchese Beccaria, aus teilnehmender Empfindelei einer affektierten Humanität (compassibilitas), seine Behauptung der Unrechtmäßigkeit aller Todesstrafe aufgestellt; weil sie im ursprünglichen bürgerlichen Vertrage nicht enthalten sein könnte; denn, da hätte jeder im Volk einwilligen müssen, sein Leben zu verlieren, wenn er etwa einen Anderen (im Volk) ermordete; diese Einwilligung aber sei unmöglich, weil niemand über sein Leben disponieren könne. Alles Sophisterei und Rechtsverdrehung.

Strafe erleidet nicht jemand, weil er sie, sondern weil er eine strafbare Handlung gewollt hat; denn es ist keine Strafe, wenn einem geschieht, was er will, [...]".[209]

---

205 Kant, Metaphysik der Sitten, Rechtslehre, S. 453 ff.

206 Kant a.a.O.

207 Kant a.a.O. S. 455; Naucke, Über den Einfluss Kants auf Theorie und Praxis des Strafrechts im 19. Jh., in: Blühdorn (Hg.), Philosophie u. Rechtswissenschaft, 1969.

208 Vgl. Radbruch, Rechtsphilosophie, § 22.

209 Kant a.a.O., S. 335 f.

F. Paul Johann Anselm von Feuerbach

455 **Feuerbach** (1775–1833) war zu Beginn des 19. Jhs. wohl der bedeutendste Strafjurist in Deutschland. Er hatte zunächst in Jena Philosophie studiert, in diesem Fach auch promoviert, und er war dort ein Anhänger der Kantschen Lehre geworden. Alsdann wandte er sich der Rechtswissenschaft zu und schrieb bereits in den ersten Jahren seiner Tätigkeit als Jurist seine grundlegenden und auch Epoche machenden Werke: 1799/1800 die **„Revision der Grundsätze und Grundbegriffe des positiven peinlichen Rechts"**, 1801 das **„Lehrbuch des gemeinen in Deutschland gültigen peinlichen Rechts"**.

456 Durch seine Kritik an dem Kleinschrodschen Entwurf eines bayerischen Strafgesetzbuches (1804) wurde man in Bayern auf ihn aufmerksam, und er wurde an die Universität Landshut berufen. Später verfasste er im bayerischen Staatsdienst einen Entwurf eines **bayerischen Strafgesetzbuches**, das 1813 in Kraft gesetzt wurde. Im Jahre 1814 begann seine Tätigkeit als Richter, 1817 wurde er erster Präsident am Appellationsgericht in Ansbach, wo er fast bis zu seinem Lebensende verblieb. 1821 griff er in die Diskussion um die Schwurgerichte und die Öffentlichkeit des Strafprozesses mit einer Schrift **„Betrachtungen über die Öffentlichkeit und Mündlichkeit der Gerechtigkeitspflege"** ein.

457 Im Alter hat er sich intensiv mit dem Findling **Kaspar Hauser** befasst, den er zeitweilig vormundschaftlich betreute und den er in sein Haus aufgenommen hatte. Von Feuerbach stammt die Theorie, dass Kaspar Hauser der vertauschte Sohn eines Fürstenhauses gewesen sein soll.[210]

458 Als Kantianer führte Feuerbach ebenfalls die **Trennung von Recht und Sittlichkeit**, von Legalität und Moralität durch. Er ging aber über die Vorstellungen von Kant hinaus und entwickelte die wegweisende **Theorie vom psychologischen Zwang**.

459 Entscheidend war für Feuerbach die **Androhung der Strafe**. Es kam ihm nicht darauf an, auf den Einzelnen bessernd o.Ä. einzuwirken. Deshalb sollte der Strafvollzug nur deutlich machen, dass der Staat die angedrohte Strafe auch im Falle der Rechtsverletzung vollziehen wolle. Feuerbach wollte – wie schon Pufendorf (vgl. Rdnr. 437) – also auf den Verbrecher in dem Moment einwirken, wo dieser die Abwägung zwischen den Reizen des Verbrechens und den zu erwartenden Folgen traf. Da es aus faktischen Gründen unmöglich war, die Einzelnen durch physischen Zwang von der Straftat abzuhalten – was im Übrigen auch einen unzulässigen Eingriff des Staates in die Freiheit des Einzelnen bedeutet hätte –, wollte Feuerbach durch den **psychologischen Zwang** einwirken.

„Derjenige, der im Begriffe ist, sich zu einer Rechtsverletzung zu bestimmen, ist doch wohl bei weitem mehr Hindernis der Freiheit als derjenige, der uns durch eine begangene Rechtsverletzung erst künftige Verletzungen, zu denen noch kein wirklicher Antrieb, sondern nur der bloße Hang vorhanden ist, wahrscheinlich macht: **durch die Strafe meiner Theorie wird eine unmittelbar bevorstehende Rechtsverletzung vereitelt,** durch den Präventionszwang (sc. Spezialprävention) sollen erst entfernte Verletzungen abgewendet werden" (Über die Strafe als Sicherungsmittel vor künftigen Beleidigungen des Verbrechers nebst einer näheren Prüfung der Kleinischen Strafrechtstheorie, Chemnitz 1800, S. 114).

---

210 Vgl. zum Leben und Wirken Feuerbachs: Radbruch, Paul Johann Anselm Feuerbach, Kl. Vandenhoek Reihe 305; Eb. Schmidt, Einführung in die Geschichte der deutschen Strafrechtspflege, § 223 ff.; O. Rosbach, Strafrecht und Gesellschaft bei Anselm von Feuerbach, in: forum historiae iuris, http://www.forhistiur.de/zitat/0012rosbach.htm; zur staatlichen Reformpolitik und zur Debatte über die Todesstrafe: P. Overrath, ZNR 2000, 111 ff.

Damit wandte sich Feuerbach entschieden sowohl gegen die Grundgedanken der Spezialprävention, die u.a. das preußische ALR geprägt hatten, als auch gegen die naturrechtliche Vorstellung, dass der Rechtsbrecher von vornherein in seine Bestrafung einwillige.

Weil es für Feuerbach damit allein auf die angedrohte Strafe ankam und er die nach seiner Ansicht unübliche Vermischung von juristischen und moralischen Vorstellungen bei der Spezialprävention ablehnte, kam es ihm in ganz besonderem Maße auf die **Bindung an das Gesetz** an:

„Der Gesetzgeber ist nur auf Rechtsverletzungen und auf äußerlich erkennbare Handlungen eingeschränkt: er kann nichts den Strafsanktionen unterwerfen, was nicht mittelbar oder unmittelbar eine Rechtsverletzung in sich enthält, kein Faktum, was nicht äußerlich erkennbar ist und dessen Existenz nicht in concreto vollständig bewiesen werden kann; er kann endlich keine Handlung mit Strafen bedrohen, welche er, solange er noch als Organ des allgemeinen Willens soll betrachtet werden, gar nicht einmal verbieten kann, weil sie sich auf die Ausübung eines Rechts gründet, dessen unbeschränkte Ausübung den Bürgern in dem Unterwerfungsvertrag unbedingt vorbehalten ist".[211]

Diese letzten Bemerkungen liefen unmittelbar auf den zwar der Sache nach bereits während der Aufklärung vorhandenen, aber erst durch Feuerbach ausdrücklich formulierten Satz *„nulla poena sine lege, nulla poena sine crimine, nullum crimen sine poena legali"* hinaus.[212] Voraussetzung für eine strafrechtliche Verantwortlichkeit war in jedem Falle, dass der **Täter die Strafbarkeit seiner Handlung kannte**:

„Wer bei einer in diesem Gesetzbuche als strafbar erklärten Handlung eine Unwissenheit über das Dasein eines Strafgesetzes vorschützt, wird mit diesem Vorgeben nicht gehört, wenn nicht Blödsinn, grobe Dummheit und andere dergleichen Gemütsfehler dieses Vorgeben unterstützen" (Art. 71 BayStGB 1813).

Aus diesen Gründen trat Feuerbach auch für ein bereits **gesetzlich genau bestimmtes Strafmaß** ein, was er auch im Bayerischen Strafgesetzbuch von 1813 durchsetzte.

Bezeichnend ist, dass bei der 1822 durch Gönner durchgeführten Revision des Bayerischen Strafgesetzbuchs dem richterlichen Ermessen bei der Strafzumessung wieder größerer Raum eingeräumt wurde.

460 Die **Strafbarkeit von Fahrlässigkeitstaten** bereitete mit dieser Konstruktion allerdings erhebliche Schwierigkeiten, da diese keine willentlich-vorsätzliche Rechtsverletzung darstellten. Feuerbach half sich in diesem Fall mit der Konstruktion einer allgemeinen Sorgfaltspflicht, die vor der Begehung der Tat entstehen sollte und alle Bürger verpflichtete. Bereits vor der eigentlichen Handlung verletzte der Täter wissentlich, vorsätzlich diese allgemeine Verbindlichkeit (vgl. dazu Art. 44, 64 BayStGB und die heutige Unterscheidung zwischen bewusster und unbewusster Fahrlässigkeit).

461 Die letzten Jahre seines Lebens widmete Feuerbach hauptsächlich der **Rechtsvergleichung**. Er folgte Montesquieu und Humboldt darin, dass die geografischen Verhältnisse entscheidend als Grundlage der Wirtschaft und auch des Rechts seien. So zog er die Folgerung, dass „zehn Vorlesungen über die Rechtsverfassungen der Perser und Chinesen dem wahren juristischen Sinn heilsamer" seien „als hundert über die jämmerlichen Pfuschereien, denen die Intestaterbfolge von Augustinus bis Justinianus unterlag".[213]

---

211 Revision, 2. Teil, 1800, S. 12 ff.

212 Lehrbuch, 1828, S. 23, § 20.

213 Zit. n. Bloch, Naturrecht, S. 109; vgl. Feuerbach, Über Philosophie und Empirie in ihrem Verhältnis zur positiven Rechtswissenschaft (1804), und Mittermaier, Über die Grundfehler des Kriminalrechts in Lehr- und Strafgesetzbüchern (1819), hgg. u. eingeleitet von Lüderssen, 1968.

G. Hegel

462 **Georg Wilhelm Friedrich Hegel** (1770–1831) stellte ebenso wie Kant und Fichte eine sog. absolute Strafrechtstheorie auf. Ausgangspunkt der Hegelschen Auffassung war die Kritik an allen bisher beschriebenen Straftheorien. Strafzweck sollte weder Erziehung noch Drohung (Abschreckung) sein, weil die Strafe als solche kein Mittel zu einem Zweck sein dürfe.

463 Ausgangspunkt aller Theorien war, dass **Strafe** ein **Übel** sei. Indem der Staat die Strafe zu einem Zweck setzte (Besserung, Drohung), wertete er die Strafe, das Übel zu einem Guten um. Diese Umwertung war nach Hegels Auffassung Unsinn und konnte die Strafe nicht rechtfertigen.

464 **Gegen die Generalprävention** erklärte Hegel:

„Die Feuerbachsche Straftheorie begründete die Strafe auf Androhung und meint, wenn jemand trotz derselben ein Verbrechen begehe, so müsse die Strafe erfolgen, weil sie der Verbrecher früher gekannt habe. Wie steht es aber mit der Rechtlichkeit der Drohung? Dieselbe setzt den Menschen als nicht Freien voraus und will durch die Vorstellung eines Übels zwingen. Das Recht und die Gerechtigkeit müssen aber ihren Sitz in der Freiheit und im Willen haben und nicht in der Unfreiheit, an welche sich die Drohung wendet. Es ist mit der Begründung auf diese Weise, als wenn man gegen einen Hund den Stock erhebt, und der Mensch wird nicht nach seiner Ehre und Freiheit, sondern wie ein Hund behandelt. Aber die Drohung, die im Grunde den Menschen empören kann, dass er seine Freiheit gegen dieselbe beweist, stellt die Gerechtigkeit ganz bei Seite".[214]

„Die verschiedenen Rücksichten [...] setzen die Begründung voraus, dass das Strafen an und für sich gerecht sei. In dieser Erörterung kommt es allein darauf an, dass das Verbrechen und zwar nicht als die Hervorbringung eines Übels, sondern als Verletzung des Rechts als Recht aufzuheben ist".[215]

465 **Gegen die Spezialprävention** führte er aus:

„[...] so kann man es freilich als unvernünftig ansehen, ein Übel bloß deswegen zu wollen, weil schon ein anderes Übel vorhanden ist." Und weiter: „Durch jene oberflächlichen Gesichtspunkte aber wird die objektive Betrachtung der Gerechtigkeit [...] bei Seite gestellt, und es folgt von selbst, dass der moralische Gesichtspunkt, die subjektive Seite des Verbrechens, vermischt mit trivialen psychologischen Vorstellungen von Reizen und Stärke sinnlicher Triebfedern gegen die Vernunft, vom psychologischen Zwang und Einwirkung auf die Vorstellung [...] zum Wesentlichen wird".[216]

Die bisherigen Straftheorien waren vom Standpunkt Hegels aus somit unhaltbar. Der Verbrecher sollte nicht durch die Strafe zum Objekt von Maßnahmen gemacht werden.

466 Nach Hegels Ansicht war das Verbrechen nicht eine positive Handlung, der gegenüber die Strafe als ihre Negation erscheint, sondern das **Verbrechen selbst ist die Negation des Rechts.**[217]

„Die Tat des Verbrechens ist nicht ein Erstes, Positives, zu welchem die Strafe als Negation käme, sondern ein Negatives, so dass die **Strafe nur Negation der Negation** ist".[218]

In der Aufhebung des Verbrechens durch die Anwendung der Strafe demonstriere das Recht seine Kraft. Die Negation des Verbrechens durch Anwendung der Strafe war nach

---

214 Rechtsphilosophie, § 99, Zusatz.
215 A.a.O., § 99.
216 A.a.O.
217 Vgl. Piontkovskiy, Hegels Lehre über Staat und Recht und seine Strafrechtstheorie, 1960, S. 139 ff.
218 A.a.O. § 97, Zusatz.

Hegels Lehre geradezu notwendig, damit das Recht sich als wahrhaft gültiges Recht behaupten konnte. Jedoch erschöpfte sich seine Straftheorie hierin nicht: Die Strafe sei gegenüber dem Verbrecher nicht nur Wiederherstellung des verletzten Rechts, sondern „ein Recht des Verbrechers" (dazu obig. Zitat aus § 99).

Im Gegensatz zu Kant hielt Hegel Beccarias These von der **Einwilligung des Verbrechers in seine Strafe** für richtig. Jedoch sah er diese Einwilligung nicht mit einem Gesellschaftsvertrag als gegeben an, sondern bereits **mit der Tatsache der Verbrechensbegehung**. **457**

Zudem warf Hegel Kant vor, dass sich sein Talionsprinzip praktisch nicht durchführen lasse. Damit hatte er keine Angaben über den konkreten Strafvollzug gemacht, dessen Konzeption Ende des 18. Jhs. und zu Beginn des 19. Jhs. sehr umstritten war. Hegel sagte nicht, welche Sanktionen bei einem Gesetzesverstoß legitim sein sollten. Die Antwort darauf hätte konsequenterweise in seiner Rechtsphilosophie nur im Teil über den Staat erfolgen können, da nur ein legitimer Staat legitime Sanktionen verhängen konnte. **468**

Wie bei Kant (vgl. Rdnr. 449) muss zwischen **Idee und Wirkungsgeschichte** unterschieden werden. Gerade die nicht weiter ausgeführte Vergeltungslehre (Strafrechtfertigung) hat viel zur Unklarheit beigetragen. Mit der Annahme (aller Theorien), dass Sanktionen legitim seien, nahm man – automatisch – an, dass auch die Ausgestaltung des (bestehenden) Strafvollzugs legitim sei. Gerade das hatte Hegel aber nicht behauptet. **469**

Im Gegensatz zu Kant war Hegel auf dem Gebiet des Strafrechts schulbildend. Über **Köstlin** (1813–1856), **Abegg** (1796–1868) und **Berner** (1818–1907) kam es zu dem, was Kohlrausch die „Gewaltherrschaft" Hegels im Bereich der Strafrechtswissenschaft nannte.[219] Abgelöst wurden diese Auseinandersetzungen durch den Konflikt zwischen der klassischen (Binding), und der modernen Schule des Strafrechts (Liszt) (vgl. Rdnr. 635). **470**

Die rechtswissenschaftlichen Diskussionen waren – man sieht es schon an den Namen der Beteiligten – philosophisch geprägt: es ging um prinzipielles Nachdenken über den Menschen. Die Bedeutung des Rechts für den Einzelnen, die Gesellschaft und den Staat. Hierüber wurde im Naturrecht um die Jahrhundertwende heftig diskutiert. Die Praxis hatte die schlimmsten Auswüchse hinter sich gelassen: extensive Anwendung der Todesstrafe und Folter sowie willkürliche Strafen. Neue Legitimationen für staatliche Strafen wurden gesucht und gefunden. Die nach 1806 fast vollständig souveränen deutschen Staaten konzipierten neue Strafgesetze, die vor allem die Carolina ersetzen sollten. Preußen war dies 1794 mit dem ALR gelungen. Wie so oft kümmerten sich freilich die Praktiker in der Strafgesetzgebung im 19. Jh. wenig um die philosophischen Grundlagen. **471**

---

219 Zu Hegel vgl. z.B. Henrich, Hegel im Kontext 1981, S. 510; allgemein zur politischen Philosophie: Lübbe, Politische Philosophie in Deutschland.

Übersicht 1: Vertreter der Straftheorien

Immanuel Kant (1724–1804)

- Vertreter der absoluten Straftheorie, gegen Spezial-/Generalprävention
- Maßstab des Strafens ist die Wiedervergeltung (ius talionis)
- Strafe darf niemals als Mittel für einen bestimmten Zweck erfolgen, sondern muss gegen den Straftäter verhängt werden, *„weil"* er verbrochen hat"
- bei zweckhafter Strafe wird der Mensch nur als Mittel zu den Absichten eines anderen gehandhabt, das widerspricht seiner Menschenwürde
- Staat soll Freiheitsräume der Einzelnen garantieren und gegeneinander abgrenzen, Strafgesetze sollen die Menschen verpflichten, die äußere Freiheit der anderen nicht zu beeinträchtigen

Paul Johann Anselm von Feuerbach (1775–1833)

- Vertreter einer Generalpräventionstheorie: „Theorie des psychologischen Zwangs", gegen Vergeltungslehre und Spezialprävention
- Bürger wird nur von Tatbegehung abgehalten, wenn er Furcht vor der Strafe hat ⇨ es muss eine abschreckend hohe Strafandrohung geben
- hierzu ist es erforderlich, dass die Bürger die Strafandrohungen kennen ⇨ Notwendigkeit eines fest bestimmten, positiven Rechts: „nulla poena sine lege, nulla poena sine crimine, nullum crimen sine poena legali"
- Strafvollzug soll dem Täter deutlich machen, dass der Staat die angedrohte Strafe auch vollziehen wird, im Strafvollzug soll aber nicht bessernd auf den Täter eingewirkt werden
- auf den Bürger wird also nur in dem Moment eingewirkt, in dem er noch zwischen Begehung einer Tat und Furcht vor Strafe abwägt, hier soll der psychologische Zwang die Vernunft unterstützen, sodass der Bürger die Tat nicht begeht
- Strafe soll ausnahmslos und konsequent durchgesetzt werden

Georg Wilhelm Friedrich Hegel (1770–1831)

- Vertreter der absoluten Straftheorie, gegen Spezial-/Generalprävention
- Verbrechen ist die Negation des Rechts, Strafe ist die Negation dieser Negation, also die Wiederherstellung des Rechts
- gegen zweckbestimmtes Strafrecht, denn dadurch werde der Mensch nicht nach seiner Ehre und Freiheit, sondern „wie ein Hund" behandelt
- Verbrecher soll nicht nur als „schädliches Tier" betrachtet werden, das unschädlich gemacht werden soll
- Strafe ist kein Unrecht, sondern das Recht, auf das der Verbrecher einen Anspruch hat ⇨ sie behandelt den Verbrecher als vernünftiges Wesen, als freien Menschen, und stellt somit seine Ehre wieder her
- mit der Tatbegehung willigt der Täter bereits in seine Strafe ein

5. Teil: Recht in der ersten Hälfte des 19. Jahrhunderts

1. Abschnitt: Verfassungsgeschichte

A. Geistesgeschichtliche Grundlagen

Mit dem Übergang zum 19. Jh. begann auch in Deutschland eine neue Epoche in der Verfassungsgeschichte. Schubkraft brachten äußere Ereignisse und Einflüsse wie die französische Revolution, die durch sie hervorgerufenen Kriege, der Napoleonische Imperialismus mit Rheinbundgründung 1806 und das Ende des HRRDN.[220]   **473**

John Locke (1632–1704), **Jean Jacques Rousseau** (1712–1778) und **Charles de Montesquieu** (1689–1755) hatten geistesgeschichtlich die verfassungsrechtlichen Grundlagen geliefert. Die Lehre von der Trennung und dem Gleichgewicht der Gewalten geht auf **Locke** zurück, dessen Verdienst es war, die staatsrechtliche Wirklichkeit des Konstitutionalismus in England systematisch erfasst zu haben. Für Locke war die Monarchie zwar die beste, weil zweckmäßigste Staatsform, eine absolute Macht hielt er aber für naturrechtswidrig. Er unterschied als erster die Legislative von der *„pouvoire constituante"*.   **474**

Etwa 50 Jahre später griff **Montesquieu** die Gedanken von Locke auf. 1748 veröffentlichte er sein berühmtes Werk **„De l'esprit des lois"** (vgl. Rdnr. 383). Der Verfassungsentwurf von Montesquieu – eine konstitutionell beschränkte Monarchie – sah vor, die ringenden Kräfte der Krone, der Stände und des Rechts zu harmonisieren, um den Freiheitsraum des Einzelnen zu sichern. Dabei unterschied er **drei Gewalten:** „die gesetzgebende Macht, die vollziehende Macht in Dingen, die vom Völkerrecht abhängen, und die vollziehende Macht in allem, was vom bürgerlichen Recht abhängt." Kerngedanke der Gewaltentrennungslehre war dabei, der Macht der verschiedenen Instanzen und politischen Kräfte Grenzen zu setzen, um einem Missbrauch jener Macht vorzubeugen. Um die größtmögliche politische Freiheit zu erlangen, wurde die Trennung der hinter den Gewalten stehenden politischen Mächte erforderlich.   **475**

Der Vertragsstaat von **Rousseau** war die absolute Demokratie. Die Souveränität des absoluten Monarchen sollte in gleicher Unbeschränktheit auf das Volk übergehen, das weder durch ein Repräsentativsystem noch durch eine Trennung der Gewalten in seiner absoluten Herrschaft gehemmt werden dürfe.   **476**

B. Stein-Hardenbergsche Reformen

In fast allen deutschen Staaten kam es Anfang des 19. Jhs. zu Reformen, die den Übergang zum bürgerlich-liberalen Zeitalter markieren.   **477**

Der militärische und politische Zusammenbruch des preußischen Staates 1806/07 bahnte den sog. **„Stein-Hardenbergschen Reformen"** den Weg. Antrieb waren humanitär-aufklärerisches Gedankengut, ökonomische Interessen und politische Motive gleichermaßen. Es ging um eine „Revolution von oben", um Geschehnisse wie in Frankreich 1789 zu vermeiden. Als Erstes erfolgte eine Verwaltungsreform, in der ein Staatsminis-   **478**

---

220 Zum Ende des HRRDN K.-P. Schroeder, Mythos, Wirklichkeit und Vision, Die Geschichte vom langen Leben und Sterben des Heiligen Römischen Reiches Deutscher Nation, JuS 2006, 577 ff.

terium, also eine Regierung geschaffen wurde, die aus den fünf „klassischen" Ressorts bestand: Inneres, Finanz, Auswärtiges, Justiz und Krieg.

479   1807 wurde mit der **„Bauernbefreiung"** begonnen, die entsprechend der agrarrechtlichen Struktur der Grundherrschaft einen anderen Verlauf nahm als z.B. in Gebieten mit ausgeprägten grundherrschaftlichen Strukturen wie in Süddeutschland. Das sog. **Martini-Edikt** vom 9. November 1807 beseitigte zunächst die ständischen Besitzschranken, die Schollenpflichtigkeit, den Gesindezwangdienst und das in Preußen seit 1709 geltende gesetzliche Verbot des **„Bauernlegens"**, d.h. der Einziehung von Bauernstellen mit scheinbar unsicheren Besitztiteln durch Auskaufen oder Vertreibung („Abmeierung"). Es wurde also die persönliche Freiheit und Freizügigkeit der Bauern eingeführt.

480   Das Grundeigentum der Grundherren wurde hingegen nicht angetastet. Ihre mit der Gutsherrschaft verbundenen Herrschaftsrechte, die sie im Laufe der Jahrhunderte nicht selten rechtlich dubios erlangt hatten (eben durch das Bauernlegen), wurden wie Eigentumsrechte behandelt, die nach neuer bürgerlicher Rechtsauffassung bei Entzug entschädigungspflichtig waren, denn das ALR hatte die „wohlerworbenen Rechte" der Adeligen ins Privatrecht übertragen und damit dem Adel eine Eigentumsgarantie hierfür beschert.

481   Das **Regulierungsedikt von 1811** sah nunmehr für die erblichen und nicht erblichen Besitzer der Güter die Möglichkeit vor, das volle Eigentum am Hof zu erlangen. Es stellte aber aus Sicht der Adeligen einen Eingriff in private Rechte dar, der nicht ohne deren Zustimmung stattfinden konnte. So kam es zu der Regelung, dass die Bauern gegen Abtretung eines Drittels bzw. der Hälfte ihres Pachtlandes das volle Eigentum an ihren Höfen erhielten und die Befreiung von ihren Diensten und Abgaben erreichten. Diese Ablösung konnte zwar auch in Geld gezahlt werden. Da es die dafür benötigten Banken und staatlichen Kredite aber – anders als in den süddeutschen Staaten – noch nicht gab, konnte das Eigentum nur durch Landabtretung erreicht werden. Die **wirtschaftliche Abhängigkeit** der Bauern blieb also bestehen. Aber selbst bei den sog. spannfähigen Gütern war nach der Landabtretung häufig die Existenzgrundlage der Hofstellen verloren, sodass es wieder zu einem Bauernlegen durch den Großgrundbesitz kam.

482   1807 wurde auch die Freiheit des **Güterverkehrs** eingeführt, und die ständischen Berufsschranken wurden aufgehoben. 1808 erfolgte die preußische **Kommunalreform** mit einer neuen Städteordnung. Das Gewerbesteueredikt von 1810 hob den Zunftzwang auf und schuf **Gewerbefreiheit**; 1812 schließlich wurden die Juden rechtlich und wirtschaftlich gleichgestellt (Emanzipation).[221]

483   Träger dieser Reformen und der das 19. Jh. bestimmenden Verfassungsbewegung war „der" **Liberalismus**. In dieser vielseitig ausgerichteten politischen Bewegung war nach 1819 jene breite Strömung herrschend, die zwischen Absolutismus und Republik den moderaten Mittelweg der „erblichen Einherrschaft mit Repräsentativverfassung" wählte. Man wollte sich mit den angestammten Herrscherhäusern auf der Grundlage von

---

221   Vgl. zur Bauernbefreiung: C. Dipper, Die Bauernbefreiung in Deutschland 1790–1850, 1980; zu den Preußischen Reformen insgesamt: R. Koselleck, Preußen zwischen Reform und Revolution, 2. Aufl. 1975; zu staatlichen Unterstützungsmaßnahmen am Beispiel Paderborn: A. Strunz-Happe, Die Paderborner Tilgungskasse von 1836 – Ordnungspolitische Wohltat im Preußischen Nachtwächterstaat, in: forum historiae iuris, http://www.forhistiur.de/zitat/0212strunz-happe.htm.

Verfassungsgarantien arrangieren. Ziel war ein gewisses Maß an politischer Mitbestimmung und Beschränkung der Fürstenherrschaft. Gewollt war eine Monarchie, in der der Monarch nicht mehr absolut, d.h. losgelöst von den Gesetzen regierte, sondern eine Beschränkung seiner Machtausübung durch positive Normen, die in einer Verfassungsurkunde niedergelegt werden sollten. Kennzeichen dieses Verfassungstyps waren die Mitwirkung von gewählten Volksvertretungen, Ministerverantwortlichkeit und parlamentarische Kontrolle, Unabhängigkeit der Gerichte und Garantie von Grundrechten.

C. Frühkonstitutionelle Verfassungen

Nach den Befreiungskriegen 1813/14 erfolgte die Neuordnung Gesamtdeutschlands **484**
auf dem **Wiener Kongress**. Aufgrund des Dualismus Preußens gegen Österreich erfolgte die Bildung eines Staatenbundes, des **Deutschen Bundes**. Dieser knüpfte an die Rheinbundverfassung an. Art. 13 der Wiener Schlussakte sah die vage Verpflichtung der Bundesstaaten vor, **konstitutionelle Verfassungen** einzuführen. Bundesorgan war der Bundestag in Frankfurt, ein Gesandtenkongress. Als solcher hatte der Deutsche Bund weder gesetzgebende noch vollziehende noch richterliche Gewalt. Ein Gesetz konnte lediglich durch Bundesbeschluss den Einzelstaaten zur Einführung empfohlen werden.

Die von Art. 13 der Bundesakte geweckten Hoffnungen des liberalen Bürgertums erfüll- **485**
ten sich nur in wenigen Staaten, unter denen jedoch die vergleichsweise bedeutenden süddeutschen Staaten Bayern, Baden und Württemberg waren. Die hier erlassenen „frühkonstitutionellen" Verfassungen orientierten sich an der **Charte Constitutionelle** von 1814 der französischen Restaurationsmonarchie. Sie fanden ihren Geltungsgrund nicht in dem Gedanken der Volkssouveränität und kannten das Prinzip der Gewaltentrennung nicht. Es handelte sich um **oktroyierte Verfassungen**, die der Landesherr aus eigener Machtvollkommenheit einseitig erließ. Die Verfassungen hatten also keinen herrschaftsbegründenden Charakter, sondern sie bezogen sich lediglich auf Art und Weise der Herrschaftsausübung. Sie wirkten herrschaftsmodifizierend. Das bedeutete, dass der Monarch sein Herrschaftsrecht als solches nicht aus der Verfassung rechtfertigen musste. Jeder einzelne Herrschaftsakt konnte aber auf seine Übereinstimmung mit den verfassungsrechtlichen Ausgangsregeln überprüft werden. Wesentlich war also die **Unantastbarkeit der Erbmonarchie** bei gleichzeitiger **Selbstbindung des Monarchen**:

Aus der Bayerischen Verfassung von 1818 „Titel II

§ 1. Der König ist das Oberhaupt des Staates, vereiniget in sich alle Rechte der Staatsgewalt, und übt sie unter den von ihm gegebenen in der gegenwärtigen Verfassungs-Urkunde festgesetzten Bestimmungen aus. Seine Person ist heilig und unverletzlich.

§ 2. Die Krone ist erblich in dem Mannesstamme des Königlichen Hauses nach dem Rechte der Erstgeburt und der agnatisch-linealischen Erbfolge."[222]

Die Verfassung durfte zwar von dem Monarchen nicht mehr einseitig aufgehoben wer- **486**
den. Er vereinigte jedoch nach wie vor alle Rechte der Staatsgewalt in sich, und die Unverletzlichkeit des Monarchen blieb unangetastet. Verhütung und Ahndung von Rechtsverletzungen auch des Monarchen selbst ermöglichte aber die Ministerverantwortlichkeit, welche die strikte Gesetzesbindung der höchsten Ratgeber des Herrschers

---

222 Verfassungsurkunde für das Königreich Bayern vom 26. Mai 1818. Zit. n. E. R. Huber, Dokumente zur deutschen Verfassungsgeschichte seit 1789, 5 Bde, 3. Aufl., Stuttgart 1986 ff., Bd. I, S. 156.

anordnete. Später kam die Gegenzeichnung der königlichen Anordnungen durch den zuständigen Minister hinzu, förmlicher Ausdruck der Verantwortungsübernahme. Dieses theoretische Modell füllte die württembergische Verfassung aus, indem sie nicht nur die Ministerverantwortlichkeit an die Kontrasignatur knüpfte, sondern auch einen Staatsgerichtshof vorsah, vor welchem Verfassungsverletzungen zur Anklage gebracht werden konnten. Eine Abhängigkeit der Minister gegenüber der Volksvertretung im dem Sinne, dass sie durch ein Misstrauensvotum abgesetzt werden konnten, gab es aber nicht. Diese Forderung der Liberalen wurde erst 1918 erfüllt.

487 Weiteres Kennzeichen war die Gewährleistung von bürgerlichen Freiheits- und Gleichheitsrechten – verstanden als Staatsbürgerrechte – sowie die Mitwirkungsbefugnis der gewählten Volksvertretung. Diese war eine **landständische Vertretung (Ständeversammlung)**, bestehend aus zwei Kammern. Die wichtigsten Kompetenzen lagen im Bereich der Gesetzgebung und Haushaltsfeststellung. Allerdings unterschieden sich die Volksvertretungen deutlich von der heutigen Legislative. Basierend auf dem monarchischen Prinzip galt der Monarch weiterhin als alleiniger Gesetzgeber, die Volksvertretung war lediglich an der Festlegung des Gesetzes*inhalts* beteiligt. Daneben hatte sich der Monarch das Initiativrecht und den formellen Erlass der Gesetze vorbehalten, die Stände durften den König nur unter Angabe der Gründe um einen Gesetzesvorschlag bitten. Das von der Mitwirkung an der Gesetzgebung unterschiedene **Recht der Steuerbewilligung** führte die Tradition des ständestaatlichen Verfassungsrechts fort und war die stärkste Waffe der Volksvertretung.[223]

D. Vormärz und 1848

488 In den frühkonstitutionellen Verfassungen lässt sich zwar der Einfluss des politischen Liberalismus feststellen. Aber die politische Betätigung und Verbreitung seiner Ideen wurden durch **Repression** und **Restauration** bis in die Mitte des 19. Jhs. unterdrückt. Die **Karlsbader Beschlüsse** von 1819 ordneten durchschlagend eine politische Überwachung der Universitäten, die Einführung einer Vorzensur für Zeitungen und Schriften sowie eine Kommission zur Untersuchung revolutionärer Umtriebe an.[224]

489 Der Liberalismus erlangte seinen eigentlichen Einfluss erst durch die Schubkraft der Französischen (Juli-)Revolution von 1830. Seit dieser Zeit nahmen nicht nur die politischen Spannungen zu: Auf dem **Hambacher Fest** (1832) demonstrierte die studentische Jugend; die **Göttinger Sieben** protestierten gegen den Verfassungsbruch des hannoverschen Königs Ernst August, als dieser per Federstreich die konstitutionelle Verfassung außer Kraft setzte.[225]

490 Nach England führte auch in Deutschland die wachsende Industrialisierung zu so durchgreifenden sozialen Veränderungen, dass die **Revolution von 1848** möglich wurde. Grob vereinfacht kann man sagen: Seit der Bekämpfung Napoleons war das Bürgertum wirtschaftlich und sozial in eine zunehmend dominante Rolle gelangt. Diese wirtschaft-

---

223 Böckenförde (Hg.), Probleme des Konstitutionalismus im 19. Jh., Der Staat/Beiheft 1, 1975.

224 Vgl. U. Eisenhardt, Die Garantie der Pressefreiheit in der Bundesakte von 1815, in: Der Staat 1971, S. 339 ff.; ders., Der Deutsche Bund und das badische Pressegesetz von 1832, in: Beiträge zur Rechtsgeschichte (Gedächtnisschrift Conrad), 1979, S. 103 ff.; E.R. Huber, Dokumente zur deutschen Verfassungsgeschichte, Bd. II, S. 151 ff.

225 Hierzu E.R. Huber, Dokumente zur deutschen Verfassungsgeschichte, Bd. II, S. 92 ff.

liche Dominanz führte lange nicht zu einer entsprechenden politischen Partizipation. Diese **Lücke** zwischen der **wirtschaftlichen Bedeutung** und den **politischen Gestaltungsmöglichkeiten** musste zu erheblichen Spannungen führen. Die z.B. in den Stein-Hardenbergschen Reformen gewährte *wirtschaftliche* Freiheit sowie Veränderungen im politischen Strafrecht bildeten funktionale Äquivalente für die politische Freiheit, konnten diese aber auf Dauer nicht ersetzen.

Zündendes Ereignis war 1848 die Februarkrise in Frankreich, die auch zu einer Mobilisierung der Bevölkerung in Deutschland führte. In Mannheim wurden am 27. Februar die ersten Forderungen proklamiert: Volksbewaffnung mit freier Wahl der Offiziere, unbedingte Pressefreiheit, Schwurgerichte nach dem Vorbild Englands und die sofortige Einrichtung eines deutschen Parlaments. 491

Die revolutionären Ereignisse führten zu einer ungekannten **Politisierung** der Bevölkerung. Es bildeten sich überall politische Vereine, welche die politischen Forderungen und parlamentarischen Aktivitäten diskutierten. Von diesen Vereinen ging auch die Initiative hin zu einer vom Volk gewählten Nationalversammlung aus. Die Forderung führte zur Bildung des Frankfurter Vorparlaments, welches die Wahl zur deutschen Nationalversammlung vorbereitete. Am 1. Mai 1848 fanden die Wahlen zu der sich dann konstituierenden **Paulskirchenversammlung** statt. Das Parlament war zwar in seiner Zusammensetzung ein Honoratiorenparlament, aber kein unbeholfenes Gelehrtenparlament, wie nachher oft behauptet wurde. Es bildeten sich schnell Fraktionen, benannt nach den Frankfurter Lokalen, in denen die Besprechungen abgehalten wurden. 492

Allen Abgeordneten konnte man den Willen **zur Gründung eines deutschen Staates** unterstellen. Umstritten war aber die Frage, ob dieser eher föderalistisch oder unitaristisch, eher großdeutsch oder kleindeutsch aussehen sollte. Außer Frage stand, dass der Staat ein konstitutioneller sein und in dem die Volksvertretung eine entscheidende, im Einzelnen aber unbestimmte Rolle spielen sollte. Fest stand für den Inhalt der Verfassung, dass zukünftig jegliche Freiheitsbeschränkung, polizeiliche Verfolgung oder Bevormundung für immer ausgeschlossen werden sollte. Man begann mit der Verhandlung der **Grundrechte**, die aber erst im Dezember 1848 verabschiedet werden konnten. Der Grundrechtskatalog enthielt gegenüber dem damaligen Rechtszustand zwei Fortschritte: 493

Erstens wurde die ständisch-feudale Gesellschaftsordnung endgültig und vorbehaltlos in die bürgerliche überführt:

„Artikel II. § 137. Vor dem Gesetz gilt kein Unterschied der Stände. Der Adel ist als Stand aufgehoben. Alle Standesvorrechte sind abgeschafft. Die Deutschen sind vor dem Gesetz gleich. [...]. Die öffentlichen Ämter sind für alle Befähigten gleich zugänglich. [...]."[226]

Da es nach dem Verfassungsentwurf keine Standesunterschiede mehr geben sollte, war nunmehr die **Rechtsgleichheit** unbedingt gewährleistet. Außerdem wurde der Katalog der Freiheitsrechte ausgeweitet, vor allem die politischen Rechte.

Die Verfassung an sich war ein Kompromiss zwischen den demokratischen und liberalen Kräften des deutschen Bürgertums. Es kam deshalb nicht zu einer klaren Entschei- 494

---

226 Zit. n. E.R. Huber, Dokumente zur deutschen Verfassungsgeschichte, Bd. I, S. 390.
     Frankfurter Reichsverfassung vom 28. März 1849.

dung über das **Legitimationsprinzip** staatlicher Herrschaft. Die Verfassung enthielt Elemente der beiden konkurrierenden Legitimationsprinzipien. Der Kaiser, den die Verfassung als Reichsoberhaupt vorsah, war ein Kaiser von Volkes Gnaden und empfing seine Stellung und Kompetenzen durch die Verfassung.

495 Die Reichsverfassung (RV) schuf einen Bundesstaat. Die Mitgliedstaaten behielten nach § 5 ihre Selbstständigkeit, soweit sie nicht durch die RV beschränkt war. Darüber hinaus enthielt sie Zuständigkeiten, die dem Reich übertragen waren. Die Organe des Reiches waren das Reichsoberhaupt mit dem Titel „Kaiser der Deutschen", die aus Ministern bestehende Reichsregierung, der in ein Staatenhaus und ein Volkshaus geteilte Reichstag und das Reichsgericht. Die Stellung des Kaisers lehnte sich weitgehend an die vormärzlichen Verfassungen an.

496 Das **Staatenhaus** sollte aus Vertretern der Mitgliedsländer, das Volkshaus aus gewählten Abgeordneten der gesamten Nation bestehen. Laut Reichswahlgesetz vom 12. April 1849 sollte das **Volkshaus** in allgemeinen, gleichen, unmittelbaren und geheimen Wahlen nach den Regeln der absoluten Mehrheitswahl gewählt werden. Im Vergleich zu den vormärzlichen Verfassungen verstärkte die vorgesehene RV die Eigenständigkeit des Reichstages, indem sie z.B. die Stellung der Abgeordneten stärkte. Die wichtigsten Kompetenzen lagen in der Gesetzgebung und in der Etatfeststellung. Allerdings besaß der Kaiser neben dem Reichstag das Gesetzesinitiativrecht, zudem ein Vetorecht gegen Beschlüsse des Reichstages. Schließlich hatte der Kaiser ein eigenes gesetzesakzessorisches Verordnungsrecht. Zur Sicherung der Verfassung diente die Befugnis des Reichstags, die Minister wegen Verfassungsbruchs anzuklagen, ferner der Verfassungseid des Kaisers, der Beamten und des Heeres. Vor allem konnten aber Verfassungsstreitigkeiten rechtsförmig vor dem Reichsgericht ausgetragen werden. Man hatte in der Sache ein genuines Verfassungsgericht geschaffen. Letztlich ist die Verfassung jedoch nie in Kraft getreten.

„Ich will weder der Fürsten Zustimmung zu *der* Wahl noch *die* Krone. Verstehen Sie die markierten Worte? Ich will Ihnen das Licht darüber so kurz und hell als möglich schaffen. Die Krone ist ersichtlich keine Krone. Die Krone, die ein Hohenzoller nehmen dürfte, wenn die Umstände es möglich machen könnten, ist keine, die eine, wenn auch mit fürstlicher Zustimmung eingesetzte, aber in die revolutionäre Saat geschossene Versammlung macht, […] sondern eine, die den Stempel Gottes trägt, die den, dem sie aufgesetzt wird, nach der heiligen Ordnung ‚von Gottes Gnaden' macht, weil und wie sie mehr denn 34 Fürsten zu Königen der Deutschen von Gottes Gnaden gemacht und den letzten immer der alten Reihe gestellt. […]" – Brief König Wilhelms IV. von Preußen an den Gesandten Frh. von Bunsen vom Dezember 1848.[227]

E. Die Preußische Verfassung von 1850

497 Im Anschluss an die Revolutionsereignisse wurde in Preußen im Dezember 1848 eine Verfassung oktroyiert, die im Vergleich zum vormärzlichen Standard sehr fortschrittlich war. In den Schlussbestimmungen wies sie auf eine alsbaldige Revision „auf dem Wege der Gesetzgebung" hin, also unter Beteiligung einer neu gewählten Volksvertretung. Wahlen nach dem **Zensuswahlrecht** brachten im Juli 1849 eine Zweite Kammer in der von der preußischen Regierung erwünschten Zusammensetzung hervor, mit der man die Verfassung vom 31. Januar 1850 vereinbarte.

---

227 Zit. n. E.R. Huber, Dokumente zur deutschen Verfassungsgeschichte, Bd. I, S. 402; Vgl. J.-D. Kühne, Die Reichsverfassung der Paulskirche, 1985.

Diese Verfassung war im Vergleich eher rückschrittlich. Sie beruhte auf dem **monarchischen Prinzip**. An der Bildung des **Herrenhauses** lassen sich die restaurativen Tendenzen der Nachkriegszeit ablesen. Es setzte sich zusammen aus geborenen, vom König ernannten und von einigen privilegierten Körperschaften entsandten Mitgliedern. Das Abgeordnetenhaus wurde bis 1918 nach dem **Dreiklassenwahlrecht** gewählt, so wählte z.B. Krupp in Essen in der ersten Klasse allein.

498

Die preußische Verfassung von 1850 hielt an dem für den deutschen Konstitutionalismus typischen dualistischen System fest, in welchem der Monarch zwar durch den Alleinbesitz der Staatsgewalt ein Übergewicht besaß, an entscheidender Stelle aber auf die Kooperation der Volksvertretung angewiesen war, die er aber nicht erzwingen konnte. Die Verfassung sah für den Konfliktfall keine Lösung vor. Das der Volksvertretung zustehende Budgetrecht stellte ein Einfallstor der gesetzgebenden Kammern in den Bereich der königlichen Prärogative dar. Nach Art. II der Verfassung musste der jährlich im Voraus zu veranschlagende Staatshaushalt durch Gesetz festgestellt werden. Ohne Zustimmung der Volksvertretung kam der Haushaltsplan nicht zustande. Bei Nichtzustandekommen des Haushaltsplans enthielt die Verfassung keine Regelung, die es der Regierung erlaubte, weitere Staatsausgaben zu tätigen.

499

Im Jahre 1862 kam es zum vorprogrammierten **preußischen Verfassungskonflikt**. Das Abgeordnetenhaus verweigerte die Genehmigung für die Mittel der Heeresreform. **Otto von Bismarck** (1815–1898), von 1862 bis 1890 preußischer Ministerpräsident, berief sich auf die sog. Lückentheorie, wonach die monarchische Regierung ohne Haushaltsplan weiter zu regieren hätte. Der Konflikt endete im Jahre 1866 mit der Indemnitätsvorlage, die das nun überwiegend konservativ besetzte Abgeordnetenhaus mehrheitlich annahm. Mit dieser Vorlage hatte die monarchische Regierung das konstitutionelle Budgetrecht anerkannt.[228]

500

2. Abschnitt: Zivilrecht – Historische Rechtsschule und Rechtswissenschaft

A. Überwindung des Naturrechts

Am Ende der naturrechtlichen Epoche standen die großen Naturrechtskodifikationen. Aufgrund dieser Gesetze war sowohl die richterliche als auch die Rechtsfortbildung durch die Lehre erheblich eingeschränkt. Das römische Recht als gemeines Recht war sowohl in der Praxis bei den Gerichten als auch in der Wissenschaft zurückgedrängt worden. Trotz – oder, wie manche meinen, wegen – dieser Tatsachen kam es zu Beginn des 19. Jhs. zu einer „Überwindung" des Naturrechts und zu einer damit in Zusammenhang stehenden neuen Hochblüte der Wissenschaft vom römischen Recht, die auch als „Nachrezeption" bezeichnet wird.

501

Die Hauptgründe für die „Überwindung des Naturrechts" lagen in zwei Bedingungen. Die erste war die Entstehung einer „historischen Rechtsschule", die, wie die Geisteswis-

502

---

228 Vgl. zur Verfassungsgeschichte: D. Grimm, Deutsche Verfassungsgeschichte 1776–1866; Frankfurt a.M. 1988; H. Boldt, Deutsche Verfassungsgeschichte, Bd. 2, 1990; Pape, Die Verfassungsgebung in Preußen 1848/50. Akteure – Ziele – Handlungsspielräume, ZNR 2000, 188 ff.

senschaften der Jahrhundertwende überhaupt, das **Seiende als das Gewordene** zu verstehen suchte. Die historische Rechtsschule stand im Zusammenhang mit dem allgemeinen Kulturbewusstsein, das durch die **Romantik** und später dann durch die Klassik sowie durch neuhumanistische Bestrebungen geprägt war. Hinzu kam die Tatsache, dass **Immanuel Kant** (1724–1804) die Rechtsmetaphysik des älteren unkritischen Naturrechts in seinen Werken scharf angegriffen hatte, insbesondere in seiner „Kritik der praktischen Vernunft" und in seinen „Metaphysischen Anfangsgründen der Rechtslehre". Er bekämpfte insbesondere die Vorstellung, dass man Recht unmittelbar aus der Vernunft schöpfen könne.

503   Kant wies nach, dass die menschliche Vernunft nie Quelle der Erkenntnis der Wirklichkeit sein könne. Die Vernunft allein vermochte also nie Maßstab dafür zu sein, welche rechtliche Regelung gerecht war. Kants Wissenschaftstheorie war Zeichen und Schrittmacher grundlegender Veränderungen für die wissenschaftliche Arbeit der Juristen. Für Kant war nur dasjenige „eigentliche Wissenschaft", was „apodiktische" Gewissheit zu liefern vermochte. Wie sein Angriff auf die Vorstellung eines Vernunftrechts ergab, konnte es für ihn eine solche Gewissheit in der Erkenntnis des Rechts nicht geben. Wissenschaft in Bezug auf Dinge, die der Mensch niemals apodiktisch wissen könne, erforderte für Kant wenigstens, dass sie den Denkgesetzen unserer Vernunft, er sprach von einer „Architektonik der Vernunft", entsprechen. Wissenschaft musste also systematisch sein, ein „Zusammenhang von Gründen und Folgen".

504   Indem Kant die Erkenntnis des Rechts aus der menschlichen Vernunft für unmöglich erklärte, war letztlich die Wissenschaftlichkeit der Jurisprudenz überhaupt infrage gestellt. Stärker als das Naturrecht führte dies dazu, dass die Juristen nun darum rangen, die Wissenschaftlichkeit ihres Faches zu erweisen. Es entstand ein **neuer Rechtswissenschaftsbegriff**. 1725 hatte **Johann Gottlieb Heineccius** (1681–1741) unter „iurisprudentia" noch die „praktische Fähigkeit" verstanden, die Gesetze richtig zu interpretieren und auf vorkommende Arten ordnungsgemäß anzuwenden. 1797 war es dagegen üblich geworden, „Rechtswissenschaft" als „eine in ein zusammenhängendes Ganzes verbundene Summe von Erkenntnissen" zu definieren (Gottlieb Hufeland).

505   Die nun entstehenden wissenschaftlichen Rechtssysteme des 19. Jhs. schließen daher, was oft verkannt wird, in ihrer Methode weniger an die vernunftrechtlich „more geometrico" erstellten Rechtssysteme des 17. und der ersten Hälfte des 18. Jhs. an als vielmehr an wissenschaftstheoretische Debatten an der Wende zum 19. Jh., die gerade gegen das Vernunftrecht gerichtet waren.[229]

B. Frühe Verwendungen des erkenntniskritischen Kant in der Rechtswissenschaft

506   Berühmte Juristen in der ersten Hälfte des 19. Jhs. gingen mit den von Kant aufgeworfenen methodischen Fragen verschieden um. Zu Beginn des Jahrhunderts finden sich einige Juristen, die Kant in der klaren Absage an die Erkennbarkeit absoluter Werte folgten, daraus jedoch unterschiedliche Schlüsse zogen. Zwei Beispiele seien genannt:

Gustav Hugo (1764–1844) aus Göttingen trennte die juristischen Disziplinen. Kant hatte gefragt: „Was ist rechtens?" Hugo verstand darunter die „handwerksmäßige Rechtskenntniss", also die Kenntnis des momentan in der Praxis geltenden Rechts. Die Frage: „Wie ist es rechtens geworden?", zielte auf eine Rechtsgeschichte, die das geltende

---

229 Hierzu J. Schröder, Die juristische Methodendiskussion an der Wende zum 19. Jh., JuS 1980, 617 ff.

Recht erklären, nicht aber inhaltlich bestimmen sollte. Kants weitere Frage „Ist es vernünftig, dass es rechtens sey?", zielte für Hugo nicht auf die Ableitung oberster Rechtssätze, sondern auf die kritische Stellungnahme zum geltenden Recht. Insgesamt entwickelte Hugo also eine Vorstellung, die uns heute noch vertraut ist.

Auch **Anton Friedrich Justus Thibaut** (1772–1840) folgte grundsätzlich Kant, allerdings weniger konsequent als Hugo. Das Gesetz gelte schon deshalb, weil es gesetzt ist. Er trat, weil die fragwürdig gewordenen naturrechtlichen Grundsätze das geltende Recht nicht korrigieren sollten und wohl auch, weil er frei entscheidenden Richtern skeptisch gegenüberstand, für eine möglichst strenge Gesetzesanwendung ein.[230] Er forderte sogar „seelenlose wörtliche Interpretation", nicht weil er glaubte, dass damit der Richter wirklich zum „Subsumtionsautomaten" ohne eigene Wertung zurückgestuft werden könne, sondern um den Gesetzgeber zu zwingen, „zu verbessern und zu ergänzen, was wirklich unvollkommen in den Gesetzen ist". Er setzte also auf Gesetzgebung.

C. Kodifikationsstreit Thibaut – Savigny

Thibauts Hoffnung in eine modernisierende Gesetzgebung wurde besonders 1814   **507**
deutlich. Zu diesem Zeitpunkt Professor in Heidelberg und einer der berühmtesten Juristen seiner Zeit, forderte er in seiner berühmten Streitschrift **„Über die Notwendigkeit eines allgemeinen bürgerlichen Rechts für Deutschland"** ein nationales Bürgerliches Gesetzbuch (was nach seinem Verständnis Straf- und Prozessrecht mitumfasste). Wegen des Zusammenwachsens der Nation in den Napoleonischen Kriegen wollte er auf diese Weise die Einheit des deutschen Volkes fördern. Das Recht sollte aus seiner gelehrten Tradition heraus in den lebendigen Besitz der einzelnen Bürger gebracht werden. Er kritisierte insbesondere die von der Rechtszersplitterung in den vielen Einzelstaaten Deutschlands ausgehende Rechtsunsicherheit. Auch das als gemeines Recht geltende römische Recht könne hier keine Abhilfe schaffen, da das Corpus Juris Civilis „zu dunkel, zu flüchtig" gearbeitet sei, „der wahre Schlüssel dazu wird uns ewig fehlen".

Im gleichen Jahr antwortete auf diese Schrift Thibauts der zu diesem Zeitpunkt in Berlin   **508**
lehrende **Friedrich Carl von Savigny** (zu diesem sogleich) mit **„Vom Beruf unserer Zeit für Gesetzgebung und Rechtswissenschaft"**, der wohl berühmtesten Juristenschrift des 19. Jhs. und daneben „einer der schönsten Beiträge der Rechtsliteratur zum Prosaschatz unserer Sprache" (Wieacker). Savigny lehnte eine einheitliche Kodifikation des bürgerlichen Rechts ab. Die hierbei vorgebrachten Gründe blieben im gesamten 19. Jh. einflussreich. Sie bezweckten und erreichten, zusammen mit dem 1815 erscheinenden Einleitungsaufsatz zur Zeitschrift für geschichtliche Rechtswissenschaft, die Begründung der „historischen Rechtsschule" und machten Savigny zum wohl berühmtesten Juristen seiner Zeit.[231]

---

230 Vgl. Ogorek, Hermeneutisches Urgestein, RJ 6 (1987), S. 46 ff.
231 Vgl. H. Kiefner, Bemerkungen zum Kodifikationsstreit, FS Gmür (1983), S. 53 ff.; H.-P. Benöhr, Politik und Rechtstheorie. Zur Kontroverse Thibaut – Savigny vor knapp 160 Jahren, JuS 1974, 681 ff.; die Schriften zum Kodifikationsstreit wurden nachgedruckt und von H. Hattenhauer mit einer Einführung herausgegeben (2. Aufl. 2002).

D. Die Begründung der Historischen Rechtsschule

I. Friedrich Carl von Savigny (1779–1861)

509   Friedrich Carl von Savigny[232] stammte aus einem lothringischen reichsadeligen Geschlecht. Er war Zeit seines Lebens ein Gegner der Französischen Revolution und liierte sich in der Folge stark mit dem Preußischen Königshaus. Vom 16. Lebensjahr an, 1795, studierte er in Marburg (und Göttingen) die Rechte, wo er 1800 mit einer strafrechtlichen Dissertation promovierte. Vor seiner Berufung als Professor und auch danach unternahm er umfangreiche Studien- und Forschungsreisen in Deutschland. 1804 heiratete er Kunigunde Brentano, die Schwester des Dichters Clemens Brentano. In dieser Zeit war er besonders dem Kreis der Heidelberger Romantik zugetan. Nach einer Professur in Landshut wurde er 1810 Professor an der neugegründeten Berliner Universität. 1817 wurde er in den Staatsrat berufen und 1826 auch in die Gesetzgebungs-Revisionskommission. 1842 gab er auf Bitten des Königs Friedrich Wilhelm IV. seine Professur auf und nahm die Stellung eines Ministers für die Gesetzesrevision an. 1847 wurde er sogar Präsident des Staatsministeriums. In der 48er Revolution wurde er allerdings zum Rücktritt von allen Ämtern gezwungen, nahm erneut seine Professur in Berlin auf und lebte noch bis 1861 hochgeehrt.

510   Bekannt wurde Savigny durch die vielfach wiederaufgelegte Schrift **„Recht des Besitzes"** (1803). Darin demonstrierte er die quasi philologische Herleitung eines Rechtsinstitutes aus den Quellen des römischen Rechts. Mit dieser Arbeit begründete Savigny die Art der wissenschaftlichen Monographie, wie sie uns heute selbstverständlich ist. Mit der hier vorgeführten Rückführung eines Rechtsinstituts durch die nach der Antike erfolgten Modifikationen hindurch auf das klassische römische Recht wurde Savigny zum Vorbild der nachfolgenden Romanisten. Die von Savigny aufgeworfene Frage nach der Natur des Besitzes, Recht oder bloßes Faktum, beschäftigte während des ganzen 19. Jhs. so berühmte Juristen wie **Eduard Gans** (1797–1839), **Karl Georg Bruns** (1816–1880) oder **Rudolph von Jhering**.[233]

II. Savignys Rechtsverständnis

511   Savignys „Beruf"-Schrift des Jahres 1814 wird seit ihrem Erscheinen kontrovers beurteilt. Neuere Arbeiten haben auf den philosophischen Ausgangspunkt Savignys hingewiesen. Savignys Verständnis von Rechtswissenschaft stellt sich aus dieser Sicht als Teil einer Bewegung dar, die gegen den oben erläuterten erkenntniskritischen Kant gerichtet war. Diesem Verständnis standen Schelling, teilweise auch Hegel nahe. Es zielte darauf ab, Gesetzmäßigkeiten in der geschichtlichen Welt erkennbar zu machen und somit zu Gewissheiten bezüglich des über den bloßen Gesetzen stehenden Rechts zu gelangen. Entgegen Kant hatte für Savigny die Rechtswissenschaft „absolutes Wissen" zur Aufgabe.

512   Für Savigny war das Recht der „Willkür" des Menschen entzogen und führte ein eigenes Dasein in der Geschichte eines Volkes. Quelle des Rechts sei der **„Volksgeist"**, wie er

---

232   Grundlegend Joachim Rückert, in: Festschrift 200 Jahre Juristische Fakultät Humboldt-Universität zu Berlin, Berlin 2010.

233   Vgl. Rdnr. 567 ff.; vgl. J. Braun, Der Besitzrechtsstreit zwischen Friedrich Carl v. Savigny und Eduard Gans, in: ders., Judentum, Jurisprudenz und Philosophie, 1997, S. 91 ff.

später formulierte. Recht sei geschichtlich, also in einer steten Veränderung begriffen und gleichzeitig „Glied […] in einer nothwendigen Kette". Ohne eine Kenntnis der Inhalte und Gesetzmäßigkeiten dieser Ketten war es für Savigny also blanke „Willkür", eine Kodifikation zu verfassen.

Das war ein faszinierender neuer Ansatz: Die Rechtswissenschaft rief Savigny mit seiner **513** Programmschrift zur wahren Mammutaufgabe auf, die Rechtsordnung historisch und philosophisch neu zu begreifen. Wie sollte dieses wissenschaftliche Arbeiten vor sich gehen?

Nach Savigny nahm die Rechtsentwicklung in der Geschichte ihren Ausgang im Leben des Volkes, von besonderer Bedeutung waren also **Rechtsgewohnheiten**. Mit der Verkomplizierung der Lebensverhältnisse und mit steigender Arbeitsteilung in der Gesellschaft verändere sich diese leichte Erkennbarkeit des Rechts im Leben und es bedürfe eines spezialisierten Juristenstandes, um die Rechtsentwicklung im Volke zu erkennen. Mit berühmten Worten formulierte Savigny dieses **„Spezialistendogma"**:

„Aber dieser **organische Zusammenhang des Rechts mit dem Wesen und Charakter des Volkes** bewährt sich auch im Fortgang der Zeiten, und auch hierin ist es der Sprache zu vergleichen. So wie für diese, gibt es für das Recht keinen Augenblick eines absoluten Stillstandes, es ist derselben Bewegung und Entwicklung unterworfen wie jede andere Richtung des Volkes, und auch diese Entwicklung steht unter demselben Gesetz innerer Notwendigkeit, wie jene früheste Erscheinung. Das Recht wächst also mit dem Volke fort, bildet sich aus diesem, und stirbt endlich ab, sowie das Volk seine Eigenthümlichkeit verliert. Allein diese innere Fortbildung auch in der Zeit der Kultur hat für die Betrachtung eine große Schwierigkeit. Es ist nämlich oben behauptet worden, daß der eigentliche Sitz des Rechts das **gemeinsame Bewußtsein des Volkes** sey […]. Bei steigender Kultur nämlich sondern sich alle Thätigkeiten des Volkes immer mehr, und was sonst gemeinschaftlich betrieben wurde, fällt jetzt einzelnen Ständen anheim. Als ein solcher abgesonderter Stand erscheinen nunmehr auch die Juristen. Das **Recht bildet sich nunmehr in der Sprache** aus, es nimmt eine **wissenschaftliche Richtung**, und wie es vorher im Bewußtseyn des gesamten Volkes lebte, so fällt es jetzt dem **Bewußtseyn der Juristen** anheim, von welchen das Volk nunmehr in dieser Funktion repräsentiert wird".[234]

„Die Summe dieser Ansicht also ist, daß alles Recht auf diese Weise entsteht, welche der herrschende, nicht ganz passende, Sprachgebrauch als Gewohnheitsrecht bezeichnet, d.h. dass es erst durch Sitte und Volksglaube, dann durch Jurisprudenz erzeugt wird, überall also durch **innere stillwirkende Kräfte**, nicht durch die Willkühr eines Gesetzgebers".[235]

Grundsätzlich gleichwertiger Ausgangspunkt der Arbeit des Wissenschaftlers war das in **514** der Wirklichkeit, sei es in der Vergangenheit oder in der Gegenwart, auffindbare Recht. Savigny selbst nahm dabei den Ausgangspunkt im klassischen römischen Recht und versuchte mit seinem monumentalen und noch heute grundlegenden Werk **„Geschichte des römischen Rechts im Mittelalter"** (1815–1831), nachzuweisen, dass das römische Recht auch vor seiner vermeintlichen Wiederentdeckung im 12. Jh. fortgelebt habe. Doch war auch die Beschäftigung mit anderen Stoffmassen, etwa spezifisch deutschen Rechtstraditionen, von Savignys Konzept umfasst.

Entscheidend für Savignys Rechtsverständnis war seine Frontstellung gegen Natur- oder Vernunftrecht einerseits und gegen eine ungebundene Rechtsetzungsmacht des Gesetzgebers andererseits. Das im Volk entstehende Recht offenbare sich in den

---

234 Beruf, S. 11 f.
235 Beruf, S. 13 f.

„Rechtsverhältnissen", also nicht in der vernünftigen Ableitung aus Obersätzen wie bei den Naturrechtlern, und es genügte auch nicht ein Blick in ein Gesetzbuch. Das Recht existierte für Savigny unabhängig von der Setzung durch den Menschen. Was Recht ist, sollte dem Juristen (Richter und Wissenschaftler) durch eine wissenschaftliche Interpretation der „Kennzeichen, Merkmale, Aussprüche des wirklichen Rechts" zugänglich werden. Als solche kamen neben Gesetzen z.B. Juristenansichten in den Digesten, aber auch rechtsgeschäftliche Vereinbarungen in Betracht. Derartige „Merkmale" sollten dreifach interpretiert werden, zuerst als einzelner Text, dann in ihrem systematischen Zusammenhang mit anderen Teilen des Rechts und zuletzt unter Beachtung der historischen Entwicklung.

515   Die Aufgabe des Wissenschaftlers zielte besonders auf die Erkenntnis der **„leitenden Grundsätze"** des Rechts:

> „Diese heraus zu fühlen, und von ihnen ausgehend den inneren Zusammenhang und die Art der Verwandschaft aller juristischen Begriffe und Sätze zu erkennen, gehört eben zu den schwersten Aufgaben unsrer Wissenschaft, ja es ist eigentlich dasjenige, was unsrer Arbeit den wissenschaftlichen Character giebt."[236]

Entscheidend in diesem Prozess war das ‚Herausfühlen' dieser Grundsätze. Wenn Savigny also in Bewunderung der Sicherheit von römischen Juristen in der Rechtsfindung den Vergleich mit der Mathematik gebrauchte und sogar hervorhob, dass diese Juristen „mit ihren **Begriffen rechnen**", so bedeutete dies nicht, dass Jurisprudenz ein streng rational-logisches, also mathematisches Verfahren sein sollte.

516   Insgesamt zielte Savignys Rechtsbegriff auf eine Vorherrschaft wissenschaftlich arbeitender Juristen (Richter und Wissenschaftler) ab. Konkret boten die von Savigny betonten Rechtsfindungsmethoden viel Spielraum für eine Klärung und Weiterentwicklung des Rechts durch die Wissenschaft.

517   Dogmatisch versuchte Savigny, seine Erkenntnisse in seinem **„System des heutigen römischen Rechts"** (1840–1849) niederzulegen. Hierin behandelte und erörterte er insbesondere den Teil des Privatrechts, den man heute als AT bezeichnen würde, vor allem unter Berücksichtigung der klassischen römischen Quellen, aber auch der Fortentwicklung der jeweiligen Institute in der Rechtsgeschichte. In dieser Doppelung zwischen der Darstellung der Rechtsquellen einerseits und ihrem durchaus wertenden Verständnis andererseits ergab sich ein eigenständiges und politisch auf gebremste Reformen gerichtetes Rechtssystem.

518   Im Vormärz war Savignys Rechtsauffassung zwar gegen Strömungen gerichtet, die auf Transparenz, Bürgerbeteiligung und Demokratie abzielten, gleichzeitig jedoch auch gegen einen omnipotenten absolutistischen Gesetzgeber.[237]

---

236 Beruf, S. 22.
237 Vgl. J. Rückert (Hg.), Fälle und Fallen in der neueren Methodik des Zivilrechts seit Savigny, 1997, S. 25 ff.; vgl. Art. Savigny, in: M. Stolleis (Hg.), Juristen, S. 555 ff.; O. Behrends, Geschichte, Politik und Jurisprudenz in Savignys System des heutigen römischen Rechts, in: ders./Diesselhorst/Voss, Römisches Recht in der europäischen Tradition, 1985, S. 257 ff.

Übersicht: Historische Rechtsschule und Rechtswissenschaft **519**

Gründe für die Überwindung des Naturrechts

- Rückbesinnung auf das römische Recht durch Strömungen in Klassik und Romantik

- <u>Kant:</u> „Kritik der praktischen Vernunft": Recht kann nicht aus Vernunft entstehen

- Naturrecht nicht mehr Korrektiv, sondern in starrer Gesetzesform nicht mehr flexibel genug

Historische Rechtsschule

Wegbereiter: Gianbattista Vico, Johann Schilter, Justus Möser, Johann Pütter, Gustav Hugo, Johann Gottfried Herder (Mensch schreitet als Individuum in einem organischen Prozess zur Humanität fort)

Kodifikationsstreit Thibaut – Savigny	
Anton Friedrich Justus Thibaut: „Über die Nothwendigkeit eines allgemeinen bürgerlichen Gesetzbuches für Deutschland" (1814)	Friedrich Carl von Savigny: „Vom Beruf unserer Zeit für Gesetzgebung und Rechtswissenschaft" (1814)
<ul><li>fordert Kodifikation des gesamten bürgerlichen Rechts</li><li>enorme Wirkung durch gestärktes Nationalbewusstsein des Volkes</li><li>Vorteile für Rechtswissenschaft und Juristenausbildung (verworrener Rechtszustand)</li><li>Scheiterte an politischen Verhältnissen und Dominanz der Historischen Rechtsschule</li></ul>	<ul><li>Ablehnung des Naturrechtsdenkens als zu statisch-systematisch</li><li>daher Ablehnung der Kodifikation als typisch rechtspolitische Konkretisierung des unhistorischen Vernunftrechts ⇨ Wissenschaft muss zuvor den gesamten Stoff systematisiert haben; daher nicht grds. gegen eine Vereinheitlichung, aber Zeit nicht reif</li><li>Geschichtlichkeit als Kriterium für neues Recht</li></ul>

Savignys Rechtsverständnis	
Grundlagen	**Folgen**
<ul><li>Ausgangspunkt ist Herders Lehre vom gemeinsamen Kulturbegriff einer Nation ⇨ Befehle des Gesetzgebers und Abstraktionen aus überpositivem Recht lassen sich nicht als Recht begreifen</li><li>Recht wächst aus dem gemeinsamen Bewusstsein des Volkes, dem „Volksgeist"</li><li>Aufgabe des Juristen: Repräsentant des Volkes bei der Rechtsfindung (Spezialistendogma)</li><li>Römisches Recht als Basis, da sich germanisches Recht nicht einheitlich entwickeln konnte (nur römisches Recht hat sich organisch entwickelt)</li></ul>	<ul><li>Gewohnheitsrecht vor Gesetzesrecht</li><li>Gesetzesrecht als Korrektiv</li><li>gesetztes Recht kann nur redigiertes Gewohnheitsrecht sein (so auch Savignys Gesetzgebungstätigkeit)</li><li>Er erkennt den Dualismus zwischen Naturrecht und positivem Recht nicht mehr an</li></ul>

E. Pandektistik

520 Während Savigny in seiner Person in der Lage war, die beiden Aspekte seiner Methode, das historische Quellenstudium und die systematisch-philosophische Durchdringung der Quellen zu vereinigen, kam es in der Folgezeit zur teilweisen Trennung der beiden Aspekte. Zunächst begann mit Savignys Programmaufruf ein enormer Schub in der rein historischen Erforschung der Rechtsquellen. 1816 entdeckte der Historiker **Barthold Georg Niebuhr (1776–1813)** den den Institutionen zugrunde liegenden Originaltext des Gaius von ca. 160 n.Chr., der in der Folgezeit intensiv bearbeitet wurde. Die in den Digesten gesammelten Texte wurden auf ihre Ursprünglichkeit untersucht und Veränderungen, die unter Justinian an den Texten vorgenommen worden waren, herausgearbeitet (sog. **Interpolationenforschung**).

521 In den dreißiger Jahren war es vor allem der Schüler Savignys, **Georg Friedrich Puchta** (Rdnr. 528), der die andere, die systematische Seite der Lehre Savignys in den Vordergrund rückte. Es entstanden in der Folgezeit **Pandektenhandbücher**, die dem Zweck dienten, für die Praxis und den akademischen Unterricht eine entscheidungstaugliche und in einem klaren System angeordnete Darstellung des **„heutigen" römischen Rechts** zu liefern.[238]

Hatte man in der Anordnung dabei zunächst noch das Institutionensystem verwendet (*personae – res – actiones*, vgl. die Untergliederung des BGB-AT), so entwickelte sich unter dem Einfluss Savignys das sog. **Pandektensystem**, also die noch im BGB zum Ausdruck kommende Einteilung in fünf Bücher. Vorläufer hatte dieses System allerdings schon bei Hugo (vgl. Rdnr. 506) und vor allem Georg Arnold Heise.[239]

522 Die philosophische Ausrichtung Savignys, der etwa Puchta noch verpflichtet gewesen war, trat dabei in der zweiten Hälfte des 19. Jhs. immer mehr in den Hintergrund.[240]

F. Germanistischer Zweig der historischen Rechtsschule

523 Als Mitbegründer der historischen Rechtsschule ist **Karl Friedrich Eichhorn** (1781–1854) zu sehen. Er war mit Savigny Herausgeber der „Zeitschrift für geschichtliche Rechtswissenschaft" (1814), die heute noch in der sog. Savigny-Zeitschrift (= ZRG) weiter lebt, und begründete deren germanistischen Zweig. Aus seinen Werken sind die 1808 erschienene **„Deutsche Rechts- und Staatsgeschichte"** sowie die **„Einleitung in das deutsche Privatrecht"** (1823) hervorzuheben. Die Juristen der ersten Hälfte des 19. Jhs., die sich vornehmlich mit dem spezifisch deutsch-germanisch-rechtlichen Anteil an der deutschen Rechtsentwicklung befassten, sind als **„Germanisten"** in die Rechtsgeschichte eingegangen. Zu Beginn der historischen Rechtsschule forderte Savigny diese Wissenschaftler zur Mitarbeit, zur Aufarbeitung des enormen historischen Rechtsstoffes auf. Diese Aufarbeitung hatte als historisches – antiquarisches – Bemühen bereits im 18. Jh. eingesetzt. Man hatte begonnen, die altdeutschen Gesetze des Früh- und Hochmittelalters zusammenzustellen und neu herauszugeben (vgl. Rdnr. 211 ff.).

---

238 Vgl. Puchta, Pandekten, 1838 ff.; K.A. v. Vangerow, Lehrbuch der Pandekten, 1838 ff.; später vor allem B. Windscheid, Lehrbuch des Pandektenrechts, 1862 ff.; ein wichtiger Vorläufer war Thibauts System des Pandektenrechts, 1803 ff.

239 Grundriss eines Systems des gemeinen Civilrechts, 1807.

240 Vgl. Schwarz, ZRG RA 42 (1921), S. 131 ff.; A. Ross, Theorie der Rechtsquellen, 1929, S. 169 ff.

Am Anfang der historischen Rechtsschule standen neben den Erwähnten die Gebrüder **524** **Jacob und Wilhelm Grimm**, die durch die Herausgabe von Haus- und Kindermärchen sowie durch das Grimmsche Wörterbuch bekannt sind. **Jacob Grimm** (1785–1863) ist sowohl der Romantik als auch der historischen Rechtsschule zuzurechnen. In seiner Person ist einer der wenigen unmittelbaren Einflüsse der **Heidelberger Romantik** auf die historische Rechtsschule zu sehen. Er war Sprachwissenschaftler, Volkskundler und Jurist. Er hatte in Marburg bei Savigny studiert und diesen dann auf Forschungsreisen begleitet. An juristischen Werken Jacob Grimms sind besonders die Schrift „Von der Poesie im Recht" (1816), die Herausgabe der „Rechtsaltertümer" (1828) sowie insbesondere die Sammlung deutscher Bauernweistümer (1840–1863) hervorzuheben. Eine Wendung erhielt dieses Sammeln und Sichten, als Eichhorn den Begriff des **„deutschen Privatrechts der Gegenwart"** postulierte. Darunter verstand er eine Summe von höheren Regeln, die in den deutschen Privatrechten (den Partikularrechten) enthalten seien. Eichhorn war also der Ansicht, dass es einen überterritorialen Bestand an deutsch-rechtlichem Rechtsgut gebe; also entsprechend dem „gemeinen" römischen Recht ein „gemeines" deutsches Privatrecht. Unklar und umstritten war allerdings, warum das „gemeine deutsche Privatrecht" im 19. Jh. Geltung haben sollte.[241]

Gleich zu Beginn der neu aufgekommen Idee vom deutschen Privatrecht versuchten **525** dessen Vertreter, das System und die Begriffe der historischen Rechtsschule und später dann der Pandektenwissenschaft auf den Stoff des deutschen Privatrechts zu übertragen. Später erreichte die Entwicklung in der Person von **Carl Friedrich Wilhelm Gerber** (1823–1891) durch den Einfluss Puchtas ihren Höhepunkt. 1846 publizierte Gerber „Das wissenschaftliche Princip des gemeinen deutschen Privatrechts", worin er über die Dogmatik der Pandektenwissenschaft bis hin zu einem geschlossenen System des deutschen Privatrechts kommen wollte.[242]

Durch starke Systembindung und Begriffsbildung entfernten sich die Germanisten von **526** den Grundlagen der deutsch-rechtlichen Anschauung. Es wurde später der Vorwurf erhoben, dass insbesondere Gerber **„die deutsche Seele im deutschen Recht"** getötet habe. Man darf allerdings die systematischen Bestrebungen der Germanisten nicht verurteilen. Sie lebten in Wissenschaft und Praxis unter dem **Primat des römischen Rechts**. Ihr Bestreben ging insbesondere in der zweiten Hälfte des Jahrhunderts dahin, den germanisch-rechtlichen Anteil an der deutschen Rechtsordnung so zu ordnen und systematisch zusammenzustellen, dass er bei einer späteren Privatrechts- und auch anderen Gesetzgebung entsprechend berücksichtigt werden konnte (z.B. beim Handelsrecht, vgl. Rdnr. 608). Dieser Versuch ist allerdings, wie das BGB zeigt, gescheitert. Darauf wies in der Folge der berühmte Germanist **Otto Gierke** (1841–1921, vgl. Rdnr. 578) hin, der insbesondere auch die genossenschaftliche Struktur von Rechtszusammenschlüssen im germanisch-deutschen Recht betonte.[243]

---

241 Vgl. Krause, Der deutsch-rechtliche Anteil an der heutigen Privatrechtsordnung, JuS 1970, 313–321.

242 Vgl. K. Kroeschell, Zielsetzung und Arbeitsweise der Wissenschaft vom gemeinen deutschen Privatrecht, in: Wissenschaft und Kodifikation des Privatrechts im 19. Jahrhundert, Bd. 1, 1974, S. 249 ff.; K. Luig, Römische und germanische Rechtsanschauung, individualistische und soziale Ordnung, in: Rückert/Willoweit (Hg.), Die Deutsche Rechtsgeschichte in der NS-Zeit, 1995, S. 95 ff.

243 Vgl. Mertens, Otto v. Gierke, JuS 1971, 508 ff.; vgl. Gagnér, Zielsetzung und Werkgestaltung in Paul Roths Wissenschaft, in: FS H. Krause (1975), S. 285 ff.

G. Germanisten, Romanisten und die übrige Rechtswissenschaft

527   Der absolutistische Staat hatte im 18. Jh. ein staatliches Rechtsetzungsmonopol postuliert. Dies bedeutete eine starke Betonung des staatlichen Gesetzgebungsprozesses. Die Rechtsprechung sollte möglichst eng an die Gesetze gebunden sein. Die traditionelle Bindungswirkung von Präjudizien als Unterfall des Gewohnheitsrechts (*usus fori*) wurde kritisiert. Auch die Wissenschaft sollte der Gesetzgebung zuarbeiten, nicht jedoch eigenständig Recht setzen.

528   Es war vor allem **Georg Friedrich Puchta** (1798–1846), der hiergegen ein eigenständiges **Rechtsfindungsrecht der Wissenschaft** ins Spiel brachte. Er zielte damit gegen absolutistische Staatsvorstellungen, der er eine autonome Rechtsetzung durch dazu berufene Vertreter der Gesellschaft entgegenhielt. Sein „Juristenrecht" umfasste nicht nur das Erkenntnismonopol des Juristen für die Entwicklungen im Volksgeist (wie in Savignys Spezialistendogma, vgl. Rdnr. 513), sondern auch ein **wissenschaftliches Verfahren**, welches den Wissenschaftlern und den nach wissenschaftlichen Methoden urteilenden Richtern Mittel für die Rechtsfindung an die Hand geben sollte. Aus dem Rechtssystem waren für Puchta neue Rechtssätze ableitbar, durch „Feststellung der Principien, Consequenz aus diesen, und Analogie gleicher Consequenzen". Als Richtigkeitsgewähr verwies Puchta (wie Savigny) auf **philosophisch ableitbare Strukturmerkmale** des Rechts. Reine Ableitungslogik konnte für ihn diesen Wahrheitsanspruch nicht verbürgen: „Was aus einer wissenschaftlichen Operation stammt, unterliegt der Bedingung seiner Wahrheit". In der Folgezeit wurde Puchta damit zum Schrittmacher für die Entwicklung der heutigen Zivilrechtsdogmatik mit ihrer abstrakten Begrifflichkeit und hohen Anwendungssicherheit.

529   Puchta vertrat also mit Savigny, dass das Volk durch die Juristen „repräsentiert" werde. Dieses **„Spezialistendogma"**, wie man es später genannt hat, wurde in der Folgezeit zum Aufhänger für den seit den vierziger Jahren erbittert geführten Schulenstreit zwischen Romanisten und Germanisten.

530   **Georg Beseler** (1809–1888) warf Puchta und der Wissenschaft in seinem 1843 erschienenen Werk „Volksrecht und Juristenrecht" die Herrschaft des römischen Rechts vor und sprach vom **„Nationalunglück der Rezeption"**. Um den Romanisten **spezifisch deutsche Rechtsentwicklungen** entgegenzuhalten, gründeten die Germanisten Reyscher und Wilda 1839 die „Zeitschrift für Deutsches Recht und Deutsche Rechtswissenschaft". Beseler betonte gegenüber Puchta, dass es zu einer Spaltung in Volksrecht und Juristenrecht gekommen sei. Träger des rechtsfortbildenden Volksgeistes sei nach wie vor das Volk und nicht die Juristen. Auch Beseler trat somit gegen eine rein staatliche Rechtsetzung ein. Er bevorzugte jedoch nicht die Wissenschaft als Vertreter gesellschaftlicher Interessen, sondern wollte das Volk direkt stärker in die Rechtspflege einbinden. Beseler leitete aus dem Volksgeist national-demokratische Forderungen ab. Er trat z.B. für Laiengerichte ein. Das macht die **politische Komponente der Auseinandersetzung** deutlich.

531   Nach der Abkehr von der rein romantischen Auffassung war bei den Germanisten zu Beginn des Jahrhunderts ein stärkeres politisches Engagement aufseiten der Liberalen, der Reformer und Revolutionäre zu verzeichnen. **Jacob Grimm** (1785–1863) wurde als einer der **Göttinger Sieben** 1837 des Landes verwiesen und seines Amtes enthoben, weil er gegen die einseitige Aufhebung der Verfassung (1833) protestiert hatte (vgl. Rdnr. 489). Bezeichnend ist, dass er 1848 in der Paulskirche eine entscheidende Rolle spielte. In der unterschiedlichen politischen Auffassung von Savigny und Jacob Grimm mag auch dann die allmähliche Entzweiung dieser formell lebenslang gehaltenen Freundschaft gelegen haben.[244]

Auch **Georg Beseler** (1809–1888) war ein Beispiel für einen **engagierten Germanisten und liberalen Nationalpolitiker.** Er trat 1838 für die Göttinger Sieben ein und war dann 1848 ein herausragendes Mitglied der erbkaiserlichen Fraktion der Paulskirche. Später war er dann Mitglied in der Preußischen Kammer und im Herrenhaus.[245] **532**

Ludwig Reyscher (1802–1880) engagierte sich politisch stark insbesondere in Württemberg, wo er sich besonders den praktischen und sozialen Aufgaben der Rechtswissenschaft und den Wechselwirkungen zwischen Politik und Rechtswissenschaft zuwandte.[246] Als engagierte und kämpferische Juristen sind noch zu nennen **Nikolaus Falk** (1784–1859), **Karl-Georg von Wächter** (1797–1880) und insbesondere auch **Carl Josef Anton Mittermaier** (1787–1867). **533**

Die Fülle der Aktivitäten, die **Mittermaier** als Wissenschaftler und als Politiker ergriff, kann hier noch nicht einmal in Umrissen angedeutet werden. Er verfasste beispielsweise ein Lehrbuch des deutschen Privatrechts und hielt die an sich gründliche Ausbildung der historischen Rechtsschule für die Praxis für unzureichend. Wohl als Konkurrenzzeitschrift zu der 1814 begründeten Zeitschrift für geschichtliche Rechtswissenschaft gründete er im Jahre 1818 das „Archiv für die civilistische Praxis" (AcP) für Richter und Advokaten, das heute noch besteht. Die Postulate des Liberalismus und der Rechtspolitik, für die Mittermaier eintrat, waren: Öffentlichkeit und Mündlichkeit des Prozesses, insbesondere des Strafprozesses, Trennung von Justiz und Verwaltung, Postgeheimnis und **Pressefreiheit** (1831 war in Baden die Zensur wieder eingeführt worden). Ab 1835 stritt er für den **Schwurgerichtsgedanken**, 1846 forderte er die deutsche Einheit. Viele dieser Aktivitäten haben ihm später den Vorwurf der Unwissenschaftlichkeit eingebracht (Landsberg). Später dann kümmerte er sich um Strafvollzug sowie allgemeine Wohlfahrt. Er befasste sich im AcP auch mit der Statistik der Zivilrechtspflege und mit Rechtsvergleichung. In manchen Belangen ist er als Nachfolger Feuerbachs zu sehen.[247] **534**

Bei all diesen Aktivitäten könnte man die Frage stellen, ob Mittermaier der historischen Schule zuzurechnen ist. Jedoch hat die Beantwortung dieser Frage nur geringen Erkenntniswert. Mittermaier kämpfte auf der Seite der engagierten Germanisten gegen die Restauration. **535**

Seinen Höhepunkt erreichte der Konflikt zwischen Germanisten und Romanisten auf den zwei Germanistenversammlungen in Lübeck und in Frankfurt (1847/48). Allein die Tagesordnung der Versammlung von 1847 macht die eminent politische Ausrichtung **536**

---

244 Vgl. Wieacker, Gründer und Bewahrer, 1958, S. 144 ff.

245 Vgl. W. Siemann, Die Frankfurter Nationalversammlung 1848/49 zwischen demokratischem Liberalismus und konservativer Reform, 1976; J.-D. Kühne, Die Reichsverfassung der Paulskirche, 1985.

246 Vgl. Rückert, Reyschers Leben und Rechtstheorie, 1974.

247 Vgl. Rdnr. 538 ff.; vgl. A. Koch, Carl Joseph Anton Mittermaier und das Schwurgericht, ZNR 2000, 167 ff.

der Forderungen der Germanisten deutlich: „1. Schleswig-Holsteinische Frage, 2. Geschworenengerichte, 3. Kodifikationsgedanke: Wechselordnung und Handelsgesetzbuch, 4. Bedeutung und Berechtigung der Rezeption." Der Schulenstreit wurde bis hin zum Tode Savignys geführt. Allerdings erkannte man langsam die wissenschaftliche Frucht- und Nutzlosigkeit der Auseinandersetzung. Große Verdienste erwarben sich die Germanisten, indem sie sich der neuen Materien widmeten: Handels-, Wechsel-, See-, Versicherungsrecht.

537   Bei all diesen Darstellungen der Rechtswissenschaftler des germanistischen und auch des romanistischen Zweiges muss man allerdings im Auge behalten, dass im 19. Jh. – wie es z.T. auch noch heute der Fall ist – ein **Primat der Richter** und Ministerialbürokratie gegenüber den Professoren gegeben war. Das größte Renommee, das ein Jurist zu Beginn des 19. Jhs. erlangen konnte, war neben der Berufung auf bestimmte Lehrstühle ein Ruf an ein berühmtes Appellationsgericht, etwa an das Oberappellationsgericht Lübeck.[248]

3. Abschnitt: Strafrecht

A. Strafprozess und politische Reformbestrebungen

538   Der Aufklärung war es zu verdanken, dass die größten **Mängel des Inquisitionsprozesses** bereits erkannt und auch z.T. – wie die Folter – abgeschafft waren. Mit Ausnahme der französischen Landesteile bestand aber noch immer die unheilvolle Verquickung von Richter und Inquisitor in einer Person. Aufgrund der Erfolge der Französischen Revolution auf dem Gebiet des Strafprozesswesens begann man auch in Deutschland, eine Reform energischer zu fordern. Im Wesentlichen waren es vier Ziele, auf die man bei der Strafprozessreform hinarbeiten wollte: Einführung der Staatsanwaltschaften, Beteiligung der Laien an der Strafrechtspflege **(Geschworenengerichte)**, Trennung von Justiz und Verwaltung – also Unabhängigkeit der Richterschaft – und Abschaffung des Inquisitionsprozesses durch ein öffentliches mündliches Verfahren.[249] Der Hintergrund der Forderungen war ein politischer.

539   Die Hoffnung, diese Ziele zu erreichen, war besonders durch die Teilnahme der Jugend an den Freiheitskriegen und die Romantik gefördert worden. Nach 1815 drängte doch der deutsche **Liberalismus** entschieden auf die Lösung dieser Probleme. Ein großer Rückschlag in dieser Angelegenheit war durch die nach 1815 einsetzende **Restauration** bedingt. Die **Demagogenverfolgung** maßregelte und unterdrückte die „vaterländische" Jugend und die politischen Kräfte, die eine Reformation des gesamten Staatswesens und eine Beteiligung der Bürger an der politischen Willensbildung forderten.

540   Die Demagogenverfolgung ist beispielsweise mit dem Namen **von Kamptz** (1769–1849) verbunden, der von 1830–1842 preußischer Justizminister war. In Preußen war eine „Königliche-Immediat-Untersuchungs-Kommission zur Ermittlung hochverräterischer Verbindungen und anderer gefährlicher Umtriebe" gegründet worden. In den Jahren 1819 und 1820 war der Dichter **E.T.A. Hoffmann** (1776–1822) Mitglied dieser Kommission. Als Kammergerichtsrat erstattete er u.a. Gutachten in Sachen eines „Radikalen", Turnvater Jahn. Hoffmann hatte mehrfach Schwierigkeiten wegen seiner den Staatsbehörden

---

248   Zur Praxis: R. Scheuermann, Einflüsse der historischen Rechtsschule auf die oberstrichterliche gemeinrechtliche Zivilrechtspraxis bis zum Jahre 1861, 1972.

249   Vgl. Eb. Schmidt, Einführung in die Geschichte der deutschen Strafrechtspflege, § 287.

zu liberalen Gutachten und vor allem wegen seiner Darstellung des Geheimen Hofraths Knarrpanti im Meister Floh (1822), in dem man unschwer den Minister von Kamptz wiedererkannte:

„Auf die Erinnerung, dass doch eine Tat begangen sein müsse, wenn es einen Täter geben solle, meinte Knarrpanti, dass, sei erst der Verbrecher ausgemittelt, sich das begangene Verbrechen von selbst finde. Nur ein oberflächlicher leichtsinniger Richter sei, wenn auch selbst die Hauptanklage wegen Verstocktheit der Angeklagten nicht festzustellen, nicht imstande, dies und das hinein zu inquirieren […]".[250]

Diese repressive Bewegung, die sich mit den Mitteln des absolutistischen Polizeistaates durchzusetzen versuchte, hatte eine politische Reaktion des Bürgertums zur Folge. 1831 war in Baden die Zensur wieder eingeführt worden. Das Misstrauen der Bevölkerung gegen die Richter, die man nicht als Garanten des Rechts, sondern als von der staatlichen Obrigkeit abhängig sah, wuchs enorm. Die Diskussion der o.a. Fragen wurde in der Wissenschaft und in den Einzelstaaten sowie durch die verschiedenen politischen Richtungen mit großer Heftigkeit geführt. Sie stand in engem Zusammenhang mit der **Verfassungsbewegung des Liberalismus**. Daher ist es nicht verwunderlich, dass einige dieser Forderungen erst nach 1848/1850 in den Verfassungen und nicht in Strafprozessordnungen erfüllt wurden, wie z.B. die Forderung nach dem unabhängigen Richter. **541**

In **Karl Josef Anton Mittermaier** (1787–1867) und **Heinrich Albert Zachariae** (1806–1875), beide an der Heidelberger Universität tätig, die vornehmlich am Anfang des 19. Jhs. eine der bedeutendsten Universitäten in Deutschland war, fanden sich zwei **Streiter für den liberalen Strafprozess**, die sowohl auf ihrem Fachgebiet als auch auf der politischen Bühne für ihre Ideen kämpften. **542**

Mittermaier, der ehemalige Privatsekretär Feuerbachs, setzte in manchen Belangen dessen Tradition fort. Er wandte sich aber gegen die Feuerbachsche Ablehnung der Geschworenengerichte. Feuerbach hatte bestritten, dass die im französischen Strafprozess übliche Trennung in Tat und Rechtsfrage möglich sei. Des Weiteren hatte er den Geschworenen die Fähigkeit abgesprochen, Rechtsfragen zu lösen. Mittermaier forschte über die hauptsächlichen Fehlerquellen im Strafprozess, betrieb statistische Forschungen und Rechtsvergleichung. In der Schwurgerichtsfrage aber wich er entschieden von Feuerbach ab. Darüber hinaus forderte er eine Trennung von Justiz und Verwaltung, und erhob die politischen Forderungen nach Postgeheimnis und Pressefreiheit (vgl. Rdnr. 534). An der liberalen Justizreform in Baden war er maßgeblich beteiligt. **543**

Zachariae forderte in Übereinstimmung mit Mittermaier die Zweiteilung des Strafverfahrens. Im Vor- und Ermittlungsverfahren sollte das inquisitorische Prinzip beibehalten werden, während im Hauptverfahren das **Akkusationsprinzip** durchzuführen sei. Allerdings sollte das Schwergewicht auf der Hauptverhandlung liegen, sodass das Urteil aus dem „Inbegriff der Hauptverhandlung" (vgl. heute § 261 StPO) folgen musste. Die beiden ersten Staaten, die den Strafprozess in dieser Hinsicht reformierten, waren Württemberg (1843) und Baden (1845). **544**

Die heutige Bedeutung und Ausgestaltung der Staatsanwaltschaft wurde in Preußen durch Savigny, dem Nachfolger von Kamptz, entscheidend gefördert. Savigny gab der **545**

---

250 Meister Floh, 4. Abenteuer, E.T.A. Hoffmann, Juristische Arbeiten m. Erl., hgg. v. Fr. Schapp, 1973, zugl. WBG.

Staatsanwaltschaft den Auftrag, sowohl zulasten als auch zugunsten des Angeklagten tätig zu sein und auch die Tätigkeit der Polizeibehörden zu überwachen.[251]

546 Die Frage der Beteiligung von Laien an der Strafrechtspflege war die wohl am heftigsten umstrittene dieser Zeit. Nachdem sich die Frankfurter Nationalversammlung für die **Schwurgerichte** ausgesprochen hatte, wurden sie auch in den Jahren von 1848 bis 1851 in der Mehrzahl der deutschen Staaten zusammen mit den Prinzipien der Mündlichkeit und Unmittelbarkeit des Prozesses eingeführt.

547 Nach der Revolution von 1848 hatten sich auch die Grundsätze durchgesetzt, die die **richterliche Unabhängigkeit** garantierten. Die Frankfurter Reichsverfassung von 1849 erklärte (§§ 175, 177):

„Die richterliche Gewalt wird selbstständig von den Gerichten ausgeübt.

Kabinetts- und Ministerialjustiz ist unstatthaft. Niemand darf seinem gesetzlichen Richter entzogen werden. Ausnahmegerichte sollen nicht stattfinden.

Kein Richter darf außer durch Urteil und Recht von seinem Amt entfernt oder an Rang und Gehalt beeinträchtigt werden.

Kein Richter darf wider seinen Willen, außer durch gerichtlichen Beschluss in den durch das Gesetz bestimmten Fällen und Formen, zu einer anderen Stelle versetzt oder in Ruhestand versetzt werden."[252]

B. Strafgesetzgebung

548 In den Partikularstaaten setzte zu Beginn des 19. Jhs. eine Bewegung zur Revision des Strafrechts und des Prozesses ein.[253] Eine große Zahl von Strafgesetzen und Entwürfen wurde diskutiert bzw. erlassen. Die Praxis scherte sich nicht um die theoretischen Fragen, wie die Strafe zu begründen sei. Man entwickelte ein praktisches Strafrecht, das „irgendwie" allen Aspekten gerecht wurde.

549 Die Bayerische Revision unter Mitarbeit von **Feuerbach** wurde bereits geschildert. In Preußen, wo das relativ liberale ALR zu Beginn des 19. Jhs. verschärft wurde, versuchten die Justizminister **Kircheisen** (1815–1825) und **Dankelmann** (1825–1830), das ALR insbesondere im Hinblick auf das Strafrecht zu revidieren. **Kamptz**, der als „böser Geist" (R. v. Hippel) der Reform oder als „Antireformator" (Berner) bezeichnet wurde, verhinderte auf diesem Gebiet die Reformarbeit, die dann unter Savignys Leitung wieder aufgenommen wurde, sodass 1851 das Strafgesetzbuch für die preußischen Staaten fertig gestellt wurde.

Auf dieser Grundlage wurde ein 1870 in Kraft gesetztes StGB für den Norddeutschen Bund erarbeitet, das dann nach der Reichsgründung als **Reichsstrafgesetzbuch (1871)** praktisch weiter galt (durch ÜberleitungsG von 1871). Ebenso wie die meisten der vorher genannten Gesetzbücher war das Reichsstrafgesetzbuch, das die Grundlage für unser heutiges Recht darstellte, geprägt von einer „Idee der generalpräventiven Tatvergeltungsstrafe",[254] d.h. keine der Strafrechtstheorien hatte sich vollständig durchgesetzt.

---

251 Peter Colin, Die Geburt der Staatsanwaltschaft in Preußen, in: FHI 2001.

252 Vgl. Eb. Schmidt, Einführung in die Geschichte der deutschen Strafrechtspflege, § 296; Alber, Die Geschichte der Öffentlichkeit im deutschen Strafverfahren, 1974.

253 Rainer Schröder, Die Strafgesetzgebung in Deutschland in der ersten Hälfte des 19. Jh., in: FS Gagnér, München 1991, S. 403.

254 Eb. Schmidt, Einführung in die Geschichte der deutschen Strafrechtspflege, § 298.

Aufgrund des Wirkens Feuerbachs, der ja spezialpräventives Denken insgesamt abgelehnt hatte, enthielt das StGB auch kaum spezialpräventives Gedankengut. Bezeichnend ist es auch, dass kein **Strafvollzugsgesetz** zustande kam. Eine große Anzahl von Dienst- und Vollzugsordnungen der einzelnen Länder blieb in der Bundesrepublik bis zum Strafvollzugsgesetz von 1976 in Kraft. Wenn überhaupt im 19. Jh. von einer Reform des Strafvollzuges die Rede sein konnte, dann kamen die entscheidenden Ideen nicht aus Deutschland. In den USA waren es beispielsweise die Quäker, die für eine Reform des Gefängniswesens zur Besserung der Täter eintraten. Darum wollten sie den Gefangenen Tag und Nacht in strengster Einzelhaft halten. Als vorbildlichste Anstalt galt das berühmte Eastern Penitentiary, das in der auch nach Europa gelangten strahlenförmigen Bauweise angelegt war (vgl. heute noch die Anstalten in Berlin-Moabit und Münster).

550

6. Teil: Recht in der zweiten Hälfte des 19. Jahrhunderts (1870–1914)

1. Abschnitt: Verfassungs- und Verwaltungsrechtsgeschichte

A. Die Reichsgründung von 1871

551 Der preußische Kriegsgewinn 1866/67 beendete den preußisch-österreichischen Dualismus zugunsten der **kleindeutschen Lösung**. Das entstandene Verfassungsvakuum wurde zunächst durch die Schaffung des **Norddeutschen Bundes** mit Verfassung vom 1. Juli 1867 gefüllt. Dieser war nicht mehr Staatenbund, sondern Bundesstaat unter der Hegemonie Preußens. Durch Eintritt der süddeutschen Länder mit den Novemberverträgen von 1870 erweiterte er sich am 1. Januar 1871 zum Deutschen Reich, welches mit Kaiserproklamation und Reichsverfassung als **zweites Kaiserreich** die abschließende Form erlangte. Die Verfassung musste die vorhandenen zentralstaatlichen und partikularen Kräfte, die Fürsten- und Volksinteressen in ein den tatsächlichen Machtverhältnissen Rechnung tragendes System bringen. Das Prinzip der Gewaltenteilung war in der Kompetenzverteilung zwischen Krone, Bundesrat und Reichstag niedergelegt. Das Reich baute auf **drei Organen** auf:

552 Nach Art. 11 war der **Kaiser** Organ des Reichs, hatte das Präsidium über den Bund inne. Ihm kam die Regierung des Reiches und der Oberfehl über das Heer zu. Seine Regierungsakte waren an die Gegenzeichnung des Reichskanzlers gebunden, der aber vom Vertrauen des Parlaments unabhängig war. Im Unterschied zur Preußischen Verfassung von 1850 gab es bis 1918 keine Minister und keine entsprechende Verantwortlichkeit für den Reichskanzler oder die statt der Minister agierenden Staatssekretäre.

553 Der **Bundesrat** schloss sich an den Bundestag des Deutschen Bundes von 1815 an. Er war eine Versammlung der Bevollmächtigten der Bundesglieder, die in ihrer Gesamtheit die Reichssouveränität repräsentierten. Für bestimmte Regierungshandlungen bedurfte der Kaiser seiner Zustimmung. Die Gesetzgebung erfolgt nach Art. 5 durch **übereinstimmende Mehrheitsbeschlüsse von Bundesrat und Reichstag.**

554 Im **Reichstag** wurde das Begehren des deutschen Volkes nach einer Nationalrepräsentation verwirklicht. Er war zwar nicht Träger der Volkssouveränität, aber eine echte Volksvertretung, die aus allgemeiner, direkter und geheimer Wahl hervorging. Er besaß ein Recht auf Zustimmung und Information in bestimmten Angelegenheiten.

555 Kennzeichnend an dieser Verfassung war das in allen Bereichen gesicherte **Übergewicht Preußens**, ohne dessen Zustimmung auch Verfassungsänderungen unmöglich waren. Man hatte eine Reichsregierung ohne zureichende Organe, einen Bundesrat, der durch das Übergewicht Preußens kein echtes föderatives Organ sein konnte, und ein Parlament mit mangelhafter Zuständigkeit geschaffen, ein **halbkonstitutionelles System mit parteienstaatlichem Zusatz** (W. Mommsen). Eine kontinuierliche Fortentwicklung war nicht möglich, einerseits durch die Widersprüchlichkeit der in ihm wirksamen politischen Prinzipien, andererseits durch die unter dem Einbruch der **Industrialisierung** zunächst stark zunehmenden sozialen Spannungen zwischen den Unter-

schichten und den besitzenden Klassen, insbesondere jedoch innerhalb der führenden Schichten. So kann das Ausbleiben eines Demokratisierungsprozesses nicht einfach auf fehlende Entschlossenheit der bürgerlichen Parteien zurückgeführt werden, substantielle Verfassungsreformen durchzusetzen. Es fehlte eine politische Mobilisierung in der Gesellschaft und damit das nötige Demokratisierungspotenzial.

Das materielle Verfassungssystem war teilweise zugunsten einer der dominierenden sozialen Gruppen ausgerichtet: Die Aristokratie behauptete ihre traditionelle Vorrangstellung in Preußen sowie ihren starken Einfluss auf die preußische Verwaltung. Die bürgerlichen Parteien dominierten im Reichstag und kontrollierten in den hier möglichen Grenzen die Gesetzgebung. So konnten sie sich zumindest im wirtschaftlichen Bereich genehme Verhältnisse schaffen. Darüber stand die Staatsbürokratie unter der Führung von **Otto von Bismarck** (1815–1898). Diese Machtstrukturen waren die wesentlichen Voraussetzungen dafür, dass es zu einem Prozess der **Modernisierung der Gesellschaft ohne gleichzeitige Demokratisierung** kam. Mit W. Mommsen und C. Schmitt kann man die Verfassung des Deutschen Reichs als **„System umgangener Entscheidungen"** bezeichnen. **556**

Technische Normen (Post, Eisenbahn, Fernmeldewesen) ließen die gesetzgebenden Gremien passieren. Bei der stärker politischen Gesetzgebung zeigte sich aber die Blockade. Oppositionelle Gruppen besaßen im Reichstag zu verschiedenen Zeiten die Mehrheit. Gegen Sozialdemokraten, Linksliberale, Zentrum und die Splittergruppen (z.B. Polen) konnte der Bundesrat keine Gesetze erlassen. So scheiterte 1890 der Versuch der Konservativen, das Sozialistengesetz (dazu Rdnr. 629) zu verlängern. Auf der anderen Seite hätten die oppositionellen Gruppen im Reichstag möglicherweise Gesetzesvorlagen in ihrem Sinne durchbringen können, doch hätten diese im Bundesrat keine Chance gehabt, angenommen zu werden. Die Verabschiedung von Arbeitsschutzgesetzen und der Sozialversicherungsgesetze (ab 1883) bildete den fürsorglichen Teil der Bismarckschen Politik, die Repression und positive Förderung zur Erzeugung von Loyalität verband – hierzu näher Rdnr. 633. **557**

Diese Entwicklung war weniger bestimmt durch eine konkrete Politik Bismarcks als vielmehr durch die Veränderung der gesellschaftlichen Strukturen, die sich im Gefolge der seit dem Anfang der achtziger Jahre vollziehenden Industrialisierung einstellte.[255]

B. Verwaltungsrechtsgeschichte

Das absolutistische Konzept der Verwaltung wurde durch die Stein-Hardenbergschen Reformen abgelöst (vgl. Rdnr. 477). Der **„Rechtsstaat"** rückte in den Vordergrund. War dieser Begriff zunächst ein umfassend politisch verstandenes Prinzip, verknüpft mit den Forderungen im Kampf um die Verfassungen, kam es nach 1849 zu einer **Entpolitisierung** und zu einer **Reduzierung auf formalen Rechtsschutz**. Wenn schon nicht politische Mitbestimmung, vereinbarte Verfassungen und nationale Einheit, dann wenigstens Rechtsstaat, könnte die Stimmung beschrieben werden. Anfangs war der Begriff noch verbunden mit der Forderung nach Gliederung, Aufteilung und Kontrolle der Staatsgewalt. Nun verlagerte man sich auf den formalen Rechtsschutz in Zivil- und Verwaltungssachen. Die Liberalen wandten sich vom Verfassungsrecht ab und dem Ver- **558**

---

255 Vgl. zum Deutschen Kaiserreich: W. J. Mommsen, Das Deutsche Kaiserreich als System umgangener Entscheidungen, in: Vom Staat des Ancien Régime zum modernen Parteienstaat, FS T. Schieder (1978), S. 239 ff.; zur Verfassungsgeschichte insgesamt: D. Grimm, Deutsche Verfassungsgeschichte 1776–1866; H. Boldt, Deutsche Verfassungsgeschichte, Bd. 2, von 1806 bis zur Gegenwart, 2. Aufl. 1993.

waltungsrecht zu. Es ging um die systematische Erfassung von Verwaltungsaufbau und Verwaltungshandeln überhaupt. Die Durchsetzung der geforderten Grundrechte ging einher mit der Forderung nach Gesetzmäßigkeit der Verwaltung, d.h. Eingriffe des Staates nur bei gesetzlicher Ermächtigung und Vorbehalt des Gesetzes.

559 Nach **Otto Mayer** (1846–1924), dem „Erfinder" des modernen Verwaltungsrechts, hieß es: Der „Rechtsstaat ist der Staat des wohlgeordneten Verwaltungsrechts [...] und bedeutet Justizförmigkeit der Verwaltung".[256]

560 Die dem aufgeklärten Absolutismus entsprechende Polizeiwissenschaft (vgl. Rdnr. 276) löste sich auf. Das wohlfahrtsstaatliche Konzept brach aber nicht zusammen, es wurde in zweifacher Weise modifiziert. Der Aktionsraum der Verwaltung sollte sich verkleinern, d.h. **Polizei und Staat** sollten nur noch zur Gefahrenabwehr tätig sein, damit dem Einzelnen eine Privatsphäre für wirtschaftliche Betätigung blieb. Die Aufgabe der Verwaltung bestand lediglich in der Erhaltung der Ordnung. Eingriffe sollten nur der Schaffung solcher Bedingungen für den Einzelnen dienen, damit sich die liberalen Freiheiten entfalten konnten. Auf der anderen Seite sollte sich die „Policey" alter Prägung zur konstitutionellen und gesetzlich gebundenen Verwaltung wandeln, d.h. die polizeilichen Tätigkeitsfelder wurden deutlicher als bisher von den Prinzipien der Gewaltenteilung und der Bindung an die Gesetze bestimmt. Das „Ob" und „Wie" der polizeilichen Eingriffe sollten von dem parlamentarisch gebilligten Gesetz abhängen.

In der zweiten Hälfte des 19. Jhs. zeichneten sich allerdings Änderungen hin zur **Leistungs- und Versorgungsverwaltung** ab (Kanalisation, Straßen, Schlachthöfen, Krankenhäuser etc.). Es waren insbesondere die Kommunen, denen durch die Steinsche Städteordnung von 1810 (vgl. Rdnr. 477 ff.) gewisse Selbstverwaltungsrechte eingeräumt wurden, die sich den Versorgungs- und sozialen Gesichtspunkten widmeten. Der Staat selbst betrieb vor allem immer noch **Eingriffsverwaltung**, wenn auch z.B. die Einführung einer allgemeinen Schulpflicht und die Reformierung der Universitäten erfolgten. Insbesondere in der zweiten Hälfte des 19. Jhs. setzte sich die Überzeugung durch, dass durch das „Verwaltungs"-Recht auch der Staat gebunden sei. Die subjektiv-öffentlichen Rechte des Einzelnen wurden in verstärktem Maße anerkannt. Aber das Primat der öffentlichen Gewalt blieb bestehen. **Gerichtliche Kontrolle staatlichen Handelns** war vereinzelt möglich, teilweise durch Straf- und Zivilgerichte. Die Amtshaftung, die sich 1900 in § 839 BGB niederschlug, ist ein Beispiel dafür. Auch begannen die Behörden selbst mit einer eher intern zu nennenden Kontrolle ihres Verwaltungshandelns und ihrer Verwaltungsakte im **Widerspruchsverfahren**.[257] Erst durch Art. 107 der Weimarer Reichsverfassung (WRV) wurden die Länder zur Errichtung von Verwaltungsgerichten verpflichtet.[258]

561 Was das **Verwaltungsrecht** anbetraf, so näherte es sich ebenso wie das Zivilrecht einer immer stärkeren **positivistischen Ausrichtung**. Sowohl die beginnende Verwaltungsrechtswissenschaft – vertreten durch **Otto Mayer** (1846–1924), der in seinem Buch

---

256 Vgl. M. Stolleis, HRG IV, Art. „Rechtsstaat, Sp. 367 ff.

257 1863 Verwaltungsgerichte in Baden, 1872 in Preußen; 1883 Preuß. Landesverwaltungsgesetz, vgl. Jolly, Die Verwaltungsgerichte, Zeitschrift f. d. gesamte Staatswissenschaft, Bd. 34 (1878), S. 575–616.

258 Vertiefend: M. Stolleis, Die Entstehung des Interventionsstaates und das öffentliche Recht, ZNR 1989, 129 ff.

„Deutsches Verwaltungsrecht" (1895) als Erster dieses Rechtsgebiet systematisierte – als auch die Staatsrechtswissenschaft (insbesondere vertreten durch **Laband,** vgl. Rdnr. 682) verstanden sich völlig unpolitisch, völlig losgelöst von sozialen und politischen Fragen, und waren gerade dadurch enorm politisch. Während man sich bei der Behandlung der sozialen Frage im BGB darauf berief, dass diese durch das öffentliche Recht in Angriff genommen sei (vgl. Rdnr. 603), wollte man dort das Problem, abgesehen von der sog. Arbeiterschutz- und Sozialversicherungsgesetzgebung, auch nicht immer sehen. Kennzeichnend ist, dass beispielsweise Mayer das **Wesen des öffentlichen Rechts in der ganz strengen Subordination des Einzelnen** unter den Staat sah.

Gerber formulierte: „Die Willensmacht des Staates ist die Macht zu herrschen, sie heißt Staatsgewalt." Wilhelm[259] beurteilt das so:

> „Die rechtspolitische Funktion der juristischen Methode nach 1870 bestand vornehmlich darin, die neu gegründeten Staatsrechtsverhältnisse des Kaiserreichs zu legitimieren und ihren Bestand durch den Ausschluss jeglicher politischen Kritik zu sichern. Die politische Prämisse der juristischen Staatsrechtslehre Labands war die Bejahung des monarchischen-konservativen Staatsprinzips und der antiliberalen Politik Bismarcks."

So ist es auch nicht weiter verwunderlich, dass die junge Verwaltungsrechtswissenschaft sich an die Begrifflichkeit der Pandektistik anschloss (vgl. Rdnr. 570). Es wurden Parallelkonstruktionen zum Privatrecht erstellt. Das Gegenstück zur Willenserklärung, dem Zentralbegriff der Privatrechtsordnung, stellte der **Verwaltungsakt** dar. Dem subjektiven Privatrecht stand das subjektive öffentliche Recht gegenüber. **562**

2. Abschnitt: Zivilrecht

In den fünfziger Jahren des 19. Jhs. zeigten sich immer deutlicher Reformbestrebungen in der Zivilrechtswissenschaft. Sie werden zumeist unter dem Stichwort **„rechtswissenschaftlicher Positivismus"** beschrieben, mit dem das Wesentliche dieser Entwicklung aber nur unzureichend erfasst wird.[260] **563**

Der Schwerpunkt der Forschung verlagerte sich von rechtshistorischen Studien, die oftmals keinen konkreten Bezug zu praktischen Fragen hatten, zu rechtsdogmatischen Untersuchungen. In der zweiten Hälfte des 19. Jhs. entstanden neben berühmten Einzeluntersuchungen vor allem große **Gesamtdarstellungen** des römischen Rechts durch „Pandektisten" wie Bernhard Windscheid und des deutschen Rechts durch Germanisten, wie Carl Friedrich von Gerber oder Georg Beseler. Viele der von ihnen gewonnenen Erkenntnisse flossen später in das BGB ein. **564**

Kennzeichnend für die Neuorientierung war zunächst ein kritischer Umgang mit den in den römischen Rechtsquellen enthaltenen Rechtssätzen. Die Quellen sollten nur binden, wenn sie mit den Bedürfnissen des 19. Jhs. nicht im Widerspruch standen. Windscheid forderte 1854 in seiner berühmten Rede zu „Recht und Rechtswissenschaft", „das römische Recht, dessen wir nicht entraten wollen und nicht entraten können, in ein Recht umzugießen, welches nicht mehr ein fremdes Recht ist, sondern unser Recht". Be- **565**

---

259 Zur juristischen Methodenlehre im 19. Jahrhundert, 1958.
260 Für die damalige Aufbruchstimmung noch immer lesenswert: Kuntze, Der Wendepunkt der Rechtswissenschaft, 1856.

rühmt wurde Jherings Forderung, „durch das römische Recht […] über das römische Recht hinaus" zu gehen.[261]

566 Diese Freiheit gegenüber den Quellen des antiken römischen Rechts wurde jedoch nicht durch freie politische oder gesellschaftliche Erwägungen ersetzt, sondern durch den Versuch, Recht wissenschaftlich festzustellen. Der bekannteste Versuch, eine solche Methode, die später als **„begriffsjuristisch"** verfemt wurde, zu beschreiben, ist Rudolf von Jherings „naturhistorische Methode".

A. Positivismus und Recht

I. Jhering und die „naturhistorische Methode"

567 **Rudolph von Jhering** (1818–1892) begründete 1857 zusammen mit Gerber die **„Jahrbücher für civilrechtliche Dogmatik"**, und er legte seine dogmatischen Anschauungen in der Schrift „Vom Geist des römischen Rechts auf den verschiedenen Stufen seiner Entwicklung" (ab 1852) nieder. In diesem Werk forderte Jhering zur „Construction" nach seiner naturhistorischen Methode auf. Dies bedeutete zunächst die **Herausbildung von Begriffen** („juristischen Körpern") aus den im geltenden Recht vorgefundenen Rechtssätzen. Für dieses Verfahren stellte er feste Gesetze auf: „Gesetz der Deckung des positiven Stoffs, Gesetz des Nichtwiderspruchs, Gesetz der juristischen Schönheit". Durch Anlehnungen an naturwissenschaftliche Terminologie suggerierte er für seine Methode eine ähnliche Wissenschaftlichkeit und Unparteilichkeit wie ein naturwissenschaftliches Verfahren, er sprach sogar von einem „Constructionsapparat". Er selbst hielt die Konstruktion eines Begriffs wohl dennoch für eine „künstlerische Production […] ein Erfinden".

568 Kennzeichnend für die gefundenen Begriffe war nun, dass sie in einen systematischen Zusammenhang gestellt wurden. „System" war also weiterhin Ausdruck eines wissenschaftlichen Verfahrens. In jedem einzelnen Begriff sollte „vielleicht der praktische Inhalt von zehn früheren Rechtssätzen aufgenommen" worden sein. Indem alle diese Begriffe untereinander in einem systematischen Zusammenhang stehend gedacht wurden, sollte es möglich sein, auch ohne dass ein bestimmter Rechtssatz bereits existierte, von den vorhandenen Begriffen auf neue und damit auch auf neue Rechtssätze zu schließen: „Die Begriffe sind productiv, sie paaren sich und zeugen neue".[262]

II. Bernhard Windscheid

569 **Bernhard Windscheid** (1817–1892) wurde als der „Accursius" der deutschen Pandektenwissenschaft (zu Accursius Rdnr. 235) bezeichnet. Seine Verdienste liegen nicht so sehr auf schöpferischem Gebiet als mehr im systematischen Sammeln und in der analytischen Durchdringung des Rechtsstoffes.

Der vielleicht bekannteste Beitrag Windscheids zur Rechtswissenschaft ist der **materielle**

---

261 In: „Unsere Aufgabe", 1857 in den von ihm mit Gerber herausgegebenen „Jahrbüchern für Dogmatik" veröffentlicht, S. 52.
262 Geist des römischen Rechts, Bd I und II, 1866/1869.

Anspruchsbegriff, so wie er sich heute noch in § 194 BGB findet. In „Die actio des römischen Civilrechts vom Standpunkt des römischen Rechts" (1856) trennte er erstmals begrifflich den „materiellen" Anspruch vom prozessualen Verfahren zu seiner Durchsetzung, die beide nach römischem Recht bislang nicht zu unterscheiden waren. Das römische Recht fragte lediglich danach, ob für das behauptete Recht eine anerkannte Klageform – eine *actio* – gegeben war (vgl. Rdnr. 22).

In seinen **„Pandekten"**[263] fasste er das gesamte gemeine Recht für die Praxis zusammen. Windscheid beschrieb das wissenschaftliche Verfahren, das er in seinen „Pandekten" verwirklichte, ähnlich wie Jhering: **570**

„Wissenschaftliche Behandlung des Rechts.

§ 24. Die Auslegung bildet keinen Gegensatz zu der wissenschaftlichen Behandlung des Rechts; sie ist wissenschaftliche Behandlung. [...] Aber die wissenschaftliche Behandlung des Rechts ist in der Auslegung nicht beschlossen. Wenn die Auslegung ihr Geschäft beendigt hat, so handelt es sich nun um die Entwickelung der Begriffe, welche in den durch sie gewonnenen Rechtssätzen enthalten sind. Auch der eigentliche Gedanke des Rechtssatzes stellt sich noch dar in Begriffen, d.h. in Zusammenfassungen von Denkelementen; es kommt darauf an, die Begriffe in ihre Bestandtheile aufzulösen, die in ihnen enthaltenen Denkelemente aufzuweisen. Man kann in dieser Operation mehr oder weniger weit gehen; denn die gefundenen Elemente können sich selbst wieder als Zusammensetzungen anderer, einfacherer Elemente ausweisen, und so fort. (Fußnote 1: Man vergleiche als Beispiel: Kaufvertrag ist ein Vertrag, wodurch eine Sache gegen Geld abgetreten wird; Vertrag ist ein Rechtsgeschäft, welches durch die Übereinstimmung zweier [oder mehrerer] Willenserklärungen zustande kommt, – Rechtsgeschäft ist die Erklärung eines Privaten, daß eine gewisse rechtliche Wirkung eintreten solle, – Erklärung eines Willens ist was? Wille ist was? – Übereinstimmung ist was? – Sache ist was? – Abtretung ist was?) [...] Selten entspricht der Thatbestand eines zu entscheidenden Falles dem Thatbestand eines einzigen Rechtssatzes; regelmäßig stellen die verschiedenen Theile desselben sich unter verschiedene Rechtssätze. Die von denselben geordneten rechtlichen Wirkungen bestimmen und durchkreuzen sich; die Entscheidung ist das Resultat einer Rechnung, bei welcher die Rechtsbegriffe die Factoren sind; die Rechnung muss natürlich ein um so sicheres Facit ergeben, je fester der Werth der Factoren steht. Es liegt zugleich auf der Hand, daß erst aus der vollen Erfassung der Rechtsbegriffe sich das wahre System des Rechts, die innere Zusammengehörigkeit seiner Sätze, ergeben kann. [...] Die Zurückführung eines Rechtsverhältnisses auf die ihm zu Grunde liegenden Begriffe nennt man Construction desselben."

Durch dieses Verfahren übte die Rechtswissenschaft einen starken gestaltenden Einfluss auf das Recht aus. Mit der **Festlegung der Begriffe** schnitt sie viele Streitfragen ab, die mit den Quellen des gemeinen Rechts – dem 1300 Jahre alten Corpus Iuris – zusammenhingen. Zugleich erhöhten die systematisch und am geltenden Recht ausgerichteten Pandektenlehrbücher die Praxistauglichkeit des römischen Rechts. Dies gilt besonders für das Pandektenlehrbuch Bernhard Windscheids, der zum meistzitierten Autor des RG vor 1900 avancierte[264] und auf das BGB schon durch dieses Werk – und später bis 1883 als Mitglied der ersten Kommission (vgl. Rdnr. 589) – einen bestimmenden Einfluss übte.

Ein gestaltender Einfluss der Rechtswissenschaft auf das geltende Recht trat jedoch mit **571** dem Gewaltenteilungsgrundsatz in Konflikt, der ihr lediglich darstellenden und nicht rechtschaffenden Einfluss zuwies. Hier dürfte der Grund für die Zurückhaltung weiter Teile der Zivilrechtswissenschaft gegenüber offenen Rechtsfortbildungen zu sehen sein. Vor allem Windscheid führte, wie Landsberg rückblickend äußerte, „die Rechtswis-

---

263 1. Aufl. ab 1862, 9. Aufl. 1906 durch Th. Kipp.
264 Mertens, AcP 174, S. 349 ff.

senschaft als Dienerin vor […], die eine Herrscherkrone trägt". Deutlich wurde die zugrunde liegende liberale Einstellung Windscheids in seiner Rede „Die Aufgaben der Rechtswissenschaft" (1884):

> „Die Aufgabe der Rechtswissenschaft beschränkt sich nicht auf die Erkenntnis des anzuwendenden Rechts. Die Rechtswissenschaft hat eine Aufgabe zu erfüllen, auch bei der Schaffung neuen Rechts. Hier nun liegt es mir vor allem am Herzen, auszusprechen, daß die Rechtswissenschaft die ihr der Gesetzgebung gegenüber angewiesene Stellung nicht überschätzen soll. Nicht immer und in zahlreichen Fällen nicht, ist der Jurist als solcher der berufene Gesetzgeber. Zwar, wenn es sich etwa um die Entwerfung einer Grundbuchordnung handelt oder um die Frage, ob in Strafsachen Berufung bestehen soll, wird man sich vorzugsweise an den Juristen wenden, vielleicht auch, wenn gefragt wird, ob dem ungerecht Verurteilten Entschädigung gewährt werden soll. Aber nun nehmen Sie etwa die Ordnung der Ehescheidung, und im besonderen die Frage, ob Ehescheidung nur wegen Schuld zulässig sein soll oder auch aus anderen Gründen, die Ordnung der gewerblichen Tätigkeit, ob unbedingte Freiheit derselben zu gewähren oder ein gewisses Maß der Beschränkung aufzuerlegen sei, Gesetze zur Abhilfe der sozialen Not, Gesetze, durch welche das Verhältnis zwischen Staat und Kirche geregelt werden soll, oder, um noch ein kleines gegenüber so großen Dingen zu nennen, die Ordnung des immer mehr sich geltend machenden Scheckverkehrs: welcher Jurist hätte den Mut zu sagen, daß ihm bei Gesetzen dieser Art eine ausschlaggebende Stimme zukomme? Die Gesetzgebung steht auf hoher Warte; sie beruht in zahlreichen Fällen auf ethischen, politischen, volkswirtschaftlichen Erwägungen oder auf einer Kombination dieser Erwägungen, welche nicht Sache des Juristen als solchem sind."[265]

III. Zweifel an der Pandektenwissenschaft

572 In den achtziger Jahren nahm die Kritik an der Pandektenwissenschaft zu. Diese Kritik hatte einen bekannten, oft zitierten Vorläufer in dem Staatsanwalt **Julius von Kirchmann** (1802–1884). Kirchmann hatte in einem 1847 gehaltenen Vortrag **„Über die Wertlosigkeit der Jurisprudenz als Wissenschaft"** der positiven Rechtswissenschaft seiner Zeit u.a. vorgeworfen, nur scheinbar echte Wissenschaft zu betreiben, in Wahrheit jedoch den Launen des Gesetzgebers unterworfen zu sein:

> „Die Juristen sind durch das positive Gesetz zu Würmern geworden, die nur von dem faulen Holz leben; von dem gesunden sich abwenden, ist es nur das kranke, in dem sie nisten und weben. Indem die Wissenschaft das Zufällige zu ihrem Gegenstand macht, wird sie selbst zur Zufälligkeit; **drei berichtigende Worte des Gesetzgebers, und ganze Bibliotheken werden zur Makulatur".**[266]

573 Im Gefolge der Niederlage der preußischen 48er Revolution wurde Kirchmann – als „Radikaler im öffentlichen Dienst" – entlassen. Wie sehr der Hieb Kirchmanns das Selbstwertgefühl der Juristen getroffen hat, beweist auch die Tatsache, dass Karl Larenz 1966 mit einer Schrift „Über die Unentbehrlichkeit der Jurisprudenz als Wissenschaft" antwortete, und der Wissenschaftscharakter der Jurisprudenz bis heute umstritten ist.

574 Bemerkenswerterweise war es später dann **Jhering**, der sein eigenes zuvor geübtes Verfahren als „Begriffsjurisprudenz" nun in „Scherz und Ernst in der Jurisprudenz" (1884) heftig attackierte. Zuvor hatte er bereits in seinen dort nochmals veröffentlichten „Vertraulichen Briefen über die heutige Jurisprudenz" (1861–1866), dann im § 59 des „Geist des römischen Rechts" von 1865 und in der berühmten Schrift **„Der Kampf ums Recht"** (1872) diese Kritik geübt. Jhering stellte seine eigene Läuterung deutlich heraus:

---

265 Oertmann (Hg.), Bernhard Windscheid. Gesammelte Reden und Abhandlungen, 1904, S. 111 f.; Literatur: U. Falk, Der wahre Jurist und der Jurist als solcher, RJ 12 (1993), S. 598 ff.; J. Rückert, Bernhard Windscheid und seine Jurisprudenz „als solche" im liberalen Rechtsstaat, JuS 1992, 902 ff.

266 A.a.O., S. 24 f.

„Schon seit einer Reihe von Jahren habe ich die Überzeugung gewonnen, daß der Weg, den unsere romanistische Wissenschaft eingeschlagen hat, und den ich als junger Mensch ebenfalls gewandelt bin, nicht der richtige ist; ich bin dessen zuerst an mir selber innegeworden […]. Aber dann kam bei mir der Umschwung. Nicht von innen heraus, sondern durch äußere Anregungen: durch den regen Verkehr mit Praktikern, den ich stets gesucht, gepflegt und mir zunutze gemacht habe […]".[267]

Seine eigene „naturhistorische Methode" wurde ihm zum Gegenstand des Spotts:

„Ich möchte eine Wette eingehen, dass die Hälfte derselben [sc. juristischen Theoretiker], wenigstens die jüngeren, die Hoffnung Deutschlands, augenblicklich konstruiert. Was ist konstruieren? Vor etwa fünfzig Jahren wusste man noch nichts davon, man ‚lebte harmlos und in Freuden, und das Geschoß war auf Pandektenstellen nur gerichtet'. Aber das hat sich gewaltig geändert! Wer sich heute nicht auf die ‚civilistische Konstruktion' versteht, der nur möge zusehen, wie er durch die Welt kommt; […] durch irgendeinen mystischen Vorgang wird demselben [sc. dem Rechtsstoff] wie dem Tongebilde des Prometheus Leben und Odem eingehaucht, und der civilistische Homunculus, d.h. der Begriff, wird produktiv und begattet sich mit anderen seinesgleichen und zeugt Junge".[268]

„Da Du Romanist bist, so kommst Du in den **juristischen Begriffshimmel**. In ihm findest Du alle die juristischen Begriffe, mit denen Du Dich auf Erden so viel beschäftigt hast, wieder. Aber nicht in ihrer unvollkommenen Gestalt, in ihrer Verunstaltung, die sie auf Erden durch die Gesetzgeber und Praktiker erfahren haben, sondern in ihrer vollendeten, fleckenlosen Reinheit und idealen Schönheit".[269]

In seiner Schrift „Der Kampf ums Recht", deren Titel an Darwins „The Struggle for Life" (= Kampf ums Dasein) erinnerte, stellte Jhering dar, dass die Durchsetzung rechtlicher Interessen gleichzeitig immer die Durchsetzung von Machtinteressen war. Im Vordergrund stand also nicht mehr eine abstrakte höhere Gerechtigkeitsidee, im Vordergrund standen nun die zugrunde liegenden realen Probleme. Heftige Kritik übte Jhering auch an Savignys und Puchtas Vorstellungen von den „stillwirkenden Kräften", die das Recht im Volke weiterbildeten. **„Das Recht ist ein Machtbegriff"**, hielt er ihnen entgegen.

„Man merkt es unserer Theorie nur zu deutlich an, dass sie sich nicht mehr mit der Waage als mit dem Schwert der Gerechtigkeit zu thun hat; die Einseitigkeit des Standpunktes, von dem aus sie das Recht zu betrachten gewohnt ist, und der sich kurz dahin zusammenfassen lässt, dass ihr das Recht nicht als Machtbegriff, als **abstracte Ordnung des Lebens** erscheint, hat meines Erachtens ihrer ganzen Auffassung von Recht in einen **einseitigen Charakter aufgedrückt** […]".[270]

„Mit dem bestehenden Recht haben sich im Laufe der Zeit die Interessen von Tausenden von Individuen von ganzen Ständen in einer Weise verbunden, dass dasselbe sich nicht beseitigen lässt, ohne letztere in empfindlichster Weise zu gefährden – den Rechtssatz oder die Einrichtung aufheben wollen, heisst allen diesen Interessen den Krieg erklären, einen Polypen losreissen, der sich mit tausend Armen festgeklammert hält […] Alle grossen Errungenschaften, welche die Geschichte des Rechts zu registriren hat: die Aufhebung der Sklaverei, der Leibeigenschaft, die Freiheit des Grundeigenthums, der Gewerbe, die Glaubensfreiheit u.s.w. haben auf diesem Wege des heftigsten, oft Jahrhunderte lang fortgesetzten Kampfes gewonnen werden müssen; nicht selten bezeichnen Ströme Bluts, überall aber zertreten Rechte den Weg, den das Recht dabei zurückgelegt hat. […] das Gewordene aber muss dem neuen Werden weichen, denn – Alles was entsteht, ist werth, dass es zu Grunde geht".[271]

Im weiteren Verlauf der Abhandlung schilderte Jhering insbesondere den persönlichen Aspekt der Durchsetzung von Rechten bei Rechtsverletzungen.

---

267 Rudolf von Jhering, Scherz und Ernst in der Jurisprudenz, 1884, 5. Aufl. 1892, Nachdruck WBG, S. 6 ff.

268 Jhering a.a.O., S. 6 f.

269 Jhering a.a.O., S. 249 f.

270 R. v. Jhering, Kampf ums Recht, 1. Aufl. 1872, S. 11.

271 A.a.O., S. 14 ff.

576 In seiner Schrift **„Der Zweck im Recht"** (1877/84) ging er hierüber noch hinaus. Er erklärte, dass es die Hauptfunktion des Rechtes sei, streitende Willen zu schlichten, und dass im Übrigen „der Zweck Schöpfer des Rechtes" sei. Jhering versuchte somit als einer der Ersten, das Recht auf seinen realen Grundlagen zu erklären.

577 Die von Jhering geübte Kritik an der Pandektenwissenschaft hält sich seit über einhundert Jahren im Feindbild der **„Begriffsjurisprudenz"**.

Man wirft etwa Windscheid vor, nicht erkannt zu haben, dass sich Recht nicht auf eine mathematische Gleichung reduzieren lasse. Erst neuere Untersuchungen stellen richtig, dass Windscheid keineswegs dieser naiven Ansicht war. Windscheid arbeitete mit anderen Pandektisten wie Alois Brinz (1820–1887) oder Heinrich Dernburg (1829–1907) und dem frühen Jhering im Mantel der Wissenschaftlichkeit an einer flexiblen Modernisierung des römischen Rechts für die sich wandelnden gesellschaftlichen Bedürfnisse. Die Erfolgsgeschichte von Jherings **„culpa in contrahendo"** oder Windscheids Lehre von der Voraussetzung, die den Grundstein zum heutigen Institut vom **Wegfall der Geschäftsgrundlage** legte, deuten weg vom Bild der weltfremden Begriffsjurisprudenz. Auch die erstaunliche Anpassungsfähigkeit des BGB in diesem Jahrhundert, dessen erster Entwurf von Otto Bähr (1817–1895) als „kleiner Windscheid" tituliert wurde (vgl. Rdnr. 592), macht die bis heute reichende Wirkung der großen Privatrechtssysteme des 19. Jhs. deutlich. Richtig ist hingegen, dass die meist in den sechziger und siebziger Jahren des 19. Jhs. entstandenen Werke hinsichtlich der in den achtziger Jahren deutlich werdenden umstürzenden Veränderungen, vor allem der sozialen Frage, keine hinreichenden Antworten mehr boten, ja die Frage nicht einmal ansprachen.[272]

578 An der sozialen Frage setzte im Zuge der BGB-Diskussionen der achtziger und neunziger Jahre Kritik vonseiten der Germanisten an. **Otto von Gierke** (1841–1921) und **Anton Menger** (1841–1906) **kritisierten**, wiewohl von verschiedenen Ausgangspunkten her kommend, dass die durch den Liberalismus garantierte formale Chancengleichheit den faktisch und wirtschaftlich Stärkeren in ganz erheblichem Maße bevorzugte.

579 **Gierke**, der Germanist war, versuchte unter anderem die gesellschaftliche Realität durch seine Theorie der **Verbände und Genossenschaften** zu erklären. Für ihn stand der „Organismus" menschlicher Verbindungen und menschlicher Verbände im Vordergrund, und zwar als ein gegenüber dem Individuum höheres Gut.

580 **Menger** kritisierte das Recht seiner Zeit vom Klassenstandpunkt aus. Er wurde – wohl zu Unrecht – als „Kathedersozialist" bezeichnet. Seine bedeutende Kampfschrift über das BGB und die besitzlosen Volksklassen wird noch im Folgenden behandelt.[273]

---

272 S. Hofer, Haarspalten, Wortklauben, Silbenstechen? – 100 Jahre Lehrbücher zum BGB: eine Lebensbilanz, JuS 1999, 112 ff.; U. Falk, Ein Gelehrter wie Windscheid, 1989; R. Ogorek, Richterkönig oder Subsumtionsautomat, 1986; F. Wieacker, Rudolph v. Jhering, ZRG RA 1969, S. 1 ff.; ders., Jhering und der Darwinismus, FS Larenz (1973), S. 69 ff.

273 Müller, Anton Mengers Rechts- und Gesellschaftssystem, 1974; Kästner, Anton Menger. Leben und Werk, 1974; Mertens, Otto v. Gierke, JuS 1971, 508 ff.

Übersicht zum zivilrechtlichen Positivismus 581

Positionen	Kritik
Bernhard Windscheid Systematisches Sammeln und analytische Durchdringung des Rechtsstoffs „Pandekten": zum einen wurden Streitfragen in der Auslegung des c.i. gelöst, zum anderen wurde der Stoff für die Praxis zugänglich gemacht Rechtswissenschaft legt den Inhalt des Rechts verbindlich fest	**Rudolph von Jhering:** „Scherz und Ernst in der Jurisprudenz"; „Der Kampf ums Recht" 1872; „Geist des römischen Rechts", Bd. 3: ■ Jhering unter dem Einfluss des Utilitarismus ⇨ Recht dient den Interessen der am Rechtsstreit Beteiligten (⇨ soziale Zwecke, Funktion, Nutzen, Wert) ■ Konstruktion hat etwas Mystisches auch keine stillwirkenden Kräfte, denn Recht ist die Durchsetzung von Macht: es ist gewachsen, weil es sich im Kampf bewährt hat, wenn es das nicht mehr kann, muss es untergehen Recht hat Schlichtungsfunktion, muss also einem Zweck genügen, der deshalb Recht schafft
Rudolph von Jhering „Geist des römischen Rechts auf verschiedenen Stufen seiner Entwicklung", Bde. 1+2 (1852–1865): römisches Recht als Vorbild einer Rechtsordnung sollte auf Vernünftigkeit überprüft werden mit dem Ziel, das geltende Recht zu einem System zu gestalten: *Konstruktion(sjurisprudenz)*	**Julius von Kirchmann** „Über die Wertlosigkeit der Jurisprudenz als Wissenschaft" (1847): „ [...] drei berichtigende Worte des Gesetzgebers, und ganze Bibliotheken werden zur Makulatur" **Otto von Gierke** ■ Betonung der sozialen Aufgabe der Rechtswissenschaft ■ Genossenschaftsrecht (als natürliche Ganzheit mit besonderen sozialrechtlichen Strukturen) ■ ArbeitsR: Unternehmen als „Wirtschaftsorganismus"

B. Privatrechtsgesetzgebung von 1814–1900

I. Überblick über die partikulären Privatrechtsordnungen um 1800

Die Zersplitterung des Privatrechts im HRRDN war groß. Hauptsächlich galt das römische gemeine Recht (zumindest subsidiär). 582

Es gab Kodifikationen: in **Preußen (ALR von 1794)**, Bayern (Landrecht von 1756), ab 1804 in den linksrheinischen Gebieten der **Code Civil**, seit 1809 in Baden der Code Civil (in deutscher Übersetzung), seit 1811 in **Österreich das ABGB**. In anderen Teilen des Reiches galten ältere umfassende Stadt- und Landrechte weiter: so in Württemberg (Landrecht von 1610), Kurköln, Kurmainz, Kurtrier, Bamberg (Landrecht von 1755), Grafschaft Hohenlohe (Landrecht von 1738). In Sachsen, Thüringen und z.T. Schleswig-Holstein wurde das fortentwickelte und z.T. mit römischem Recht verschmolzene Recht des Sachsenspiegels noch angewendet. Es gab auch Gebiete (vor allem die nicht preußischen Territorien Westfalens), in denen es nur partikulare Einzelgesetze gab. 583

II. Gesetzgebung bis zum BGB

584   Nach dem gesamtdeutschen Erlebnis der Freiheitskriege von 1813–1815 wurde auch auf dem Gebiete des Privatrechts die Forderung nach einem einheitlichen deutschen Recht erhoben (zum Kodifikationsstreit zwischen Thibaut und Savigny Rdnr. 507).

585   Savignys Antwort hatte zur Folge, dass die Rechtsgelehrten bis in die Mitte des 19. Jhs. der Kodifikation eines einheitlichen deutschen Zivilrechts ablehnend gegenüberstanden. Es wurden bis zum Ende des Jahrhunderts auch keine derartigen Versuche mit Erfolg unternommen. Zwar sah die Reichsverfassung der Frankfurter Paulskirche von 1849 in Art. 64 die Begründung eines einheitlichen Zivilrechts vor, jedoch entfiel diese Forderung mit dem Scheitern der 48er Revolution.[274] Allerdings nahmen im Laufe des 19. Jhs. mehrere deutsche Einzelstaaten Zivilrechtskodifikationen in Angriff (Versuche in Bayern 1809–1864, Hessen 1841–1854, Preußen Reform des ALR 1817–1842, sächsisches BGB 1863/65).

Anders als beim allgemeinen Privatrecht kamen auf dem Gebiet des Wirtschafts- und Handelsrechts Gesetze zustande, weil die Bedürfnisse der Wirtschaft sich durchsetzten.

1848–1850 Allgemeine Deutsche Wechselordnung, 1861 Allgemeines Deutsches Handelsgesetzbuch. Der durch die Vereinheitlichung des Handelsrechts erforderliche „Entwurf eines allgemeinen deutschen Gesetzes über Schuldverhältnisse" (1863–1866 „Dresdener Entwurf") wurde wegen des Preußisch-Österreichischen Krieges 1866 nicht in Kraft gesetzt, diente aber bei der BGB-Entstehung zum Teil als Beratungsgrundlage.

586   Nach der Gründung des Deutschen Reiches 1871 wurde zunächst im gleichen Jahr ein Reichsstrafgesetzbuch in Kraft gesetzt, das weitgehend auf dem preußischen StGB von 1851 beruhte. Als dann 1878 die Reichsjustizgesetze – ZPO, StPO, GVG, KO – erlassen wurden, fehlte zur vollständigen Rechtseinheit lediglich noch eine Kodifikation des Zivilrechts.

III. Entstehung des BGB

1. Vorgeschichte, Vorkommission

587   Erst im Jahr 1873 erhielt das Reich durch eine Verfassungsänderung – die sog. „Lex Miquel-Lasker" – auf Antrag der Reichstagsabgeordneten **Miquel und Lasker** nach Zustimmung des Bundesrates die Gesetzgebungskompetenz für das Zivilrecht.[275]

588   Auf Antrag des preußischen Justizministers betraute der Bundesrat am 28. Februar 1874 eine Vorkommission von fünf Juristen mit dem Auftrag, Vorschläge über Plan und Methode zu machen, wie der Entwurf eines BGB erarbeitet werden solle. Auf deren Vorschlag wählte der Bundesrat elf Kommissionsmitglieder in der Weise, dass alle größeren deutschen Staaten und Rechtsgebiete in der Kommission vertreten waren. Unter den Mitgliedern befanden sich zwei Professoren (**Paul Roth**, 1820–1892,[276] und **Bernhard**

---

274   Zur Kodifikationsfrage: Rückert, Reyscher, 1974, S. 191 ff.

275   H.H. Jakobs/W. Schubert, Die Beratung des BGB. Einführung – Biographien – Materialien, 1978; B. Dölemeyer, Das bürgerliche Gesetzbuch für das Deutsche Reich, in: H. Coing (Hg.), Handbuch der Quellen und Literatur der neueren europäischen Privatrechtsgeschichte, München 1973 ff., Bd. III/2, 1982, S. 1572– 1625.

276   Zu diesem vgl. Gagnér, in: FS Krause (1976).

Windscheid, 1817–1892). Im Übrigen handelte es sich um hohe Richter und Ministerial-beamte.[277]

2. Erste Kommission

Im September 1874 trat die erste Kommission zur Abfassung des BGB zusammen; Vorsitzender war **Heinrich von Pape** (1816–1888), der Präsident des Reichsoberhandelsgerichts.[278] Sie hielt an den Vorschlägen der Vorkommission über den Umfang und die Einteilung des Stoffes fest und beauftragte fünf ihrer Mitglieder mit der Fertigstellung von Teilentwürfen entsprechend den BGB-Büchern. Zwischen 1874 und 1879 trafen sich die Kommissionsmitglieder jedes Jahr im September für ca. vier Wochen, um in Vorberatungen über Grundsatzfragen zu entscheiden.

589

Am 4. Oktober 1881 begann die erste Kommission mit den **Hauptberatungen** des ersten Entwurfes, nachdem die Teilentwürfe der Redaktion vorlagen. Lediglich für den Bereich des Schuldrechts konnte der Teilentwurf nicht vollendet werden, da der betreffende Bearbeiter erkrankte und schließlich 1884 verstarb. Man legte deshalb für dieses Gebiet neben den abgelieferten Arbeiten des Redaktors die Materialien der Hilfsarbeiter zugrunde, die sich wiederum nach der Legalordnung des „Dresdener Entwurfes" von 1866 richteten. Die Beratungen zogen sich bis zum Ende des Jahres 1887 hin. Dabei soll vor allem Windscheid bis zu seinem Ausscheiden aus der Kommission einen beträchtlichen Einfluss ausgeübt haben. Anfang 1888 wurde der Entwurf (E I) dem Bundesrat vorgelegt und im Laufe desselben Jahres veröffentlicht, zusammen mit den fünfbändigen **Motiven**, die die getroffenen Entscheidungen begründen sollten.

590

3. Echo auf den ersten Entwurf

Schon bald nach der Veröffentlichung des E I erschien eine heute nur noch schwer überschaubare Fülle von Schriften, die meist von Professoren, Rechtsanwälten oder Richtern stammten und sich kritisch mit dem Entwurf auseinandersetzten. Abgelehnt wurde ganz besonders die doktrinäre, schwerfällige und lehrbuchhafte Methode, nach der der erste Entwurf abgefasst war, die sprachliche Fassung der einzelnen Vorschriften, die erschreckende Zahl von Gesetzesverweisungen sowie die Lebensfremdheit mancher Regelung.

591

Heutiger § 870 BGB: „Der mittelbare Besitz kann dadurch auf einen anderen übertragen werden, dass diesem der Anspruch auf Herausgabe der Sache abgetreten wird."

Dagegen § 804 Abs. 1 E I (Entwurf 1888): „Die in der Inhabung eines Anderen befindliche Sache kann von dem Besitzer einem Dritten dadurch übergeben werden, daß der bisherige Besitzer den Inhaber anweist, die thatsächliche Gewalt fortan für den Dritten auszuüben, und dieser gegenüber dem bisherigen Besitzer oder dem Inhaber den Besitzwillen erklärt."

Jedoch dürfen die zahlreichen Gegenvorschläge und die oft harte Kritik nicht darüber hinwegtäuschen, dass die meisten Kritiker mit dem materiell-rechtlichen Inhalt des ersten Entwurfs, besonders mit dessen leitenden Grundsätzen, einverstanden waren. Sie wollten kein wesentlich anderes, sondern nur ein von den dogmatischen Fesseln und

592

---

277 H.-P. Benöhr, Die Grundlage des BGB – Das Gutachten der Vorkommission von 1874, JuS 1977, 79–82.
278 H.-G. Mertens, H.E. v. Pape, in: Westfälische Lebensbilder, Bd. XI, S. 153–171.

Überspitztheiten gereinigtes Gesetzbuch, das weniger doktrinär und leichter verständlich war als der erste Entwurf.

„Form und Fassung weisen daraufhin, daß er [sc. der Entwurf] nicht frisch aus dem Leben geschöpft, sondern das Produkt einer künstlich mühsam berechneten Arbeit ist. Und dennoch fehlt ihm der wahrhaft wissenschaftliche Aufbau, fehlen die festen, klar ausgedachten Grundbegriffe und die folgerichtige Entwicklung derselben zu anschaulichen Rechtssätzen, wie das Leben sie fordert. Sollen wir das Wesen des Entwurfs mit zwei Worten bezeichnen: nicht wissenschaftlich, sondern doktrinär".[279]

„Daß rein sachlich manche Bestimmungen wohl gelungen, namentlich der Entwurf den Anforderungen der Gegenwart nähertritt als irgendeines der zur Zeit noch geltenden großen Gesetze, ist schon vielfach anerkannt worden".[280]

Besonders scharfe Kritik übte **Otto Bähr**:

„Und da seit Anfang dieses Jahrhunderts die wissenschaftlichen Fortschritte fast ausschließlich auf gemeinrechtlichem Gebiete gelegen haben, so hat auf diesen Theil des Entwurfs die gemeinrechtliche Wissenschaft den größten Einfluß geübt. In diesen seinen Bestandteilen nimmt sich daher der Entwurf gewissermaßen wie ein ‚**kleiner Windscheid'** aus, der sich von dem großen nur dadurch unterscheidet, daß dieser bisher nach der freien wissenschaftlichen Thätigkeit und Forschung neben sich Raum ließ, während jener mit seinen Paragraphen die Wissenschaft ein für alle Mal abschließt".[281]

593 Anders als die vorgenannten Kritiken lehnten **Anton Menger** (1841–1906) und **Otto von Gierke** (1841–1921) den Entwurf völlig ab.

Gierke war Germanist und hatte stets die genossenschaftlich gebundene Struktur des Privatrechts betont. Er meinte zu erkennen, dass das **„deutsche Privatrecht" kaum berücksichtigt** worden sei, dass der römische über den germanistischen Gedanken triumphiert habe. Die Absicht der Germanisten, nachdem sich das deutsche Privatrecht in der Praxis nicht durchgesetzt hatte, die Kodifikation nachhaltig zu beeinflussen, war gescheitert. Gierke rügte den **Individualismus** und die **kapitalistische Tendenz** des Entwurfs, der die familiären und sozialen Bindungen der Menschen zu wenig berücksichtige.

„Wird dieser Entwurf nicht in diesem oder jenem wohlgelungenen Detail, sondern als Ganzes betrachtet, wird er auf Herz und Nieren geprüft und nach dem Geiste befragt, der in ihm lebt, so mag er manche lobenswerte Eigenschaft offenbaren. Nur ist er nicht deutsch, nur ist er nicht volkstümlich, nur ist er nicht schöpferisch – und der sittliche und sociale Beruf einer neuen Privatrechtsordnung scheint in seinen Horizont überhaupt nicht eingetreten zu sein! Was er uns bietet, ist in seinem letzten Kern ein in **Gesetzesparagraphen gegossenes Pandektenkompendium**.

Mit jedem seiner Sätze wendet dieses Gesetzbuch sich an den gelehrten Juristen, aber zum deutschen Volke spricht es nicht – nicht zu seinen Ohren, geschweige denn zu seinem Herzen".[282]

594 Die Kommission hatte nur einen Auftrag zur Vereinheitlichung, nicht zur Reform. Bei der Abfassung des Gesetzes hatte man die sozialen Belange der arbeitenden Bevölkerung fast gar nicht beachtet und wollte sie auch nicht beachten; so ist z.B. der **Arbeitsvertrag** im Gesetz als Dienstvertrag nur sehr knapp und dürftig geregelt worden, obwohl schon der bedeutende Germanist **J. C. Bluntschli** (1808–1881) sich 1854 in seinem „Deutschen Privatrecht" mit dem Problem des Lohndienstvertrages in der Industrie auseinan-

---

279 E.I. Bekker, System und Sprache des Entwurfs eines bürgerlichen Gesetzbuches für das Deutsche Reich, 1888, S. 67.
280 E.I. Bekker a.a.O., S. 73.
281 Besprechung des Entwurfs eines bürgerlichen Gesetzbuches für das Deutsche Reich, in: Krit. Vierteljahresschrift, 30. Bd., 1889, S. 326 ff.
282 Otto v. Gierke, Der Entwurf eines Bürgerlichen Gesetzbuchs und das deutsche Recht, 1889.

der gesetzt hatte (vgl. Rdnr. 625). Im Vormärz waren die Fragen allgemein diskutiert. **Lorenz von Stein** (1815–1890) schrieb schon 1846 über den „Begriff der Arbeit und die Prinzipien des Arbeitslohnes in ihrem Verhältnisse zum Sozialismus und Communismus".[283] Diesen Aspekt betonte **Menger** in seiner Kritik am ersten Entwurf:

„Der wichtigste Vertrag für den Standpunkt, dem diese Blätter gewidmet sind, ist der Lohnvertrag, welcher in dem Entwurf, der naturgemäß mehr die dem Lohnherrn zugewendete Seite des Rechtsverhältnisses ins Auge fasst, überall als Dienstvertrag bezeichnet wird. Ich habe schon in einem früheren Abschnitt (XIX) gezeigt, daß der Entwurf das Lohn- oder Dienstverhältnis, obgleich die ungeheure Mehrheit der Besitzlosen, ja die große Mehrheit der ganzen Nation darauf ihre Existenz gründet, in acht nach Umfang und Inhalt höchst dürftigen Paragraphen abgetan hat. Keine der großen Streitfragen, die sich an das Lohnverhältnis knüpfen, ist in dem Abschnitt des Entwurfs über den Dienstvertrag gültig oder auch nur in den Motiven (II, V 455 ff.) erwähnt, welchen letzteren geradezu als ein abschreckendes Beispiel für die Begrenztheit des rein juristischen Standpunktes dienen können."[284]

Freilich war der gewerbliche Arbeitsvertrag in §§ 105 ff. GewO von 1869 geregelt. Und **595** die Kommission war der Auffassung, die Lösung der „sozialen Frage" sei durch das Öffentliche Recht in Angriff genommen. Das war bekannt. Dennoch rügte nicht nur Anton Menger die „soziale Kälte" des Gesetzbuches:

„Sozialpolitisch muß eine Freiheit, von der nur ein Theil Gebrauch machen kann, höchst unheilvoll wirken."[285]

„Sehen wir aber auf den inneren Gehalt, so muß ich doch sagen – ich bin ja kein landrechtlicher Jurist [sc. ALR] und stehe gewiß nicht in Verdacht, das Landrecht zu überschätzen – ich muß aber doch sagen, daß, soweit meine vergleichenden Studien reichen, das Landrecht in dem Sinne für materielle Gerechtigkeit weit höher steht [...]. Liest man im Landrechte, so hat man stets die wohlthuende Empfindung, daß ein Mann es geschrieben hat, der ein Herz für Recht hatte."[286]

„Als ein besonderer Charakterzug des Entwurfs muß noch hervorgehoben werden, daß er eine Richtung verfolgt, die ich nur als manchesterliche bezeichnen kann. Der Gedanke, daß auch den Schwachen des Lebens ein gewisser Schutz zu gewähren sei, findet bei ihm wenig Achtung."[287]

Demgegenüber hat **Gottlieb Planck** immer wieder die Auffassung zurückgewiesen, **596** das BGB habe eine bestimmte Klasse der Bevölkerung zu schützen. Die Faktoren wirtschaftliche Macht und Schwäche ließen sich seiner Meinung nach im Privatrecht nicht als Voraussetzungen von Rechtssätzen verwenden. Zudem stützte er sich darauf, dass es zur Zeit der BGB-Entstehung, nicht anders als heute, höchst unterschiedliche Auffassungen darüber gab, was unter dem Wort „sozial" zu verstehen ist:

„Das Wort ‚social' wird ... häufig ... für diese oder jene bestimmte Richtung in Beschlag genommen. Die Agrarier verstehen unter der socialen Aufgabe des Gesetzes, das Interesse der Grundeigenthümer zu fördern, die großen Industriellen die Aufgabe, das Interesse der großen Industrie, die Handwerker die Aufgabe, das Interesse der Handwerker zu schützen und zu fördern. Vorzugsweise aber werden die im Interesse der arbeitenden Klassen gegebenen oder geforderten Gesetze als sociale oder socialpolitische bezeichnet. Eine bestimmte sociale Aufgabe in diesem Sinne hat das bürgerliche Gesetzbuch nicht. Freilich gibt es im Gebiete des Privatrechtes der Fragen genug, bei welchem die hervorgehobenen speciellen Interessen in Betracht kommen. Das bürgerliche Gesetzbuch aber darf niemals das Inte-

---

283 In: Zeitschrift f.d. gesamte Staatswissenschaft, Bd. 3, Nachdruck WBG 1974; Blasius/Pankoke, Lorenz v. Stein, WBG 1977.

284 A. Menger, Das bürgerliche Recht und die besitzlosen Volksklassen, 1. Aufl. 1890, 3. Aufl. 1903, Nachdruck WBG 1968, S. 160 ff.

285 K. Bornhak, Der Entwurf eines bürgerlichen Gesetzbuches und das öffentliche Recht, in: Annalen des Deutschen Reiches für Gesetzgebung, Verwaltung und Statistik Nr. 3, 1891, S. 212 ff.

286 Bähr a.a.O., S. 566 f.

287 Bähr, Gegenentwurf, 1892, Bd. V, S. VI.

resse der einen oder anderen Klasse vorzugsweise berücksichtigen, sondern muss unter Abwägung aller in Frage kommenden Interessen die dem Wohle des Ganzen am besten entsprechende Bestimmung treffen."[288]

Gleichwohl erkannte Planck später an,

„daß bei der gegenwärtigen Gestaltung unserer wirtschaftlichen Verhältnisse regelmäßig gewisse Klassen von Personen die wirtschaftlich Schwächeren sind. Die formale Rechtsgleichheit bei Rechtsverhältnissen, bei welchen diese Klassen beteiligt sind, führt oft zur materiellen Ungleichheit."[289]

4. Zweite Kommission

597 Im Dezember 1890 beschloss der Bundesrat, eine zweite Beratung und Lesung des ersten Entwurfes durchzuführen (1891–1895). Er setzte eine Kommission von 24 Mitgliedern ein, zu deren Generalreferenten **Gottlieb Planck** (1824–1910) ernannt wurde.

598 Dieser hatte bereits der ersten Kommission als Redaktor des Familienrechts angehört. Die zweite Kommission bestand zwar im Gegensatz zur ersten nicht nur aus Juristen, doch entstammten die Nichtjuristen ausschließlich der adeligen Großgrundbesitzerschicht oder dem Großbürgertum, sodass die Interessen des Mittelstandes und der Arbeiterschaft erneut nicht vertreten waren. Aber diese Mitglieder nahmen nur wenig Einfluss, da sie als Laien immer wieder bedingungslos dem Urteil der juristischen Fachleute vertrauten.

599 Die zweite Kommission hat sich nicht mit der prinzipiellen Frage befasst, nach welchen Grundsätzen und in welchem Umfang der erste Entwurf umgearbeitet werden sollte. Von Anfang an fasste sie ihre Arbeit lediglich als Revisionsarbeit auf, die vor allem die umfangreichen Kritiken berücksichtigte. Als ein bedeutsames Mittel, soziale Gedanken durchzusetzen, galten nach Ansicht von Rudolph Sohm, einem Mitglied der 2. Kommission, die Generalklauseln der §§ 157 und 242 BGB. Insbesondere mit § 157 BGB sei der deutschen Praxis die Vollmacht gegeben, etwa die Vorschriften über den Dienst- oder Gesellschaftsvertrag im Sinne sozialer Gerechtigkeit zu gestalten.[290]

5. Inkrafttreten

600 Nachdem der zweite Entwurf fertig gestellt war, gelangte er am 24. Oktober 1895 zum Bundesrat. Im Justizausschuss wurde nach längeren Debatten Teile geändert, z.B. im Vereinsrecht. Zusammen mit einer im Reichsjustizamt angefertigten Denkschrift wurde der neue Entwurf an den Reichstag überwiesen. Im Reichstag lehnten die Sozialdemokraten den Entwurf ab. Sie waren der Meinung, dass die Interessen der Arbeiterschaft und der wirtschaftlich Schwachen nicht genügend berücksichtigt worden seien.

601 Am 14. Juli 1896 stimmte der Bundesrat der vom Reichstag modifizierten Fassung zu. Kaiser Wilhelm II. fertigte das Gesetz aus, welches am 18. August 1896 als „Bürgerliches Gesetzbuch" im Reichsgesetzblatt veröffentlicht wurde. Es trat am 1. Januar 1900 in Kraft.

---

288 G. Planck, Zur Kritik des Entwurfes eines bürgerlichen Gesetzbuches für das deutsche Reich, AcP 75 (1889), S. 405/406.

289 G. Planck, Die sociale Tendenz des BGB, DJZ 4 (1899), S. 182; zusammenfassend zur zeitgenössischen Kritik am BGB: D. Schwab, Das BGB und seine Kritiker, ZNR 2000, S. 325–357; Thiessen, Das unsoziale BGB – vertraute Bilder und neue Zweifel, in: Peer/Faber u.a. (Hrsg.), Jahrbuch Junger Zivilrechtswissenschaftler 2003, Stuttgart u.a. 2004, S. 29–50.

290 Zu G. Planck: K.-P. Schroeder, Gottfried Planck (1825–1910) – „Ziehvater" des BGB, JuS 2000, 1046–1051.

6. Würdigung

Will man das BGB bewerten, so muss man sich darüber klar sein, dass es **nicht als Reformkodifikation**, sondern als Vereinheitlichungskodifikation gedacht und konzipiert wurde. Bereits im Gutachten der Vorkommission wurde es als Aufgabe des Gesetzgebers bezeichnet, unter Berücksichtigung der bestehenden Gesetzbücher und vorhandenen Entwürfe das geltende Recht in einer Form kodifizierend zusammenzufassen, die den wissenschaftlichen Anforderungen der damaligen Zeit entsprach. Nur dies wollte der Gesetzgeber erreichen, und – gemessen an dieser Absicht – ist ihm das auch weitgehend gelungen. In enger Bindung an die gemeinsamen Grundsätze des überkommenen Rechts ist das gesamte Zivilrecht dogmatisch folgerichtig ausgestaltet worden.

602

Man kann kritisieren, dass die Aufgabe von Anfang an falsch gestellt gewesen sei und zu viel Rücksicht auf die politische Durchsetzbarkeit genommen wurde. Denn grundlegende **sozialpolitische Reformansätze** hätten mit Sicherheit zu heftigen Auseinandersetzungen im Reichstag geführt, die das gesamte Gesetzeswerk infrage gestellt hätten; wie es z.B. das Zentrum, auf dessen Zustimmung es wegen der Ablehnung der Sozialdemokraten ankam, beinahe wegen der Regelung des persönlichen Eherechts getan hätte. Es wurde nicht zu Unrecht darauf hingewiesen,[291] dass die Lösung der sozialen Forderungen bereits durch das **öffentliche Recht** in Angriff genommen sei, und dass die Kommission damit nichts zu tun habe. Seit der konservativen Wende 1878/79 hatte sich die Regierung zunehmend der Aufgabe zugewandt, im Rahmen der Gesetzgebung auch sozialstaatliche Belange zu berücksichtigen[292].

603

Die Kodifikatoren ließen die herrschenden sozialen Wertvorstellungen in das BGB einfließen. Sie wandten sich nicht persönlich gegen jene Vorstellungswelt des liberalen Bürgertums, der sie ja selbst entstammten. Daneben galt es auch, die bestehende Gesellschafts- und Wirtschaftsordnung durch das Gesetz als Bollwerk gegen die Forderungen der als staatsfeindlich angesehenen Sozialdemokratie zu bewahren. Nur so ist es z.B. auch zu verstehen, dass die Grundlagen der Privatrechtsordnung nur in geringem Maße diskutiert wurden. Die Postulate der **Vertragsfreiheit**, des **Privateigentums** und des **unbeschränkten Erbrechts** mit Einschluss der Verfügungsfreiheit waren für das 19. Jh. selbstverständlich.

604

Das galt zumindest für die Rechtswissenschaft der zweiten Hälfte des 19. Jhs., denn seit der Französischen Revolution und insbesondere zu Beginn des 19. Jhs. wurden diese Fragen immer wieder mit größter Heftigkeit diskutiert. So forderten beispielsweise Saint-Simonisten die Abschaffung des Privaterbrechts, eine Forderung, der sich beachtliche Teile der Rechtswissenschaft anschlossen. Von Vertretern der Französischen Revolution und später von Marxisten wurden Einschränkungen des Privateigentums und der Vertragsfreiheit gefordert.

605

Aber derartige Fragen wurden gegen Ende des 19. Jhs. von der Pandektenwissenschaft und vom Gesetzgeber nicht diskutiert, obwohl der Gesetzgeber nach dem Selbstverständnis der Rechtswissenschaft der Zeit zumindest formal dazu legitimiert gewesen wäre. Der Redaktor des erbrechtlichen Teilentwurfs von Schmitt setzte sich auf einigen wenigen Seiten mit den Angriffen auf das Privateigentum und auf das Privaterbrecht auseinander. Zunächst führte Schmitt sämtliche „Angriffe auf das Rechtsinstitut der Erbfolge" vollkommen korrekt an. Dann aber genügten ihm drei Seiten, um diese Angriffe zu

---

291 Reichsgerichtsrat Stolterfoth, Beiträge zur Beurteilung, 1890, S. 48.

292 M. Stolleis, Die Entstehung des Interventionsstaates und das öffentliche Recht, ZNR 1989, 129 ff.; H.-P. Benöhr, Wirtschaftsliberalismus und Gesetzgebung am Ende des 19. Jahrhunderts, ZfA 1977, 187–218.

widerlegen. Es erschien ihm als ein „ungeheuerlicher Gedanke", dass sich bei dem Tode eines Menschen die Rechtsverhältnisse auflösen sollten. Es erschien ihm auch weiter kaum nötig, die „oft erhobenen Bedenken gegen eine dauernde Durchführbarkeit dieser Gedanken sowie deren unheilvolle Wirkungen in sittlicher, volkswirtschaftlicher und politischer Hinsicht ausführlich zu wiederholen", denn diese Idee widerspräche den „Grundelementen der menschlichen Natur, der Freiheit mit der ihr innewohnenden Individualisierung und der Bewegung, d.h. der Betätigung und notwendigen Begleiterin jener Freiheit". Wie diese obigen Gedanken, so geben auch die dann anschließend folgenden Begründungen letztlich nur die Tatsache wieder, dass es für das Bürgertum weder sinnvoll noch überhaupt zweckmäßig erschien, derartige Gedanken zu diskutieren.[293]

606 In der rechtshistorischen Literatur herrschte lange die Auffassung vor, das Bürgerliche Gesetzbuch von 1896 sei ein „spätgeborenes Kind des klassischen Liberalismus" (F. Wieacker). Zugleich hat der Vorwurf, das BGB habe seine „soziale Aufgabe" verfehlt, seit Inkrafttreten des BGB bis hin zur jüngsten Schuldrechtsmodernisierung starke Wirkungsmacht entfaltet. Es ist neueren wissenschaftlichen Untersuchungen zu verdanken, dass die Diskussionen über die vermeintlich soziale Kälte seit Entstehung des BGB aufgearbeitet und die Vorurteile über die „liberalistische" und „individualistische" Herkunft des BGB erschüttert wurden. Im BGB lassen sich durchaus sozialpolitisch motivierte Normen finden, etwa die Fürsorgepflicht des Dienstberechtigten, die Kündigungsmöglichkeit des Mieters bei Gesundheitsgefährdung durch die Mietsache bzw. der berühmte Grundsatz „Kauf bricht nicht Miete". Mittels der Vorbehalte in den §§ 134, 823 Abs. 2 und 903 BGB wurde das BGB zudem mit den öffentlich-rechtlichen Schutzbestimmungen verbunden.[294]

---

293 Vgl. Motive zum Teilentwurf, 1879, S. 31 ff., Nachdruck aller Teilentwürfe 1981 ff.

294 Vgl. zum gesamten Problem des Kapitels: R. Schröder, Abschaffung oder Reform des Erbrechts, 1981; S. Hofer, Freiheit ohne Grenzen? Privatrechtstheoretische Diskussionen im 19. Jahrhundert, 2001; T. Repgen, Die soziale Aufgabe des Privatrechts, 2001; Rückert, Das BGB und seine Prinzipien, in: Historisch-kritischer Kommentar zum BGB, Band 1, Tübingen 2003, vor § 1.

Ausgangspunkt – geltendes Recht

römisches Recht als gemeines Recht, Kodifikationen in Preußen (ALR); Bayern (Codex Maximilianeus); Code civil; ABGB; Stadt- und Landrechte

---

Gesetzgebung bis zum BGB

Allgemeine Deutsche Wechselordnung, 1848
- Wunsch nach einheitlichem Handelsrecht
- Aufschwung des Binnenhandels durch Abschaffung der Binnenzölle, Entwurf einer „Allgemeinen Deutschen Wechselordnung" 1847 auf Initiative des Deutschen Bundes zur Beseitigung der veralteten Rechtslage

ADHGB, 1861
- bereits Versuch der Nationalversammlung, das Handelsrecht zu kodifizieren
- 1856 erneuter Versuch auf Initiative Bayerns, Entwurf vom März 1861
- Übernahme in fast allen deutschen Staaten
zahlreiche Gesetze im Bereich des Wirtschaftswesens

HGB für das Deutsche Reich, 1897
- Angleichung des Handelsrechts an bürgerliches Recht
- HGB als Sonderprivatrecht, HGB als „Schrittmacher" der Privatrechtsgesetzgebung

---

Vorstufen zum BGB

Sächsisches BGB von 1865
- letzte geschlossene territoriale Normenordnung vor dem BGB

Dresdner Entwurf von 1866
- Schaffung eines einheitlichen Obligationenrechts vom Bund beschlossen: „Entwurf eines allgemeinen deutschen Gesetzes über Schuldverhältnisse", 1866
- Arbeiten durch Ende des Deutschen Bundes erledigt
Dresdner Entwurf hat Schuldrecht des BGB entscheidend beeinflusst

---

BGB (1896/1900)

Vorgeschichte
- zur vollständigen Rechtseinheit nach Gründung des Deutschen Reiches fehlte noch eine Kodifikation des Zivilrechts
- Problem: fehlende Gesetzgebungskompetenz des Reiches; lex Miquel/Lasker

Durchführung der Kodifikation
- September 1874: **erste Kommission** unter dem Vorsitz von Heinrich von Pape; durch Bundesrat eingesetzt; beauftragte 5 ihrer Mitglieder mit der Fertigstellung von Teilentwürfen
- 1881: Beginn der Hauptberatungen
- 1888: *Entwurf* wird dem Bundesrat vorgelegt und im Laufe desselben Jahres veröffentlicht (mit den fünfbändigen *Motiven, verfasst von ‚Hilfsarbeitern' der Kommission*); heftige Kritik (Menger, Gierke)
- 1890 setzte der Bundesrat nach einer zweiten Beratung und Lesung des ersten Entwurfs eine **zweite Kommission** ein (Generalreferent: Gottlieb Planck)
- 1895: *zweiter Entwurf* mit umfangreichen und bedeutsamen *Protokollen*
- 1896: *dritter Entwurf* zusammen mit einer *Denkschrift des Reichsjustizamtes* als Gesetzesvorlage an den Reichstag
- 14.07.1896: Zustimmung des Bundesrates zu den vom Reichstag beschlossenen Änderungen
- 18.07.1896: Ausfertigung des Gesetzes durch Willhelm II.
- 01.01.1900: das Bürgerliche Gesetzbuch für das deutsche Reich (BGB) tritt in Kraft

C. Handels-, Wirtschafts- und Arbeitsrecht

608 Mit dem Ende des Merkantilismus, der enormen Bevölkerungssteigerung und dem Beginn der industriellen Revolution entstanden enorme **soziale Probleme**. Da die Situation auf dem Land verhältnismäßig schlecht war, die unterbäuerlichen Schichten große Chancen in den Städten witterten, entstand ein entfesselter Arbeitsmarkt, der eine sehr wichtige Voraussetzung des wirtschaftlichen Aufschwungs im 19. Jh. war. Mit der Umwälzung der sozialen und wirtschaftlichen Realität hielt die Rechtswissenschaft nicht Schritt. Die mühsam erkämpften „liberalen" Freiheitsrechte boten die Grundlage für einen beispiellosen wirtschaftlichen Aufschwung. Das Zivilrecht war im Wesentlichen verkehrsfreundlich, und die Rechtswissenschaft ging davon aus, dass jedermann seine **eigene Rechtssphäre frei gestalten könne**. Die Voraussetzungen dieser freien Gestaltung waren beispielsweise die Vertragsfreiheit, die Freiheit des Eigentums, die Testierfreiheit und auch die **Gewerbefreiheit**. Diese Freiheitsrechte, eingeführt u.a. in den Preußischen Reformen, stellten einen Teil der Rahmenbedingungen dar, unter denen sich die Revolutionen in der industriellen Produktion und Technik sowie des Verkehrs vollzogen.

609 Eine Darstellung der Rechtsgeschichte des 19. Jhs. darf sich nicht auf die großen, oben geschilderten methodischen und dogmatischen Strömungen der Rechtswissenschaft beschränken. Obwohl im langfristigen Trend die Freiheit der Märkte einen enormen Wohlstandszuwachs brachte, bestimmte gleichzeitig der **Gegensatz von formaler Freiheit und wirtschaftlicher Abhängigkeit** die Rechtswirklichkeit. Die schlechte soziale Lage kann für die Masse der Bevölkerung trotz der langfristig positiven Entwicklung nicht negiert werden. Mit der Einführung und Durchsetzung dieser Freiheiten fiel auch gleichzeitig der nicht zu überschätzende Schutz weg, den viele der patriarchalisch oder obrigkeitsstaatlich-aufklärerischen Rechtsvorschriften für die sozial schwach Gestellten bedeuteten. Wieacker fasste das Problem so zusammen:

„Es ist heute eine durch lange Erfahrung teuer erkaufte Einsicht, dass die formale Chancengleichheit, die sie jedem eröffnet, infolge der ungleichen Startbedingungen notwendig zu sozialer und wirtschaftlicher Ungleichheit führt: Die Befreiung des bäuerlichen Eigentums konnte zur Befreiung des Landes vom Bauern (M. Weber), die Gewerbefreiheit zur wirtschaftlichen Vernichtung des Wettbewerbsschwächeren, der ‚freie Arbeitsvertrag' zur Ausbeutung werden. In der Sache bedeutete also die formale Freiheit und Rechtsgleichheit der Pandektenwissenschaft eine Privilegierung der über mobilisiertes Kapital und liquide Produktionsmittel verfügenden Wirtschaftssubjekte und eine Unterprivilegierung der davon ausgeschlossenen Gruppen. Eben damit entsprach sie genau der Struktur der frühliberalen Unternehmergesellschaft."[295]

I. Handels- und Wirtschaftsrecht

610 Während auf dem Gebiet des bürgerlichen Rechts erhebliche Schwierigkeiten bei der Rechtsvereinheitlichung bestanden (vgl. Rdnr. 588 ff.), verlangten die Interessen der deutschen Wirtschaft ein einheitliche **Handelsrecht**. Anders als im einfachen bürgerlichen Recht gelang dessen politische Durchsetzung schon vor der Gründung des Reiches 1871.

---

295 F. Wieacker, Industriegesellschaft und Privatrechtsordnung, S. 59 f.; Treue, Gesellschaft, Wirtschaft und Technik Deutschlands im 19. Jahrhundert, in: Gebhard Bd. 17; H.-U. Wehler, Das Deutsche Kaiserreich, 1871–1918; G.A. Ritter, Das deutsche Kaiserreich, Ein historisches Lesebuch.

Auf der Grundlage eines preußischen Entwurfes von 1851 verabschiedete der Bundestag in Frankfurt 1861 ein Allgemeines Deutsches Handelsgesetzbuch (ADHGB), das in das heutige HGB überging. Mangels Gesetzgebungskompetenz des Deutschen Bundes übernahmen die Einzelstaaten dieses Gesetz. Das Reichsoberhandelsgericht von 1869 unter seinem Vorsitzenden von Pape, dem späteren Vorsitzenden der ersten BGB-Kommission (vgl. Rdnr. 589), bestand bereits vor dem Reichsgericht. **611**

Den **Germanisten** fiel die Hinwendung zum modernen Recht, dem Handels-, See-, Wechsel-, Versicherungsrecht, leichter als den an die römischen Quellen gebundenen und dogmatisch strengeren Romanisten und Pandektisten. Das mag auch daran gelegen haben, dass die Germanisten hier eine Möglichkeit sahen, von dem eher antiquarischen Quellensammeln wegzukommen. So behandelten **Carl Friedrich Eichhorn** (vgl. Rdnr. 523) in seiner „Einleitung in das Deutsche Privatrecht" (1. Aufl. 1823) sowie **Mittermaier** (vgl. Rdnr. 533) und **Beseler** (vgl. Rdnr. 530) in den entsprechenden Werken das Handelsrecht. Die entscheidenden wissenschaftlichen Impulse im Bereich des Handelsrechts kamen von den Germanisten **Heinrich Thöl** (1807–1884) und dem Romanisten **Lewin Goldschmidt** (1829–1897). Diese begründeten durch die Übertragung der pandektischen Methode und der Begriffsschärfe dieses Bereichs die eigentliche Wissenschaft vom Handelsrecht.[296] **612**

Spätestens in der zweiten Hälfte des 19. Jhs. führte der steigende **Kapital- und Geldbedarf** zu Regelungen über Kapital und Kredit – den Grundlagen der Realwirtschaft. Mit der Allgemeinen Deutschen Wechselordnung von 1849 regelten die Staaten des deutschen Bundes den kurzfristigen Kredit. Das Scheckgesetz folgte erst 1908, das Börsengesetz 1896. **613**

Für die Deckung des enormen **Kapitalbedarfs** z.B. bei **Eisenbahnunternehmungen** oder bei anderen teuren technischen Investitionen wurde die Rechtsform der **Aktiengesellschaft** zur Verfügung gestellt. Die Regelungen in Preußen (1843) und die des ADHGB von 1861 beruhten auf dem Konzessionssystem. Jede Gründung einer AG wurde geprüft, insbesondere die Kapitalaufbringung. Dieses System wurde 1870 durch das Aktiengesetz gegen das wesentlich erleichterte System der Normativbedingungen ersetzt, sodass lediglich Mindestbedingungen erfüllt sein mussten. Zu dieser Zeit traten in besonderem Maße Betrügereien im Zusammenhang mit Gründungen von Aktiengesellschaften – Gründungsschwindel – auf, die in der Folge zu einer Verschärfung dieser Mindestbedingungen führten. **614**

Eine gewisse Sonderstellung nahm das **GmbH-Gesetz** von 1892 ein. Hierbei handelte es sich nicht um die rechtliche Festlegung schon zuvor vorhandener Unternehmensformen, sondern es wurde eine neue Unternehmensform für den Mittelstand geschaffen. Eine Umfrage unter den beteiligten Kaufleuten und Kaufmannsgilden ermittelte, welche tatsächlichen Bedürfnisse beim Handel und bei der Wirtschaft bestanden.[297] **615**

Als eine juristische Person für „Minderbemittelte", die auch am Wirtschaftsleben teilnehmen sollte, war die Genossenschaft geplant. Es war insbesondere Otto Gierke (vgl. **616**

---

296 Vgl. Köbler, Die Wissenschaft des gemeinen deutschen Handelsrechts, in: Wissenschaft und Kodifikation, Bd. 1; dazu auch Krause, Der deutsch-rechtliche Anteil an der heutigen Privatrechtsordnung, JuS 1970, 313 ff.

297 Vgl. Thiessen, Transfer von GmbH-Recht im 20.Jahrhundert – Export, Import, Binnenhandel, in: Duss, Vanessa/Linder, Nikolaus (Hg.), Rechtstransfer in der Geschichte, München 2006, S. 446 ff.; Limbach, Theorie und Wirklichkeit der GmbH, 1966.

Rdnr. 578), der sich in seinem Werk „Das Deutsche Genossenschaftsrecht" (Bd. 1, 1868) für derartige Rechtsformen einsetzte. Das erste **Genossenschaftsgesetz** des Norddeutschen Bundes wurde 1868 in Kraft gesetzt, das des Reiches 1889/1898.

617 Der Wettbewerb kam nach der liberalen Wirtschaftsauffassung entscheidende Bedeutung für den Wohlstand zu. Allgemein glaubten die Ökonomen an die Selbstregulierung des Marktes durch Angebot und Nachfrage. Erst 1896 und dann endgültig 1909 wurden die gröbsten Wettbewerbsverstöße durch das **Gesetz gegen den unlauteren Wettbewerb** (UWG) bekämpft. Erst 1909 wurde in das Gesetz die berühmte Generalklausel eingefügt:

> „§ 1. Wer im geschäftlichen Verkehre zu Zwecken des Wettbewerbes Handlungen vornimmt, die gegen die guten Sitten verstoßen, kann auf Unterlassung und Schadensersatz in Anspruch genommen werden."[298]

618 Viele Probleme, die heute noch relevant sind, haben ihre Grundlage in der Wirtschaftsverfassung des ausgehenden 19. Jhs. Aufgrund der Massenproduktion wurden zur Vereinfachung der Unternehmensabläufe Formularverträge und Allgemeine Geschäftsbedingungen eingeführt (Banken 1880). Die darin liegenden Vorteile für den Verwender wurden von den noch nicht sogenannten Verbrauchern zunehmend als unbillig empfunden und etwa anhand der Berliner Spediteurbedingungen von 1919 diskutiert. Erst in den dreißiger Jahren wurden die damit einhergehenden Fragen in einer Berliner Habilitation monographisch näher beleuchtet.[299]

619 Zunehmend wurde auch das Problem des Verbraucherschutzes diskutiert, sodass es 1894 zum **Abzahlungsgesetz** kam. Rinck[300] führt dazu aus:

> „Wirtschaftliche Macht, die sich ausdehnen will, benützt vor allem Formen des Zivilrechts. AGB erscheinen in Form des zivilrechtlichen Vertrages, ebenso Preisbindungen der zweiten Hand. Kartelle kleiden sich in die altbekannte Form der Gesellschaft des bürgerlichen Rechts. Ohne Zweifel werden hier Einrichtungen des Zivilrechts für neue wesensfremde Zwecke eingespannt. Sie werden denaturiert."

II. Arbeitsrecht

620 Das individuelle und kollektiver Arbeitsrecht, so wie wir es heute kennen, hat sich erst im 20. Jh. entwickelt. Seine Funktion, insbesondere als Konfliktregulativ zum Interessenausgleich zwischen verschiedenen gesellschaftlichen Gruppen, ist erst in diesem Jahrhundert erkannt worden. Insbesondere im 19. Jh. wurden die Beziehungen zwischen Arbeitnehmern und Arbeitgebern als **Individualbeziehungen** betrachtet.[301] Dennoch setzte sich die Rechtsprechung, die wirtschaftspolitische Literatur und auch die Gesetzgebung mit den kollektiven Phänomenen (Streik, Aussperrung, Koalitionen) auseinander.

621 Im MA und in der frühen Neuzeit waren die arbeitsrechtlichen Beziehungen für den Bereich des Handwerks in die Zunftordnungen eingebunden, für den Bereich der Arbeit auf dem Lande in die Beziehungen der Grundherrschaft und in die Gesindeordnungen.

---

298 R. Schröder, Die Entwicklung des Kartellrechts und des kollektiven Arbeitsrechts, 1988.

299 L. Raiser, Das Recht der allgemeinen Geschäftsbedingungen, 1935.

300 Wirtschaftsrecht, 4. Aufl. 1974.

301 F. Ebel, Gewerbliches Arbeitsvertragsrecht im deutschen Mittelalter, 1934; Ogris, Die Geschichte des Arbeitsrechts vom Mittelalter bis in das 19. Jahrhundert, in: Recht der Arbeit 1967, S. 286 ff.; Löwisch/Langsdorff, Gesetzgebung und Rechtsprechung zum Wirtschafts-, Unternehmens- und Arbeitsrecht, JuS 1973, 9 ff.

Zünfte wie auch die Grundherren hatten für ihren Bereich in der Regel eine eigene Gerichtsbarkeit. Die **622** Zunftordnungen regelten die Arbeitsbeziehungen zwischen Gesellen und Meistern im Detail: wie waren Lohn und Arbeitszeit, wie sollte sich der Geselle gegenüber seinem Meister benehmen. Der Meister musste allerdings auch für den in seinem Haus lebenden Gesellen sorgen, wenn dieser krank geworden war (str.). Auch ein Geselle oder Lehrling konnte über die Zunft seine Lohnforderungen gegen seinen Meister durchsetzen.[302] Es ist aber mehr als zweifelhaft geworden, ob es im 18. Jh. überhaupt solche patriarchalischen Fürsorgepflichten in Theorie oder Praxis gab. Für einen engen Bereich der Grundherrschaft ist das Gegenteil nachgewiesen.[303]

Man geht davon aus, dass die **Schutzfunktionen des patriarchalischen Verhältnisses** **623** durch die industrielle Revolution und die Vermassung in der Industriearbeit wegfielen. Die Zünfte fielen nach den Reformen vom Beginn des Jahrhunderts praktisch weg. Gewerbliche Arbeit wurde *in der Praxis* durch die Gewerbordnungen geregelt. Diese schrieben die „freie Übereinkunft" als Basis des Arbeitens fest:

„§ 134. Die Festsetzung der Verhältnisse zwischen den selbständigen Gewerbtreibenden und ihren Gesellsen, Gehülfen und Lehrlingen ist Gegenstand freier Übereinkunft."[304]

In (theoretisch) frei ausgehandelten Verträgen bestanden Regelungen, die die Arbeitszeit in das Ermes- **624** sen des Vorgesetzten stellten, die einen absoluten Gehorsam von den Untergebenen forderten und diesen sogar noch für alle von ihm im Laufe der Arbeit verursachten Schäden haftbar machen konnten. Die größtenteils einseitig festgesetzten Arbeitsordnungen enthielten oft Betriebsstrafen, die der Arbeitgeber festsetzte. In der Ordnung der Firma Krupp von 1838 war z.B. bestimmt, dass für fünfminütiges Zuspätkommen 1/4 des Tageslohnes einbehalten werden konnte. Teilweise war auch für außerbetriebliches Verhalten, wie z.B. privates Schuldenmachen, die Entlassung vorgesehen.

Das Gesinderecht (Peuß. GesindeO von 1810) oder die römischrechtliche **Miete (locatio** **625** **conductio operarum)** prägte die Vorstellungen, die die Rechtswissenschaft vom Individualarbeitsvertrag hatte. Das könne man noch im BGB sehen.[305] **Bluntschli** (1808–1881) hatte in der Mitte des 19. Jhs. die Unhaltbarkeit dieser juristischen Konstruktion erkannt.

Er hatte Konflikte, die aus einem derartigen Arbeitsrecht entstehen mussten, bereits für das 19. Jh. vor- **626** hergesagt, was die Redakteure des BGB nicht voraussehen konnten und/oder nicht wollten. Diese hatten das Individualarbeitsrecht zu Recht im Gewerberecht verortet. Während die h.M. der Rechtswissenschaft im 19. Jh. allenfalls bereit war, den Arbeitsvertrag als Mietvertrag über Arbeit zu sehen, erklärte Bluntschli, dass man auf die Fabrikarbeiter „einen abstracten Begriff der individuellen Freiheit ausgedehnt" habe, während sie in Wahrheit „unter dem Scheine einer Freiheit dem Despotismus des Capitals schutzlos preisgegeben" seien. Bluntschli wandte sich besonders gegen Frauen- und Kinderarbeit und hielt „öffentliche Controle zur Sicherung der Privatrechte des Fabrikarbeiters" für notwendig, „die freilich nicht in eine belästigende Einmischung in die innere Wirthschaft der Fabrik ausarten darf".[306] Für den Bereich der Rechtswissenschaft hatte er damit zum ersten Mal für den individuellen Arbeitsvertrag den Gegensatz zwischen Kapital und Arbeit formuliert.

Gegen den Widerstand der Unternehmerschaft wurde in Preußen 1839 die Arbeit von **627** Kindern unter neun (1854 dann zwölf) Jahren verboten, **weil die Militärtauglichkeit** **unter der Kinderarbeit litt,** und 1849 wurden die Unternehmer verpflichtet, die Arbeiter in Geld und nicht in Waren zu bezahlen. Dennoch blieben die Bedingungen, unter denen ein großer Teil der arbeitenden Bevölkerung leben musste, unerträglich. Man be-

---

302 Vgl. dazu R. Schröder, Zur Arbeitsverfassung des Spätmittelalters, 1984.

303 Spies, Gutsherr und Untertan in der Mittelmark Brandenburg zu Beginn der Bauernbefreiung, 1972.

304 Preußische GewO von 1845; ähnlich § 105 ff. RGewO von 1869.

305 Vgl. Mengers Kritik, S. 3712; §§ 617, 618 Abs. 2 BGB; Vormbaum, Politik und Gesinderecht, 1980.

306 Deutsches Privatrecht, Bd. II, 1854, § 216.

gann, beginnend mit spezialisierten Arbeitnehmern, sich in Gewerkschaften zu organisieren.

628   Noch die **Gewerbeordnung von 1869** ging von einer idealistischen liberalen Vorstellung aus. Darin wurden Einstellungsfreiheit, Vertragsfreiheit und erstmals in § 152 Koalitionsfreiheit garantiert.

> „§ 152. Alle Verbote und Strafbestimmungen gegen Gewerbetreibende, gewerbliche Gehilfen, Gesellen oder Fabrikarbeiter wegen Verabredungen und Vereinigungen zum Behufe günstiger Lohn- und Arbeitsbedingungen, insbesondere mittels Einstellung der Arbeit oder Entlassung der Arbeiter werden aufgehoben. Jedem Teilnehmer steht der Rücktritt von solchen Vereinen und Verabredungen frei und es findet aus letzteren weder Klage noch Einrede statt.
>
> § 153. Wer andere durch Anwendung körperlichen Zwanges, durch Drohungen, durch Ehrverletzung oder durch Verrufserklärungen bestimmt oder zu bestimmen sucht, an solchen Verabredungen (152) teilzunehmen, oder ihnen Folge zu leisten oder andere durch gleiche Mittel hindert oder zu hindern versucht, von solchen Verabredungen zurückzutreten, wird mit Gefängnis bis zu 3 Monaten bestraft, sofern nach dem allgemeinen Strafgesetz nicht eine härtere Strafe eintritt."

629   Die Koalitionsfreiheit wurde aber politisch und später gerichtlich erheblich beschnitten. Die 1863/1869 gegründete **Sozialdemokratische Arbeiterpartei** wurde bereits 1878 durch das **„Gesetz gegen die gemeingefährlichen Bestrebungen der Sozialdemokratie"** nach dem Attentat auf den Kaiser wieder aufgelöst, Gewerkschaftsarbeit faktisch behindert. Dieses Gesetz wurde erst 1890 außer Kraft gesetzt, als die von den Konservativen geforderte Verlängerung der Befristung im Reichstag scheiterte.[307] Wie geschildert (vgl. Rdnr. 557), hatte die Opposition im Reichstag eine Mehrheit.

630   Als Ausgleich für diese repressive Maßnahmen fehlende Koalitionsfreiheit, und weil die faktische Lage der Arbeiterschaft unerträglich war, ergingen im Reich die ersten **Sozialgesetze**. Eingeleitet wurde dieses durch die **Kaiserliche Botschaft** von 1881:

> „Schon im Februar d. J. haben Wir Unsere Überzeugung aussprechen lassen, daß die Heilung der sozialen Schäden nicht ausschließlich im Wege der Repression sozialdemokratischer Ausschreitungen, sondern gleichmäßig auf dem der positiven Förderung des Wohls der Arbeiter zu suchen sein werde.
>
> Wir halten es für Unsere Kaiserliche Pflicht, dem Reichstage diese Aufgab von neuem an's Herz zu legen; und würden Wir mit umso größerer Befriedigung auf alle Erfolg, mit denen Gott Unsere Regierung sichtlich gesegnet hat, zurückblicken, wenn es Uns gelänge, dereinst das Bewußtsein mitzunehmen, dem Vaterlande neue und dauernde Bürgschaften seines inneren Friedens und den Hilfsbedürftigen größere Sicherheit und Ergiebigkeit des Beistandes, auf den sie Anspruch haben, zu hinterlassen."

631   Dieser „Botschaft" merkt man deutlich die Angst vor den Forderungen der Arbeiterschaft nach politischer und sozialer Gleichheit an, wie sie beispielsweise im Gothaer Programm der Sozialdemokratischen Arbeitspartei niedergelegt waren. Auf der einen Seite beschnitt man durch repressive Maßnahmen wie z.B. der Auflösung der Arbeiterorganisationen die Interessen der Arbeiterschaft. So sollten die Regelungen des Vereinsrechts im BGB verhindern, dass die Arbeitnehmerorganisationen die Stellung einer juristischen rechtsfähigen Person erlangen konnten. Dies behinderte deren wirtschaftlicher Betätigung und prozessualen Stellung.[308]

---

307   G.A. Ritter, Arbeiterbewegung, Parteien und Parlamentarismus, 1976; Deutsche Arbeiterbewegung 1848–1919 in Augenzeugenberichten.

308   Vgl. Vormbaum, Die Rechtsfähigkeit der Vereine im 19. Jahrhundert, 1976; Kögler, Arbeiterbewegung und Vereinsrecht, 1974.

Zu den deutlich repressiven Seiten gehörte, die sog. **Klassenjustiz**. Die Rechtsprechung **632** unterlief z.B. die gesetzliche Akzeptanz von Koalitionen und Streiks, indem § 153 RGewO und § 253 StGB scharf gegen die Arbeitnehmer und ihre Organisationen interpretiert wurden. So nannten es die Strafrichter versuchte Erpressung, wenn die Arbeitnehmer, ohne gekündigt zu haben, einen Streik zur Lohnerhöhung ankündigten.[309] Karl Liebknecht geißelte diese Rechtsprechung im Preußischen Landtag wiederholt. Der **Verein für Socialpolitik**, der die bürgerliche Mitte zwischen der SPD und den Konservativen suchte, meinte in Gestalt von **Lujo Brentano** (1844-1931): „Die Arbeiter haben das Koalitionsrecht, aber wenn sie davon Gebrauch machen, werden sie bestraft." Die Zivilrichter hingegen akzeptierten den Streik als „gewerblichen Kampf", da alle Positionen auf den Märkten nur durch Kampf zu erringen seien. So akzeptieren sie auch die Kartelle, obwohl diese durch Verträge die Basis der Vertragsfreiheit, den Markt, außer Kraft setzten und ‚eigentlich' – wie in den USA – hätten bekämpft werden müssen, um die Märkte zu schützen.[310]

An die Seite der Repression setzte Bismarck eine erstaunliche Sozialgesetzgebung: **633** **Krankenversicherung (1883), Unfallversicherung (1884), Invaliditäts- und Altersversicherung (1889)**. Mit dem Arbeiterschutzgesetz von 1891 wurde die Reihe der sozialpolitischen Gesetze fortgesetzt. Es waren darin Vorschriften über Jugend- und Frauenschutz sowie Regelungen der Arbeitszeit enthalten. In einer Novelle zur Gewerbeordnung, die gleichfalls 1891 erging, wurden die Unternehmen verpflichtet, allgemeine Vertragsbedingungen zu entwerfen, zu denen sie ihre Arbeitsverträge eingehen mussten. Allerdings war lediglich der Kreis der Gegenstände beschrieben, die in den Allgemeinen Fabrik- oder Arbeitsordnungen enthalten und behandelt sein mussten. Der Inhalt dieser Ordnungen stand völlig im Belieben des jeweiligen Inhabers des Unternehmens.

Eine Arbeitsrechtswissenschaft entwickelte sich mit **Philipp Lotmar** und **Hugo Sinshei- 634 mer**, die etwa den Tarifvertrag dogmatisch einstuften; als eine Mischung zwischen schuldrechtlichem Vertrag und kollektivem Normenvertrag.[311]

3. Abschnitt: Strafrecht

A. Liszt und die „moderne Schule"

Auf **Franz von Liszt** (1851–1919) gehen viele Vorstellungen vom Strafrecht zurück. Liszt **635** und seine „soziologische" oder „moderne" Schule haben die Strafrechtswissenschaft seit den 80er Jahren des letzten Jahrhunderts entscheidend beeinflusst. Aus Liszts engerem Seminarkreis gingen führende Strafrechtler hervor, z.B. **Gustav Radbruch** (1878–1949), **Eberhard Schmidt** (1891–1977), **Robert von Hippel** (1866–1951), **Eduard Kohlrausch** (1874–1948) und **Franz Exner** (1881–1947).

---

309 Rainer Schröder, Die Entwicklung des Kartellrechts und des kollektiven Arbeitsrechts…, Ebelsbach 1988.

310 Rainer Schröder, Der gewerbliche Kampf, in: Das Bürgerl. Gesetzbuch und seine Richter, hg. Ulrich Falk und Heinz Mohnhaupt, Frankurt a.M. 2000, S. 533

311 Thilo Ramm, Die Arbeitsverfassung der Weimarer Republik, in: F. Gaillscheck (Hg.) In memoriam Sir Otto Kahn- Freund, München 1980; ders., die Arbeitsverfassung des Kaiserreichs, in: FS Mallmann, 1978, S. 191.

636   **Liszt**, ein Österreicher, erhielt seine strafrechtliche Ausbildung zunächst an der Universität Wien von 1869 bis 1873. Dort wurde er insbesondere von Jhering (mit seinem Zweckdenken) stark beeinflusst. Als Professor wirkte er in Deutschland, in den 80er Jahren in Marburg und von 1899 an in Berlin. 1881 erschien die erste Auflage seines „Lehrbuch des Deutschen Strafrechts", das bis in die 20er Jahre des nächsten Jahrhunderts hinein das Standardwerk des Strafrechts sein sollte. In seiner Marburger Programmschrift **„Der Zweckgedanke im Strafrecht"** von 1882 legte er die Grundlagen seiner Strafrechtstheorie. 1888 gründete er zusammen mit ausländischen Kollegen die „Internationale kriminalistische Vereinigung" (IKV), die sich zum Ziel setzte, das gesamte Strafrecht in seiner Wirklichkeit zu erfassen und entsprechend dem Gedankengut der modernen Schule zu reformieren. Dieses Programm ist auch in Liszts Aufsätzen über kriminalpolitische Aufgaben (1889–1892) enthalten. Wiewohl Liszt selbst nie an Gesetzgebungsarbeiten teilgenommen hat, übte er doch entscheidenden Einfluss auf die Versuche der Revision des Reichsstrafgesetzbuchs aus – insbesondere durch seinen 1911 zusammen mit Kollegen veröffentlichten Gegenentwurf.

637   Strafrecht war für Liszt immer auch Kriminalpolitik. Die beste Kriminalpolitik war für ihn – anknüpfend an aufklärerische Traditionen – die Sozialpolitik. Einen Teil der Gedanken, von denen Liszt ausging, kann man mit Radbruch[312] so formulieren: Das Verbrechen ist **antisoziale Handlung, aber zugleich sozialbedingtes Geschehen**. Die Interessen der Gesamtheit haben Vorrang vor den Interessen der Einzelnen. Die Schwachen sollen gegen die Starken geschützt werden. Dazu gehörte auch, dass der Verbrecher unter Umständen vor der Gesellschaft geschützt werden musste. Eine wirkliche Wissenschaft vom Verbrechen kann nicht den Rechtsbegriff des Verbrechens zu ihrem Gegenstande haben, sondern nur die **Wirklichkeit des Verbrechens**.

„Nach meiner Meinung ist, so paradox es klingen mag, das Strafgesetzbuch die Magna Charta des Verbrechers. Es schützt nicht die Rechtsordnung, nicht die Gesamtheit, sondern den, gegen diese sich auflehnenden Einzelnen. Es verbrieft ihm das Recht, nur unter den gesetzlichen Voraussetzungen und nur innerhalb der gesetzlichen Grenzen bestraft zu werden. Der Doppelsatz: *nullum crimen sine lege, nulla poena sine lege,* ist das Bollwerk des Staatsbürgers gegenüber der staatlichen Allgewalt, gegenüber der rücksichtslosen Macht der Mehrheit, gegenüber dem Leviathan. Ich habe seit Jahren das Strafrecht gekennzeichnet als rechtlich begrenzte Strafgewalt des Staates. Ich kann jetzt auch sagen: das Strafrecht ist die unübersteigbare Schranke der Kriminalpolitik. Und es wird und soll das bleiben, was es heute ist".[313]

638   Bereits mit dem letzten Satz wandte sich Liszt gegen die vielen Kritiker seiner kriminalpolitischen Vorstellungen. Gegen seine Einführung des Zweckdenkens ins Strafrecht wandte sein bedeutendster Gegner **Karl Binding** (1841–1920) ein: „Was lässt v. Liszt vom Strafrecht übrig?", und er meinte: zu wenig. Liszt hatte sich mit seiner neuen Lehre gegen die idealistischen Strafrechtler, die herrschende Lehre in der zweiten Hälfte des 19. Jhs., gewandt. Die hegelianisch ausgerichteten Strafrechtler hielten ohnedies an der absoluten Vergeltungsstrafe fest, z.B. Abegg, Köstlin, Hälschner und Berner (vgl. Rdnr. 470). Binding, der sich nicht der Hegelschen Lehre anschloss, vertrat dennoch eine absolute Straftheorie, eine Vergeltungstheorie.

639   Die wissenschaftliche Auseinandersetzung mit Binding – mit der klassischen Schule – ist als **Schulenstreit** (vgl. Übersicht 2, Rdnr. 646) in die Geschichte eingegangen. Bindings dogmatische Werke stehen auf strafrechtlichem Gebiet gleichberechtigt neben den zivilistischen, etwa von Windscheid. Das Verbrechen war für Binding lediglich eine **Normübertretung**, die entsprechend dem Gesetz geahndet werden musste. Für Zweckgedanken sah Binding keinen Raum im Strafrecht. Die Vorhersehbarkeit gerichtlicher Ent-

---

312 Elegantiae iuris Criminalis, S. 208.
313 Gutachten f. d. IKV von 1893, zit. n. Eb. Schmidt, Einführung in die Geschichte der deutschen Strafrechtspflege, § 310.

scheidungen war für ihn wesentlich. Hinter der Ablehnung der Lisztschen „Zweckstrafe", die notwendigerweise eine Entwicklung auf den einzelnen Straftäter mit einschloss, stand auch ein Bedenken. Die mühsam erkämpften **rechtsstaatlich-liberalen Garantien** könnten **gefährdet** sein, weil dem Staat eine erheblich größere Einflussmöglichkeit auf die Ausgestaltung der Strafe und damit auf den Einzelnen eingeräumt war.

Liszt erkannte an, dass seine Gegner eine „reinlichere Methode" hatten und auch ihre **640** Beweise klarer und sicherer führen konnten, jedoch gebe die klassische Schule auf die eigentlichen Probleme, z.B. der Verbrechensbekämpfung, keine genügende Antwort. Darum bemühte er sich, Methoden der **empirischen Sozialforschung** anzuwenden, womit zum ersten Mal eine Abkehr von den spekulativen Strafrechtstheorien zu verzeichnen ist. Darum forderte er auch eine (1882 eingeführte) **Reichskriminalstatistik**. Für seine strafrechtsreformerischen Vorstellungen wollte er von einer möglichst großen Induktionsbasis empirischen Wissens ausgehen. Er war der Ansicht, dass nicht nur die Kriminologie, sondern auch die Rechtswissenschaft selbst dieser bedürfe.

Bahnbrechend war Liszts Schrift **„Der Zweckgedanke im Strafrecht"**.[314] 1877 hatte **641** **Jhering** mit seiner Schrift „Der Zweck im Recht" die theoretischen Grundlagen für die soziale Zweckstrafe geschaffen. 1878 veröffentlichte **Georg Jellinek** „Die sozial-ethische Bedeutung von Recht, Unrecht und Strafe". 1879 erschien **Mittelstaedts** Schrift „Gegen die Freiheitsstrafen", worin er sich gegen die „Lüge der Besserung durch Einzelhaft" wandte. 1880 veröffentlichte der Psychiater **Kraepelin** sein Werk über „Die Abschaffung des Strafmaßes"; damit war die Abschaffung des unbestimmten Strafurteils gemeint. Weiter bezog sich Liszt auf Lombroso, Ferri und Garofalo, die die **anthropologische Richtung der Kriminologie** begründet hatten.

Bei der Frage, welche Handlungen zu bestrafen seien und **wie die Strafe quantitativ** **642** **und qualitativ zu bemessen** sei, konstatierte Liszt Einigkeit darüber, dass die Handlungen, „welche für dieses Volk zu dieser Zeit als Störung seiner Lebensbedingungen erscheinen", zu bestrafen seien (Strafe als soziale Reaktion gegen soziale Störungen).

Liszt prüfte alsdann die absoluten spekulativen Theorien und stellte fest, „dass keine metaphysische Grundlegung der Strafe imstande ist, das Prinzip des Strafmaßes abzugeben".

„Ob 5 Jahre Gefängnis oder 10 Jahre Zuchthaus, ob 6 Wochen Haft oder ob 1000 DM Geldstrafe dem einzelnen konkreten Verbrechen entsprechen, das kann sie (die absolute Theorie) uns nicht sagen und darf es uns nicht sagen wollen".[315]

Die Prüfung der Theorien von Kant, Fichte und Hegel ergab nach Ansicht von Liszt, dass **643** sie alle auf die „Idee der **proportionalen Gerechtigkeit**" zurückgehen, d.h., dass das Strafmaß von der Schwere der Schuld abhängig ist. Die Schuld ließe sich aber nicht quantifizieren, und er fragte weiter:

„Strafen wir den Mann für das, was er tut, oder für das, was er ist? Ist die Tat oder ist der Täter Gegenstand unseres Urteils?".[316]

---

314 ZStW (3) 1883, S. 1–47.
315 ZStW 3, S. 24.
316 Liszt a.a.O., S. 30.

In seinem abschließenden und entscheidenden Kapitel gab Liszt Antwort auf die o.g. Fragen.

Zunächst erklärte er die möglichen Auswirkungen der Strafe. Nicht alle Auswirkungen der Strafe konnten gegenüber demselben Straftäter wirksam werden, weil „ich durch Köpfen und Hängen den Verbrecher nicht bessern und nicht abschrecken, durch 25 Stockstreiche bei ihm keine besonders lebhaften altruistischen Motive hervorrufen werde" usw.

644 Letztlich entsprächen den drei Kategorien von Strafformen auch drei Kategorien von Verbrechern: die **besserungsfähigen** und besserungsbedürftigen, die **nicht besserungsbedürftigen** und die **nicht besserungsfähigen** Verbrecher. Das sei auch durch die bisherigen Ergebnisse der Kriminalanthropologie bestätigt.

Durch eine statistische Herleitung bewies Liszt (seiner Ansicht nach), dass die Gewohnheitsverbrecher den größten Teil der rückfälligen Straftäter darstellen.

Zu der Gruppe der Besserungsbedürftigen führte Liszt aus: „Diese Anfänger auf der Verbrecherlaufbahn können in zahlreichen Fällen noch gerettet werden"; es gebe „nichts Entsittlicherendes und Widersinnigeres als unsere kurzzeitigen Freiheitsstrafen gegen die Lehrlinge auf der Bahn des Verbrechens".

645 Am Abschluss seines Werkes kam Liszt zu dem programmatischen Schlusssatz:

„Der Erforschung des Verbrechens als sozial-ethischer Erscheinung, der Strafe als gesellschaftlicher Funktion, muss innerhalb unserer Wissenschaft die ihr gebührende Beachtung gewidmet werden […]. Nur in dem Zusammenwirken der genannten Disziplinen [sc. Kriminalanthropologie, Kriminalpsychologie, Kriminalstatik] mit der Wissenschaft des Strafrechts ist die Möglichkeit eines erfolgreichen Kampfes gegen das Verbrechertum gegeben. Unserer Wissenschaft gebührt die Führung in diesem Kampfe […]. Mit der Erkenntnis dieser Tatsache ist der Weg der inneren Reform vorgezeichnet. Möge die unausbleibliche Revision unseres Strafgesetzbuches, die unerläßliche reichsrechtliche Regelung des Strafvollzuges uns nicht unvorbereitet treffen!".[317]

Diese Sätze bilden m.E. bis heute die Basis für Kriminalpolitik und Strafrechtswissenschaft.

---

317 Liszt a.a.O., S. 47.

Übersicht 2: Der Schulenstreit – Vertreter der Straftheorien

Franz von Liszt (1851–1919)

- Gründer der **modernen/soziologischen Schule, Spezialprävention**
- Kategorisierung der Straftäter in drei Verbrechertypen:
  1. Der nicht besserungsbedürftige Gelegenheitsverbrecher, der abgeschreckt werden muss ⇨ Abschreckung
  2. Der besserungsfähige und -bedürftige Verbrecher, der in Besserungsanstalten behandelt werden soll ⇨ Besserung
  3. Der Gewohnheitsverbrecher, der auf unbestimmte Zeit eingesperrt und „unschädlich" gemacht werden muss ⇨ Sicherung
- Es soll zweckmäßig auf Verbrechen reagiert werden: weg von der Tat, hin zum Täter ⇨ Staat darf die Persönlichkeit des Verbrechers mit allen notwendigen Mitteln erfassen

Karl Binding (1841 – 1920), Karl von Birkmeyer (1847–1920)

- Vertreter der **klassischen Schule,** einer **Vergeltungslehre**
- Strafe dient der zweckfreien Vergeltung ⇨ Nähe zu Kant, Hegel
- Strafe soll das Äquivalent für das Verbrechen sein, das erschütterte Gleichgewicht der Rechtsordnung wieder herstellen, Sühne der begangenen Tat bewirken
- Ablehnung der Lisztschen Theorie zur Spezialprävention, da diese eine gefährliche Preisgabe der rechtsstaatlichen Errungenschaften sei und ein Rückfall in den Polizeistaat
- Mensch darf nicht zum Objekt gemacht werden, soll eine Rechtsstrafe bekommen ⇨ von Liszt würde dem Richter völlige Freiheit bis hin zur unbestimmten Strafe gewähren, dies wäre eine Abkehr von der Gleichheit der Strafe für gleiche Taten; also ein Einfallstor für Willkür

B. Anfänge der Kriminologie

Die Anfänge der wissenschaftlichen Kriminologie hatten zwei Voraussetzungen: Biologie und Statistik. Erstens versuchte man **seit der Aufklärungszeit, die Psychologie des Straftäters** zu erforschen. Das geschah oft in Sammlungen „merkwürdiger Kriminalrechtsfälle". Zu erwähnen sind hier die Sammlungen von **Pitaval** „Causes celebres et interessantes" (1734), sowie die o.g. Sammlungen von **Feuerbach** „Merkwürdige Kriminalrechtsfälle" (1808–1811) und „Aktenmäßige Darstellung merkwürdiger Verbrechen" (1827–1829). Entscheidender war aber, dass man aufgrund empirischer Daten und nicht idealistischer Spekulationen die Kausalzusammenhänge darstellen wollte. **647**

Der belgische Astronom und Mathematiker **Adolphe Quetelet** (1796–1874) versuchte durch Erfassung statistischer Daten, insbesondere der Kriminalistik, die Realität des Verbrechens zu erforschen. Quetelet gilt als Vorläufer einer soziologischen Kriminologie. Er ging davon aus, die Verbrechen seien gesellschaftlich bedingt. Freilich sahen alle Disku- **648** tanten seinerzeit die alleinige Verantwortung für Straftaten im bösen Willen des Täters. Verbrechen war für Quetelet vornehmlich Produkt der äußeren Umstände. Bemerkenswert ist, dass er annahm, eine statistisch in etwa gleich bleibende Anzahl von Verbrechen, ein „Verbrechensbudget", bestehe in jeder Gesellschaft und sei als konstanter sozialer und sozial bedingter Faktor zu berücksichtigen.

649 Diese soziologisch zu nennende Richtung wurde von **Emile Durkheim** (1858–1917) fortgesetzt. Bei seiner Untersuchung über den Selbstmord wies Durkheim nach, dass man diese Erscheinung am ehesten unter Zuhilfenahme sozialer Faktoren und Ursachen – und nicht psychologisch – erklären konnte. Auch Durkheim ging davon aus, dass das **Verbrechen in einer Gesellschaft etwas Normales** und dass auch ein bestimmter Umfang von Verbrechen in einer Gesellschaft als der Regelzustand zu betrachten sei. Auf diesen Grundeinsichten aufbauend entwickelte später Merton seine Anomietheorie.

650 Die anfänglich stark vertretene **biologisch-anthropologische Richtung** versuchte das Verbrechen aus der Natur des Menschen zu erklären. Eine der Grundlagen dieser Richtung lag in der Entwicklungslehre Darwins, die die Bedeutung der Vererbung von Anlagen hervorhob. Der italienische Psychiater und Gerichtsmediziner **Cesare Lombroso** (1835–1909) veröffentlichte 1871–1876 sein grundlegendes Werk „L'Uomo delinquente" (= „Der verbrecherische Mensch").

651 In diesem Werk vertrat er die Meinung, dass es geborene Verbrecher gebe, die an bestimmten physischen und psychischen Merkmalen erkennbar seien. Der verbrecherische Mensch sei gewissermaßen eine besondere Spezies der menschlichen Gattung. Zu seinen Auffassungen gelangte Lombroso durch systematische anatomische Untersuchungen an Verbrechern in Strafanstalten. Er glaubte, in der fliehenden Stirn und dem vorgeschobenen, stark ausgebildeten Unterkiefer solche typischen Merkmale erkannt zu haben. Später änderte Lombroso seine Ansicht dahin, dass nur 35% der geborenen Verbrecher die von ihm herausgefundenen Eigenarten besäßen. Er schied überdies die Gelegenheitsverbrecher und Leidenschaftstäter aus.

652 Die Unhaltbarkeit der Lehren von Lombroso wies bereits Liszt nach. Er rügte, dass diese kriminalanthropologische Untersuchung mit den Deliktsbegriffen des Strafgesetzbuches arbeitete. Da der Verbrechensbegriff aber durch Definition ermittelt wird und keinen feststehenden Inhalt hat, sei es nicht möglich, von diesem Begriff aus eine wissenschaftliche Untersuchung zu beginnen, da es eben „den Verbrecher" nicht gebe. Eine wirkliche Wissenschaft vom Verbrechen könnte eben nicht den Rechtsbegriff des Verbrechens zu ihrem Gegenstand haben. Nach moderner Terminologie rügte Liszt also, dass es sich bei dem „Verbrechen" um eine Merkmalszuschreibung handelte.

653 Die Theorie Lombrosos, die später auch nicht bestätigt wurde, hat noch weiter den Mangel, dass es eben nicht nur ererbte Anomalien gibt, sondern auch erworbene Defekte der Persönlichkeit. Heute sieht man sowohl den psychologischen Ansatz als auch den statistischen erneut kritisch. Es scheint so zu sein, dass ererbte Eigenschaften und genetische Disposition einen stärkeren Einfluss auf die Entstehung und Entwicklung von Kriminalität haben als man das in den letzten 30 Jahren angenommen hat. Hier ist ein reiches Forschungsfeld gegeben.

654 Als weitere, im letzten Jh. entwickelte Theorien zur Erklärung normabweichenden Verhaltens sind neben der Anomietheorie zu nennen: Theorie der differentiellen Kontakte (Sutherland), psychologische und psychoanalytische Ansätze, die von der Freudschen Lehre ausgehen, und der *„labeling approach"*.

7. Teil: Erster Weltkrieg und Weimarer Republik

Die deutsche Revolution gegen Ende des Ersten Weltkrieges war weniger eine „Stunde **655** Null" als vielmehr Teil einer langfristigen Entwicklung: einerseits Abschluss der (Selbst-)Auflösung der konstitutionellen Monarchie, andererseits Ausgangspunkt für die Entstehung einer demokratischen Republik. Die rechtshistorische Beschäftigung mit der Weimarer Republik birgt jedoch erhebliche Risiken, nicht nur wegen der Suche nach den Ursprüngen des Nationalsozialismus. Zur Erarbeitung von Erklärungsmustern für den krisenhaften Untergang des Weimarer Staats- bzw. Gesellschaftssystems bedarf es einer Untersuchung von machtpolitischen, ideologischen und ökonomischen Handlungsinteressen. Das bringt die *rechts*historische Betrachtung insoweit an ihre Grenzen, als sich die rechtlichen Entwicklungen ohne die dominanten anderen Handlungssträn-ge nicht nur nicht verstehen lassen, sondern die Rechtsgeschichte vielfach nur Appen-dix der ‚sonstigen' Entwicklungen war.[318]

1. Abschnitt: Verfassungsgeschichte

A. Die Auflösung der deutschen Reichsverfassung

Schon vor dem Ersten Weltkrieg hatte sich die Verfassung des Kaiserreiches in einem **656** schleichenden Wandlungsprozess kontinuierlich verändert. War der **Reichstag** noch in Art. 5 RV 1871 als zweite Kammer hinter dem Bundesrat behandelt worden, **emanzi-pierte** er sich allmählich zu einem Motor bei der Anpassung des rückständigen Rechts an die gewandelten ökonomischen und sozialen Verhältnisse. Zwar blieb die Abhängig-keit der Regierung allein von Kaiser und Bundesrat bestehen, jedoch konnte die Reichs-regierung – je besser die Reformparteien in den Wahlen abschnitten – ihren Kurs nicht mehr ohne Konzessionen an den Reichstag durchsetzen. Aufgrund der verfassungs-rechtlich unzureichend geregelten Stellung des Kaisers kam es besonders in der Person Wilhelms II. zu Machtkämpfen zwischen Regierung und Kaiser.

Während des Ersten Weltkrieges führte die **Ermächtigungsgesetzgebung** dazu, dass **657** die Beteiligung des Reichstags an der politischen Leitung zunehmend in den Hinter-grund trat. Grundlage hierfür war der sog. „Diktaturparagraph", § 3 des Gesetzes über die Verlängerung der Fristen des Wechsel- und Scheckrechts:

„Der Bundesrat wird ermächtigt, während der Zeit des Krieges diejenigen Maßnahmen anzuordnen, welche sich zur Abhilfe wirtschaftlicher Schädigungen als notwendig erweisen".[319]

Im Kaiserreich waren Außen- und Militärpolitik parlamentarischer Einwirkung oder Kon- **658** trolle fast vollständig entzogen. So war auch die **Oberste Heeresleitung (OHL)** direkt dem Kaiser unterstellt, sogar die Reichsregierung war ohne jegliche Einflussmöglichkeit. Nach dem Selbstverständnis der OHL, zuletzt unter Generalfeldmarschall Paul von Hin-denburg und General Erich Ludendorff, die aufgrund ihrer Popularität mit quasi plebis-

---

318 Vgl. D. Willoweit, Ist eine Verfassungsgeschichte der Weimarer Republik als Rechtsgeschichte möglich?, ZNR 1990, 186–197; M. Stolleis, Der lange Abschied vom 19. Jahrhundert. Die Zäsur von 1914 aus rechtshistorischer Perspektive (Vortrag, gehalten vor der Juristischen Gesellschaft zu Berlin am 22. Jan. 1997), Schriftenreihe der Juristischen Gesell-schaft zu Berlin 150, 1997.

319 Quelle aus E.R. Huber, Dokumente zur deutschen Verfassungsgeschichte, Bd. III, S. 138/139.

zitärer Legitimität versehen waren, hatte die **Gesamtpolitik während des Krieges im Dienste der Kriegsführung zu stehen**. Dies führte zu erheblichen Übergriffen auf die zivile Regierungsgewalt. Die Stärke der OHL hatte zur Folge, dass Deutschland in den letzten Kriegsjahren wie eine Diktatur regiert wurde.[320] Erst gegen Ende des Krieges befürwortete selbst die OHL eine stärkere Einbindung des Parlaments, um die Folgen der drohenden Kriegsniederlage der Politik zu überantworten. So erklärte die Denkschrift der OHL vom 2. November 1916 an den Reichskanzler:

„Ein Gesetz ist nötig, weil die Volksvertretung die Verantwortung mittragen muss, und weil bei einer Mitwirkung des Reichstags die Bevölkerung sich der neuen Aufgabe mit größerer Bereitwilligkeit unterziehen wird".[321]

659 Allerdings hatten sich die Parteien schon nach den ersten Kriegsjahren aus dem Banne der militärischen Erfolge gelöst. So war der Erste Weltkrieg zu Beginn ein Anliegen aller Deutschen, zu dessen Gunsten die divergierenden Parteiinteressen in einem **„Burgfrieden"** zurückgestellt wurden und alle Parteien des Reichstags die Kriegskredite bewilligten. Dazu ein Auszug aus der Thronrede des Kaisers vom 4. August 1914:

„Geehrte Herren! In schicksalsschwerer Stunde habe Ich die gewählten Vertreter des deutschen Volkes um Mich versammelt. [...] Sie haben gelesen, meine Herren, was Ich an Mein Volk vom Balkon des Schlosses gesagt habe. Hier wiederhole ich: **Ich kenne keine Parteien mehr, ich kenne nur noch Deutsche.** Zum Zeichen dessen, dass Sie fest entschlossen sind, ohne Parteiunterschiede, ohne Stammesunterschiede, ohne Konfessionsunterschiede durchzuhalten mit Mir durch dick und dünn, durch Not und Tod, fordere Ich die Vorstände der Parteien auf, vorzutreten und Mir das in die Hand zu geloben".[322]

660 Später rückten die Forderungen nach politischer Mitbestimmung wieder in den Vordergrund. So stimmte der Reichstag dem **Kriegskreditgesetz** von 1917 erst zu, nachdem er gegen den Willen von Regierung und Reichswehr eine Friedensresolution verabschiedet hatte. Zudem verlangten die oppositionellen Parteien Verfassungsänderungen, wie etwa die Einführung des allgemeinen, geheimen, direkten und gleichen Wahlrechts und die Parlamentarisierung der Regierung. Wie oben (Rdnr. 632) bereits erläutert, war das Zweite Kaiserreich durch den Versuch gekennzeichnet, die Arbeiterschaft, organisiert in Gewerkschaften und SPD, zu desintegrieren. Konfrontation statt Integration wurde angestrebt. Erst im Vaterländischen Hilfsdienstgesetz von 1916 erhielten die Arbeiter in Betriebsräten erhebliche Mitbestimmungsrechte eingeräumt. Zum ersten Mal wurden sie nach langer Bekämpfung unter dem Druck der Kriegslast als Partner anerkannt.[323]

Aber erst unter dem Einfluss der drohenden Niederlage wurde – noch vor der Wortlautänderung der Verfassung – der **Übergang zur parlamentarischen Demokratie** mit Bildung des Interfraktionellen Ausschusses als Bindeglied zwischen Reichstag und Reichskanzler de facto vollzogen.[324] Mit der formellen Änderung der Reichsverfassung Ende 1918 wurde schließlich das Recht der gewandelten Realität angepasst und die Re-

---

320 Böckenförde, Deut. Verwaltungsgeschichte, Bd. IV, S. 7.
321 Quelle aus E.R. Huber, Dokumente zur deutschen Verfassungsgeschichte, Bd. V, S. 103.
322 Quelle aus E.R. Huber, Dokumente zur deutschen Verfassungsgeschichte, Bd. III, S. 136.
323 Vgl. Martiny, Integration oder Konfrontation? Studien zur Geschichte der sozialdemokratischen Rechts- und Verfassungspolitik (Schriftenreihe des Forschungsinstituts der Friedrich-Ebert-Stiftung, Bd. 122), 1976.
324 E.R. Huber, Dokumente zur deutschen Verfassungsgeschichte, Band V, S. 293 ff.

gierung auch verfassungsrechtlich dem Vertrauen des Reichstags unterstellt. Die Entscheidung über Krieg und Frieden wurde parlamentarischer Zustimmung unterworfen und der kaiserliche Oberbefehl über das Militär eingeschränkt. Die Abschaffung des preußischen Dreiklassenwahlrechts blieb dagegen im Herrenhaus stecken und wurde nicht mehr verkündet, bevor das Herrenhaus seine Macht mit der Novemberrevolution verlor.

B. Die Novemberrevolution

Der rechtliche Wandel hin zu einer parlamentarischen Monarchie hatte jedoch keine Stabilisierung in der Bevölkerung bewirkt. Kriegsmüdigkeit und Hungersnöte führten zu anwachsender Aufruhrstimmung in der Bevölkerung, die sich gegen den Kaiser und den Obrigkeitsstaat mit seinen scharfen Klassengrenzen und ständischen Relikten richtete. **661**

Als äußerer Auslöser der Revolution gilt der **Kieler Matrosenaufstand** ab dem 1. November 1918. Die überall gebildeten Arbeiter- und Soldatenräte ergriffen die Macht und versuchten, die Enttäuschung in der Bevölkerung in einen radikalen Umbruch zu kanalisieren. Am 9. November 1918 übergab der letzte Reichskanzler, Prinz Max von Baden, nachdem er die Abdankung des Kaisers hatte verkünden lassen, das Reichskanzleramt an den Führer der „Mehrheitssozialisten", **Friedrich Ebert** (1871–1925). Dies war verfassungsrechtlich zwar nicht vorgesehen, bedeutete aber für die revolutionären Machthaber eine Brücke zur legalen, entmachteten kaiserlichen Reichsregierung. Nachmittags proklamierte der Mehrheitssozialist Scheidemann die Republik. Nur wenige Stunden später rief Liebknecht die „freie, sozialistische Republik Deutschland" vom Balkon des Berliner Schlosses aus. Am Abend versicherten sich die neue Regierung und die OHL, nunmehr mit Ludendorffs Nachfolger Groener an der Spitze, ihrer wechselseitigen Loyalität (Ebert-Groener-Pakt). **662**

Die vorläufige, sich einzig auf die revolutionäre Legitimität stützende Regierungsgewalt wurde einem sechsköpfigen **Rat der Volksbeauftragten** übertragen, der von Mehrheits- und Unabhängigen Sozialisten paritätisch besetzt war. Dieser verstand sich selbst als die oberste Regierungs- und Vollzugsgewalt im Reich: **663**

„An das deutsche Volk! Die aus der Revolution hervorgegangene Regierung, deren politische Leitung rein sozialistisch ist, setzt sich die Aufgabe, das sozialistische Programm zu verwirklichen".[325]

Die Mehrheit der bislang **politisch ausgegrenzten Kräfte** (Mehrheitssozialisten sowie der rechte Flügel der USPD) setzten auf einen **kooperativen**, nicht revolutionären **Kurs**, der einen Bürgerkrieg und den Zerfall der nationalen Einheit des Reiches verhindern sollte. Dem stand der linke **„Spartakus"-Flügel** der USPD gegenüber, der Vorläuferin der späteren KPD. Bei der Bewältigung der dringendsten Aufgaben, die in der Durchführung des Waffenstillstands und der Sicherung der Ernährung bestanden, war die Regierung auf die Mithilfe der bisherigen Militär- und Zivilverwaltung angewiesen. Zwar orientierten sich die kaiserlichen Beamten und Offiziere an der Person Eberts, was auch einen **664**

---

325 Auszug aus dem Aufruf des Rats der Volksbeauftragten an das deutsche Volk vom 12. Nov. 1918, RGBl. I, S. 1303.

ersten Erfolg bedeutete. Der Kampf um die Loyalität von Exekutive und Justiz hatte jedoch erst begonnen, da diese noch keineswegs für die Inhalte der Revolution gewonnen waren.

665 Von weichenstellender Bedeutung für die weitere Entwicklung hin zu einer Konsolidierung der Verhältnisse war der **Sozialpakt zwischen Arbeitgebern und Arbeitnehmern**. Dabei hatten sich Gewerkschaften und Unternehmer im **Stinnes-Legien-Abkommen** (15. November 1918) angenähert, das bei Anerkennung des privatwirtschaftlichen Systems die Erfüllung zentraler gewerkschaftlicher Forderungen (wie etwa die der Koalitionsfreiheit) brachte, die Sozialisierung hintenanstellte und die Priorität des Übergangs zur Friedenswirtschaft betonte.[326]

666 Der **Spartakusbund** wollte sich damit nicht zufriedengeben, er gedachte vielmehr, die revolutionäre Situation in Richtung einer **Revolution nach russischem Vorbild** voranzutreiben. Ausgetragen wurde dieser Streit, um die konkurrierenden Modelle eines sozialistischen Rätestaats oder einer parlamentarischen Republik zum einen in Straßenschlachten und Aufständen, zum anderen im Rat der Volksbeauftragten anzustreben. Der MSPD gelang es, sich zugunsten der parlamentarischen Demokratie durchzusetzen. Nach langen Kämpfen lehnte der Deutsche Rätekongress am 16.–20. Dezember 1918 in Berlin schließlich das Rätesystem ab. Damit war der Weg zur Nationalversammlung und folgeweise zur parlamentarischen Demokratie frei gekämpft. Gegen diese Festlegungen erhoben sich in unterschiedlichen Gebieten der Republik Aufstände, die von der Reichsregierung im Zusammenwirken mit dem Militär niedergeschlagen wurden (Spartakusaufstand 6.–15. Januar 1919).[327]

C. Weimarer Reichsverfassung

667 Am 19. Januar 1919 wurde die **Nationalversammlung** (NV) nach allgemeinem, freiem, unmittelbarem und geheimem Wahlrecht gewählt. Am 6. Februar 1919 trat sie im ruhigen, militärisch leicht zu schützenden Weimar zusammen. Die sozialistischen Parteien hatten nicht die erwartete absolute Mehrheit errungen. Stattdessen bildete die Friedensmehrheit von 1917 (SPD, DDP und Zentrum) die „Weimarer Koalition" und stellte die erste Reichsregierung.

668 Mit dem Gesetz über die vorläufige Reichsgewalt vom 10. Februar 1919 schuf die NV zunächst eine **provisorische Zentralgewalt** (sog. Notverfassung) und wählte **Friedrich Ebert** zum **Reichspräsidenten**. Neben ihrer Hauptaufgabe der Verfassungsgebung war sie zuständig für den Abschluss des Friedensvertrages und nahm auch bis zum Zusammentreten der endgültigen Volksvertretung Funktionen eines gewöhnlichen Parlaments wahr. So bestimmte sie in einem Übergangsgesetz die Fortgeltung des alten Rechts, auch der Verordnungen des Rats der Volksbeauftragten. Die Zeit der Regierungsausübung auf revolutionärer Grundlage war damit beendet.

---

326 Carl Legien, Vorsitzender der Generalkommission der Gewerkschaften Deutschland. Hugo Stinnes, einer der größten Industriellen Deutschlands.

327 H.A. Winkler, Die Revolution von 1918/1919 und das Problem der Kontinuität in der deutschen Geschichte, HZ 250 (1990), S. 303 ff.

Die Verfassungsberatungen an dem von **Hugo Preuß** (1860–1925) erarbeiteten Entwurf endeten mit der ersten demokratischen, von Grundrechten geprägten Verfassung, die freilich nicht frei von inneren Widersprüchen war. Das konnte sie nicht sein, denn Verfassungen sind – wie viele andere Gesetze auch – oft ein Kompromiss zwischen widerstreitenden politischen Interessen.

669

Nach Art. 1 der am 11. August 1919 in Kraft getretenen Weimarer Reichsverfassung (WRV) war das **Reich als Republik** konzipiert, in welcher alle Staatsgewalt vom Volke ausging. Ein für die weitere Entwicklung entscheidendes Merkmal war die **hervorgehobene Stellung des Präsidenten**. Dieser war nicht nur mit umfassenden Befugnissen versehen, sondern besaß wegen seiner direkten Wahl auch eine ähnliche demokratische Legitimation wie das Parlament. Insbesondere die ihm zugewiesene Ausnahmebefugnis nach **Art. 48 WRV** bedeutete einen Dualismus zwischen Reichspräsidenten und Parlament.

670

Art. 48 Abs. 2: „Der Reichspräsident kann, wenn im Deutschen Reiche die öffentliche Sicherheit und Ordnung erheblich gestört oder gefährdet wird, die zur Wiederherstellung der öffentlichen Sicherheit und Ordnung nötigen Maßnahmen treffen, erforderlichenfalls mit Hilfe der bewaffneten Macht einschreiten."

Die Gegenzeichnung durch die Reichsregierung (Art. 50 WRV) und das parlamentarische Aufhebungsrecht (Art. 48 Abs. 3 S. 2 WRV) sollten das Ausnahmerecht jedoch demokratischer Verantwortung unterstellen, sodass der verfassungsrechtlichen Struktur zwar keine Entscheidung zum „Ersatzkaisertum" des Staatsoberhauptes zu entnehmen war. Jedoch kommt darin das bis weit in die bürgerlichen Parteien verbreitete Misstrauen gegenüber dem Parlamentarismus zum Ausdruck.

671

Die WRV erhielt einen auf **Friedrich Naumann** (1860–1919) zurückgehenden Teil zu „Grundrechten und Grundpflichten der Deutschen", in die einerseits einige revolutionäre Errungenschaften eingeflossen sind. Andererseits waren die **Grundrechte** nach der herrschenden staatsrechtlichen Auffassung aber **durch einfache Gesetze einschränkbar** und wurden eher als Rechtsgewährleistungen gegenüber der Exekutive denn als rechtliche Bindung auch der Legislative verstanden.[328]

672

Art. 109. „Alle Deutschen sind vor dem Gesetze gleich. Männer und Frauen haben grundsätzlich dieselben staatsbürgerlichen Rechte und Pflichten. Öffentlich-rechtliche Vorrechte oder Nachteile der Geburt oder des Standes sind aufzuheben. Adelsbezeichnungen gelten nur als Teil des Namens und dürfen nicht mehr verliehen werden […]."[329]

D. Von der krisengeschüttelten Republik zur Diktatur

I. Unruhen der Nachkriegszeit

Im gesamten Reichsgebiet war es während der Verfassungsberatungen erneut zu Aufständen und separatistischen Bewegungen (u.a. Gründung der Rheinischen Republik und der Räterepublik Bayern) gekommen, da die radikale Linke aus USPD und der jun-

673

---

328 Böckenförde, Deut. Verwaltungsgeschichte, Bd. IV, S. 20.
329 C. Gusy, Die Entstehung der Weimarer Reichsverfassung, JZ 1990, 753–763; ders., Die Grundrechte in der Weimarer Republik, ZNR 1993, 163 ff.; F. Hammer, Die Verfassung des Deutschen Reiches vom 11. August 1919 – die Weimarer Reichsverfassung, Jura 2000, 57 ff.

gen KPD die Novemberrevolution weiterführen wollte. Während gegen die **wilden Streiks** und Aufstände der **Linken** mithilfe von Reichswehr und Freikorpsverbänden energisch **eingeschritten** wurde, setzte sich die Reichsregierung gegen die Angriffe von rechts kaum zur Wehr. Ihren Widerstand gegen die Republik artikulierten die monarchistischen Deutschnationalen in Polemiken gegen Parlamentarismus, Parteienstaat und die für den „Schmachfrieden von Versailles" verantwortlich gemachten „Erfüllungspolitiker". Der **Versailler Vertrag** wurde am 28. Juni 1919 nach heftigsten innenpolitischen Debatten unterzeichnet und aufgrund der weitreichenden Gebietsabtrennungen, der Demilitarisierung und der enormen Reparationsverpflichtungen allgemein als Diktat abgelehnt. Insbesondere die **Zuweisung der** alleinigen **Kriegsschuld** führte zu einer nachhaltigen nationalen Identitätskrise, die sich als schwere Bürde für die Entwicklung der Weimarer Republik herausstellen sollte.

674   In diesem Klima gaben sich weite Kreise der Bevölkerung dem Irrtum hin, das deutsche Heer sei „im Felde unbesiegt" geblieben, die vermeintlich plötzliche Niederlage sei vielmehr auf einen Verrat zurückzuführen. Hindenburg machte das Bild populär, das sich seitdem als **Dolchstoßlegende** in den Köpfen hielt:

> „In dieser Zeit setzte die heimliche Zersetzung von Flotte und Heer als Fortsetzung ähnlicher Erscheinungen im Frieden ein. [...] Ein englischer General sagte mit Recht: ‚Die deutsche Armee ist von hinten erdolcht worden.'"[330]

675   Eine der größten Zerreißproben der Nachkriegsjahre stellte jedoch der **Kapp-Lüttwitz-Putsch** vom 13.–17. März 1920 dar, bei dem die Reichswehr ein Einschreiten gegen das in Berlin eingerichtete autoritäre Regiment mit der Begründung verweigerte, die Einheit der Armee nicht aufs Spiel setzen zu wollen („Reichswehr schießt nicht auf Reichswehr"). Die Radikalität der Umsturzbemühungen der ersten Republikjahre schlug sich in zahlreichen politischen Attentaten nieder. Sichtbar wurde, dass sich die Angriffe der rechten Republikfeinde nicht nur gegen sozialistische Politiker wie etwa **Rosa Luxemburg** und **Karl Liebknecht** richteten, sondern dass mit dem Zentrumsabgeordneten Mathias Erzberger und Walther Rathenau auch exponierte Vertreter der demokratischen Republik Anschlägen zum Opfer fielen.[331]

676   Die französische Ruhrbesetzung nach der deutschen Verweigerung der Reparationszahlungen führte zu einer weiteren Zuspitzung der **Krisenlage** im Jahre **1923**, dem Höhepunkt der Inflation. Die Auseinandersetzungen um die nationale Einheit eskalierten und gipfelten im **Putschversuch Hitlers**, der schließlich von der Reichswehr niedergeschlagen wurde. Eine zu große Zurückhaltung bei der Bestrafung rechtsradikaler Täter gegenüber einer scharfen Ahndung linksradikal motivierter Straftaten handelte der Justiz den Vorwurf ein, auf dem rechten Auge blind zu sein.[332] Das schloss sich lückenlos an den Vorwurf der Klassenjustiz aus dem 2. Kaiserreich an.

---

330 Aussage vor dem parl. Untersuchungsausschuss am 18. Nov. 1919, aus: Michaelis/Schraepler (Hg.), Ursachen und Folgen. Vom deutschen Zusammenbruch 1918 und 195 bis zur staatlichen Neuordnung Deutschlands in der Gegenwart, Berlin seit 1958, Bd. IV, S. 8.

331 C. Gebhardt, Der Fall des Erzberger-Mörders Heinrich Tillessen, 1995.

332 E.J. Gumbel, Zwei Jahre politischer Mord, 1921; Ralph Angermund, Deutsche Richterschaft 1919–1945, 1990; D. v. Selle, Prolog zu Nürnberg. Die Leipziger Kriegsverbrecherprozesse vor dem RG, ZNR 1997, 193 ff.

II. Zeit der Präsidialkabinette

Mit der **Währungsreform** vom 15. November 1923 gelang es der Regierung, die Lage **677**
zu stabilisieren. Die folgenden Jahre sind gekennzeichnet durch politische Ruhe und allmählichen wirtschaftlichen Aufstieg. Erst während der Weltwirtschaftskrisen 1929/1932
entzündeten sich die politischen und sozialen Spannungen erneut. So stieg die **Arbeitslosigkeit** unter den Gewerkschaftsmitgliedern von 8,3% (1928) auf 43,7% (1932). In realen Zahlen ausgedrückt: Die Arbeitslosigkeit wuchs von ca. 4,5 Mio. (1931) während eines Jahres auf 5,6 Mio. (1932) Erwerbslose an – bei extrem geringer Arbeitslosenunter-
stützung.

Erklärungsansätze für das Scheitern des Weimarer Verfassungssystems gibt es zahlrei- **678**
che. Einigkeit besteht darin, neben der wirtschaftlichen Destabilisierung und den psy-
chischen Folgen des Weltkriegs eine Hauptursache in der Stellung und zunehmenden
Bedeutung des Reichspräsidenten zu sehen. Insbesondere mit der Wahl Hindenburgs
(1925–1934), des Repräsentanten des alten Kaiserreichs, wandelte sich die Funktion des
Präsidentenamtes zunehmend von einem Gegengewicht hin zu einer Alternative des
Parlaments. Weniger als die Hälfte der Weimarer Regierungen beruhten auf einer
Reichstagsmehrheit. Die meisten Kabinette stützten sich (insbesondere während der
Krisenjahre) statt dessen auf die Autorität des konservativen, rückwärtsgewandten, aber
immerhin nicht offen republikfeindlichen Präsidenten, dessen Diktaturgewalt nach
Art. 48 Abs. 2 WRV zum dauerhaften Regelungsinstrument geriet. Unter dem Reichs-
kanzler Brüning begann die Zeit der **Präsidialkabinette** (1930–1933), die Politik wurde
mit diesen zunehmend **antiparlamentarisch**. Dies und die aufgrund der mangelnden
Koalitionsbereitschaft der verfassungstragenden Parteien vorausgegangene **Selbst-
entmachtung des Parlaments** bedeuteten die Aushöhlung des demokratischen Systems.

Als 1932 KPD und NSDAP, die während der Krisenjahre hohe Zuwächse verzeichnen **679**
konnten, zusammen über die absolute Mehrheit verfügten, war das parlamentarische
System gescheitert. Die NSDAP hatte ihren Stimmenanteil von 12 (1928, 2,6%) über 107
(1930, 18,3%) auf einen Höchststand von 230 Reichstagsmandaten im Juli 1932 (37,2%)
erhöhen können. Die **Ernennung Hitlers zum Reichskanzler** in der „Regierung der nationalen Erhebung" aus NSDAP, DNVP und Konservativen wie von Papen entsprach den
Mehrheitsverhältnissen und war somit kein revolutionärer Akt, als den ihn die NSDAP
später feierte („Machtergreifung").

III. Antidemokratisches Denken

Jedoch wäre es verkürzt, den Untergang der Weimarer Republik allein mit dem schlei- **680**
chenden Verfassungswandel, den häufig wechselnden Regierungen und der Unbeweg-
lichkeit der Parteien zu erklären. Eine wichtige Rolle spielte als **psychosozialer Faktor**
das verbreitete **antidemokratische Denken**, das hier nur in Ansätzen angesprochen
werden kann. Die gesellschaftliche Grundstimmung der Weimarer Republik war eher
von konservativen, teilweise autoritär-monarchistischen Geistern bestimmt, die sich vor
allem durch ihre Ablehnung von Aufklärung und zivilisatorischem Fortschritt auszeich-
neten. Stellvertretend für diesen Kulturpessimismus stand etwa Oswald Spengler

(1880–1938), der in seinem zweibändigen **„Untergang des Abendlandes"** (1918/1922) auf Nietzsche fußend verkündete, der gegenwärtige Weltzyklus sei an sein Ende gekommen. Neben die Verneinung von Rationalismus, Technik und Demokratie traten rassistische Einschläge. So setzte sich Spengler für eine Diktatur der Reichswehr ein und wurde zum Hofphilosophen antirepublikanischer Kreise. Leider behielten auch zahlreiche Vertreter der linken Seite, wie etwa Kurt Tucholsky, kritische Distanz, ja Feindschaft, zur Republik.[333]

IV. Staatsrechtslehre

681   Einblicke in die geistigen und politischen Hintergründe der Staatsrechtslehre bietet **der Methoden- und Richtungsstreit**. Die Frage war: In welche Richtung sollte sich die Staatsrechtslehre entwickeln? Und welche Methode sollte bei der Auslegung von Recht angewandt werden? Der Streit entbrannte in den 20er Jahren unter den Staatsrechtslehrern. Sie fragten nach dem ‚Wesen' des Staates und des Rechtes, also nach der Legitimation des Staates.

682   Das staatsrechtliche Denken der Kaiserzeit war geprägt vom **Positivismus**, der nicht nach Grund und Ziel der Staatstätigkeit fragte, sondern sein Betätigungsfeld in der Feststellung von Normen und gültigen Rechtsbegriffen sah. Als Begründer dieser immer wieder diffamierten Richtung gilt **Paul Laband** (1838–1918).

683   Die Kontroverse hatte sich an den für die Weimarer Zeit neuen verfassungsrechtlichen Problemen entzündet, die der abrupte Wechsel von der hierarchischen Monarchie zu dem neuen parlamentarisch-demokratischen System mit sich brachte. Von zeitgenössischen Staatsrechtlern als Modeerscheinung abgewertet, erkennt Stolleis darin die Generaldiskussion um den Standort des Fachs in einer aufgewühlten Zeit.[334]

684   Für eine positivistische[335] Auslegung von Normen setzte sich in den Anfangsjahren der Republik vor allem der Österreicher **Hans Kelsen** (1881–1973) ein. In seinem Buch „Allgemeine Staatslehre" von 1925 vertrat er die „reine" Rechtslehre. Das war Positivismus in seiner extremsten Form. Das positive Gesetz war freilich das parlamentarisch zustandegekommene Gesetz.

685   Die junge Republik hatte die Monarchie abgelöst, aber ein stabiler staatsrechtlicher Hintergrund fehlte. Die Staatsrechtler diskutierten den ‚Begriff des Staates'. Für Kelsen war der Staat nur die Einheit seines Normengefüges. Kelsen sah die innere Zerrissenheit der jungen Demokratie und folgerte, dass die einzelnen Bürger tatsächlich nur noch über die gemeinsame Rechtsordnung miteinander verbunden seien. Sonst gebe es nichts Einheitsbildendes, Verbindendes. Der Staat konnte für ihn also nur die Rechtsordnung sein, und nichts anderes als das in ihm geltende Recht.

686   Kelsens Position erregte heftigen Widerstand bei Staatsrechtlern wie **Rudolf Smend** (1882–1975), **Hermann Heller** (1891–1933) und **Carl Schmitt** (1888–1985). Smend entgegnete in seinem Buch „Verfassung und Verfassungsrecht" von 1928, der Staat sei ein

---

333   K. Sontheimer, Antidemokratisches Denken in der Weimarer Republik, 1962.
334   M. Stolleis, Geschichte des öffentlichen Rechts, Bd. III, S. 155.
335   Zum Begriff siehe Übersicht auf Rdnr. 380.

Gesamterlebnis, das alle Bürger verbinde. Der Staat war für ihn nicht eine „überindividuelle Person" jenseits der Bürger, sondern er existierte, weil und soweit die Bürger staatliche Lebensäußerungen praktizieren, z.B. wählen gingen. Der Staat existiere in solchen Prozessen, weil sie dauernd neu erlebt würden. Smend nannte diesen Prozess ‚Integration'. Diese bilde den Kernvorgang staatlichen Lebens.

Heller sah im Staat eine Entscheidungs- und Wirkungsgemeinschaft. Er stellte sich gegen die – seiner Meinung nach – inhaltsleere Verfassung der Weimarer Republik. Das positive Recht sei an allgemeine überpositive ethische Rechtsgrundsätze gebunden. Die Legitimität des Rechts ergebe sich erst dann, wenn die Rechtsordnung mit diesen ethischen Rechtsgrundsätzen übereinstimme. Dafür sei ein weitgehender Konsens in der Bevölkerung nötig.

687

Schmitt vertrat in seiner „Verfassungslehre" von 1928 die Auffassung, dass man eine nationale Einheit durch die Verfassungsgebung herstellen müsse. Die ‚Verfassung' sei abzugrenzen vom bloßen Verfassungstext. Am Anfang stehe eine Entscheidung des Volkes für eine bestimmte Staatsform (Monarchie, Demokratie). Der Volkswille bestimme. Erst wenn sich diese politische Entscheidung artikuliert habe, dürfe der Verfassungstext erlassen werden. Nur diese Verfassungsgebung legitimiere den Verfassungstext (die Weimarer Reichsverfassung) und damit die gesamte Rechtsordnung.

688

Der Methodenstreit führte zu keiner tragfähigen Gesamtkonzeption von Staat und Recht. Keine der beiden Gruppen setzte sich durch. Mit der Machtergreifung durch die Nationalsozialisten 1933 war die Debatte um den Staatsbegriff beendet.[336]

689

2. Abschnitt: Strukturwandel des Verwaltungsrechts

A. Kriegsverwaltung

Der Übergang von der liberal-rechtsstaatlichen zur interventionistischen (Leistungs-) Verwaltung hatte bereits mit dem Aufbau der Sozialversicherung und der Arbeiterschutzgesetzgebung im Kaiserreich begonnen. Dieser Wandel beschleunigte sich während des Krieges. Das Reich war wirtschaftlich auf den Krieg nicht vorbereitet. Eine **öffentliche Bewirtschaftung knapper Güter** wie Lebensmittel, Wohnungen und Arbeitsplätze wurde nötig. Die Ausdehnung des öffentlichen Rechts führte zu Einschränkungen der Privatautonomie, die ihre Legitimation in der Unterstützungs- und Versorgungsfunktion des Staates fanden. So betonte man in der Notsituation des Krieges etwa die Sozialpflichtigkeit des Eigentums, und die ersten marktwirtschaftlich kontrollierenden und eingreifenden Gesetze entstanden **(Kriegssozialismus)**. Eine reine privatrechtliche Regulierung des Wirtschaftslebens funktionierte nicht mehr. Es kam zu Rechtsreformen, die dem öffentlichen Recht angenähert waren (Kontrahierungszwang, Ersatzgeschäfte, diktierte Verträge, privatrechtsgestaltende Verwaltungsakte).

690

---

336 M. Friedrich, Der Methoden- und Richtungsstreit, Zur Grundlagendiskussion der Weimarer Staatsrechtslehre, AöR 1977, 161–209; Biographie zu Carl Schmitt von B. Rüthers (2. Aufl. 1989); R. Schröder, Art. „Klassenjustiz", in: Ergänzbares Lexikon des Rechts; ders., Die strafrechtliche Bewältigung der Streiks durch Obergerichtliche Rechtsprechung zwischen 1870 und 1914, in: Archiv für Sozialgeschichte 31 (1991), S. 85–102; U. Volkmann, Relativität des Staates – Staatsbegriff und Staatsverständnis im Spiegel der jüngeren Geschichte, JuS 1996, 1058 ff.; M.-E. Geis, Der Methoden- und Richtungsstreit in der Weimarer Staatslehre, JuS 1989, 91 ff.

691   Der Staat hatte angesichts des wirtschaftlichen Fortschritts seine Stellung als Gegenpol der Gesellschaft bereits im ausgehenden 19. Jh. verloren und sich zum Vermittler und Organisator der gesellschaftlichen Rahmenbedingungen gewandelt. Wenn man im 19. Jh. überhaupt von Leistungsverwaltung sprach, so beschränkte sich diese auf **Armenverwaltung**, auf eine Art von **Fürsorgewissenschaft**. Otto Mayer hatte z.B. die Leistungsverwaltung lediglich als Annex der Befehlsverwaltung betrachtet, die nach seiner Ansicht rechtstechnisch vernachlässigt werden könne (vgl. Rdnr. 559). Für Karl Friedrich Wilhelm Gerber war die Unterwerfung des Einzelnen unter den Staat wesentlich, während die Rechte des Staatsbürgers lediglich Reflexrechte darstellten.

B. Interventionsstaat

692   Aber auch nach dem Ende des Krieges kam es nicht zu einer Rückkehr zur liberalen Verwaltung. Statt die Regulierung der wirtschaftlichen Rahmenbedingungen einzudämmen, erkannte man deren Dauerhaftigkeit und nutzte dieses Steuerungsmittel auch in der Nachkriegszeit zur Krisenbewältigung (**Inflationsgesetzgebung**). Zudem bewirkten die sozialstaatlichen Staatszielbestimmungen der WRV eine weitere Expansion in der Versicherungs-, Ernährungs-, Arbeits- und Wohnverwaltung sowie in der Verkehrs- und Energieverwaltung. Art. 151 Abs. 1 WRV erklärte beispielsweise:

„Die Ordnung des Wirtschaftslebens muss den Grundsätzen der Gerechtigkeit mit dem Ziele der Gewährleistung eines menschenwürdigen Daseins für alle entsprechen. In diesen Grenzen ist die wirtschaftliche Freiheit des Einzelnen zu sichern."

693   Wissenschaftlich formuliert wurden diese Probleme später von **Ernst Forsthoff** (1902–1974) in den 30er Jahren, der auch den Terminus der **Daseinsvorsorge** einführte.[337]

694   An die Stelle einer fast reinen Befehlsverwaltung trat immer häufiger die einlenkende, konsensbereite Verwaltung, die gemeinsam mit den Gewaltunterworfenen nach Regelungen bestimmter Sach- und Rechtsverhältnisse suchte. Insbesondere dort, wo die wirtschaftsgestaltende Verwaltung durch Untersagungen, Erlaubnisse und Nebenbestimmungen in den Privatrechtsverkehr eingriff, wo mehrpolige, verflochtene Verwaltungsbeziehungen entstanden, sich Begünstigungen und Belastungen miteinander verschränkten, kristallisierte sich allmählich heraus, dass das Verhältnis zwischen Bürger und Staat längst nicht mehr als einfaches Subordinationsverhältnis erfasst werden konnte. Die Anzahl der Rechtsbeziehungen zwischen Bürger und Staat wuchs ständig, wobei subjektiv-öffentliche Rechte nunmehr durch Gesetz, Verwaltungsakt und öffentlich-rechtlichen Vertrag begründet werden konnten.

695   Parallel zur Entwicklung des privaten Wirtschaftsrechts aus Kartell- und Wettbewerbsrecht kam es auch im öffentlichen Recht zu einem Zusammengehen von verwaltungsrechtlichen und wirtschaftlichen Materien (**Wirtschaftsverwaltungsrecht**). E.R. **Huber** (1903–1990) brachte diesen Stoff mit den Methoden des Verwaltungsrechts in einen systematischen Zusammenhang, in dem er die Subjekte des Wirtschaftsverwaltungs-

---

337 Die Verwaltung als Leistungsträger, 1938.

rechts, die öffentlichen Rechte und Pflichten, die Leistungsansprüche, die wirtschaftlichen Freiheitsrechte und die Gestaltungsrechte des Staates erfasste.[338]

C. Verwaltungsgerichtsbarkeit

Wichtige Verbesserungen des Rechtsschutzes wurden vor allem durch die gesetzliche Ausformung des materiellen Verwaltungsrechts und des Verwaltungsverfahrensrechts, insbesondere durch die Verdichtung des Gesetzmäßigkeitsprinzips geleistet. Eine umfassende **Verfassungsgerichtsbarkeit** gab es in der Weimarer Republik jedoch nicht, vielmehr bestanden einzelne Klagemöglichkeiten vor dem Staatsgerichtshof oder dem RG. Die Wahrung der Grundrechte sah man als Aufgabe der Verwaltungsgerichtsbarkeit.[339]   **696**

Zwar verpflichtete Art. 107 WRV die Länder zur Errichtung von Verwaltungsgerichten, jedoch wurde dies unterschiedlich umgesetzt. Für das Reich selbst bestand eine Zuständigkeit nur in Sondergebieten, die teilweise vom RG, teilweise von besonderen Verwaltungsgerichten wahrgenommen wurde. Das in Art. 31 Abs. 2, 107, 166 WRV vorgesehene Reichsverwaltungsgericht wurde erst 1941 durch Führererlass errichtet. Die Verwaltungskontrolle besaß in der Weimarer Zeit noch erhebliche Defizite, da vielfach nur verwaltungsinterne Rechtsschutzmechanismen vorgesehen, die Trennung zwischen Verwaltung und Kontrollinstanzen nur ansatzweise verwirklicht und die Rechtsschutzgewährung uneinheitlich und lückenhaft waren.[340]   **697**

3. Abschnitt: Zivilrecht und Rechtswissenschaft

Mit dem Inkrafttreten des BGB stand die Zivilrechtswissenschaft vor einer völlig veränderten Situation. Aus dem mit breitem wissenschaftlichen Instrumentarium an alten, in sich widersprüchlichen Rechtstexten arbeitenden Wissenschaftler war ein bloßer **Ausleger des Gesetzes** geworden. Schnell eröffneten sich jedoch neue Betätigungsfelder, die mit dem alten wissenschaftlichen Anspruch bearbeitet werden konnten. Dies gilt z.B. für die Rechtssoziologie.   **698**

A. Rechtssoziologie

Kurz nach der Jahrhundertwende tauchte die Rechtssoziologie als selbstständige Disziplin auf (**Max Weber**, 1864–1920, **Eugen Ehrlich**, 1862–1922).   **699**

„Es wird oft behauptet, ein Buch müsse so sein, dass man seinen Sinn in einem einzigen Satz zusammenfassen könne. Wenn die vorliegende Schrift einer solchen Probe unterworfen werden sollte, so würde der Satz etwa lauten: der **Schwerpunkt der Rechtsentwicklung** liege auch in unserer Zeit, wie zu allen Zeiten, weder in der Gesetzgebung noch in der Jurisprudenz oder in der Rechtsprechung, sondern **in der Gesellschaft selbst.** Vielleicht ist in diesem Satz der Sinn jeder Grundlegung einer Soziologie des Rechts enthalten".[341]

---

338 Vgl. E.R. Huber, Wirtschaftsverwaltungsrecht, 1932; M. Stolleis, Neues zur Verfassungsgeschichte, in: ZNR 1991, 187–195.

339 Robbers, Die historische Entwicklung der Verfassungsgerichtsbarkeit, JuS 1990, 262 ff.; I. Hueck, Der Staatsgerichtshof zum Schutze der Republik, 1996.

340 Grawert, Verwaltungsrechtsschutz in der Weimarer Republik, in: FS C.-F. Menger (1985), S. 35 ff.

341 Ehrlich, Vorrede zur Grundlegung der Soziologie des Rechts, 1913.

700 Als Teilgebiet der Rechtssoziologie machte es sich **Arthur Nußbaum** (1877–1964) in der Rechtstatsachenforschung zur Aufgabe, richtige Gesetzgebung und Rechtsanwendung durch Erforschung der tatsächlichen Gegebenheiten auf dem Gebiete des Privatrechts zu ermöglichen:

„In erster Linie gilt es zu erforschen, wie die Formen der tatsächlichen Anwendung des Gesetzes beschaffen sind, insbes., in welcher Weise das Gesetz von den Gerichten und dem Publikum tatsächlich angewendet wird, ferner welche Zwecke mit den Normen verfolgt werden und welche Wirkungen sie äußern. Wir wollen z.B. wissen, ob Rentenschulden oder Nachlaßverwaltungen in der Wirklichkeit vorkommen und eventuell, weshalb sie nicht oder nur vereinzelt vorkommen; wie sich die verschiedenen Güterrechtsformen des BGB örtlich und persönlich verteilen und wie sie sich bewähren; welche typischen Formen nicht rechtsfähiger Vereine es gibt; Mietverträge und Pachtverträge in Stadt und Land wirklich aussehen; [...]. Mit allen diesen Dingen beschäftigt sich die Rechtslehre so gut wie gar nicht. So ist es z.B. bemerkenswert, dass man in geläufigen Darstellungen des Hypothekenwesens auch nicht ein Wort über den Unterschied der typischen ersten und zweiten Hypothek zu finden pflegt, obschon auf ihm die ganze Ordnung unseres Hypothekarkredits beruht [...]".[342]

Diese Kritik gilt im Grunde bis heute. Denn viele Reformvorschläge berücksichtigen die tatsächliche Situation und die praktischen Wirkungen der Rechtsänderungen nicht ausreichend.

B. Methodendebatte

701 Gleichzeitig wurde die Bindungswirkung der Richter an das Gesetz diskutiert. Man knüpfte an in den 80er und 90er Jahren des vergangenen Jahrhunderts geführte Diskussionen an. Damals hatte man bereits über Lücken im Recht nachgedacht und auch darüber, dass das Gesetz zwangsläufig den technischen und sonstigen Fortschritten nachhinken müsse. Auch die 1. Kommission ging nicht davon aus, dass der Entwurf alles lückenlos regeln könnte. Die so aufgeworfenen Fragen führten im 20. Jh. zwangsläufig zu einer Diskussion über die Stellung und Verantwortung des Richters gegenüber dem Gesetz und dem Gesetzgeber einerseits (somit über die jüngst errungene Gewaltenteilung) und gegenüber der sozialen, wirtschaftlichen und politischen Wirklichkeit andererseits.

702 Dabei wurde nicht offen eine Beseitigung der Gewaltenteilung gefordert, sondern aus wissenschaftlichen Gesichtspunkten die Unausweichlichkeit eines mehr oder minder stark eingeschätzten Einflusses des Richters auf das gesprochene Urteil diagnostiziert. Herrschte über diesen Hintergrund weitgehend Einigkeit, so gingen die hieraus gezogenen Konsequenzen doch weit auseinander.

I. Freirechtsschule

703 Die Emanzipation des Richters vom Gesetz forderte am heftigsten die sog. „Freirechtsschule", die man besser soziologische Rechtsschule nennen sollte. Sie wurde begründet von dem Praktiker **Ernst Fuchs** (1859–1929) und von **Herrmann Ulrich Kantorowicz** (1877–1940). Kantorowicz forderte 1906 unter dem bezeichnenden Pseudonym **Gnaeus Flavius** in „Der Kampf um die Rechtswissenschaft", dass der Richter vom Gesetz abweichen dürfe.

---

342 Die Rechtstatsachenforschung, 1914.

Die freirechtliche Schule hatte erkannt, dass es eine Fiktion ist, anzunehmen, rechtliche Entscheidungen könnten allein aus dem Gesetz abgeleitet werden. Utopisch ist auch, zu erwarten, dass die Privateinstellungen und Meinungen des Richters – seine Alltagstheorien – nicht mit in die Entscheidung einflössen. Das gilt umso mehr, wie Fuchs formulierte, als 90% der Entscheidungen mit Sicherheit nie unter einen konkreten Fall des entsprechenden Gesetzes fallen. Des Weiteren wollte man die Kriterien für die Ausfüllung der nunmehr erkannten Lücken durch eine „soziologische Rechtswissenschaft" – durch Erforschung der Rechtswirklichkeit – ausfüllen.

704

Oberster Maßstab – und hierin unterschied sich die Rechtsschule von den vorherigen Bestrebungen – war die Tatsache, dass die Freirechtsschule ihren Schwerpunkt auf die Wahrheitsermittlung legte. In einem Prozess sei die **Tatsachenermittlung das Entscheidende**, und nicht die anschließende Rechtsanwendung. Insbesondere auf diesem Gebiet hat die in der Praxis völlig abgelehnte und angefeindete Freirechtsschule ihre besten Wirkungen entfaltet.

705

Vgl. Art. 1 des Schweizerischen Zivilgesetzbuches (1907/1912):

„Das Gesetz findet auf alle Rechtsfragen Anwendung, für die es nach Wortlaut oder Auslegung eine Bestimmung enthält. Kann dem Gesetze keine Vorschrift entnommen werden, so soll der Richter nach Gewohnheitsrecht und, wo auch ein solches fehlt, nach der Regel entscheiden, die er als Gesetzgeber aufstellen würde. Er folgt dabei bewährter Lehre und Überlieferung."

Die von Fuchs geforderte und vom RG später betriebene **Ausweitung der Generalklauseln** (§ 242 BGB), das „freie Ermessen", war aber nicht unbedenklich. Sie setzte nach Ernst Bloch einen anderen Richtertyp als den deutschen Richter voraus, einen innerlich auf Grundrechte verpflichteten Richter.

706

„Das deutsche Freirecht war fortschrittlich gemeint, doch die Verhältnisse waren nicht so. Und der richtende Nazi, abhängig durch und durch, doch frei von juristischen Zwirnsfäden, hat gerade dadurch gezeigt, was er kann".[343]

Damit hebt Bloch entgegen der oft platten Kritik am Positivismus die Wichtigkeit der Positivierung von Normen hervor. Daneben wird die Frage angeschnitten, was „Gerechtigkeit" garantiere, die strenge Bindung an ein Gesetz (so in Aufklärung und ALR) oder der integere Richter (anglo-amerikanische Rechtsauffassung).[344]

II. Interessenjurisprudenz

Die Interessenjurisprudenz verstand sich selbst als „Methodenlehre für die praktische Rechtswissenschaft". Sie wollte keine Rechtsphilosophie sein, sondern eine **Rechtsanwendungslehre**, die sich insbesondere auf die Frage der Auslegung von Gesetzen konzentrierte. In manchen Belangen Jhering und Dernburg (vgl. Rdnr. 567, 577) folgend wollte sie bei Auslegung von Gesetzen an den Gesetzeszweck anknüpfen. Sie kämpfte damit allerdings auch gegen den „Kadavergehorsam" der Gesetzespositivisten. Sie wollten einen „denkenden Gehorsam" des Richters gegenüber dem Gesetz. Es waren insbesondere **Philipp Heck** (1858–1943) und **Rudolf Müller-Erzbach** (1874–1959), die da-

707

---

343 Bloch Naturrecht, 1967, S. 151 ff.
344 D. Simon, Die Unabhängigkeit des Richters, WBG 1975; R. Schröder, Die deutsche Methodendiskussion um die Jahrhundertwende, in: Rechtstheorie 1988, S. 323 ff.

von ausgingen, dass jede gesetzliche Norm eine Maxime des Gesetzgebers für die Lösung der von ihm betrachteten **Interessenkonflikte** enthalte. Die gesetzgeberische Entscheidung hatte die widerstreitenden Interessen bewertet. Dieser gesetzgeberischen Interessenbewertung sei der Vorrang zu geben vor der subjektiven Interessenbewertung des Richters für den Einzelfall. Man hielt der begriffsjuristischen Methode entgegen, dass sie nur ausnahmsweise zum logisch und sozial richtigen Ergebnis komme, wenn nämlich der Begriff selbst schon im Hinblick auf eine zutreffende Interessenbewertung gebildet sei.[345]

„Ausgangspunkt sind zwei Einsichten. Die erste Einsicht geht dahin, dass nach unserer Verfassung der **Richter an das Gesetz gebunden** ist. Auch der Richter hat Interessen abzugrenzen, Interessenkonflikte zu entscheiden wie der Gesetzgeber. In dem Streit der Parteien tritt ihm ein Interessenkonflikt entgegen. Aber die Abwägung, die der Gesetzgeber vollzogen hat, geht der Eigenwertung des Richters maßgebend vor. Die zweite Einsicht geht dahin, dass unsere Gesetze im Verhältnis zu der Fülle der Lebensprobleme mangelhaft sind, unvollständig und nicht frei von Widersprüchen. Der moderne Gesetzgeber ist dieser Unzulänglichkeit bewusst und erwartet daher vom Richter nicht buchstäblichen, sondern **interessegemäßen Gehorsam**, nicht nur die logische Subsumtion unter Gesetzesgebote, sondern auch die Ergänzung fehlender und die Berichtigung mangelhafter Gebote. Man kann dies auch so ausdrücken: Der Richter hat nicht nur das einzelne Gebot anzuwenden, sondern die Gesamtheit der vom Gesetze für schutzwürdig erachteten Interessen zu wahren".[346]

708   Jurastudenten üben im Zivilrecht vor allem, die im Fall enthaltenen Interessenkonflikte herauszuschälen und anhand der gesetzgeberischen Interessenbewertung, so wie sie in den Normen sichtbar wird, zu entscheiden.

C. Rechtsprechung

709   Die Debatten machten auch den Druck deutlich, der auf der Rechtsprechung lastete. Angesichts der auf die junge Kodifikation einstürmenden **wirtschaftlichen und sozialen Veränderungen** musste die Rechtsprechung einen wichtigen Teil der Modernisierungsanforderungen im Privatrecht übernehmen. Während die rechtsgeschichtliche Forschung bis vor kurzem noch davon ausging, dass die Rechtsprechung erst nach 1914 vom absoluten Gehorsam des Richters auch gegenüber einem mangelhaften und unzulänglichen Gesetz abgelassen habe, machen neuere Untersuchungen deutlich, dass schon kurz nach der Jahrhundertwende besonders das Reichsgericht (RG) reagierte. So nutzte das RG früh die **Generalklausel** des § 826 BGB, um Missbräuchen der gesetzlich nicht geregelten Kartelle vorzubeugen. Besonders im Wirtschafts- und Arbeitsrecht begann schon früh der Aufstieg der ‚Königlichen Paragraphen' (§§ 138, 242, 826 BGB). Viele der heute unter § 242 BGB gesammelten Rechtsgrundsätze wurden bereits kurz nach der Jahrhundertwende zumeist in **gemeinrechtlicher Tradition** auch im allgemeinen Privatrecht weiterverwendet. Hierbei berief man sich vor allem auf ein Rechtsinstitut, welches das BGB nicht übernommen hatte, die Arglisteinrede (*exceptio doli generalis*).

710   Eine ‚Hochleistungsphase' für richterliches Anpassungsinstrumentarium brachte der **Erste Weltkrieg**. Den zumeist unvorhersehbaren Kriegseinwirkungen auf das Wirtschaftsleben begegnete die Rechtsprechung mit der Figur des Kontrahierungszwanges oder der faktischen und wirtschaftlichen Unmöglichkeit (Lieferung von ‚Kolonialwaren'

---

345 F. Wieacker, Privatrechtsgeschichte, S. 575 f.
346 P. Heck, Interessenjurisprudenz, 1933; abgedruckt in: Recht und Staat, Heft 97, S. 7 ff.

trotz der Seeblockade). Nach 1918 trat diese rechtschöpfende Stellung der Gerichte besonders hervor. Neben sachlichen Gründen dürfte auch die ‚antidemokratische' Haltung vieler Richter ausschlaggebend gewesen sein, die den Gesetzen des ungeliebten Gesetzgebers ‚das Recht' entgegenhielten. Bahnbrechend war beispielsweise das **Aufwertungsurteil** des Reichsgerichts aus dem Jahre 1923, worin der Grundsatz „Mark = Mark" zumindest teilweise aufgehoben wurde und eine Aufwertung zugunsten bestimmter Gläubiger (der Hypothekengläubiger) stattfand.[347] Hier bezog sich das Gericht erstmals auf Oertmanns ‚Wegfall der Geschäftsgrundlage'.

In der Weimarer Republik begann die höchstrichterliche Rechtsprechung langsam auch die **Weimarer Verfassung** zu berücksichtigen. Ähnlich wie in neuester Zeit das Bundesverfassungsgericht mehrfach vorgegangen ist (Nichtehelichenfrage), erklärten die Reichsgerichtsräte den Art. 131 der WRV zum geltenden Recht. Darin wurde der Programmsatz der Staatshaftung bei Amtspflichtverletzung zum Gesetz erhoben. **711**

Weit stärkere Korrekturen als durch das höchste Reichsgericht erfuhr die Privatrechtsordnung aber durch die infolge des Krieges eingeführten wirtschaftslenkenden Gesetze (**Kriegssozialismus**, vgl. Rdnr. 690), die entgegen der liberalen Theorie eine staatliche Intervention ermöglichten.[348] **712**

D. Arbeits- und Wirtschaftsrecht

I. Arbeitsrecht

Erst der **Erste Weltkrieg** machte dem Bürgertum die Unentbehrlichkeit und Bedeutung des Arbeiterstandes deutlich. Es wurden die Anfänge für eine Arbeitslosenversicherung gelegt, und das Koalitionsrecht der Arbeiter wurde wieder stärker anerkannt (**Kriegssozialismus**, vgl. Rdnr. 690). Die **Tarifvertragsordnung** von 1918/19 brachte für das kollektive Arbeitsrecht den Durchbruch. Bereits während des Krieges hatte sich der Staat aus Gründen der Kriegswirtschaft das Recht vorbehalten, schlichtend in Arbeitskämpfe einzugreifen und Tarifverträge für allgemein verbindlich erklären zu lassen. Nach der Tarifvertragsordnung war es weiterhin zulässig, dass Tarifverträge zwischen Arbeitnehmer und Arbeitgebervereinigungen zu gesetzlich festgelegten Mindestbedingungen ausgehandelt werden konnten. Beachtlich ist auch das **Betriebsrätegesetz von 1920**, was der Tatsache Rechnung trug, dass sich besonders im Ruhrgebiet Vorläufer der Mitbestimmung in manchen Betrieben durchgesetzt hatten. **713**

Art. 124 Abs. 2 der WRV erleichterte den Erwerb der Rechtsfähigkeit für Vereine, die politischen, sozialpolitischen oder religiösen Zwecken dienen sollten. Auch im individuellen Arbeitsrecht wurden Fortschritte erzielt, z.B. für Schwerbeschädigte (1920) und für werdende Mütter (1927). **714**

---

347 RGZ 107, 78.
348 Vgl. Ramm, Einführung in das Privatrecht I, 1974, S. 76 ff.; R. Schröder, Die Entwicklung des Kartellrechts und kollektiven Arbeitsrechts durch die Rechtsprechung des Reichsgerichts, 1988; H. Dörner, Erster Weltkrieg und Privatrecht, in: Rechtstheorie 1986, S. 386 ff.; K.W. Nörr, Zwischen den Mühlsteinen, 1988; ders., Der Richter zwischen Gesetz und Wirklichkeit, 1996; Sontheimer, Antidemokratisches Denken in der Weimarer Republik (dtv 4312); M. Klemmer, Gesetzesbindung und Richterfreiheit, 1996.

715   Zu Beginn des 20. Jhs. entwickelte sich aus verschiedenen Sondergerichten (Gewerbe-, Kaufmannsgerichte, Schlichtungsausschüsse) allmählich eine Arbeitsgerichtsbarkeit. Durch das **Arbeitsgerichtsgesetz von 1926** und dann später nach dem Zweiten Weltkrieg von 1953 wurde das Verfahren einheitlich geregelt.

II. Wirtschaftsrecht

716   In der Weimarer Republik wurde das Wirtschaftsrecht auch erstmals als eigenständiges Rechtsgebiet bearbeitet.[349] Eine gesetzliche Regelung des Konzernrechts erfolgte 1931 durch die aktienrechtliche Notverordnung, die erstmals eine Publizität der Konzernbeziehungen forderte und damit vor allem den Schutz der Aktionäre aufnahm.

717   Das RG hatte schon 1897[350] **Kartelle** gebilligt. Kartelle kommen durch Verträge zustande, die im Rahmen der Vertragsfreiheit geschlossen werden. Die Basis der Vertragsfreiheit, nämlich die Freiheit des Zugangs zu den und die Bewegung auf den Märkten, wird aber durch die Kartellverträge eingeschränkt bzw. ausgehebelt. Doch entsprechend dem damaligen Stand der Wirtschaftswissenschaft bildeten Kartelle die Rettungsfallschirme für die zu hoch geflogene Produktion.

1905 wurden in Deutschland 253 größere Kartelle, davon 92 in der Schwerindustrie, amtlich festgestellt. In den 20er Jahren des 20. Jhs. stellte man 2.500 Kartelle fest. Den ersten Schritt zum Schutz der Wettbewerbsfreiheit leitete die **Kartellverordnung** von 1923 ein; weitere folgten erst in der Nachkriegszeit (vgl. Rdnr. 797).[351]

4. Abschnitt: Strafrecht

718   Die **Reformversuche** des materiellen und des prozessualen Strafrechts sowie des Strafvollzugs seit den 80er Jahren des vorletzten Jahrhunderts bis in unsere Zeit sind zahlreich. Die Versuche der Gesamtrevision des StGB waren es ebenfalls. Sie sind wegen starker antiliberaler Kräfte nie voll zum Ziel gelangt.[352] Das gilt auch für den Vorentwurf von 1909. Dieser enthielt bereits Ansätze zu einem System sichernder und bessernder Maßnahmen. Auch wollte man die **Geldstrafe** besser den tatsächlichen Vermögensverhältnissen der Bestraften anpassen, zumal die Geldstrafe gegenüber der **Freiheitsstrafe** an Bedeutung immer mehr zugenommen hatte – was nicht der Intention des Gesetzgebers des Reichsstrafgesetzbuches von 1871 entsprach. Der Gegenentwurf von 1909, an dem auch Liszt beteiligt war, versuchte, die Vorstellungen der modernen Schule, insbesondere die Zweispurigkeit von Strafen und Maßregeln, strenger durchzuführen.

719   Erst nach dem Ersten Weltkrieg wurde die Reformarbeit wieder aufgegriffen. Zu nennen ist beispielsweise der **Entwurf von Radbruch** von 1922,[353] in dem die Abschaffung der Todesstrafe gefordert wurde. Gerade dieser Punkt war bei dem Erlass des StGB höchst

---

349   Etwa A. Nußbaum, Das neue deutsche Wirtschaftsrecht, 1920.

350   RGZ 38, 155.

351   R. Schröder, Die Entwicklung des Kartellrechts und des kollektiven Arbeitsrechts, 1988; K.W. Nörr: Die Leiden des Privatrechts: Kartelle in Deutschland von der Holzstoffkartellentscheidung zum Gesetz gegen Wettbewerbsbeschränkungen, 1994.

352   Vgl. Marxen, Der Kampf gegen das liberale Strafrecht, 1975.

353   Der innere Weg, Kl. Vandenhoek Reihe 110.

streitig gewesen. Es geht auf den Einfluss Bismarcks zurück, dass die Todesstrafe im StGB blieb, wiewohl die Mehrheit der Abgeordneten zunächst gegen die Todesstrafe gestimmt hatte. Der amtliche Entwurf von 1925 schloss sich den Lisztschen Vorstellungen über die **Zweispurigkeit von Strafen und Maßregeln** an. Mit der Verkündung der „Verordnung über Vermögensstrafen und Bußen" (1924) begann die Reform des Geldstrafenwesens. Man wollte eine Geldstrafe verhängen, wenn durch diese der Strafzweck auch erreicht würde. Letztlich hat diese Bewegung erst in der 1975 erfolgten Einführung der **„Tagessätze"** ihr Ende gefunden (§ 40 StGB).

Viele Fragestellungen, die noch heute diskutiert werden, waren schon zur Weimarer Zeit umstritten; z.B. die Reform des § 218 StGB. Bereits in den 80er Jahren des 19. Jhs. forderte man, dass in Bezug auf den Strafprozess die Berufung gegen alle erstinstanzlichen Urteile möglich sein sollte. Auch wurden schon Widerstände gegen die Ausgestaltung der Schwurgerichtsbarkeit, insbesondere gegen die strenge Trennung zwischen Tat- und Rechtsfrage laut. **720**

In der späteren **Emmingerschen Justizreform** (1924) wurden die klassischen Schwurgerichte abgeschafft und die Schwurgerichte in der bis 1974 geltenden Form in der Besetzung von 6 Laien und 3 Berufsrichtern geschaffen. Diese Reform fand allerdings nicht aufgrund der sachlichen Einwände gegen die Schwurgerichtsbarkeit statt, sondern z.T. aus Kostengründen. **721**

Ein besonderes Problem stellte nach dem Ersten Weltkrieg die Verwahrlosung von Jugendlichen dar. Unterstützt durch die Gedanken der reformpädagogischen Bewegung sah man ein, dass es nötig war, das Recht der Jugendlichen aus dem Allgemeinen Strafrecht herauszulösen. 1923 wurde das **Jugendgerichtsgesetz** (JGG) in Kraft gesetzt. In diesem Gesetz war zum ersten Mal der Vergeltungsgedanke zugunsten des **Erziehungsgedankens** zurückgedrängt. Nach § 17 dieses Gesetzes soll der Richter eine Jugendstrafe nur verhängen, wenn Erziehungsmaßnahmen nicht ausreichen. Auch enthält das Gesetz die erste Regelung der bedingten Strafaussetzung (§ 20). Zu erwähnen ist auch noch das 1924 eingeführte **Jugendwohlfahrtsgesetz** (JWG), durch welches Jugendwohlfahrtsbehörden eingerichtet wurden, und in dem sich die Auffassung dokumentiert, dass es Aufgabe des Staates ist, über die Erziehung der Kinder zu wachen und sie notfalls selbst durchzuführen. Das JWG wurde erst 1990 durch das Kinder- und Jugendhilfegesetz abgelöst. **722**

8. Teil: Recht im Nationalsozialismus

1. Abschnitt: Einleitung

723   Nach Millionen von Soldaten- und Zivilopfern im Krieg, den Massenmorden an Personen, die das Dritte Reich zu seinen Feinden erklärt hatte (Sozialdemokraten, Kommunisten, „lebensunwerte" Behinderte, Zeugen Jehovas, „Zigeuner" und viele andere), und
der Ermordung von Millionen Juden in Konzentrationslagern (KZ) stand man am Ende
des Zweiten Weltkrieges vor der Frage, wie dieses unglaubliche Geschehen moralisch
und rechtlich zu bewältigen und ein demokratischer Neuanfang zu gestalten sei. Nicht
die allgemeine Geschichte des Dritten Reichs ist Gegenstand dieser Darstellung, sondern zahlreiche juristische und rechtshistorische Fragen.

724   Welchen Beitrag leisteten Recht und Juristen bei der Durchsetzung und Festigung der
NS-Herrschaft, welche Rolle kam den Rechtsnormen und ihrer Praxis zu?

Wie groß war der Einfluss des Rechts bei den massenhaften Ungerechtigkeiten gegen
„rassische" und ethnische Minderheiten oder gar bei der „Ausmerzung" der sog. Feinde
des Reiches? Was hätten Recht und Rechtsanwender verhindern können? Welche Lehren sind aus der Tätigkeit von Juristen im Dritten Reich für die heutige Praxis und Ausbildung zu ziehen?

Die Komplexität der moralischen und methodischen Vorfragen verbietet einfache Antworten. Die oben erwähnten Fragen umfassen nämlich Deskription, Analyse und moralische Aspekte juristischer Tätigkeit und sind in dieser Pauschalität nicht zu beantwor-
ten. Es kann somit nur um Annäherungen gehen.

2. Abschnitt: Von der Machtübergabe bis zum Krieg

725   Die Essenz des Nationalsozialismus hat D. Majer prägnant zusammengefasst: **Führer-
prinzip, Sonderrecht** (= rassische Ungleichheit) und **Einheitspartei**.[354]

Doch greift diese Beschreibung nicht weit genug. Denn die Funktion des Rechts in einem politischen System wandelt sich zeitlich und im Zusammenhang mit dem Grad der
Machtdurchsetzung. So spielten auch Recht und Terror im Verlauf des Dritten Reiches
eine unterschiedliche Rolle. Für die erste Annäherung wird daher die bisherige Gliederung verlassen, die nach Rechtsgebieten trennt. Statt dessen wird zwischen den einzelnen Phasen der NS-Herrschaft nach Art und Weise unterschieden, wie und zu welchem
Zeitpunkt „Recht" die NS-Herrschaft ermöglichte und stabilisierte. Nach Erarbeitung
dieses Grundverständnisses werden einige Besonderheiten in der Rechtsentwicklung
herausgegriffen.

A. Machtergreifung (1933–1935)

726   Die Machtergreifung, die besser als Machtübergabe zu bezeichnen ist, fand zwar zumindest partiell in traditionellen Rechtsformen statt. Dennoch war Recht in dieser Zeit im

---

354 In: Grundlagen des nationalsozialistischen Rechtssystems, 1987.

Verhältnis zu den politischen, wirtschaftlichen und sozialen Ereignissen am Ende der Weimarer Republik von eher untergeordneter Bedeutung. Der Intrige auf hoher politischer Ebene stand ein **ungewöhnlicher Grad von Akzeptanz** bzw. Gleichgültigkeit in weiten Teilen der Bevölkerung zur Seite. Es dominierte **physische Gewalt**: SA und SS bekämpften Andersdenkende stärker als je zuvor, z.T. durch offenkundig illegale Verschleppung der Gegner in (wilde) KZ. Gewerkschaftler, Sozialdemokraten und Kommunisten wurden, sofern sie nicht direkt in Lager kamen, verprügelt oder gar gefoltert. Polizei und StA schritten nicht ein.

Daneben legten die neuen Machthaber Wert auf eine **staatsrechtliche Scheinlegalität**, insbesondere bei den ersten Gesetzen: Einen zentralen Einschnitt in die Presse- und Versammlungsfreiheit stellte bereits die VO zum Schutze von Volk und Staat dar.[355] Denn diese setzte Grundrechte im weitesten Umfang außer Kraft. Das bald folgende **Ermächtigungsgesetz**[356] machte die Exekutive zur Legislative. Es kam zustande, nachdem die Abgeordneten der KPD zumeist illegal verhaftet worden und deren Mandate durch VO für ruhend erklärt worden waren. Die Parlamentarier mussten vor dem Reichstag durch ein Spalier von SA und SS-Leuten gehen, die brüllten: „Wir wollen das Gesetz, sonst Mord und Totschlag." Das Ergebnis war eindeutig: Der neue Staat hatte sich bei äußerlicher Wahrung des Verfahrens von Grundprinzipien der materiellen Rechtsstaatlichkeit verabschiedet, fundamentale Regeln der WRV waren außer Kraft gesetzt. **727**

Neben Intrige und Gewalt beanspruchte die NSDAP in der ersten Phase ihrer Herrschaft, zumindest partiell traditionelle Rechtsformen zu wahren, wie Hitler bereits 1930 im Reichswehrprozess angekündigt hatte: **728**

„Die nationalsozialistische Bewegung wird in diesem Staate **mit verfassungsmäßigen Mitteln** das Ziel zu erreichen suchen. Die Verfassung schreibt uns nur die Methoden vor, nicht aber das Ziel. Wir werden auf diesem verfassungsmäßigen Wege die ausschlaggebenden Mehrheiten in den gesetzgebenden Körperschaften zu erlangen suchen, um in dem Augenblick, wo uns das gelingt, den Staat in die Form zu gießen, die unseren Ideen entspricht."[357]

Dies darf jedoch nicht darüber hinwegtäuschen, dass heute hinsichtlich der **Legalität des Ermächtigungsgesetzes erhebliche Zweifel** bestehen. So wird vor allem in dem Ausschluss der KPD-Abgeordneten ein Verfahrensfehler erkannt, sodass das Ermächtigungsgesetz seinen Geltungsanspruch nicht auf die WRV als vielmehr auf den Erfolg der „nationalen Revolution" stützen konnte.[358] Zwar wurde die nach Art. 76 WRV allein ausreichende Zweidrittelmehrheit unter den anwesenden Reichstagsabgeordneten erreicht (allein die SPD stimmte gegen das Gesetz), jedoch konnten die 81 Mandatsträger der KPD an der Abstimmung nach ihrer grundlosen Verhaftung nicht teilnehmen. Zu der Problematik des rechtswidrigen Zustandekommens des Ermächtigungsgesetzes trat nach dem Zweiten Weltkrieg die generelle Fragestellung hinzu, inwieweit die wichtigsten Grundrechte überhaupt durch Gesetz außer Kraft gesetzt werden konnten. Die Konsequenz schlug sich dann in der „Ewigkeitsgarantie" des Art. 79 Abs. 3 GG nieder.

---

355 Reichstagsbrandverordnung v. 28. Feb. 1933, RGBl. I, 83.

356 Gesetz zur Behebung der Not von Volk und Reich v. 24. März 1933, RGBl. I, 141.

357 Zit. n.: P. Bucher, Der Reichswehrprozeß, 1967, S. 270.

358 Wadle, Das Ermächtigungsgesetz, JuS 1983, 170–176.

729 Der schnelle **Übergang** vom reinen Straßenterror zur **(VO-)Gesetzgebung** hatte Methode. Die Nationalsozialisten schwammen zwar auf einer Woge der Zustimmung. Sie mussten sich jedoch darum bemühen, die konservative Machtelite (Kirche, Militär und Industrie) nicht zu verschrecken oder gar zur Opposition herauszufordern. Besonders das Militär hätte, wie bei den revolutionären Versuchen nach dem Ersten Weltkrieg, Möglichkeiten zur Opposition gehabt. Die bewaffneten Verbände der SS und SA bedrohten die Monopolstellung der Reichswehr. Und die Reichswehr hätte...; aber ‚Hätte-Geschichte' ist unhistorisch; im übrigen wollte die Reichswehr nicht – im Gegenteil. Es gelang, **die konservativen Kreise ruhig zu stellen**: Dem Militär wurden neben materiellen (Wiederaufrüstung) auch immaterielle Begünstigungen (Revision des Versailler ‚Schandfriedens') versprochen. Die Einbindung der katholischen Kirche gelang mittels des Reichskonkordats, des ersten völkerrechtlichen Vertrags von Nazi-Deutschland mit dem Heiligen Stuhl vom 20. Juli 1933. Bei der Gleichschaltung der evangelischen Landeskirchen konnten sich die Nationalsozialisten auf die seit 1932 erstarkte „Glaubensbewegung deutscher Christen" (DC) stützen.

730 Die wirtschaftlichen wie politischen Chancen der Wiederaufrüstung und die Stärkung ihrer ökonomischen Stellung besänftigten die großindustrielle Wirtschaft, wenn sie nicht ohnedies aus politischer Überzeugung Hitler zum Teil seit langem unterstützte. Am Anfang der nationalsozialistischen Wirtschaftspolitik standen – im Widerspruch zur antikapitalistischen Propaganda des Parteiprogramms – geringe Eingriffe, denn eine **kapitalistische Verkehrswirtschaft** sollte erhalten bleiben. Auch die jüdischen Vermögen wurden anfangs ‚lediglich' durch den Boykott vom 1. April 1933 beeinträchtigt. Es ergingen zahlreiche Gesetze zur Mittelstandsförderung[359] sowie zugunsten der Verbraucher einschließlich eines Preisstopps in wichtigen Bereichen,[360] mit dem man die Verbraucherschutzpolitik der Weimarer Republik fortsetzte. Das ZwangskartellG (15. Juli 1933[361]) brach jedoch sogleich mit den mittelstands- sowie populistisch-verbraucherorientierten Postulaten des Parteiprogramms (Art. 11–16) und förderte die Industrie schon in der Absicht, die Kräfte für den Krieg zu konzentrieren. Es gab keine Wirtschaftspolitik aus einem Guss, demzufolge auch keine einheitliche Rechtsetzung.

731 Für die Festigung der Machtposition der Nationalsozialisten war es ausschlaggebend, dass die **traditionellen Institutionen weiter funktionierten**. Weite Teile der soeben vereinfachend beschriebenen alten – eher konservativen – Machtinhaber akzeptierten den Terror der Nationalsozialisten, da er sich gegen die Personen und Gruppen richtete, denen sie selbst ablehnend gegenüberstanden: Kommunisten, Linkssozialisten, Gewerkschaften und Juden. Neben terroristischem Vorgehen erfolgte die **Bekämpfung Oppositioneller** dann zunehmend auch durch Gesetz. So „legalisierte" die Reichsregierung die entschädigungslosen Enteignungen der Linksparteien und Gewerkschaften, obwohl die Enteignungen offenkundig rechtswidrig waren und die WRV sie grundsätzlich nur gegen Entschädigung für rechtens erklärt hatte.[362]

---

359 RabattG v. 25. Nov. 1933, RGBl. I, 1011.
360 G v. 5. Nov. 1934, RGBl. I, 1085.
361 RGBl. I, 488.
362 G über die Einziehung kommunistischen (volks- und staatsfeindlichen) Vermögens v. 26. Mai 1933, RGBl. I, 293, und v. 17. Juli 1933, RGBl. I, 479.

Die – allgemein akzeptierte – Ausschließung von Juden und sog. Feinden des Reiches zunächst aus dem öffentlichen Dienst fand gleichfalls rechtsförmig statt.[363] Dieses Gesetz sollte dazu dienen, die Richter – und **Beamtenschaft „gegnerfrei"** zu machen und sie „gleichzuschalten".[364] Die Bestimmungen wurden auf Rechtsanwälte ausgedehnt[365] und auf Notare. Die Entlassungen erfolgten jedoch nicht auf einen Schlag. Vielmehr hatte Hindenburg dem neuen Reichskanzler Hitler Ausnahmen für Frontkämpfer und Verwandte gefallener Soldaten abverlangt. Auch Alt-Beamte aus der Zeit vor 1914 sollten privilegiert sein. Es überraschte die Nationalsozialisten, wie viele der Beamten diesen Bevorzugungen unterfielen. Erst mit dem Deutschen BeamtenG vom 17. Juli 1937 waren alle Juden aus dem öffentlichen Dienst entfernt. Nur wenige jüdische Anwälte blieben als Rechtskonsulenten berufstätig.

732

Recht war somit ein taugliches Mittel, die antisemitische Politik der Nationalsozialisten umzusetzen. Dabei wurden die Gesetze nur manchmal ein wenig zögerlich, zumeist aber mit abstoßender Eilfertigkeit verwaltungsrechtlich ‚korrekt' vollzogen. Selbst die Verschleppung in ein KZ, die Verhängung von sog. Schutzhaft sowie Maßnahmen der Polizei und Gestapo, die bei politischen Gegnern terroristische Ausmaße annahmen, erfolgten (noch) in Rechtsform. So wurden auf der Grundlage der Reichstagsbrandverordnung formaljuristisch korrekte Schutzhaftbefehle ausgestellt.

733

Jedoch wurde der **Rechtsschutz** nicht nur zugunsten der Staatsapparate, sondern vor allem zulasten der sog. Feinde des Reiches **eingeschränkt**: Praktisch kein Opfer der Boykottaktionen gegen jüdische Geschäfte vom 1. April 1933 konnte Rechtsschutz erlangen, obwohl die Aktionen nach der Zivilrechtsprechung des RG offenkundig rechtswidrig waren und selbstverständlich Straftatbestände erfüllten. Zum einen bekämpften Polizei, Innenbehörden und Gerichte den Straßenterror gar nicht. Zum anderen fand etwa bei der Ermordung des SA-Chefs Röhm und anderer politischer Gegner (u.a. der frühere Reichskanzler von Schleicher) sogar eine Rechtfertigung von materiellen Unrechtsakten durch eine nachträglich erlassene Rechtsnorm statt,[366] ohne dass es zu einer Opposition hiergegen gekommen wäre. Der einzige Artikel dieses jeglichen rechtsstaatlichen Gedanken verhöhnenden Gesetzes lautete:

734

„Die zur Niederschlagung hoch- und landesverräterischer Angriffe am 30. Juni, 1. und 2. Juli 1934 vollzogenen Maßnahmen sind als Staatsnotwehr rechtens."

Zur Errichtung des Führerstaates wurden die **Länder gleichgeschaltet**,[367] zur Ausschaltung der Opposition die Parteien aufgelöst[368] und schließlich – nach Hindenburgs Tod 1934 – sämtliche Machtpositionen des Staates in der Person des Führers konzentriert. Damit waren die pluralistischen und demokratischen Elemente der WRV zugunsten der Diktatur endgültig beseitigt. Und kein Jurist von Rang opponierte gegen diesen „Verfassungswandel".

---

363 G zur Wiederherstellung des Berufsbeamtentums v. 7. April 1933, RGBl. I, 175.

364 Zu den Auswirkungen auf die Professorenschaft: M. Stolleis, Geschichte des Öffentlichen Rechts in Deutschland, Bd. III: Staats- und Verwaltungsrechtswissenschaft in Republik und Diktatur 1914–1945, München 1999, S. 254–299.

365 G über die Zulassung zur Rechtsanwaltschaft v. 7. April 1933, RGBl. I, 188.

366 G über Maßnahmen der Staatsnotwehr v. 3. Juli 1934, RGBl. I, 529.

367 G zur Gleichschaltung der Länder mit dem Reich v. 31. März 1933, RGBl. I, 173 und v. 7. April 1933, RGBl. I, 173.

368 VO zur Sicherung der Staatsführung v. 7. Juni 1933, RGBl. I, 462; G gegen die Neubildung von Parteien v. 14. Juli 1933, RGBl. I, 479.

B. Machtstabilisierung (1936–1938)

735   Mit zunehmender Machtstabilisierung – sowie vor und nach der Olympiade 1936 – trat der offene Straßenterror zurück. Es ergingen weiterhin – neben den KZ-Einweisungen – drakonische Entscheidungen des **Volksgerichtshofs**[369] sowie der Sondergerichte,[370] deren Zuständigkeit ständig erweitert wurde. Diese **Sondergerichte**, bei denen die StA unter Umgehung des gesetzlichen Richters praktisch Anklagen nach Belieben erheben konnte, stellen ein besonders dunkles Kapitel der NS-Zeit dar. Während des Dritten Reiches wurden von den zivilen Strafgerichten ca. 16.000 Todesurteile verhängt und mehr als drei Viertel davon vollstreckt. Noch nicht mitgezählt sind hierbei die weiteren ca. 25.000 Todesurteile der Kriegsgerichte.

736   Eine nicht geringe Bedeutung kam dem Recht bei den staatlich geplanten und gesellschaftlich akzeptierten Aktionen gegen die Juden zu. Neben den erwähnten Maßnahmen begann zwischen 1935 und 1938 eine ‚rechtliche' Verfolgung rassischer Minderheiten und Andersdenkender u.a. durch die **Nürnberger Rassegesetze**.[371] Das sog. BlutschutzG verbot „Eheschließungen zwischen Juden und Staatsangehörigen deutschen oder artverwandten Blutes" und stellte eine Reihe von persönlichen Beziehungen zwischen Juden und Nichtjuden unter erhebliche Strafe. Die sog. Rasseschandefälle wurden durch die ‚normale' Strafjustiz intensiv verfolgt, wobei sich hier die Tendenz zur Ausweitung von Tatbeständen *contra legem* zeigte.

737   Zum Zeitpunkt des **Pogroms** vom **9.–11. November 1938** beherrschten die Nationalsozialisten die Justiz bereits derartig, dass der StA die Verfolgung entsprechender Delikte (Tötungen, Körperverletzungen, Sachbeschädigungen, Nötigungen) untersagt wurde, was die Behörde auch einhielt. Einzelne Verfahren gegen ‚Plünderer und Diebe' wurden durchgeführt, um den legalistischen Charakter des Regimes auch in dieser Situation deutlich zu machen. Die VO zur Wiederherstellung des Straßenbildes bei jüdischen Gewerbebetrieben und diejenige über die Sühneleistung der Juden deutscher Staatsangehörigkeit[372] (die von jüdischer Seite gezahlten „Sühneleistungen" lagen bei ca. 1 Mrd. RM) gehören zu den zynischsten Rechtsdokumenten dieser Zeit.

738   Zu den **persönlichen Diskriminierungen** traten weitere Rechtsmaßnahmen zur „Entjudung der Deutschen Wirtschaft".[373] Der Vollzug dieser Normen machte **jede wirtschaftliche Betätigung von Juden im Dritten Reich unmöglich**. Gleichzeitig verloren sie ihre Wohnungen,[374] und sie wurden (durch Verwaltungsakt) in sog. Judenhäusern zusammengepfercht, bevor sie in den Osten und von dort zur Zwangsarbeit und Ermordung in Lager geschickt wurden. Die Diskriminierungen der Juden erfolgten somit nicht nur durch Terror, sondern auch durch von Juristen konzipierte und vollzogene Rechtsnormen.

---

369   Errichtet durch G v. 24. April 1934, RGBl. I, 341; hierzu: Marxen, Das Volk und sein Gerichtshof, 1994.

370   VO v. 21. März 1933, RGBl. I, 136.

371   G zum Schutze des deutschen Blutes und der deutschen Ehre, ReichsbürgerG v. 15. Sept. 1935, RGBl. I, 1146.

372   RGBl. I, 1579, 1581 v. 12. Nov. 1938.

373   Vgl. den gleichnamigen Aufsatz von W. Hefermehl, in: Deutsche Justiz 1938, S. 1981 ff.; VO zur Ausschaltung der Juden aus dem deutschen Wirtschaftsleben v. 12. Nov. 1938, RGBl. I, 1580; VO über den Einsatz des jüdischen Vermögens v. 3. Dez. 1938, RGBl. I, 1709.

374   G über Mietverhältnisse mit Juden v. 30. April 1939, RGBl. I, 864.

C. Krieg (1939–1945)

Den **Übergang zum reinen Terror** in Rechts- bzw. Urteilsform vollzogen die Urteile ge-   **739**
genüber Polen und anderen ‚Fremdvölkischen' aufgrund der PolenstrafVO[375] und gegenüber Deutschen nach Militär- bzw. Kriegsrecht, z.B. VolksschädlingsVO[376]. Die rechtliche Form des Urteils kaschierte Terroristisches oft nur notdürftig. 50.000 Todesurteile
oder mehr, z.T. wegen minimaler Delikte, waren die Folge. Der Volksgerichtshof und viele Militär- und Sondergerichte wahrten kaum mehr die äußere Form gerichtlichen Handelns.

Die Kriegsvorbereitung ermöglichte über den Vierjahresplan ab 1936[377] stärker dirigis-   **740**
tische Eingriffe im Verordnungswege. Am Ende stand die **Kriegs-Planwirtschaft**, welche weite Teile der Produktion mit **Zwangsarbeit** aufrechterhielt. In den Nürnberger
Prozessen ging man von einer Gesamtzahl von etwa 12 Mio. Fremdarbeitern aus. Nach
anderer Auffassung betrug die Zahl der Zwangsarbeiter im Deutschen Reich wahrscheinlich 8 Mio. Diese wurden je nach rassischer Herkunft unterschiedlich streng z.T.
mit brutaler Polizei- oder Militärgewalt rekrutiert und unterschiedlich behandelt: Fran-
zosen und Dänen z.B. noch ‚relativ gut', Russen (oft als Kriegsgefangene), Polen und Juden (z.T. aus den Konzentrationslagern) hingegen wurden als Sklaven gehalten.[378]

3. Abschnitt: Der Beitrag der Rechtswissenschaft

Eine bedeutende Rolle bei der rassisch ausgerichteten „völkischen Rechtserneuerung",   **741**
d.h. der Umdeutung der weiter geltenden Rechtsordnung der Weimarer Republik, hatte
die juristische Literatur übernommen. In der Rechtswissenschaft fand sich kurz nach der
Machtergreifung an der Universität Kiel eine Gruppe junger Professoren zusammen, die
sich als Vorreiter einer „neuen Rechtswissenschaft" im nationalsozialistischen Sinne verstanden (**„Kieler Schule"**). Schriften bedeutender **Zivilrechtler** aus diesem Kreise
wandten sich gegen das „abstrakte, liberale, auf römischem Recht beruhende und unsoziale bürgerliche Recht", allen voran Heinrich Lange (1900–1977), Heinrich Stoll
(1891–1937) sowie in der mittleren Phase vor allem Karl Larenz (1903–1993). Auf Larenz
ist die nationalsozialistische Konzeption des subjektiven Rechts zurückführen, dessen
Träger nicht mehr das in §§ 1, 21 BGB beschriebene Rechtssubjekt sein sollte, sondern
nur der „Volksgenosse". „Volksgenosse" konnte aber nur sein, wer „deutschen Blutes"
war.[379] Ziel war die Ausgrenzung der Nicht-Volksgenossen aus dem Schutz des
Rechts.[380]

In der **Staatsrechtslehre** war das ähnlich. Insbesondere **Carl Schmitt** engagierte sich   **742**
bereits im Laufe der Weimarer Republik immer stärker auf der antiliberalen Seite und
bekämpfte den schwachen Staat, die Ideen des Liberalismus und der Demokratie.[381]
Dagegen stellte er in Formulierungen, die zwischen romantisch-idealistischem Duktus

---

375 RGBl. I, 759 v. 4. Dez. 1941.
376 RGBl. I, 1679 v. 5. Sept. 1939.
377 VO und G zur Durchführung des Vierjahresplans v. 18. Okt. 1936, RGBl. I, 887, und v. 29. Okt. 1936, RGBl. I, 927.
378 Vgl. Rdnr. 763 ff.; vgl. R. Schröder, Zwangsarbeit: Rechtsgeschichte und zivilrechtliche Ansprüche, Jura 1994, 61 ff., 118 ff.
379 Grundfragen der neuen Rechtswissenschaft, 1935, S. 241.
380 Vgl. R. Frassek, K. Larenz, Privatrechtler im NS und im Nachkriegsdeutschland, JuS 1998, 296 ff.
381 Z.B. in Legalität und Legitimität, 1932.

und apokrypher Wesenschau schwankten, ein ‚ganzheitliches' Denken. Gegen den positivistischen Normativismus setzte er **Dezisionismus**, d.h. einzelfallorientiertes „lebensnahes" Entscheidungsdenken. Er plädierte für einen starken Staat, der seine Feinde erkennen und bekämpfen sollte. So prägte er die These, dass legitim handelt, wer überhaupt handelt, d.h. entscheidet. Dies führte zum Dogma von der Macht des Stärkeren. Während des Nationalsozialismus spielte er als „Kronjurist" des Dritten Reiches eine unrühmliche Rolle und rechtfertigte sogar die brutalen Röhm-Morde der Nationalsozialisten mit den Worten: „Der Führer schützt das Recht."[382]

743   Grundbegriffe und -prinzipien des Rechts wurden außer Kraft gesetzt oder uminterpretiert: Der liberale Freiheitsbegriff wurde durch die Verfechter des nationalsozialistischen Denkens ebenso aufgehoben wie der Gleichheitssatz. Die Idee der Freiheit sowie die Rechtsstellung der Persönlichkeit hingen von der Eingliederung in den Pflichtenkreis der nationalsozialistischen Gemeinschaft ab. Die Gleichheit wurde bestimmt, „von der wesensmäßigen Unterscheidung des Artgleichen und Artfremden" her. Vergleichbare Ansätze lassen sich auch für die **Strafrechtswissenschaft** nachweisen. Wie auf anderen Gebieten wurde dafür gesorgt, dass unbeliebte, „nicht arische Elemente ausgeschieden" wurden. Auf einer 1936 in Berlin durchgeführten Tagung, geleitet vom „Reichsrechtsführer" (und späterem Generalgouverneur von Polen) Hans Frank (1900–1946) und von Carl Schmitt, wurde das Thema „Die Juden in der Rechtswissenschaft" behandelt. Carl Schmitt sagte in seinem Schlusswort:

„Geradezu unverantwortlich wäre es, einen jüdischen Autor als Kronzeugen oder als eine Art Autorität auf einem Gebiet anzuführen; ein jüdischer Autor hat für uns keine Autorität, auch keine rein wissenschaftliche Autorität."[383]

744   Ohne Zweifel stabilisierte die Rechtswissenschaft das NS-System. Das neue Denken wurde umgesetzt, und besonders methodische Aspekte entfalteten starke Einflüsse nicht zuletzt auf die Rechtsprechung. Insbesondere die **Lehre vom konkreten Ordnungsdenken** (Carl Schmitt) bzw. die vom **konkret-allgemeinen Begriff** (Karl Larenz) boten sich bei der Durchsetzung der Ideologie an. Allgemeine abstrakte Begriffe sollten zurückgedrängt und durch Rechtsbegriffe ersetzt werden, die Rücksicht auf die jeweilige Lebensgestaltung nehmen sollten. Die Ordnung, auf die sich das „konkret" in beiden Lehren bezog, war jedoch nicht die empirische Realität, sondern die von Führer und Partei für richtig gehaltene, also normative Ordnung. Das lässt sich knapp an zwei Begriffen zeigen: Rechtsfähig nach § 1 BGB war danach nur der ‚artgleiche' Volksgenosse. Der Begriff der Ehe wurde nach nationalsozialistischen (Rasse-)Gesichtspunkten ausgerichtet.

745   Die Beiträge der theoretischen Fächer wie Rechtsphilosophie und Rechtsgeschichte zur Legitimation des neuen Denkens im Recht wurden lange verschwiegen, nun aber von jüngeren Forschungsarbeiten beleuchtet und in ihren Nachwirkungen auf die Nachkriegszeit beeindruckend herausgestellt.[384]

---

382   DJZ 1934, S. 946 f.; vgl. Rdnr. 688.

383   Zit. n. Eb. Schmidt, Einführung in die Geschichte der deutschen Strafrechtspflege, § 346; zu C. Schmitt im Dritten Reich: M. Schmoeckel, Ortung und Ordnung, Carl Schmitt im Nationalsozialismus, Aus Politik und Zeitgeschichte B 51/96, S. 34 ff.

384   Vgl. dazu J. Rückert/D. Willoweit, Die Deutsche Rechtsgeschichte in der NS-Zeit, 1995; M. Stolleis/D. Simon, Rechtsgeschichte im Nationalsozialismus, 1989; zur Rechtsphilosophie: H. Rottleuthner, Substantieller Dezisionismus, ARSP-Beiheft Nr. 18, 1983, S. 20 ff.

4. Abschnitt: Der Beitrag der Rechtsprechung

Die Rechtsprechung trug gleichfalls in erheblicher Weise dazu bei, das nationalsozialistische Rechtsdenken zu stabilisieren. Die Gerichte verweigerten sich der neuen Ideologie ebenso wenig wie Verwaltung und Rechtswissenschaft. Das Primat des Rassismus wurde allgemein akzeptiert. Die **Justiz** war **kein Hort** des **Widerstandes**, wiewohl es politisch unberührte Bereiche gab, in denen Verfahren genauso korrekt abliefen wie vor und nach dem Dritten Reich. Das galt z.B. für das Grundstücks- und Warenverkehrsrecht, weil eine funktionierende Wirtschaft den Interessen der Nationalsozialisten entsprach. Freilich war diese ‚Normalität‘ überschattet vom Verlust einer wichtigen Funktion von Recht, nämlich der Machtkontrolle, d.h. der Ideologie gebührte der Vorrang vor dem (formellen) Recht. Diese Feststellung gilt für alle Gerichtszweige. Vielfach wurde inzwischen aufgezeigt, dass es neben ganz vereinzelten Urteilen, die von oppositionellem Geist getragen waren, zahlreiche Entscheidungen gab, die vorauseilenden Gehorsam demonstrierten, z.B. durch Versagung des Mieterschutzes für jüdische Mieter vor den entsprechenden normativen Änderungen.[385]   **746**

Auch im Eherecht schlug sich diese Tendenz nieder. Keine Norm ermöglichte die Scheidung der sog. Rassenmischehe, jedoch akzeptierten Gerichte deren Anfechtung unter methodisch unhaltbar begründeten Verlängerungen der Fristen.[386] So blieb die Ehe als Institution im Wesentlichen unangetastet, den rassischen Ideen wurde aber dennoch Rechnung getragen.[387]   **747**

Roland Freisler (1893–1945), der Staatssekretär im Justizministerium, und andere Funktionäre ordneten an, dass das neue **NS-Recht streng auszulegen**, das **vorrevolutionäre Recht** hingegen im Sinne der **neuen Ideologie** zu **interpretieren** sei.[388] Rüthers weist immer wieder darauf hin, welche enorme Bedeutung dieser Methode bei der Umwertung der Rechtsordnung durch NS-Juristen zukommt, aber auch, welche Gefahr jeder Rechtsordnung von solcher Methode droht.[389]   **748**

Der Umgang mit Recht während der NS-Zeit basierte auf zwei Säulen: Einerseits wurden durch eine **Fülle von neuen Sondergesetzen** Tatbestände geschaffen, mit denen erwünschte Verhaltensweisen privilegiert und unerwünschte diffamiert werden konnten. Zum anderen versuchte man mithilfe der **Generalklauseln**, mit denen ja bereits das RG in Weimar das geltende Recht umgestaltet hatte, die bestehende Rechtsordnung auf die Ziele und Inhalte der nationalsozialistischen Machthaber auszurichten: **749**

„Grundlage der Auslegung aller Rechtsquellen ist die nationalsozialistische Weltanschauung, wie sie insbesondere im Parteiprogramm und in den Äußerungen des Führers ihren Ausdruck findet. [...] Gesetzliche Bestimmungen, die vor der nationalsozialistischen Revolution erlassen sind, dürfen nicht angewandt werden, wenn ihre Anwendung dem heutigen gesunden Volksempfinden ins Gesicht schlagen würde."[390]

---

385 U.a. AG Schöneberg, JW 1938, S. 3045.

386 RGZ 145, 1, 4 f.; 148, 193.

387 Vgl. H. Wrobel, Die Anfechtung der Rassenmischehe, in: KJ (Hg.), Der Unrechtsstaat II, 1983, S. 99 ff.

388 Recht, Richter und Gesetz, DJ 1933, S. 694.

389 In: Entartetes Recht. Rechtslehren und Kronjuristen im Dritten Reich, 2. Aufl. 1989.

390 Leitsätze über Stellung und Aufgabe des Richters vom 14. Aug. 1936, abgedruckt in: DRW I (1936), S. 123.

750   Carl Schmitt behauptete, man müsse verhindern, dass „mittels positiven Gesetzes Rechtsmissbrauch getrieben" werde. Aus diesem Grunde wurde auch eine weitere Loslösung des Richters vom Gesetz gefordert. So wurde z.B. ein Großer Senat des RG geschaffen, dem auch die Aufgabe zufiel, das Recht fortzubilden – gedacht war an Fortbildung im nationalsozialistischen Sinne.[391]

5. Abschnitt: Zivilrecht

751   Insgesamt versuchte man, das Recht, somit auch das Privatrecht, von der Volksgemeinschaft und von der nationalsozialistischen Weltanschauung her zu fassen. Zwar ergaben sich in dieser Zeit Tendenzen, auf der Grundlage nationalsozialistischer Rechtsüberzeugungen eine **Gesamtrevision** des Rechts vorzunehmen, doch scheiterten diese umfassenden Reformen. Der Versuch der Akademie für Deutsches Recht unter Leitung des Reichsrechtsführers Hans Frank, ein **Volksgesetzbuch** zu erarbeiten, ist hierfür beispielhaft.[392] Für das Scheitern lassen sich verschiedene Faktoren anführen: Als die Vorarbeiten der Akademie weit genug gediehen waren, fehlte den Nationalsozialisten das Interesse. Deren Macht hatte sich in Staat und Gesellschaft längst durchgesetzt.[393] An einer Selbstbindung ihrer Machtausübung durch neues Recht waren sie nicht interessiert. Andererseits wurden Teilreformen durchgeführt, z.B. das TestamentG und das EheG von 1938, wobei Letzteres nur mit wenigen Änderungen und nach Aufhebung der rassistischen Normen von dem Alliierten Kontrollrat 1946 neu erlassen wurde.[394]

6. Abschnitt: Arbeitsrecht

752   Die kollektiven Verbände wurden (teilweise gewaltsam) aufgelöst oder gingen in der **Deutschen Arbeitsfront** auf. **Tarifvereinbarungen** gab es **nicht mehr**, sie wurden zugunsten staatlicher Tarifordnungen abgeschafft. Damit waren die Errungenschaften der Weimarer Republik im Arbeitsrecht wieder zunichte gemacht. Das Gesetz zur Ordnung der nationalen Arbeit 1934[395] sollte den Klassengegensatz zwischen Kapital und Arbeit (unter der Bedingung, dass die Gewerkschaften aufgelöst waren) aufheben.[396] Der Unternehmer wurde Betriebsführer, die Arbeitnehmer Gefolgsleute, vereinigt in der **Betriebsgemeinschaft**.

„§ 1. Im Betriebe arbeiten Unternehmer als Führer des Betriebes, die Angestellten und Arbeiter als Gefolgschaft gemeinsam zur Förderung der Betriebszwecke und zum gemeinen Nutzen von Volk und Staat.

§ 2 (1). Der Führer des Betriebes entscheidet der Gefolgschaft gegenüber in allen betrieblichen Angelegenheiten, soweit sie durch dieses Gesetz geregelt werden.

(2). Er hat für das Wohl der Gefolgschaft zu sorgen. Diese hat ihm die in der Betriebsgemeinschaft begründete Treue zu halten.

---

391   D. Kolbe, Reichsgerichtspräsident Dr. Erwin Bumke, Studien zum Niedergang des Reichsgerichts und der deutschen Rechtspflege, 1975.

392   W. Schubert (Hg.), Akademie für Deutsches Recht 1933–1945; Protokolle der Ausschüsse, Band III/1: Volksgesetzbuch, 1986.

393   H. Hattenhauer, Die Akademie für Deutsches Recht, JuS 1986, 680 ff.

394   G. Otte, Die zivilrechtliche Gesetzgebung im Dritten Reich, NJW 1988, 2836 ff.; zur Zivilrechtsprechung: R. Schröder, „ ... aber im Zivilrecht sind die Richter standhaft geblieben", 1988; grundlegend: B. Rüthers, Die unbegrenzte Auslegung, Zum Wandel des Privatrechts im Nationalsozialismus, 1968, 5. Aufl. 1997.

395   RGBl. I, 45 v. 20. Jan. 1934.

396   Vgl. Kranig, in: Steindl, Wege zur Arbeitsrechtsgeschichte, 1984.

§ 28 (1). Die Verhängung von Bußen gegen die Beschäftigten ist nur wegen Verstoßes gegen die Ordnung oder die Sicherheit des Betriebes zulässig. Bußen in Geld dürfen die Hälfte des durchschnittlichen Tagesarbeitsverdienstes nicht überschreiten; für erhebliche, bestimmt zu bezeichnende Verstöße können jedoch Bußen bis zum vollen Betrage des durchschnittlichen Tagesarbeitsverdienstes vorgesehen werden […].

(2). Die Verhängung von Bußen erfolgt durch den Führer des Betriebes oder eine von ihm beauftragte Person nach Beratung im Vertrauensrat, wenn ein solcher vorhanden ist."

7. Abschnitt: Verwaltungsrecht

Das Prinzip des **Führerstaates** führte zur Straffung der Verwaltung. Die Reste an Selbstverwaltungsrechten der Gemeinden aus der Deutschen Gemeindeordnung von 1935 wurden 1939 beseitigt, die Länder zu Beginn gleichgeschaltet.[397] Die Verwaltungsgerichtsbarkeit in ihrer Funktion der Gesetzmäßigkeitskontrolle galt als reaktionäres Relikt. Ihre Existenz war nur hinnehmbar, indem an die Stelle des „individuellen Rechts" die „objektive völkische Ordnung" als oberstes Schutzgut trat und der Dualismus von Staat und Gesellschaft durch den absoluten Führergehorsam ersetzt wurde. Auch hier dienten die Gemeinwohlformeln dazu, normative Schranken aufzuheben. **753**

Die **Verwaltungsgerichtsbarkeit** wurde zunehmend ausgehöhlt. So schränkte das Preuß. Gestapo-Gesetz vom 10. Februar 1936 die verwaltungsgerichtliche Kontrolle ein, folgte damit aber lediglich der seit 1933 gefestigten Rechtsprechung: **754**

„Verfügungen und Angelegenheiten der Geheimen Staatspolizei unterliegen nicht der Nachprüfung durch die Verwaltungsgerichte."[398]

Seit 1938 genügte die Etikettierung einer Streitsache als „politisch", um sie dem Rechtsschutz zu entziehen. Dem lag die Überzeugung zugrunde, dass Recht und Rechtskontrolle dort aufzuhören habe, wo Politik anfing. Politik in diesem Sinne war das rechtsfreie Aktionsfeld der Macht, deren Träger allein die Grenzen definierten, innerhalb derer sie Kontrolle zulassen wollten. Die Zusammenlegung vereinzelter Verwaltungsobergerichte zum Reichsverwaltungsgericht von 1941 diente demnach auch lediglich der Vereinfachung der Verwaltung, eine darüber hinausgehende Bedeutung hatte sie jedoch nicht.[399] **755**

8. Abschnitt: Strafrecht

Gerade im Straf- und Strafprozessrecht gelang es den Nationalsozialisten, wichtige **Teilreformen** durchzusetzen, die den neuen Geist atmeten (Aufhebung des Analogieverbots, Bestrafung nach gesundem Volksempfinden).[400] Freilich traten die vielfältigen Veränderungen der strafrechtlichen Grundlagen und die Änderungen der Bedeutung von Begriffen hinter dem Sonderstrafrecht und den neuen Prozessformen zurück. Durch die Machthaber des NS-Staates wurden die **Errungenschaften** des **Rechtsstaates abgebaut**. Nach einer Änderung des StGB konnte auch bestraft werden, wer nach **756**

---

397 Ges. v. 31. März 1933, RGBl. I, 153.
398 Zit.n.: W. Spohr, Das Recht der Schutzhaft, 1937, S. 61 f.
399 M. Stolleis, Verwaltungsrechtslehre im Nationalsozialismus, in: ders., Recht im Unrecht, 1994, S. 147 ff.; ders., Die Verwaltungsgerichtsbarkeit im Nationalsozialismus, in: ebd., S. 190 ff.
400 G zur Änderung des StGB v. 28. Juni 1935, RGBl. I, 839.

dem Grundgedanken eines Strafgesetzes oder nach „gesundem Volksempfinden" die Bestrafung verdiente.[401]

757 Der im Bereich des Strafrechts schon überwundene **Sühnegedanke** wurde wieder zum beherrschenden **Strafzweck**. Die Befugnisse der Polizei, die durch die StPO entscheidend eingeschränkt waren, wurden durch Spezialgesetze, z.B. durch die VO zum Schutze von Volk und Staat vom 28. Februar 1933[402] ausgeweitet:

„[…] Es sind daher Beschränkungen der persönlichen Freiheit, des Rechts der freien Meinungsäußerung, einschließlich der Pressefreiheit, des Vereins- und Versammlungsrechts, Eingriffe in das Brief-, Post-, Telegrafen- und Fernsprechgeheimnis, Anordnungen von Haussuchungen und von Beschlagnahmen sowie Beschränkungen des Eigentums auch außerhalb der sonst hierfür bestimmten gesetzlichen Grenzen zulässig."

Dieses Gesetz deckte, dass missliebige Personen jahrelang im KZ gefangen gehalten wurden.

758 Was den **Strafprozess** anbetraf, so fanden auch hier erhebliche Veränderungen statt. Hitler erhielt z.B. die Macht, jedes rechtskräftige Urteil wieder durch seinen Einspruch zu beseitigen. Aber es waren nicht stets derartig bemerkenswerte Gesetzesänderungen, die den Rechtsstaat aushöhlten, so wurde z.B. die Möglichkeit des Klageerzwingungsverfahrens aus der StPO – § 172 – gestrichen. Die Rechtsstellung des Angeklagten verschlechterte sich dadurch zusehends. Die Folter war faktisch wieder möglich und wurde praktiziert. Es wurden über die **Haftgründe** der **Fluchtgefahr** und **Verdunkelungsgefahr** hinaus weitere Haftgründe eingeführt, wonach der Verdacht genügen sollte, dass der Beschuldigte seine Freiheit zu erneuten Straftaten nutzen werde, oder es sollte sogar schon ausreichen, dass „es mit Rücksicht auf die Schwere der Tat und die durch sie hervorgerufene Erregung der Öffentlichkeit nicht erträglich wäre, den Beschuldigten in Freiheit zu lassen". In diesem Zusammenhang ist zu erwähnen, dass beide Haftgründe, wenn auch in abgeänderter Form, wieder in der StPO enthalten sind (vgl. §§ 112, 112 a StPO).

759 Vor allem der Glaube an die Ungleichheit ließ Teile der Strafjustiz zur politischen Verfolgung werden. In vielen **Sondergesetzen** wurde das materielle Strafrecht z.T. unerträglich verschärft, z.B. in der KriegssonderstrafrechtsVO von 1939,[403] der VO über außerordentliche Rundfunkmaßnahmen von 1939,[404] der VO gegen Volksschädlinge von 1939,[405] sowie der ganz besonders harten VO über die Strafrechtspflege gegen Polen und Juden von 1941,[406] die folgende Regelung enthielt:

„I. (1) Polen und Juden haben sich in den eingegliederten Ostgebieten entsprechend den Deutschen Gesetzen und den für sie ergangenen Anordnungen der Deutschen Behörden zu halten. Sie haben alles zu unterlassen, was der Hoheit des Deutschen Reiches und dem Ansehen des Deutschen Volkes abträglich ist.

(2) Sie werden mit dem Tode bestraft, wenn sie gegen einen Deutschen wegen seiner Zugehörigkeit zum Deutschen Volkstum eine Gewalttat begehen.

---

401 G zur Änderung von Vorschriften des Strafverfahrens und Gerichtsverfassungsgesetzes v. 28. Juni 1935, vgl. dagegen heute: § 1 StGB.
402 RGBl. I, 83.
403 RGBl. I, 1455.
404 RGBl. I, 1683.
405 RGBl. I, 1679.
406 RGBl. I, 759.

(3) Sie werden mit dem Tode, in minder schweren Fällen mit Freiheitsstrafe bestraft, wenn sie durch gehässige oder hetzerische Betätigung eine deutschfeindliche Gesinnung bekunden, insbes. deutschfeindliche Äußerungen machen oder öffentliche Anschläge deutscher Behörden oder Dienststellen abreißen oder beschädigen, oder wenn sie durch ihr sonstiges Verhalten das Ansehen oder das Wohl des Deutschen Reiches oder des Deutschen Volkes herabsetzen oder schädigen."

Obwohl die VO örtlich nur für Polen galt, wurde sie von den deutschen Gerichten z.T. rückwirkend zulasten polnischer Zwangsarbeiter angewendet. Diese, sofern sie aus den „Ostgebieten" stammten, wurden der Gerichtsbarkeit (selbst den sehr scharfen Sondergerichten) zunehmend entzogen und – bei Verstößen gegen Strafgesetze oder NS-Verhaltensregeln – durch die SS oder Polizei abgestraft, das hieß in der Terminologie der Zeit der „Sonderbehandlung" überstellt, also getötet. **760**

Die Gerichte, der Volksgerichtshof, die Sonder- und Kriegsgerichte sind für **Zehntausende von Tötungen** im Gewand von Strafurteilen verantwortlich. Einer Aufarbeitung dieser Zeit haben sich die Gesellschaft der Bundesrepublik und die Juristen versagt. Kein Richter des Volksgerichtshofs oder der Sondergerichte, der Todesurteile (z.B. wegen Diebstahls einiger Päckchen Zigaretten) fällte, ist von Gerichten der Bundesrepublik verurteilt worden. Die rechtshistorische Aufarbeitung begann intensiv erst in den 80er Jahren. Sie ist noch nicht beendet.[407] **761**

762

Übersicht 3: NS-Lehre – Vertreter der Straftheorien

Friedrich Schaffstein (1905–2001), Georg Dahm (1904–1963)
■ Vertreter eines **autoritären** Strafrechts, der nationalsozialistischen **Tätertypenlehre** und des Willensstrafrechts
■ Ablehnung der soziologischen Schule als „naturalistisch" und Ablehnung der klassischen Schule als „liberalistisch"
■ Ablehnung einer abstrakten Tatbestandsprüfung, statt dessen Schaffung „anschaulicher" Tätertypen: die Formulierungen der §§ 211, 212 StGB entstammten dieser Tätertypenlehre („der Mörder", „Totschläger")
■ Schwerpunkt der Strafbarkeit soll nicht die Bewertung der Tat, sondern die Beurteilung der Gesinnung des Täters sein („wer seinem *Wesen* nach ein Dieb ist") ⇨ entscheidend sei, ob jemand ein „Verbrechertyp" war, deshalb komme es nicht mehr auf die Vollendung einer Tat an, sondern schon der Versuch reiche aus, um zu diesem Typ zu gehören (deshalb Zulassung der Gleichbestrafung von Versuch und vollendeter Tat)
■ Maßstab dieser Tätertypenlehre war der *Gesinnungs*unwert, Gesamtwürdigung der Täterpersönlichkeit; enge Verknüpfung von Recht und nationalsozialistischer Sittlichkeit

---

407 B. Rüthers, Entartetes Recht, 1989; D. Majer „Fremdvölkische", 1981; G. Werle, Justiz-Strafrecht und politische Verbrechensbekämpfung, 1989; H. Robinsohn, Justiz als politische Verfolgung – Die Rechtsprechung in Rasseschandefällen beim Landgericht Hamburg 1936–1943, 1977.

9. Abschnitt: Juristen im Nationalsozialismus

763   Seit **Fraenkels „Doppelstaat"**[408] wissen wir, dass es zu Hitlers Machttaktik gehörte, sich neben der normalen Gesetzesanwendung, der „legalen" Option zu bedienen, und sich zugleich auf willkürlich ausgeübten Terror bzw. Führerbefehle, d.h. auf außerrechtliche Mittel zu stützen, um seine Ziele zu erreichen. Als Beispiel hierfür lassen sich nicht nur der einerseits gesetzmäßige Vollzug der Judenverfolgung und die andererseits heimliche Durchführung der „Endlösung" im gesetzesfreien Raum anführen. Selbst in kleinen Straffällen, in denen das Urteil den Nationalsozialisten nicht hart genug ausgefallen war, griff die Gestapo auf den Delinquenten nach Strafverbüßung zu und verbrachte ihn ins KZ. Im Bereich strafrechtlicher Repression bestand eine **Konkurrenz klassischer Institutionen** (Polizei, StA und Strafgericht mit SS und SD). Dieser Machttaktik folgte gleichfalls die **Parallelbesetzung** von Institutionen, die mit ähnlichen Funktionen betraut wurden: Bei der Rechtsfortbildung stand neben dem Justizministerium und der Partei die Akademie für deutsches Recht. Daher kam es immer zu Konkurrenzen dieser Institutionen und erhöhtem Anpassungsdruck der Personen an das System.

764   Die Morde an Röhm und Oppositionsverdächtigen von 1934, die Euthanasie und die Vernichtung der Juden, die verbrecherische Behandlung der Juden und sog. Fremdvölkischen, die Ermordung von Kriegsgegnern und Kriegsgefangenen zeigen, wo der verbrecherische Kern des Unrechtsregimes lag: im System des Terrors. Dieses erstreckte sich vom außerlegalen Straßenterror über die Instrumentalisierung der Justiz (Sondergerichte, Volksgerichtshof und Kriegsgerichte) bis zur Vorbereitung und Durchführung des Krieges und der sog. Endlösung der Judenfrage.

765   Die Fakten sprechen für sich selbst: Recht und Richter, Gesetzgeber und Normanwender, Wissenschaftler und Praktiker nahmen zumeist aktiv teil an der Pervertierung des Rechts. Sie alle stabilisierten den Unrechtsstaat. Es gab nur wenige Ausnahmen: Der 2. Senat des RG wurde gelegentlich wegen seiner politisch missliebigen Judikatur vom Reichsjustizminister gemaßregelt. Es wurde nach den Worten Eberhard Schmidts „die rechtsstaatliche Tradition [...] in der Handhabung des Prozessrechts und des materiellen Rechts auch gar nicht immer gewahrt, wo eine solche Wahrung durchaus noch möglich gewesen wäre." Nur **ausnahmsweise** gab es Fälle, wo Sondergerichte, die Angst und Schrecken verbreiteten, nicht das von der Partei gewünschte Urteil fällten und sogar zu **Freisprüchen** kamen.[409] Doch konnten auch noch so große freiwillige Anpassungen der Justiz und Wissenschaft an die neue Ideologie die führenden Nationalsozialisten sich nicht mit der Justiz „versöhnen". Dies schlug sich in Hitlers berühmter Rede vor der Reichstagssitzung am 26. April 1942 nieder: „Ich werde nicht eher ruhen, bis jeder Deutsche einsieht, dass es eine Schande ist, Jurist zu sein." Ein Satz, der die Rechtsferne der Nazis zeigt, in der Nachkriegszeit aber von zahlreichen Juristen zur eigenen Entlastung verwandt wurde.

---

408 Dual State, 1940; deutsche Übersetzung: 1974.
409 Fall Dibelius – vgl. Eb. Schmidt, Einführung in die Geschichte der deutschen Strafrechtspflege, § 357.

Es gab Richter wie **Roland Freisler**, den ehemaligen Staatssekretär im Justizministerium, der als „guter" Jurist Präsident des Volksgerichtshofes war und eine **Terror**- und **Willkürjustiz** ohnegleichen entfaltete.[410] Selten gab es Juristen wie jene Münchener Staatsanwälte Hartinger und Wintersberger, die 1933 ein Strafverfahren wegen Verdacht des Mordes gegen den Lagerkommandanten in Dachau einleiteten.[411] Dagegen gab es die große Gruppe jener Juristen, die sich gesetzestreu an die Buchstaben mancher Gesetze hielten, die absolut unmenschlich waren, was evtl. der Grund war, der zur späteren Verfemung des **Positivismus** führte. Dennoch darf die nach dem Zweiten Weltkrieg auf Radbruch zurückgehende Schuldzuweisung, der Positivismus habe die Juristen gegenüber dem gesetzlich fixierten Unrecht wehrlos gemacht, als widerlegt angesehen werden, da sie die Bedeutung der „unbegrenzten Auslegung" im nationalsozialistischen Rechtssystem außer Acht lässt und als Exkulpation verwischt, dass Juristen sich mit voller Überzeugung in den Dienst des Unrechtssystems gestellt und Recht jenseits der Wortlautgrenzen angewendet haben.[412]

366

---

410 Vgl. K. Marxen, Das Volk und sein Gerichtshof, 1994.

411 Vgl. H.-G. Richardi, Josef Hartinger (1893–1984), in: KJ (Hg.), Streitbare Juristen, 1988, S. 307 ff.

412 Sammelbände zum Recht im Nationalsozialismus: P. Salje, Recht und Unrecht, 1985; R. Dreier/W. Sellert, Recht und Justiz, 1989; B. Diestelkamp/ M. Stolleis, Justizalltag, 1988; des Weiteren bei A. Laufs, Rechtsentwicklungen in Dtl., Kap. XI; M. Stolleis, Gemeinwohlformeln im nationalsozialistischen Recht, 1974; K. Anderbrügge, Völkisches Rechtsdenken, 1978; L. Gruchmann, Justiz im Dritten Reich, 1988.

9. Teil: Rechtsgeschichte der Nachkriegszeit

1. Abschnitt: Die Situation nach dem Krieg

767   Nach dem Krieg galt es, die materiellen und immateriellen Folgen des Dritten Reiches zu bewältigen. Der Zusammenbruch des Deutschen Reiches und der verlorene Krieg ließen Regierung und Verwaltung auf die Alliierten übergehen. Dringende Versorgungsprobleme entstanden: Hunger, Wohnungsnot infolge der Kriegszerstörung, Versorgung von Millionen Flüchtlingen, Wiederaufbau des gesellschaftlichen und staatlichen Lebens. Das Jahr 1949 (Gründung der Bundesrepublik und der DDR) bildet zwar eine Zäsur, doch bestanden diese Probleme bis weit in die 60er Jahre hinein.[413]

A. Praktische Probleme und rechtliche Reaktionen

768   Den organisatorischen Rahmen für rechtliches Handeln bildeten nunmehr der Alliierte Kontrollrat, die Zoneneinteilung Deutschlands sowie – in der westlichen Bi- bzw. Trizone – die Entwicklung einer demokratischen Verwaltung und liberalen Wirtschaftsordnung.[414]

769   **Ludwig Erhardt** (1897–1977) setzte als einer der Direktoren des Wirtschaftsrates (gegründet am 19. Mai 1947) nicht nur die Währungsreform vom 20. Juni 1948 durch, sondern vor allem die soziale Marktwirtschaft.

770   Bis 1955 kamen ca. 8,7 Mio. **Heimatvertriebene** in die Bundesrepublik, sie machten ca. 17% der westdeutschen Wohnbevölkerung aus. Neben schnellen Maßnahmen der Alliierten (SoforthilfeG) gewährte das 1953 erlassene BundesvertriebenenG Hilfen zum Unterhalt, zur Ausbildung, zum Erwerb von Hausrat etc. Ziel war es, die Flüchtlinge möglichst schnell zu integrieren, und zu diesem Zweck wurden sie verschiedentlich (bei der Vergabe von Wohnungen und Arbeitsplätzen im öffentlichen Dienst) bevorzugt. Ähnliche Probleme ergaben sich bei den **Kriegsgefangenen** (1945: 7,7 Mio. in westlichem, 3,3 Mio. in östlichem Gewahrsam), die von den westlichen Alliierten zügig, von der Sowjetunion nur sehr zögernd (bis 1955) zurückgeführt wurden. Das HeimkehrerG (1950) versuchte, auch diesem Personenkreis materielle und immaterielle Förderung zukommen zu lassen. Die Kriegsgefangenen wurden entschädigt (zwischen 1954 und 1963 mit 1,2 Mrd. DM).

771   Mit dem **Lastenausgleich** sollten Schäden und Verluste, die infolge des Krieges, der Vertreibung oder Flucht, aber auch infolge der Währungsreform entstanden waren, ausgeglichen werden. Von Personen, deren Vermögen und Grundeigentum unangetastet geblieben war, wurden Abgaben erhoben (Kredit-, Hypotheken- und Vermögensgewinnabgaben), sodass bis 1974 Ausgleichszahlungen im Höhe von insgesamt 94 Mrd. DM erfolgten.

---

413   K.D. Erdmann, Deutschland nach dem Kriege, in: B. Gebhardt, Hb. dt. Geschichte, Bd. IV, Teilbd. 2, 9. Aufl. 1979, S. 593 ff.; K.W. Nörr, Vierzig Jahre Bundesrepublik Deutschland. Vierzig Jahre Rechtsentwicklung, 1990; M. Broszat, Zäsuren nach 1945. Essays zur Periodisierung der deutschen Nachkriegsgeschichte, 1990.

414   Vgl. dazu die Aufsatzreihe von B. Diestelkamp, Rechts- und verfassungsgeschichtliche Probleme zur Frühgeschichte der BRD, JuS 1980, 401–405, 481–485, 790–796; JuS 1981, 96–102, 409–413, 488–494.

B. Moralische Probleme und ihre Folgen

In den **Kriegsverbrecherprozessen in Nürnberg** wurden zunächst die sog. Haupt- 272
kriegsverbrecher angeklagt; und zwar einerseits aufgrund geltenden (deutschen) Strafrechts, andererseits aber auch aufgrund des KontrollratsG Nr. 10, das (rückwirkend)
Kriegsverbrechen, Verbrechen gegen die Menschlichkeit und Verbrechen gegen den
Frieden unter Strafe stellte. Unter größter Beachtung der Öffentlichkeit lief das Verfahren gegen 22 Angeklagte fair ab. 12 der 22 Angeklagten wurden zum Tode verurteilt, 3
freigesprochen. Bei den übrigen Verurteilten wurde auf Freiheitsstrafen zwischen 10
Jahren und lebenslänglich erkannt, welche später überwiegend zur Bewährung ausgesetzt wurden. In den nachfolgenden Prozessen gegen einzelne Personengruppen verurteilten Militärgerichte 5.000 Angeklagte, davon 800 zum Tode. Auch deutsche Gerichte wurden alsbald mit diesen Verfahren (gegen Täter „mittlerer" Schwere) befasst.[415]

Die Gerichte begannen relativ eifrig, doch ihr Engagement erlahmte Ende der 40er und 273
in den 50er Jahren schnell. Erst die Gründung der Zentralstelle zur Aufklärung von
NS-Verbrechen 1958 brachte eine erneute Welle von Ermittlungsverfahren in Gang.
Weite Teile der deutschen Öffentlichkeit wurden erst im **Auschwitz-Prozess** (1963–65)
und im Majdanek-Prozess (1975–81) mit den ungeheuerlichen Taten in den Vernich-
tungslagern konfrontiert.[416]

Die Verfahren rüttelten besonders die Jugend wach, welche die ungenügende Bewälti- 274
gung und Aufarbeitung des Dritten Reiches durch ihre Vätergeneration rügten.[417]

Viele glaubten, durch die **Entnazifizierung** sei „alles" erledigt worden. In einem relativ 275
schematischen Verfahren versuchten besonders die Amerikaner bald nach dem Krieg,
Institutionen von belasteten NS-Aktivisten, Militaristen und Nutznießern zu säubern.
Die mit diesem Verfahren befassten (mit Deutschen besetzten) Spruchkammern nah-
men sich zunächst der „kleinen Fische" an. Im Laufe der Zeit (bis 1949) sank jedoch das
Interesse der Amerikaner und auch vieler Deutscher an der Durchführung dieser Entnazifizierung, weil Not und Elend Mitleid erzeugten und im Kalten Krieg die Deutschen als
Verbündete erschienen. Viele ‚Täter' und Mitläufer empfanden sich als Opfer der Bom-
ber, der Vertreibung und des Krieges. Praktische Gründe wie die Funktionsfähigkeit der
Verwaltung sowie ein weit verbreitetes – aber unangebrachtes – Gefühl, ungerecht behandelt zu werden, lähmten die Verfahren.[418]

Die materielle Komponente der Aufarbeitung des Dritten Reiches bildete die **Wieder-** 276
gutmachung. Das RückerstattungsG der Alliierten (1946) und dann des Bundes (1957),
welche die Rückführung entzogener Vermögensgegenstände zum Ziel hatten, waren
allerdings nicht sehr erfolgreich. Die Wiedergutmachung erfolgte einerseits global

---

415 K. Kastner, Der Nürnberger Prozess, JA 1995, 802 ff.; M. Broszat, Siegerjustiz und strafrechtliche „Selbstreinigung", in: Vier-
teljahreshefte für Zeitgeschichte, 1981, S. 477 ff.; zum Vergleich mit 1990: F.G. Bär, Die aktuellen Strafprozesse gegen Bürger der ehemaligen DDR – ein Akt der Siegerjustiz?, Jura 1999, 281 ff.

416 A. Rückerl, NS-Verbrechen vor Gericht, 1984; J. Friedrich, Die kalte Amnestie. NS-Täter in der Bundesrepublik, 1984;
N. Frei, Vergangenheitspolitik. Die Anfänge der Bundesrepublik und die NS-Vergangenheit, 1996.

417 A. und M. Mitscherlich, Die Unfähigkeit zu trauern. Grundlagen kollektiven Verhaltens, 1967; M. Mitscherlich, Erinne-
rungsarbeit. Zur Psychoanalyse der Unfähigkeit zu trauern, 1987; H. Graml, Die verdrängte Auseinandersetzung mit dem
Nationalsozialismus, in: M. Broszat (Hg.), Zäsuren nach 1945, 1990, S. 169 ff.

418 C. Vollnhals (Hg.), Entnazifizierung. Politische Säuberung und Rehabilitierung in den vier Besatzungszonen, 1945–1949,
1991; L. Niethammer, Entnazifizierung in Bayern. Säuberung und Rehabilitierung unter amerikanischer Besatzung, 1972.

durch Abkommen der Bundesrepublik mit anderen Staaten oder jüdischen Organisationen (Jewish Claims Conference), weil die meisten Opfer ermordet worden waren oder sich außerhalb Deutschlands befanden. Andererseits wurden erhebliche Zahlungen aufgrund des BundesentschädigungsG an verschiedene Opfergruppen geleistet.

777   Ohne Einbeziehung der Zuzahlungen der Bundesregierung zur Stiftung „Erinnerung, Verantwortung und Zukunft" wurden seit Gründung der BRD ca. 100 Milliarden DM an die Opfer ausgezahlt. Diese Zahl unterschreitet die tatsächliche Schadenshöhe bei weitem, ist aber doch sehr beachtlich und dokumentiert den ernsthaften Willen zur Wiedergutmachung. Freilich mussten Einzelpersonen ihre „Schäden" detailliert nachweisen und sehr um deren Durchsetzung kämpfen. Einige Personengruppen wurden unzureichend, sehr spät oder gar nicht entschädigt: „Zigeuner", Homosexuelle, kommunistische Oppositionelle.[419]

778   Lange umstritten – und seit 2000 endlich durch die Errichtung der Stiftung „Erinnerung, Verantwortung und Zukunft" geklärt – war die Frage einer Entschädigung von **Zwangsarbeitern** bei Privatunternehmen (vgl. Rdnr. 740). Die Rechtsprobleme, vor die die Zivilrechtsordnung zuvor gestellt war, waren Folgende: Der Krieg und die Unrechtsakte gegen Einzelpersonen verursachten Schäden ungeheuren Ausmaßes. Üblicherweise verhinderte oder beschränkte das Völkerrecht die Ansprüche von Einzelpersonen. Die Regelung auf der Staatenebene erfolgte durch Reparationen aufgrund völkerrechtlicher Verträge. Darf nun das Privatrecht zum Schadensausgleich neben derartigen Regelungen, wie sie z.B. im Rahmen der Wiedergutmachung getroffen wurden, zum Einsatz kommen? Das Gerechtigkeitsgefühl sagt heute – nach erheblichem Wandel der Rechtsanschauungen – ja, während hingegen die Prinzipien der Verjährung einerseits und die Tatsache, dass man nicht alles Unrecht auf der Welt mithilfe des Zivilrechts verhindern kann, andererseits dagegen sprechen.[420]

C. Neuaufbau

779   Unmittelbar nach dem Krieg wurden einige der zentralen Normen des NS-Staates durch die Alliierten außer Kraft gesetzt (durch Gesetz Nr. 1 des alliierten Kontrollrats vom 20. September 1945), dazu zählten z.B. die Nürnberger Rassegesetze, das Ermächtigungsgesetz, die Heimtückeverordnung sowie sämtliches weitere Sonderstrafrecht.

780   Der **Aufbau der Justiz und Verwaltung** erfolgte nicht ohne Probleme, weil „unbelastete" Richter kaum zu finden waren. Abgesehen von den Richtern, die Unrechtsakte in Urteilsform erlassen hatten (Volksgerichtshof, Sondergerichte, Militärgerichte), war auch der größte Teil der anderen Richter und Staatsbeamten mehr oder minder stark in das Herrschaftssystem des NS involviert gewesen. Es wurden nur sehr wenige Strafverfahren gegen diesen Personenkreis durchgeführt. Praktisch alle Richter wurden von der jungen Republik wieder übernommen, z.T. im Huckepackverfahren, aufgrund dessen ein unbelasteter Richter einem belasteten erneut den Zugang zum öffentlichen Dienst ermöglichte.[421]

781   Rechtstheoretisch-philosophisch diskutierte man das Naturrecht, dessen überpositive Werte eine Garantie gegenüber dem blinden Gesetzesgehorsam zu geben schienen.

---

419 L. Herbst/C. Goschler (Hg.), Die Bundesrepublik und die Opfer der nationalsozialistischen Verfolgung, 1988.

420 Vgl. R. Schröder, Zwangsarbeit: Rechtsgeschichte und zivilrechtliche Ansprüche, Jura 1994, 61 ff. und 118 ff.; U. Adamheit, „Jetzt wird die deutsche Wirtschaft von ihrer Geschichte eingeholt". Die Diskussion um die Entschädigung ehemaliger Zwangsarbeiter am Ende des 20. Jahrhunderts, 2004.

421 J. R. Wenzlau, Der Wiederaufbau der Justiz in Nordwestdeutschland 1945 bis 1949, 1979; M. Stolleis, Rechtsordnung und Justizpolitik 1945–1949, FS H. Coing, Bd. I (1982), S. 383 ff.; J. Friedrich, Freispruch für die Nazi-Justiz. Die Urteile gegen NS-Richter seit 1948, 1983; H. Wrobel, Verurteilt zur Demokratie. Justiz und Justizpolitik in Deutschland 1945–1949, 1990; H. Rottleuthner, Kontinuität und Identität. Just ziuristen und Rechtslehrer vor und nach 1945, in: F.J. Säcker (Hg.), Recht und Rechtslehre im Nationalsozialismus, 1992, S. 241 ff.

Den Positivismus hatte **Gustav Radbruch** nach dem Krieg für das Versagen der Juristen verantwortlich gemacht (vgl. Rdnr. 345):

„Es gibt […] Rechtsgrundsätze, die stärker sind als jede rechtliche Satzung […]. Man nennt diese Grundsätze das Naturrecht oder das Vernunftrecht. – Wenn Gesetze den Willen zur Gerechtigkeit bewusst verleugnen, z.b. Menschenrechte Menschen nach Willkür gewähren und versagen, dann fehlt diesen Gesetzen die Geltung, dann schuldet das Volk ihnen keinen Gehorsam, dann müssen auch die Juristen den Mut finden, ihnen den Rechtscharakter abzusprechen".[422]

Heute freilich weiß man – ohne die Bedeutung der Gesetzgebung zu vernachlässigen[423] –, dass es nicht zuletzt die **„unbegrenzte Auslegung"** war, d.h. die interpretatorische Leistung der Juristenschaft, welche die Anpassung an das NS-Recht vor allem ermöglicht hatte. Es ist bezeichnend, dass die erste große Schrift über Richter im Dritten Reich[424] offenkundig exkulpieren sollte. Erst mit den bahnbrechenden Untersuchungen von **Rüthers** und **Stolleis** begann Ende der 60er Jahre eine ernsthafte wissenschaftliche Befassung mit der nationalsozialistischen Vergangenheit.[425]

752

2. Abschnitt: Neues Recht in der Bundesrepublik

Das wichtigste Gesetz der Nachkriegszeit bildet das **Grundgesetz (GG)** mit seinem Grundrechtsteil, der anders als in der Weimarer Republik unmittelbar geltendes Recht darstellt. Man zog in diesem Gesetz die Konsequenzen aus der NS-Zeit und der Weimarer Republik, z.B. durch den Zwang zum konstruktiven Misstrauensvotum (Art. 67 GG), die Wesensgehaltsgarantie und Ewigkeitsklausel (Art. 19 Abs. 2, 79 Abs. 3 GG), die Konstitution der Bundesrepublik als föderaler und sozialer Rechtsstaat sowie durch die Bindung der Rechtsetzer und -anwender an Gesetz und Recht (Art. 20 Abs. 3 GG; näher dazu Rdnr. 808 ff.). Das Gesetz wurde durch einen von der Ministerpräsidentenkonferenz bestellten Sachverständigenausschuss in Herrenchiemsee in wenigen Wochen vorbereitet, vom Parlamentarischen Rat ausgearbeitet, am 8. Mai beschlossen und am 23. Mai 1949 verkündet.

753

Die **Westintegration** mit der Wiederbewaffnung (1955) unter Einbindung in die NATO (1954) bildete den Rahmen des politischen und wirtschaftlichen Wiederaufbaus in Westdeutschland. Auf der Basis des GG wurde der neuen Republik 1955 Souveränität eingeräumt. Wirtschaftlich integrativ wirkte der Beitritt zur Europäischen Gemeinschaft für Kohle und Stahl (Montanunion 1951) sowie der Abschluss der Verträge von Rom 1957 (vgl. Rdnr. 818 ff.).

754

A. Bürgerliches Recht

Das GG sowie der soziale Wandel entfalteten größte Wirkungen im Bereich des bürgerlichen Rechts. Das **Eherecht** wurde durch den Gleichberechtigungsgrundsatz gemäß

785

---

422 G. Radbruch, Rhein-Neckar-Zeitung vom 12. Sept. 1945; abgedruckt unter dem Titel „Fünf Minuten Rechtsphilosophie" in: Rechtsphilosophie, 8. Aufl. 1973, S. 327 ff.

423 Dazu G. Otte, NJW 1988, S. 2836.

424 Schorn, Der Richter im Dritten Reich. Geschichte und Dokumente, 1959.

425 G. Otte, Zivilrechtliche Gesetzgebung im „Dritten Reich", NJW 1988, 2836 ff.; B. Rüthers, Die unbegrenzte Auslegung. Zum Wandel der Privatrechtsordnung im Nationalsozialismus (Fischer Athenäum Taschenbücher, Nr. 6011), 1968, 5. Aufl. 1997; M. Stolleis, Gemeinwohlformeln im Nationalsozialistischen Recht, 1974. Zusammenfassend R. Schröder, Die Bewältigung des Dritten Reiches durch die Rechtsgeschichte, in: Rechtsgeschichte in den beiden deutschen Staaten (1988–1990), hgg. von H. Mohnhaupt, 1991, S. 604 ff.; M. Stolleis, HRG III, Art. Nationalsozialistisches Recht; eine überarbeitete Neuauflage einer Reihe von Aufsätzen gibt es bei Suhrkamp: M. Stolleis, Recht im Unrecht, 1994.

Art. 117 Abs. 1, 3 Abs. 2 GG und das GleichberechtigungsG von 1957 entscheidend beeinflusst. Vor allem die Ehescheidung wandelte sich ganz erheblich: Die Alliierten hatten zunächst an dem 1938 eingeführten Zerrüttungsprinzip festgehalten (§ 48 EheG 46). Die Rechtsprechung der ersten Nachkriegsjahre entwickelte jedoch eine neue Auslegung, die dazu führte, dass nahezu keine Ehe mehr nach § 48 EheG geschieden wurde. Eines der tragenden Argumente für die neue Auslegung bestand darin, sich von der auf „bevölkerungspolitischen Gesichtspunkten" basierenden, scheidungsfreundlichen Rechtsprechung des RG distanzieren zu wollen. Auch sollte die neue Betonung sittlicher Werte („eheliche Treue") als Gegenimpuls zur vergangenen Epoche verstanden werden. Das heute nicht mehr verstandene Hintergrundrauschen bildete die hohe Gefährdung der Ehen durch Krieg, Gefangenschaft und psychische Zerstörung.

786 Hieran knüpfte der BGH 1951 an und schränkte mit quasi christlich-naturrechtlichen Argumenten *contra legem* die Ehescheidung ein. Dieser Rechtsprechung wurde 1961 das EheG angepasst(!), um 1976 zugunsten des bis heute im Wesentlichen fortgeltenden Zerrüttungsprinzips erneut geändert zu werden.[426]

787 Nach Interventionen des Bundesverfassungsgerichts und durch das FamilienrechtsreformG vom 14. Juni 1976 bildet nicht mehr die patriarchalische, sondern die partnerschaftliche Ehe das Leitbild des Gesetzes. Vieles war hier politisch hoch umstritten, so z.B. bis jüngst die Frage des Namenrechts; inzwischen kann jeder Ehegatte seinen Geburtsnamen behalten, § 1355 Abs. 1 S. 3 BGB. Auch das Scheidungsrecht von 1976, das die Auflösung der Ehe ohne Verschulden ermöglichte (§§ 1564 ff. BGB), war heftig umkämpft, vor allem wegen des Ehegattenunterhalts. Die Ehegatten sollten nach der Scheidung nur dann Unterhalt bekommen, soweit es wegen der Pflege gemeinschaftlicher Kinder erforderlich ist, soweit der geschiedene Ehegatte krank oder gebrechlich ist oder selbst keine angemessene Erwerbstätigkeit ausüben kann. Tatsächlich erhielten geschieden (auch untreue) Ehegatten fast immer Unterhalt, so wie es in Zeiten der Verschuldensscheidung angemessen war. Jüngste Änderungen versuchen dem nun einen Riegel vorzuschieben und eine falkische Arbeitspflicht zu postulieren, wenn das jüngste Kind drei Jahre alt ist (§ 1570 BGB vom 01.01.2008).

788 Die praktisch wenig, theoretisch, aber theoretisch wichtigste Änderung stellt das Lebenspartnerschaftsgesetz vom 16. Januar 2001 dar, das die Gleichstellung homosexueller Partnerschaften mit der Ehe im Wesentlichen regelt.

789 Das Eherecht zeigt, welche unmittelbaren Folgen unterschiedliche rechtspolitische Anschauungen für die Gesetzgebung und die Rechtsanwendung haben oder besser: zu allen Zeiten hatten.

790 In den **Kernbereichen** des BGB finden sich – bis zur Schuldrechtsreform zum 1. Januar 2002 – relativ wenige gravierende Änderungen. Mehrere Tendenzen sind jedoch bemerkenswert: so hat sich im Schuldrecht erst in den letzten Jahrzehnten ein Gedanke durchgesetzt, der schon im 19. Jh. entwickelt wurde: Der schwächere Vertragspartner ist zu schützen.

---

426 Zur Geschichte des Eherechts: K. Kroeschell, Rechtsgeschichte Deutschlands im 20. Jahrhundert, 1992, S. 221 ff.; zur Scheidungs-Rechtsprechung nach 1945: M. Bedau, Entnazifizierung des Zivilrechts, 2004, S. 128 ff.

Im Rahmen der Privatautonomie und der Freiheit des Marktzugangs war spätestens seit dem BGB dem Richter keine Kompetenz beigemessen worden, den materiellen Gerechtigkeitsgehalt von Verträgen zu prüfen (Inhaltskontrolle). Eine Anzahl von Gesetzen ermöglicht heute aber de facto eine **Vertragskontrolle**.

791

Zu nennen sind das AbzahlungsG v. 1896, geändert 1974 und außer Kraft gesetzt durch das VerbraucherkreditG v. 1. Jan. 1991, welches für alle Waren und Geldkredite verbindliche Regelungen vorschreibt (nunmehr: §§ 488 ff. BGB). Von überragender Bedeutung ist die AGB-Kontrolle (AGBG v. 1976, nunmehr: §§ 305 ff. BGB), welche das Machtungleichgewicht zwischen den großen Anbietern, die nur zu ihren Geschäftsbedingungen kontrahieren, und den Kunden, die letztlich keine Wahl haben, als zu diesen Bedingungen abzuschließen, kompensieren soll. Verbraucherschützend sind weiter z.B. das HaustürWG v. 1986 (nunmehr: §§ 312, 312 a BGB) sowie jüngst das ProdukthaftungsG v. 15. Dez. 1989, das UmwelthaftungsG vom 1. Jan. 1990 bzw. 1991 sowie das FernabsatzG v. 27. Juni 2000 (nunmehr §§ 312 b ff. BGB). Die letztgenannten Normen beruhen auf EG-Richtlinien, welche der Gesetzgeber in nationales Recht umsetzen musste. Andere verbraucherschützende Normen wurden aber auch direkt in das BGB eingearbeitet, so z.B. das ReisevertragsG von 1979 in den §§ 651 a ff. BGB.

Das **Gesetz zur Modernisierung des Schuldrechts**, das am 1. Januar 2002 in Kraft getreten ist, hat die über 20 Jahren andauernden Bemühungen um eine Neugestaltung des Schuldrechts zu einem Abschluss gebracht. Seit 1992 lagerte beim Bundesjustizministerium der „Abschlussbericht einer Kommission zur Überarbeitung des Schuldrechts".[427] Neue Impulse kamen aus Brüssel. Das gesamte Gesetzgebungsverfahren erfolgte unter starkem zeitlichen Druck. Bis zum 1. Januar 2002 musste zwingend die Verbrauchsgüterkaufrichtlinie (RiL 1999/44/EG) umgesetzt werden. Damit erklärt sich der enorme Zeitdruck, unter dem das Gesamtvorhaben stand. Außerdem waren noch die Zahlungsverzugsrichtlinie (RiL 2000/35/ EG) und die E-Commerce-Richtlinie (RiL 2000/31/EG) umzusetzen. In der Literatur wurde vielfach gefordert, sich mit der sog. kleinen Lösung zu begnügen und nur die von den Richtlinien direkt betroffenen Bereiche zu verändern. Stattdessen setzten sich die Verfechter der sog. großen Lösung durch.

792

Auf den im August 2000 veröffentlichten **Diskussionsentwurf** des BMJ regte sich seitens vieler Wissenschaftler erheblicher Widerstand, sodass das BMJ eine Expertenkommission, die sog. Kommission Leistungsstörungsrecht einsetzte. Zur Überarbeitung des Kauf- und Verjährungsrechts wurde eine Bund-Länder-Kommission gebildet. Das Ergebnis dieser beiden Kommissionen führte zu einer Neufassung des Reformentwurfs, der sog. **konsolidierten Fassung**. Diese näherte sich im Leistungsstörungsrecht wieder dem BGB an, vollzog aber im Verjährungsrecht einen radikalen Systemwechsel. Schließlich legte das BMJ nach weiteren Diskussionen Anfang Mai 2001 den Regierungsentwurf[428] vor, der sich wiederum von der konsolidierten Fassung in einigen Punkten unterschied. Damit war die abschließende Fassung des Reformgesetzes aber immer noch nicht gefunden: Im Rahmen des Gesetzgebungsverfahrens im Bundestag entwickelte der Rechtsausschuss eine **Beschlussempfehlung**, die mehr als nur kosmetische Korrekturen enthielt. Das Gesetz wurde am 11. Oktober im Bundestag verabschiedet und am 9. November 2001 vom Bundesrat gebilligt.

793

Die Reform führte zu einer umstrittenen Umgestaltung einiger Kernbereiche des BGB. Im Einzelnen handelt es sich dabei um das Verjährungsrecht, das allgemeine Leistungsstörungsrecht, das Gewährleistungsrecht bei Kauf- und Werkvertrag. Darüber hinaus wurden zahlreiche Nebengesetze ins BGB integriert (AGBG, VerbrKrG, HaustürWG, Teilzeit-Wohnrechte-G, FernabsatzG), aber nicht alle, z.B. nicht das Produkthaftungsgesetz).[429] Inzwischen hat sich die Reform bewährt und die Kritik beruhigt.

794

---

427 Vgl. NJW 1992, 2377 ff.
428 BT-Drs. 14/6040.

795 Das **Mietrecht** ist seit Beginn des 20. Jhs. sozialpolitisch heftig umkämpft. Jeweils nach den Kriegen wurden die Vertragsabschluss- und Vertragsgestaltungsfreiheit eingeschränkt. Der Markt allein löste die Probleme nicht. Daher sollte der soziale Schutzgedanke (im privaten Mietvertrag) die Mängel auf dem Wohnungsmarkt kompensieren, die sich aus der Notwendigkeit ergeben, wohnen zu müssen. Hier ist vieles höchst umstritten, z.B. das eingeschränkte Kündigungsrecht der Vermieter sowie der sonstige Mieterschutz (vgl. §§ 543, 569, 573 BGB n.F.).[430] Auf den geänderten Wohnungsmarkt, in Ostdeutschland ist etwa ein zunehmender Leerstand festzustellen, reagierte das MietrechtsreformG 2001, das u.a. zu einer deutlichen Verkürzung der gesetzlichen Kündigungsfristen der Mieter führte (§ 573 c BGB n.F.). Die vormals langen Fristen entsprachen zudem nicht mehr den angestiegenen Mobilitätsanforderungen vieler Arbeitnehmer. Nach der Neuregelung des § 563 BGB steht das Eintrittsrecht nach dem Tod des Mieters nunmehr allen Lebenspartnern ungeachtet ihrer sexuellen Orientierung zu.

796 Die Anerkennung des **allgemeinen Persönlichkeitsrechts** als absolutes Recht im Rahmen des § 823 Abs. 1 BGB stellt die gravierendste Entwicklung im Deliktsrecht dar. Der BGH entschied hier *contra legem* (vgl. § 253 BGB alte – und neue – Fassung), es bestehe ein Schmerzensgeldanspruch bei Eingriffen in das allgemeine Persönlichkeitsrecht.[431] Hier wurde mit Art. 1 und 2 GG argumentiert, tatsächlich aber lagen die Dinge viel komplizierter.[432]

B. Wirtschafts- und Arbeitsrecht

797 Gravierendste Veränderungen erfuhren das Wirtschafts- und Arbeitsrecht. Vor allem die Amerikaner hatten in der Besatzungszeit aus wirtschaftlichen und politischen Gründen Großkonzerne wie die IG-Farben zerschlagen **(Dekartellierung)**. Sie sahen die Großkonzerne als (Mit-)Verantwortliche für das Dritte Reich an. Mit dieser politischen Kritik verbanden sie ihre am Ende des 19. Jhs. entwickelte Kartell-Theorie, wonach Kartelle und Monopole strafrechtsrelevante Erscheinungen sind (vgl. den amerikanischen Sherman Act).

798 Es fehlte dem deutschen Recht ein funktionierendes Instrumentarium gegen Machtkonzentration in der Wirtschaft, welche letztlich den funktionierenden Markt als Basis der Privatautonomie aushebelt und die nur ausnahmsweise gegen §§ 138, 826 BGB verstieß. Das RG hatte 1896 Kartelle für erlaubte und marktkonforme Verbindungen erklärt, die KartellVO von 1923 verbot Kartelle gleichfalls nicht, sondern zwang lediglich, sie öffentlich zu machen (vgl. Rdnr. 717). Die nationalsozialistische Wirtschaftspolitik begünstigte Unternehmenskonzentrationen aus Gründen der Kriegsvorbereitung (Zwangskar-

429 Zur Kritik an der Reform vgl. B. Dauner-Lieb, Das Schuldrechtsmodernisierungsgesetz in Wissenschaft und Praxis – Versuch einer Bestandsaufnahme, in: dies./H. Konzen/K. Schmidt (Hg.), Das neue Schuldrecht in der Praxis, 2003, S. 3 ff.; zu den einzelnen Neuerungen vgl. die Beiträge des April-Hefts der JZ 2001, insbesondere C.-W. Canaris (Leistungsstörungen), H.-P. Westermann (Kaufrecht), H. Roth (Werkvertragsrecht), D. Leenen (Verjährung); St. Lorenz, Schuldrechtsreform 2002: Problemschwerpunkte 3 Jahre danach, NJW 2005, 1889 ff.

430 H.-J. Lutz, Die rechtspolitische Diskussion um den Mieterschutz der Nachkriegszeit, in: forum historiae iuris (Dezember 1998), http://www.forhistiur.de/zitat/9812lutz.htm.

431 BGHZ 13, 334 – Herrenreiter-Fall; 24, 77; 50, 143.

432 S. Gottwald, Das allgemeine Persönlichkeitsrecht. Ein zeitgeschichtliches Erklärungsmodell, 1996; ders., Zeitgeschichte und Dogmatik am Beispiel des allgemeinen Persönlichkeitsrechts, in: forum historiae iuris (August 1997), http://www.forhistiur.de/zitat/9708gottwald.htm.

tellG 1933). Erst das GWB von 1957 verbot Kartelle und andere Zusammenschlüsse und ermöglichte aufgrund vielfacher Novellierung einen Kampf gegen den Missbrauch von Marktmacht. Von zunehmender Bedeutung erweisen sich inzwischen der kartellfeindliche Art. 81 ff. des EG-Vertrages.

Die gesamte Debatte um die Schädlichkeit von Monopolen und Kartellen spiegelt erhebliche Unsicherheiten der volkswirtschaftlichen Diskussion wider. Bis heute ist umstritten, ob Kartelle volkswirtschaftlich indifferent sind. Die angebotsorientierte Chicago School meint, Kartelle und Monopole würden von selbst wieder zerfallen, da hohe Gewinnspannen neue Anbieter anlockten. Die in Deutschland und der EU h.M. vertritt freilich mit dem GWB und dem EG-Vertrag die These, sie seien schädlich für die Märkte und daher streng zu bekämpfen.[433]   **299**

Nach dem Krieg bestand ein gesellschaftlicher Konsens dahingehend, die Arbeitnehmer als Individuen und ihre Organisationen, die im Dritten Reich erheblich verfolgt worden waren, stärker zu schützen. Daher kam es zu einer Anzahl von wichtigen Gesetzen im Bereich des **Individual-Arbeitsrechts**: Das KündigungsschutzG von 1951 sollte sozial ungerechtfertigte Kündigungen verhindern, das HeimarbeiterschutzG von 1951, das MutterschutzG von 1952 (Neufassungen 1968/76), das LadenschlussG von 1956 und das SchwerbeschädigtenG von 1953 sowie das JugendarbeitsschutzG von 1966 stellten Schutzregeln für die genannten Gruppen von Arbeitnehmern auf.   **300**

Auch im **kollektiven Arbeitsrecht** ergaben sich dramatische Entwicklungen, denn Art. 9 Abs. 3 GG garantiert die Bildung und Tätigkeit von Gewerkschaften und Arbeitgeberverbänden. Tarifverträge (G 1952/1969) sollen wirtschaftlichen und sozialen Frieden sichern. Heftig umstritten war stets jede Form der Mitbestimmung. Bei der betrieblichen Mitbestimmung (KontrollratsG 1946, BetriebsverfassungsG 1952/1972) geht es in der Tradition der Weimarer Republik um personelle und soziale Angelegenheiten in den Betrieben, also vor allem Mitwirkung des Betriebsrats bei Kündigungen. Die Montanmitbestimmung (1951) schrieb eine paritätische Besetzung des Aufsichtsrats vor sowie einen gewerkschaftlich bestimmten Arbeitsdirektor. Das MitbestimmungsG von 1976 führte für Großunternehmen die unternehmerische Mitbestimmung (im Aufsichtsrat) ein, was zu heftigsten Kämpfen führte, die letztlich erst durch das BVerfG[434] entschieden wurden. Im Bereich des kollektiven Arbeitsrechts hatte die Rechtsprechung des BAG – mangels gesetzlicher Regelung des Streikrechts – und die des BVerfG erheblichen Einfluss;[435] das gilt übrigens auch für das Individualarbeitsrecht.   **301**

C. Strafrecht

Zunächst wurde mit Einführung des Grundgesetzes die **Todesstrafe** abgeschafft, Art. 102 GG. Der Versuch einer – eher konservativen – Strafrechtsreform in den 50er Jahren scheiterte. Ein neuer Entwurf des AT von 1962 war noch sehr vom Schuld- und Vergeltungsstrafrecht geprägt, während ein „Alternativentwurf" der Strafrechtslehrer eher – im Sinne von Liszt – die soziale Seite des Strafrechts betonte. Seit 1969 wurde dann der Gesetzgeber aktiv. Der **Allgemeine Teil** wurde neu gefasst und im Wesentlichen über-   **302**

---

433 H. Pohl (Hg.), Kartelle und Kartellgesetzgebung in Praxis und Rechtsprechung vom 19. Jh. bis zur Gegenwart, 1985.

434 E 50, 290.

435 Zu den wesentlichen neueren Änderungen des Betriebsverfassungsgesetzes: B. Boemke, Reform des Betriebsverfassungsgesetzes, JuS 2002, 521 ff.

holte Bereiche des StGB, das von 1871 stammte, wurden den neuen gesellschaftlichen Bedingungen angepasst (Staatsschutzdelikte, Aufhebung der Verjährung für Mord und Völkermord, Demonstrationsdelikte).

803 Die Wellen schlugen hoch bei der Enttabuisierung des **Sexualbereichs**, die sich einerseits in allgemein akzeptierten Reformen (Aufhebung der Strafbarkeit für einfache männliche Homosexualität – § 175 StGB) dokumentierten, andererseits im Bereich des **§ 218 StGB** (Schwangerschaftsabbruch) zu erheblichen Konflikten führten und noch führen.

804 Das BVerfG entschied 1975,[436] die 1974 beschlossene Fristenlösung sei nicht verfassungsgemäß, sodass man zunächst auf eine recht komplizierte Indikationenlösung zurückgriff. Weil in der DDR eine reine Fristenlösung gegolten hatte, wurde mit der Wiedervereinigung eine Neuregelung erforderlich. Den ersten Versuch 1993 erklärte das BVerfG erneut für verfassungswidrig.[437] Den äußerst detaillierten Vorgaben des Gerichts an den Gesetzgeber folgend (über 160 Seiten, 17 Leitsätze!) wurde 1995 ein weitgehend parteiübergreifender Kompromiss beschlossen, der eine Fristenlösung mit Beratungszwang einführte. Ganz offensichtlich besteht also in dieser Frage kein gesellschaftlicher Grundkonsens, wie die Aktionen zum sog. Schutz des ungeborenen Lebens einerseits und zum „Memmingen-Prozess" andererseits zeigten.

805 Mit den jüngsten Entwicklungen (6. Strafrechtsreformgesetz von 1998) ist eine weitgehende Neufassung nunmehr auch des **Besonderen Teiles**, insbesondere auch zum Schutze der sexuellen Selbstbestimmung, zu einem gewissen Abschluss gekommen.

806 Deutliche Fortschritte hat es im Bereich der Rechtsfolgen sowie des Strafvollzuges (StrafvollzugsG 1976) gegeben. Das einzige Vollzugsziel besteht inzwischen in der Resozialisierung. Auch hier aber bestehen gesellschaftliche Konflikte fort, wie die Tatsache zeigt, dass Systemtäter nicht resozialisierungsbedürftig und z.B. Sexualtäter oft nicht resozialisierungsfähig sind.[438]

807 Das Völkerstrafrecht erlebt in der Folge der tragischen Ereignisse in den USA am 11. September 2001 neue Aktualität. Mit dem Statut von Rom, durch welches 139 Unterzeichnerstaaten 1998 die Errichtung eines **Internationalen Strafgerichtshofs** (IStGH) beschlossen haben, besteht (bald) eine Möglichkeit, völkerrechtliche Verbrechen vor einem universell anerkannten Weltstrafgerichtshof abzuurteilen. Es bedarf dann nicht mehr der Bildung sog. Ad-hoc-Gerichte auf der Grundlage der UN-Charta (wie beispielsweise in den Fällen von Ruanda und dem ehemaligen Jugoslawien). Allerdings kann der IStGH erst errichtet werden, d.h. seine Arbeit aufnehmen, wenn mindestens 60 Unterzeichnerstaaten das Statut ratifiziert haben.[439]

D. Öffentliches Recht

808 Eine **ausufernde Gesetzgebung** im öffentlichen Recht stellt sich als Folge des Interventionsstaates vom Ende des 19. Jhs. dar. Auch, aber nicht nur durch den immensen Aus-

---

436 E 39, 1.

437 E 88, 203.

438 J. Baumann, Die große Reform im Strafrecht – Eine nicht unkritische Würdigung, in: Vierzig Jahre Bundesrepublik Deutschland. Vierzig Jahre Rechtsentwicklung, hgg. von K.W. Nörr u.a., 1990, S. 293–324; Th. Lenckner, 40 Jahre Strafrechtsentwicklung in der Bundesrepublik Deutschland: Der Besondere Teil des StGB, seine Liberalisierung und seine Grenzen, in: ebd., S. 325-346; F.-C. Schroeder, Die Revolution des Sexualstrafrechts 1992–1998, in: JZ 1999, 82 ff.

439 H. Satzger, Das neue Völkerstrafgesetzbuch – Eine kritische Würdigung, NStZ 2002, 125 ff.

bau der Leistungsverwaltung im 20. Jh. werden inzwischen immer weniger Lebensbereiche dem Markt anvertraut und statt dessen reguliert. Dies gilt vor allem im Baurecht (wo von einer „Baufreiheit" aus Art. 14 GG eher nur noch historisch gesprochen werden kann), im Umweltschutzrecht, im Subventionsrecht – vor allem aber wohl im Finanz- und Steuerrecht, das wirklich nicht mehr überschaubar ist.

Das Charakteristikum des öffentlichen Rechts der Nachkriegszeit ist aber der extreme **Ausbau des Rechtsschutzes.** Der erste Teilschritt hierzu war erfolgt, als das BVerfG 1951 die Arbeit aufnahm. Mit der gleichzeitigen Einführung der Verfassungsbeschwerde für „jedermann" bekam dieses Gericht eine außerordentliche Machtfülle, die in den Anfangsjahren der Bundesrepublik zu entscheidenden Weichenstellungen (vor allem im Grundrechtebereich) geführt hat. **609**

Die Einführung der Verfassungsbeschwerde ist eine interessante Geschichte für sich: Während der Herrenchiemseer Entwurf noch eine allgemeine Verfassungsbeschwerde vorsah, lehnte der Parlamentarische Rat diese ab, sodass sie erst 1951 mit dem BVerfGG geschaffen wurde. Ins Grundgesetz (Art. 93 Abs. 1 Nr. 4 a GG) gelangte sie erst 1969, um sie gegen mögliche Eingriffe aufgrund der neuen Notstandsverfassung abzusichern.[440] **310**

Teilweise unter dem Druck des BVerfG wurde auch der einfachrechtliche Rechtsschutz ausgebaut. Bundesgesetzlich wurde durch die VwGO von 1960 die weite Generalklausel (§ 40 Abs. 1 VwGO) eingeführt, wonach nicht mehr nur Verwaltungsakte, sondern *jede* verwaltungsrechtliche Streitigkeit vor die Gerichte gebracht werden kann.[441] **311**

Mit der Ausweitung der gerichtlichen Kontrolle auf fast alle staatlichen Handlungen und der gleichzeitigen Ausweitung des Bereichs öffentlicher Planung und Kontrolle (fast) aller Lebensbereiche – man werfe nur einen Blick in alte Inhaltsverzeichnisse öffentlich-rechtlicher Gesetzessammlungen – ergibt sich ein neues Problem: Hatte diese Kontrolle einst begonnen, um einen ‚mächtigen' Staat zu zähmen, um die Rechte der Individuen zu schützen, so scheint sich die Situation derzeit umzukehren. Die Wahrung der Rechte von Individuen und Organisationen hat zusammen mit dem Lobbyismus und der Möglichkeit, gesellschaftlichen Druck zu entfalten, zu einer Reformunfähigkeit, ja Sklerotisierung der deutschen Gesellschaft geführt. **812**

E. Sozialrecht

Während die Versorgung arbeits- oder einkommensloser Personen in vorindustrieller Zeit bei der Familie lag, musste diese Versorgung – besonders bei Arbeitnehmern – durch Arbeit erwirtschaftet werden. Weil sich das als unmöglich erwies, entwickelte sich im 19. Jh. ein System des Sozialrechts, das Schutz gegen Berufsunfälle, Arbeitslosigkeit, alters- oder krankheitsbedingte Arbeitsunfähigkeit bieten sollte (vgl. Rdnr. 633). **813**

Im Krieg war das Vermögen der Sozialversicherungen verbraucht worden, sodass Zahlungsunfähigkeit drohte. Daher wurden die Renten 1957 auf ein **Umlagesystem** umgestellt, sodass die berufstätigen Arbeitnehmer die Renten bezahlen sollten. Durch die **814**

---

440   Zur Entstehung und rechtsvergleichend näher Maunz/Schmidt-Bleibtreu u.a., BVerfGG-Kommentar, § 90 Rdnr. 5 ff.

441   Zur Entstehung der Verfassungsgerichtsbarkeit überhaupt: G. Robbers, Die historische Entwicklung der Verfassungsgerichtsbarkeit, JuS 1990, 257 ff.; zum öffentlichen Recht der Bundesrepublik allgemein: Hofmann u. Mussgnug, in: Isensee/Kirchhoff, Handbuch des Staatsrechts der Bundesrepublik Deutschland, Bd. 1, 1987, §§ 5, 6.

Entwicklungen der Altersstruktur in der Bevölkerung (Kriegsfolgen und Pillenknick) ist dieses System allerdings hoch gefährdet. Immerhin ist als Tendenz in der Bundesrepublik festzuhalten, dass soziale Unterstützung und sozialer Schutz inzwischen zu einem höchst kostenintensiven System der sozialen Sicherheit ausgebaut wurden (Kindergeld, Ausbildungsförderung, Wohngeld), dessen Leistungsfähigkeit bzw. grundsätzliche Berechtigung zunehmend bezweifelt wird.

815 Seit 1975 versucht sich der Bundesgesetzgeber zudem an der umfassenden Kodifikation des Sozialgesetzbuches (SGB), von dem inzwischen neun „Bücher" existieren.

816 Wie stark politische und wirtschaftliche Entwicklungen das interventionistische Recht, darunter das Sozialrecht, beeinflussen, zeigt die Entwicklung der Arbeitslosenversicherung und -versorgung. Eingeführt 1926 zur Behebung der größten Not, verbesserte die sozialliberale Bundesregierung die Bezüge und Bezugsdauer infolge der wirtschaftlichen Krisen der Bundesrepublik mehrfach, um 1969 diese Regelungen als Arbeitsförderungsgesetz (AFG, seit 1997 SGB III) neu zu erfassen. Nunmehr stehen Arbeitsförderungsmaßnahmen im Vordergrund, welche durch die wirtschaftlichen Probleme im Beitrittsgebiet von besonderer Wichtigkeit sind.

817 Heute diskutiert man rechtlich und gesellschaftlich die Höhe und Angemessenheit von Bezügen aus dem Arbeitslosengeld 2 (Hartz IV), weil diese Bezüge im Niedriglohnbereich sehr Nahe an die Gehälter herankommen, die dort gezahlt werden; Arbeit lohnt sich also dort nicht mehr.

F. Entwicklung der Europäischen Gemeinschaften

818 Die Rede Winston Churchills vom 19. September 1946 in Zürich zu einer „Neugründung der europäischen Familie" wird häufig als erster Ausgangspunkt für eine europäische Integration im modernen Sinne genannt. Bereits am 5. Mai 1949 wurde mit dem **Europarat** eine Organisation geschaffen, die ursprünglich die erste Stufe einer wirtschaftlichen und politischen Union darstellen sollte, es aber bis heute nur zu einem gewissen Grad eher informeller Kooperation sowie (mit der Europäischen Menschenrechtskonvention, EMRK) einem System zur Durchsetzung der Menschenrechte brachte.

819 Erste wesentliche Vorstufe der heutigen EU war dann die **Europäische Gemeinschaft für Kohle und Stahl (EGKS)**, deren Gründungsverträge auf einem Plan des französischen Außenministers Robert Schuman basierten (daher **Schuman-Plan**), den Jean Monnet entwickelt hatte, und 1951 unterzeichnet wurden. Nach diesem bahnbrechenden Konzept wurden die damals entscheidenden Industrien Kohle und Stahl von Frankreich, Deutschland, Italien und den drei Benelux-Staaten zusammengelegt und einer übernationalen Kontrollorganisation, der „Hohen Behörde", unterstellt.

820 Bereits zu diesem Zeitpunkt zeichnete sich ab, dass eine wirtschaftliche Einigung Europas vorerst weniger Hindernisse zu überwinden hatte als eine zunächst rein politische. Diese Strategie wurde entschiedener fortgeführt, nachdem die französische Nationalversammlung der geplanten **Europäischen Verteidigungsgemeinschaft (EVG)** 1954 die Zustimmung verweigerte und damit zunächst eine nicht wirtschaftliche Einigung Europas in weiter Ferne schien. Im Anschluss betrieben die sechs EGKS-Mitglieder die Gründung eines Gemeinsamen Marktes, nämlich der **Europäischen Wirtschaftsge-**

meinschaft **(EWG)**, sowie einer Europäischen Atomgemeinschaft, deren Gründungs-verträge – die **„Römischen Verträge"** – 1957 in Rom unterzeichnet wurden.

Als **Organ** dieser Gemeinschaft fungierte ein **„Europäischer Rat"**, der sich bis heute aus **821** den jeweiligen Fachministern der nationalen Regierungen zusammensetzt und – ange-sichts der heutigen Kompetenzen der EU mit inzwischen bedenklicher demokratischer Legitimation – das **Hauptrechtsetzungsorgan** der Gemeinschaften darstellt. Die „Ho-he Behörde" wurde in **„Kommission"** umbenannt und quasi zur Exekutive dieser Ge-meinschaft, und es wurde eine **„Versammlung"** geschaffen, die sich 1962 in **„Europä-isches Parlament"** umbenannte und erst 1979 erstmals direkt vom Volk gewählt wur-de. Seit Anfang der 70er Jahre gibt es ferner den **Europäischen Rat der Staats- und Re-gierungschefs**. Mittlerweile ist er auch in Art. 4 EUV institutionell verankert. Er hat die Aufgabe, über die allgemeine Orientierung der Politik von Union und Gemeinschaft zu entscheiden.

Bis heute basieren alle Europäischen Gemeinschaften – und mittelbar das gesamte von **822** den europäischen Organen erlassene, sogenannte „Sekundärrecht" – auf **zwischen-staatlichen Verträgen**, durch die Souveränitätsrechte von den Mitgliedstaaten auf die europäischen Gemeinschaften verlagert wurden (vgl. Art. 23 GG n.F.). So sind auch alle institutionellen Reformen der Gemeinschaften auf Vertragsänderungen angewiesen, de-nen sämtliche Mitglieder einstimmig zustimmen müssen.

Wesentliche Änderungen der Gemeinschaften erfolgten zunächst durch den **Beitritt** **823** **weiterer Staaten** (1973 Dänemark, Großbritannien und Irland, 1981 Griechenland, 1982 Spanien und Portugal). In den folgenden Jahren wurde hauptsächlich versucht, die Rechtsvereinheitlichung in Europa voranzutreiben, indem die europäischen Organe die Mitgliedstaaten zur Anpassung ihrer nationalen Rechtsordnungen zwangen. Dies führte zeitweilig zu großen, bis heute nicht abschließend gelösten Problemen. Erinnert sei nur an die „Solange"-Entscheidungen des Bundesverfassungsgerichts zur Streitfra-ge, ob europäisches Recht höherrangig als das Grundgesetz sein kann.[442]

Die **Einheitliche Europäische Akte (EEA)** von 1986 versuchte dann erstmals eine **824** durchgreifende institutionelle Reform (Stärkung von Kommission und Parlament) und weitete die Gegenstände der Gemeinschaftspolitik aus.

Die nächste Etappe bildete der **Vertrag über die Europäische Union**, der am 9./10. **825** Dez. 1991 in **Maastricht** unterzeichnet wurde – allerdings erst nach zähen Verhandlun-gen und nach deutlichen Abstrichen bei den ursprünglichen Plänen zu einer Politischen Union. Auch die Ratifikation gestaltete sich schwierig (nur 51,05% Ja-Stimmen bei der Volksabstimmung in Frankreich, und in Dänemark waren gar zwei Anläufe erforderlich). Mit diesem Vertrag wurde eine **„Europäische Union"** als institutionelles Dach für die weiter bestehenden bisherigen Gemeinschaften geschaffen. Gleichzeitig wurden die in-stitutionellen Reformen (wenn auch nicht so weitgehend wie ursprünglich erhofft) vor-angetrieben. Die aus der Sicht der Bürger vielleicht dramatischste Entscheidung war aber, dass ein Zeitplan und Institutionen für die Einführung einer gemeinsamen europä-ischen Währung erstellt wurden.

---

442 BVerfGE 37, 271 („Solange I" – 1974); BVerfGE 73, 339 („Solange II" – 1986); BVerfGE 89, 155 („Maastricht" – 1993).

826 1995 traten dann Finnland, Österreich und Schweden der EU bei – die Norweger hatten sich zuvor in einem Plebiszit entschieden, ihren Reichtum an Erdöl lieber nicht zu vergemeinschaften.

827 Einige der in Maastricht nicht verwirklichten Reformen schafften es dann – erneut nach zähen Verhandlungen – in den **Vertrag von Amsterdam** (1997), manchmal auch „Maastricht II" genannt, der bei einer irritierenden kompletten Neunummerierung aller Vertragsartikel u.a. die Rechte des Europäischen Parlaments stärkte, sodass sich z.B. die von den Mitgliedstaaten ernannten Mitglieder der Kommission nunmehr einer Bestätigung durch das Parlament stellen müssen.

828 Seit 1. Januar 1999 existiert der Euro als Buch-, seit 1. Januar 2002 als Bargeld. Das war der wirtschaftlich umkämpfte, aber größte Schritt zur europäischen Integration.

829 Der **Vertrag von Nizza**, unterschrieben im Februar 2001, in Kraft getreten zum 1. Februar 2003, legt die Grundsätze und Methoden fest, nach denen sich das institutionelle System der EU nach dem inzwischen vollzogenen Beitritt der neuen, in erster Linie osteuropäischen Mitgliedstaaten im Jahr 2004 weiterentwickeln soll. Die Art und Weise, wie die Verhandlungen zwischen den Regierungen in Nizza geführt wurden, und die dabei gefundenen Ergebnisse vermochten allerdings kaum wirklich zu überzeugen. Nur ein Jahr später wurde daher der **Europäische Konvent** aus Vertretern der europäischen Institutionen sowie der nationalen Regierungen und Parlamente gebildet, der die Aufgabe hatte, eine neue „europäische Verfassung" auszuarbeiten.

Ziel der Beratungen sollte es sein, u.a. eine bessere Zuordnung der Zuständigkeiten zwischen den EU-Organen untereinander sowie im Verhältnis zu den Mitgliedstaaten zu prüfen, eine Vereinfachung der Handlungsinstrumente der Union vorzubereiten sowie die demokratische Legitimation, Transparenz und Effizienz der EU zu verbessern. Daneben bildeten die bereits auf dem Nizza-Gipfel festgelegten Fragen einer endgültigen Klärung des Status der in Nizza verkündeten Grundrechte-Charta, der möglichen Vereinfachung der Verträge sowie die Klärung der künftigen Rolle der nationalen Parlamente weitere inhaltliche Schwerpunkte der Beratungen im Konvent.

Der Entwurf einer künftigen EU-Verfassung vereinigt die bisherigen Verträge der Europäischen Union (EU- und EG-Vertrag) mit Ausnahme des Euratom-Vertrags in einem einheitlichen Vertragsdokument.

Während Teil I der Verfassung Grundlagen und Grundsätze der künftigen Union statuiert, wird mit Teil II die bereits vom Europäischen Rat in Nizza im Dezember 2000 proklamierte EU-Grundrechtecharta, deren Grundrechte künftig auch für den Bürger einklagbar sein werden, in die Verfassung einbezogen. In Teil III werden im Wesentlichen die bereits in den derzeitigen Verträgen vorgesehenen Politiken der Union bzw. der Europäischen Gemeinschaft übertragen. Die entscheidenden Veränderungen betreffen hier die Beschlussverfahren sowie die Mehrheitsanforderungen.

Diese Verfassung sollte ursprünglich im November 2006 in Kraft treten. Allerdings scheiterte die notwendige Ratifizierung des Verfassungsvertrags an den ablehnenden Volksabstimmungen in Frankreich und den Niederlanden. Der Ratifizierungszeitraum wurde nun verlängert. Ob sich der Entwurf in der vorliegenden Form noch durchsetzen kann, ist unsicher. An seine Stelle tritt teilweise seit 2007 der Vertrag von Lissabon.

Heute scheint die Gemeinschaft durch die finanziellen Probleme des Euro-Raumes und deren Bekämpfung gefährdet. Die politisch-wirtschaftlichen Diskussionen sind im Gang und bilden Geschichte und Rechtsgeschichte der Zukunft.

3. Abschnitt: Deutsche Demokratische Republik[443]

A. Verfassungsrechtliche Grundlagen

Die DDR hatte insgesamt drei Verfassungen. Die erste **Verfassung von 1949** entstand auf der Grundlage eines SED-Vorschlags. Sie war als gesamtdeutsche Verfassung konzipiert. Zwar lehnte sie sich formell an die WRV an, ein Bruch mit den Prinzipien eines modernen Rechtsstaats war jedoch sichtbar: Das sozialistische Prinzip der **Gewalteneinheit bzw. -konzentration** trat an die Stelle der Gewaltenteilung, die nur vereinzelt vorkam (vgl. etwa Art. 4 Abs. 2). Die Wirtschaftsplanung verankerte das Gesetz in Art. 24 und lehnte ein umfassendes richterliches Prüfungsrecht gegenüber Akten der gesetzgebenden Volkskammer ab (Art. 89 Abs. 1). Der Staatsapparat war damit von rechtsstaatlicher Kontrolle frei. Höchstes Organ war formal die Volkskammer. Das Blocksystem für die Parteien verhinderte aber politische Opposition, eine Konstruktion, welche zu einem Einparteienstaat ohne freie Wahlen führte. Die in der Verfassung enthaltenen Grundrechte entfalteten keine normative Wirkung, da die Bürger sich im Verhältnis zu den staatlichen Institutionen nicht auf diese Rechte berufen konnten. Im Jahre 1954 endete der Besatzungsstatus der DDR, sie wurde ein souveräner Staat, faktisch gebunden an die Sowjetunion.

830

Die Verfassungswirklichkeit hatte sich schon vor der **sozialistischen Verfassung von 1968** erheblich geändert. **Walter Ulbricht** (1893–1973) hatte die Diskussion um eine neue Verfassung forciert:

831

„Die neuen Bedingungen unserer gesellschaftlichen Entwicklung, die wir uns selbst geschaffen haben, die neuen Aufgaben und die weiteren Horizonte der sozialistischen Gesellschaft und des sozialistischen deutschen Staates erfordern die neue Verfassung".[444]

Bereits im Jahre 1960 war per Gesetz ein Staatsrat nach dem Vorbild des Obersten Sowjet als kollektives Staatsoberhaupt eingesetzt worden, dessen Vorsitz Ulbricht ebenso übernahm wie den im gleichen Jahr erst geschaffenen Posten des Vorsitzenden des Nationalen Verteidigungsrates, sodass allmählich sämtliche Machtpositionen in Staat und Partei in seiner Person zusammenfielen. Der Staatsrat hatte die typische Funktion eines Staatsoberhauptes (u.a. völkerrechtliche Vertretung der DDR, Art. 66 Abs. 2), konnte aber auch selbst Gesetze in Form der Staatserlasse schaffen (Art. 71 Abs. 1, Abs. 2). Obwohl die Volkskammer als das oberste staatliche Machtorgan bezeichnet wurde, lag das Schwergewicht der staatlich-politischen Machtausübung bei der SED.

832

1971 übernahm **Erich Honecker** (1912–1994) die zentrale Machtposition von Ulbricht als Erster Sekretär des ZK der SED. 1972 wurde der Grundlagenvertrag der beiden deutschen Staaten geschlossen, der zu internationaler Anerkennung der DDR (UNO-Beitritt 1973) führte.

833

---

443 Kroeschell, Rechtsgeschichte Deutschlands im 20. Jahrhundert, S. 152–195. Vertiefend zur DDR-Rechtsgeschichte: R. Schröder, Geschichte des DDR-Rechts, Jura 2004, 73 ff.; ders., Geschichte des DDR-Rechts: Straf- und Verwaltungsrecht (Fortsetzung von Jura 2004, 73 ff.), http://www.forhistiur.de/zitat/0404schroeder.htm; ders. (Hg.), Zivilrechtskultur der DDR, Bd. 1–3, 1999–2001.

444 Neues Deutschland, 2. Dez. 1967, S. 5.

834 **Die Verfassungsrevision von 1974** diente der „Präzisierung und Vervollkommnung". Die Kompetenzen des Staatsrates wurden beschnitten, seine Gesetzgebungsbefugnis gestrichen und der Ministerrat dadurch zu einer echten Regierung aufgewertet (Art. 76 Abs. 1). Darüber hinaus folgte eine neue Selbstdefinition: Nach Art. 1 Abs. 1 nannte sich die DDR „sozialistischer Staat der Arbeiter und Bauern" und strich den Wiedervereinigungsauftrag aus der Verfassung.

835 Nach der Maueröffnung (9./10. November 1989) trat die DDR am 3. Oktober 1990 nach Art. 23 GG a.F. der Bundesrepublik bei, und der **Einigungsvertrag** erlangte Wirksamkeit. Im Juli 1990 war bereits auf der Grundlage der Wirtschafts-, Währungs- und Sozialunion die D-Mark in der DDR eingeführt worden.[445]

B. Sozialistische Wirtschaft

836 Nach Kriegsende waren die Sowjets frühzeitig und zielstrebig an die Umgestaltung der Eigentums- und Vermögensverhältnisse nach der leninistischen Gesellschaftsordnung gegangen. Die Anfangsjahre waren davon gekennzeichnet, den **Führungsanspruch der SED** vor allem auch in volkswirtschaftlichen Belangen durchzusetzen. Daher galt es, die Kontrolle über die Wirtschaft zu erlangen, die Privatwirtschaft zurückzudrängen und Eigentumsverhältnisse zu schaffen, die Produktion, Investition und Verteilung planbar machten. Mit der Industrie- und Bodenreform überführte man das Eigentum an den Produktionsmitteln in Volkseigentum.

837 Die **„Bodenreform"**, d.h. die entschädigungslose Enteignung allen landwirtschaftlichen Grundbesitzes über 100 ha sowie aller „Kriegsverbrecher" (gegen diesen Vorwurf konnte man nicht vorgehen) erfolgte bereits im September 1945. Ihr Ziel war „die Liquidierung des feudal-junkerlichen Großgrundbesitzes".[446] Basis war die Kontrollratsdirektive zur Vermögenseinziehung bei Faschisten sowie die Stalin'sche Theorie des Faschismus: Der Imperialismus sei die höchste Form des Kapitalismus und der Faschismus die höchste Form des Imperialismus. Also war eigentlich jeder (Groß-)Kapitalist ein Faschist.

838 Der enteignete Boden diente im Wesentlichen der Schaffung von Neubauern-Stellen. Ein erworbenes **Neubauerngut** durfte weder verkauft noch geteilt oder gepfändet werden. Das Eigentum/Nutzungsrecht an ihnen durfte wiederum nur an bäuerlich tätige Personen übergehen. Die Bodenreform war aber nur ein planmäßiger Schritt zur völligen Kollektivierung der Landwirtschaft. Aufgrund der angeblichen oder fälschlichen Unwirtschaftlichkeit der Kleinbetriebe schuf man die **Landwirtschaftlichen Produktionsgenossenschaften** (LPG). In diesen erfolgte eine genossenschaftliche Bodennutzung, sodass im Ergebnis das private Eigentum an Grund und Boden vollständig beseitigt oder bedeutungslos wurde.

839 In der **Industriereform** enteignete man das Privateigentum an den Produktionsmitteln und drängte so den privaten Wirtschaftssektor beständig zurück. 1955 umfasste der Staatssektor die wichtigsten Produktionszweige und Großbetriebe. Seit 1956 waren die

---

445 Staritz, Die Gründung der DDR. Von der sowjetischen Besatzungszone zum sozialistischen Staat, 1985; A. Laufs, Recht und Unrecht der DDR. Versuch einer Bilanz, 1998, S. 40 ff.

446 Vgl. K. Kroeschell, Rechtsgeschichte Deutschlands im 20. Jahrhundert, S. 142 f.

Unternehmen gezwungen, eine staatliche Beteiligung aufzunehmen, eine Vorstufe zur völligen Überführung in Volkseigentum. Im Jahre 1972 beseitigte eine letzte große Sozialisierungswelle das private Unternehmertum fast vollständig. In der Verfassung von 1974 hieß es dann in Art. 12:

„[…] Es gibt keine privaten Industriebetriebe mehr, und es kann auch kein neues Privateigentum in diesem Bereich geschaffen werden."

Die DDR-Wirtschaft war eine **Planwirtschaft** (so schon Art. 21 der Verf. 1949). Entspre-   **840** chend der Umgestaltung der Produktions- und Eigentumsverhältnisse und dem Ziel der Kontrolle der Volkswirtschaft durch die SED hatte die DDR eine Zentralverwaltungswirtschaft errichtet. Vom Staat wurde ein Zentralwirtschaftsplan aufgestellt, nach dem der gesamte Ablauf des Wirtschaftsprozesses gelenkt werden sollte. Die Betriebe erhielten entsprechende Planauflagen (Vorgabe des Plansolls), deren Einhaltung mit Zwang durchgesetzt wurde (staatliche Detailanweisungen). Die Organisation dieser Planwirtschaft folgte einer hierarchischen Ordnung, die über drei Planungsebenen verlief. Nachdem zunächst durch die Enteignungen die volkseigenen Betriebe (VEB) entstanden waren, wurden diese 1948 nach Branchen bzw. Produktionsketten zu den „Vereinigungen Volkseigener Betriebe" (VVB) zusammengefasst. 1950 wurde die „Staatliche Planungskommission" errichtet, die dem Ministerrat zugeordnet war. Im selben Jahr gründete die DDR noch Industrieministerien und ordnete die volkswirtschaftlich bedeutsamen Betriebe den Hauptverwaltungen der Ministerien direkt zu.

Die Planung verlief folgendermaßen: Die wirtschaftspolitische Konzeption lag bei der   **841** Parteiführung. Für den Plan und die Lenkungsmethodik war die staatliche Planungskommission, für die direkte Leitung waren die Ministerien verantwortlich. Sie gaben den Betrieben detaillierte Produktionsauflagen, schrieben vor, mit welchem finanziellen und materiellen Aufwand das Produktionssoll zu erfüllen sei, und waren befugt, „operativ", d.h. vor Ort, in die betrieblichen Entscheidungen einzugreifen. Dem Betriebsmanagement blieb nur die technisch-organisatorische Realisierung eines Planes. Seit 1967 wurden aus den VVB sog. Kombinate gebildet.

Bürgerliche Rechtsprinzipien galten zwischen den Betrieben und Kombinaten nicht   **842** mehr. Das BGB wurde in diesem Bereich ebenso außer Kraft gesetzt wie der Markt. Stattdessen schuf man neues Recht, das **Wirtschaftsrecht**, das aber nicht mit dem westlichen Wirtschaftsrecht zu verwechseln ist. Hier hatte man mit dem **Vertragsrecht** der Betriebe die Vertragsfreiheit vollständig aufgehoben. Vertrag im Sinne des Vertragssystems war nur noch als „Instrument der Planung und Leitung der Volkswirtschaft bei der Durchsetzung der im Perspektivplan festgelegten Hauptentwicklungsrichtung" gedacht. Das Vertragsgesetz (VG), die dazu erlassenen Durchführungsverordnungen und weitere Wirtschaftsgesetze regelten also die vertraglichen Beziehungen zwischen den Wirtschaftseinheiten der DDR.[447]

---

447 H. Haas, Das Wirtschaftssystem der DDR. Eine Einführung, 1990.

C. Justiz und Partei

843 Nach 1945 ging man in der DDR den – konsequenten – Weg, unter Inkaufnahme einer Stagnation der Rechtspflege zunächst einen **völlig neuen Rechtsstab**, ein neues „Personal der Gerechtigkeit", einzusetzen. Gründlicher als in den Westzonen bewirkte die Entnazifizierung die endgültige Entfernung von NS-belasteten Juristen aus dem Dienst. So wurden schon im Oktober 1946 mit der ersten Entlassungswelle 90% der NS-belasteten Richter ihres Amtes enthoben. Um allerdings den erheblichen Personalbedarf zu decken, versuchte man eine „antifaschistische Demokratisierung der Justiz", indem seit 1946 **Volksrichter** für das Richteramt ausgebildet wurden. So konnten nach nur sechsmonatiger Ausbildung in Sachsen schon Ende 1946 die ersten Volksrichter an den Gerichten beginnen. Damit verstärkte die SED ihren Einfluss auf die Justiz. Die Volksrichterausbildung wurde aufgrund der anfangs als zu gering eingeschätzten fachlichen Anforderungen kontinuierlich auf ein Jahr verlängert. Ab 1951 fanden die Kurse geschlossen in Potsdam-Babelsberg statt. Ende 1951 kamen knapp 60% der Richter in der DDR aus Volksrichterlehrgängen. Gegen Ende dauerte die Ausbildung drei Jahre, als Abschluss wurde ein Staatsexamen eingeführt. Damit fand die Volksrichterausbildung 1954 ihr Ende.[448]

844 Auch in der **universitären Ausbildung** sollten sich die gesellschaftlichen Rahmenbedingungen niederschlagen: so wurden die Studenten in intensiven Schulungen auf die **Prinzipien des Marxismus-Leninismus** unter Zugrundelegung der parteipolitischen Interpretation durch die SED eingeschworen. Von einem DDR-Juristen wurde die Erkenntnis erwartet, „dass der feste Klassenstandpunkt das wichtigste in der Arbeit ist." Für die Juristen neuen Typs stand die Ausbildung daher nicht im Zeichen der wissenschaftlich-hermeneutischen Tradition, des kritischen Umgangs mit juristischen Texten. Vielmehr wurde das Studium seit 1951 verstärkt gesellschaftswissenschaftlich ausgerichtet, da der traditionelle Umgang mit Rechtstexten seit dem Dritten Reich diskreditiert sei. Das bedeutete die Einführung eines marxistisch-leninistischen Grundlagenstudiums, dem ein juristisches Fachstudium folgte.

845 Maßgebend für die Rechtsanwendung war die **marxistisch-leninistische Rechtstheorie**. Das Recht spielte im Sozialismus keine bedeutende Rolle, das Primat von Politik und damit der Partei setzte sich stets durch. **Karl Marx** (1818–1883) hatte 1859 das Recht als **Überbauphänomen** charakterisiert, also als eines der Phänomene, welches der gesellschaftlichen Entwicklung zwangsläufig folgen müsste. Das Primäre sei die gesellschaftliche Entwicklung, der Inhalt des Rechts sei jeweils durch die Produktionsverhältnisse – also auch in Wirtschaft und Gesellschaft – vorgegeben. Nach dem sozialistischen Rechtsbegriff verstand man Recht, wie Hermann Klenner 1954 in dem Werk „Der Marxismus-Leninismus über das Wesen des Rechts" ausführte, „als eine der Politik untergeordnete Kategorie".[449]

846 Den Richtern wurde zwar die Unabhängigkeit normativ zugesichert (Art. 96 Verf. d. DDR 1968), allerdings verstand man darunter die Einhaltung und vor allem Verwirklichung **sozialistischer Gesetzlichkeit**.

---

448 Hierzu Haferkamp/Wudtke, Richterausbildung in der DDR, in: forum historiae iuris (Oktober 1997), http://www.forhistiur.de/zitat/9710haferkamp-wudtke.htm; vgl. auch R. Schröder (Hg.), Zivilrechtskultur der DDR, Bd. 1, 1999.

449 R. Schröder, Marxismus und Recht am Beispiel des Zivilrechts in der DDR, in: FS Kroeschell (1997), S. 1155 ff.

„Sozialistische Gesetzlichkeit bedeutet zwar strikte Einhaltung der Gesetze, aber nicht formal, allein am Buchstaben klebende, sondern parteiliche Anwendung. Das Gesetz parteilich anzuwenden heißt, es so anzuwenden, wie es bei der Auffassung der Mehrheit der Werktätigen und damit den Zielen der Politik der Partei der Arbeiterklasse und der Regierung entspricht."[450]

Das bedeutete in den Anfangsjahren strikte Auslegung der neuen sozialistischen Geset- **857** ze, hingegen parteiliche Anwendung besonders des vorsozialistischen Rechts. Vielfach kam den Normen appelativ-programmatischer Charakter zu. Präambeln, Grundsatzbe- stimmungen und „Aufgabennormen" häuften sich. Die Rolle der Rechtsprechung im Rahmen des Aufbaus einer sozialistischen Gesellschaft bedeutete für den Richter stets die „Beachtung und Kenntnis der politischen und wirtschaftlichen Vorhaben der Partei und des Staates", denn aus der Kenntnis und dem Verständnis für die „gesamtgesell- schaftlichen Aufgaben" hatte der Richter seine Entscheidungsfindung abzuleiten und zu gestalten. Um dies zu gewährleisten, ergab sich die Einbindung der Richter in das straff organisierte System der Anleitung, unter anderem durch Richtlinien und Beschlüs- se des obersten Gerichts. Die Rechtsprechung der Gerichte „dient[e] der Lösung der po- litischen, ökonomischen und kulturellen Aufgaben des Arbeiter- und Bauernstaates beim umfassenden Aufbau des Sozialismus". Das Recht war Instrument zur Umsetzung der durch die Partei vorgegebenen gesellschaftlichen Ziele. Als solches ordnete es sich dem Primat der Politik unter. Man sprach von **Parteilichkeit der Justiz**. Der SED gelang es, ein sehr linientreues Personal sowohl im Bereich der Justiz als auch im Bereich der Verwaltung zu schaffen.[451]

D. Strafrecht

Kriminalität war dem Sozialismus – angeblich – zutiefst wesensfremd, da die Aufhebung **843** der antagonistischen Klassengegensätze keinen Raum mehr für diese ließ.

Allenfalls konnte Kriminalität ein Relikt aus vorsozialistischer Zeit sein, nämlich Wider- **849** stand der gestürzten Ausbeuter oder Zeichen für noch nicht entwickeltes Klassenbe- wusstsein. Nach der Entstalinisierung ging man mit der Zeit zur **„Freund-Feind-Theo- rie"** über, d.h. nicht jede Straftat sollte mehr als Ausdruck des Klassenkampfes angese- hen werden, sondern es sollte zwischen Freunden und Feinden der DDR unterschieden werden. Also differenzierte man nun zwischen solchen Straftaten, die eine schwere Missachtung der Gesetze der DDR darstellten, und Verletzungen der Gesetzlichkeit, die als einzelne Entgleisung im Verhalten eines Bürgers anzusehen waren. Im Ergebnis lief es darauf hinaus, dass mit dem Strafrecht die Relikte zählebiger kapitalistischer Lebens- und Denkgewohnheiten zu bekämpfen waren.

„Es [das Strafrecht, d.Verf.] steht in einem bestimmten Zusammenhang mit gesellschaftlichen Grundwi- dersprüchen, die auf der Basis der Dialektik von Produktivkräften und Produktionsverhältnissen die Pro- duktions- und Lebensweise bestimmter Gesellschaftsformationen und Gesellschaftsordnungen, nament- lich die politischen und ideologischen Verhältnisse innerhalb dieser Gesellschaften, beherrschten und be- herrschen und ein differenziertes, widersprüchliches Verhältnis zwischen Individuum und Gesellschaft im Prozess der gesellschaftlichen Lebenssicherung der Individuen begründeten und begründen."[452]

---

450 H. Benjamin, Die dialektische Einheit von Gesetzlichkeit und Parteilichkeit durchsetzen, NJ 1958, S. 368:

451 S. Schröder, Juristenausbildung in der DDR, in: Bender/Falk (Hg.), Recht im Sozialismus, Bd. 2: Justizpolitik, 1999, S. 441 ff.

452 Autorenkollektiv, Strafrecht der DDR, Lehrbuch, 1988, S. 17; F.-Ch. Schröder, Das Strafrecht des realen Sozialismus. Eine Einführung am Beispiel der DDR, 1983.

850 Da aber die Mehrheit der in der DDR begangenen Straftaten nicht mehr in einer feindlichen Einstellung gegen den Arbeiter- und Bauernstaat bestand, konnte die Entgleisung des Einzelnen durch **Erziehung** vermieden werden.

„Das ökonomische und politisch-moralische Fundament unseres Arbeiter- und Bauernstaates steht fest. Daher sind auch die Möglichkeiten, Menschen, die unser Gesetz verletzten, zu erziehen, anstatt zu strafen, heute bei weitem größer als – sagen wir einmal – vor zehn Jahren."[453]

So schlug sich die erzieherische Aufgabe des Strafverfahrens darin nieder, dass entlassene Strafgefangene Kollektiven überstellt wurden, die sich für sie verantwortlich erklärt hatten. Ihnen wurden Wohnungen zugewiesen, und es war für das Nötigste gesorgt.

851 Das **politische Strafrecht** spielte, vor allem in der Frühphase, eine besondere Rolle. Entsprechend dem instrumentellen Rechts- und Justizverständnis war gerade das Strafrecht als „Hebel" zur Errichtung des Sozialismus geeignet. Es zählt zu den singulären Merkmalen der Staaten des „realen" Sozialismus, in der Phase ihrer Etablierung das Strafrecht systematisch als Instrument der sozialstrukturellen Umgestaltung der Gesellschaft, als Instrument der „Revolution von oben" einzusetzen. Eine wesentliche Norm zur Repression stellte Art. 6 Abs. 2 Verf. 1949 dar:

„Boykotthetze gegen demokratische Einrichtungen und Organisationen, Mordhetze gegen demokratische Politiker, Bekundung von Glaubens-, Rassen-, Völkerhass, militaristische Propaganda sowie Kriegshetze und alle sonstigen Handlungen, die sich gegen die Gleichberechtigung richten, sind Verbrechen im Sinne des Strafgesetzbuches, Ausübung demokratischer Rechte im Sinne der Verfassung ist keine Boykotthetze."

852 Obwohl diese Norm offenkundig keine strafrechtlichen Folgen festsetzte, wurde sie vom Obersten Gericht zum unmittelbar anwendbaren Strafgesetz erklärt, um politische Gegner auszuschalten. Die Strafen entnahm man dem StGB, welches für Verbrechen zeitige und lebenslange Zuchthausstrafen sowie die Todesstrafe androhte. Die **Waldheimer Prozesse** (1950) sind eines der berühmtesten Beispiele des politischen Strafrechts. In der DDR war ein wesentlicher Teil der Personen interniert und noch nicht abgeurteilt worden, die wichtige Ämter im Dritten Reich innegehabt hatten bzw. die sich in dieser Zeit strafrechtsrelevante Handlungen hatten zuschulden kommen lassen. Es ergingen 3.385 Urteile durch zwanzig Sonderstrafkammern des LG Chemnitz, geurteilt wurde im Schnellverfahren. Die Volksrichter der Kammern waren nach politischer Zuverlässigkeit ausgesucht worden. Zwar handelte es sich bei den Angeklagten im Durchschnitt nicht um unbescholtene Personen. Aber die Durchführung der Verfahren, die Regieanleitungen, die vorher schon festgelegt waren, die Urteile, die zum größten Teil vorher feststanden etc. verstießen gegen alle Verfahrensprinzipien. Die **„Aktion Rose"** (1953) ist ein weiteres Beispiel für die Bildung verdeckter, von der DDR-Verfassung verbotener Ausnahme- und Sondergerichte. Im Rahmen dieser Aktion wurden die Hotels und Fremdenheime an der Ostseeküste mithilfe wirtschaftsstrafrechtlicher Sondervorschriften in Volkseigentum gebracht.[454]

---

453 W. Ulbrichts Rede vor dem Nationalkongress am 17. Juni 1962.

454 F. Werkentin, Methoden und Verfahrensweisen der verdeckten Enteignung selbständiger Produzenten, Gewerbetreibender, Bauern und Grundstücks-/Hauseigentümer in der Geschichte der SBZ/DDR, in: forum historiae iuris (Januar 1998), http://www.forhistiur.de/zitat/9801 werkentin.htm.

Die **Steuerung der Justiz** hatte für das Strafrecht und seine Praxis eine besondere Bedeutung. Zwar sahen die Verfassungen von 1949, 1968 sowie 1974 justizielle Grundrechte vor: das Gesetzlichkeitsprinzip, die Maxime des gesetzlichen Richters, das Verbot von Ausnahmegerichten. Doch hatten diese Prinzipien immer nur dort Bedeutung, wo sie dem politischen Interesse und der Herrschaftssicherung der SED nicht im Wege standen. Das Gleiche galt für die StPO von 1952. Sie enthielt gleichfalls weitgehende Verfahrensgarantien, doch galten auch diese nur, soweit Politisches nicht berührt wurde. Das bedeutete, dass sich die nahezu uneingeschränkte Herrschaft über Gesetzgebung, Anklagepolitik, Rechtsprechung und Urteilskorrektur im Politbüro, dem ZK-Sekretariat, den jeweiligen ZK-Fachabteilungen und schließlich beim ersten Sekretär des ZK der SED konzentrierte.

353

Nach dem Mauerbau am 13. August 1961 änderte sich die politische Taktik der Partei. Der bekennende Justizterror wurde zurückgenommen. Galt es nun, politischen Widerstand zu brechen, wurde diese Aufgabe vorrangig dem Ministerium für Staatssicherheit (MfS) zugewiesen und damit einem **Sanktionssystem unterhalb und neben strafrechtlicher Reaktion** zugeteilt. Widerstandsbrechung neben dem Strafrecht – illegale Zersetzungs- und Zerstörungsmethoden bis zum Verlust des Arbeitsplatzes, der Wohnung, tief greifender psychischer Verunsicherung der Gegner und im Einzelfall Tötungen. Alles *praeter legem*, illegal auch nach Gesetzeslage der DDR.

354

Die Abteilung HA IX – Ermittlungsverfahren – des MfS war in gesetzlich bestimmten Strafsachen (Staatsschutzdelikten) Untersuchungsorgan im Sinne des § 88 StPO und hatte damit polizeiliche Befugnisse. In Zusammenarbeit mit der StA reichte die „Ermittlungstätigkeit" auch noch bis zum Ausschluss der Öffentlichkeit und zur Festlegung des Strafmaßes. Die Stasi bereitete in politischen Angelegenheiten z.B. bei Landesverräterischem Treuebruch gemäß § 99 StGB die Anklagen vor. Darüber hinaus unterhielt sie Untersuchungshaftgefängnisse.

355

Daneben war die Stasi aber eine Behörde, Ende der 80er Jahre besetzt mit ca. bis zu 95.000 hauptamtlichen und ca. weiteren 170.000 nicht hauptamtlichen Mitarbeitern, welche mit geheimdienstlichen Methoden die eigene Bevölkerung ausspionierte.[455]

356

E. Verwaltungsrecht

Die Gesetzgebung auf der Grundlage eines Befehls der Sowjetischen Militäradministration in Deutschland (SMAD) vom 8. Juli 1947 hatte zunächst zur Wiederherstellung des verwaltungsgerichtlichen Rechtsschutzes in den Ländern (mit Ausnahme von Berlin und Sachsen-Anhalt) geführt. Doch **beschränkte** die DDR-Verfassung von 1949 den **Verwaltungsgerichtsschutz** auf die Nachprüfung der Rechtmäßigkeit der Verwaltungsmaßnahmen (Art. 138 Abs. 1). Die Überprüfung von Gesetzen sowie die Feststellung der Verfassungswidrigkeit von Regierungsmaßnahmen oblag nach Art. 66 Abs. 3, Abs. 4 der Volkskammer. Als im Verlaufe der Zentralisierungsbestrebungen nach sowjetischem Vorbild 1952 die Länder per Gesetz aufgelöst und Bezirke eingerichtet wurden, mussten aufgrund einer internen Anweisung des Innenministers auch die in Mecklen-

357

---

455 Guter Zugang über die homepage des Bundesbeauftragten für die Unterlagen des Staatssicherheitsdienstes http://www.bstu.bund.de.

burg, Brandenburg und Thüringen bestehenden Verwaltungsgerichte ihre Tätigkeit einstellen. Die Verwaltungsgerichtsbarkeit galt als Produkt der bürgerlichen Staatsordnung. Da man sich deren Überwindung auf die Fahnen geschrieben hatte, sah die sozialistische Verfassung vom 6. April 1968 keine Verwaltungsgerichtsbarkeit mehr vor. Denn eine gerichtliche Kontrolle staatlichen Handelns widersprach dem sozialistischen Prinzip der **Gewalteneinheit**.

858   Die offizielle marxistisch-leninistische Konzeption ging von einer Interessenübereinstimmung des Einzelnen, der sozialistischen Gemeinschaft und des nachrevolutionären Staates aus. Sozialistische Kritik am Verwaltungsrecht hieß also:

> „Wenn man bei uns die Rechtsliteratur liest, sieht man noch immer stark die alten bürgerlichen Tendenzen am Werke, nach denen das Individuum von der Gesellschaft abgetrennt ist und dann durch zweiseitige Rechtsverhältnisse erst das Verhältnis von Individuum und Gesellschaft wiederhergestellt ist."[456]

859   Nach der Babelsberger Konferenz 1958 war also klar: Es gab **keine subjektiven Rechte des Bürgers gegen den Staat**, eine gerichtliche Überprüfung staatlicher Akte fand nicht statt.[457]

860   Als Ersatz für Rechtsbehelfe gegen die Verwaltung wurde das **Eingabewesen**, dessen Wurzeln sowohl in die alten Landesverfassungen als auch in die DDR-Verfassung von 1949 zurückreichen, per Staatsratserlass vom 27. Februar 1961 institutionalisiert. Die Eingaben waren ein beliebtes, oft in Anspruch genommenes Mittel. Von ihrem thematischen Gehalt reichten sie von der Reklamation eines Küchengerätes bis zum Ausreiseantrag. Teilweise fungierten sie auch als Sprachrohr, um sich gegenüber staatlichen Organen über Erscheinungen der Mangelwirtschaft zu beschweren. So waren es lange Wartezeiten auf Pkw, fehlende Autoersatzteile oder der schlechte Zustand der Wohnungen, was in den Eingaben kritisiert wurde.[458]

861   Mit dem Machtantritt Honeckers 1971 kam es zu einer **zaghaften Wiederbelebung** des Verwaltungsrechts. 1979 erschien das Lehrbuch zum Verwaltungsrecht unter dem Titel „Die marxistisch-leninistische Verwaltungsrechtswissenschaft der DDR", und 1988, als manche Wissenschaftler schon zaghaft vom Rechtsstaat DDR schrieben, ergab sich eine Änderung: Durch das „Gesetz über die Zuständigkeit und das Verfahren der Gerichte zur Nachprüfung von Verwaltungsentscheidungen" (GVG) wurde enumerativ gerichtlicher Rechtsschutz im Verwaltungsbereich zugelassen.

F. Zivilrecht

862   Die Geltung des BGB, in dem nach sozialistischer Sicht „nur abstrakte Individuen, [...] Träger bestimmter Einzelinteressen, die nichts sind als Geldinteressen", in vermögensrechtliche Beziehung zueinander treten, bereitete in einem sozialistischen Staat Probleme. Das hoch abstrakte, ‚erzkapitalistische' Gesetz konnte von seinen Grundprinzipien her

---

456 Referat von W. Ulbricht auf der Babelsberger Konferenz 1958.

457 J. Eckert (Hg.), Die Babelsberger Konfenz vom 2./3. April 1958. Rechtshistorisches Kolloquium 13.–16. Februar 1992 an der Christian-Albrechts-Universität zu Kiel, 1993.

458 B. Theben, Eingabenarbeit. Zur Rolle der volkseigenen Betriebe bei der Schlichtung zivilrechtlicher Streitigkeiten mit dem Bürger, in: R. Schröder (Hg.), Zivilrechtskultur der DDR, Bd. 2., 2000, S. 83 ff.; dazu dies., forum historiae iuris (August 1998), http://www.forhistur.de/ zitat/9808theben.htm.

nur dort Anwendung finden, wo es sich um eine **Warenverkehrsgesellschaft** handelte, wo also ein Güteraustausch am Markt stattfand. Da in der DDR der Markt in seiner Funktion als Verteilungsinstanz aber ausgeschaltet werden sollte, wurde die Warenmarktwirtschaft nur noch auf der Stufe der Endverbraucher beibehalten. So blieb das Mittel des Vertrags im Grunde nur für die Beziehungen zwischen Endverbrauchern und Betrieben von Bedeutung.

Wesentlich im Umgang mit dem BGB war die **Ausgliederung** aller politisch relevanten Bereiche, so z.B. im Falle des Vertragsrechts. Andere überkommene Materien des Bürgerlichen Rechts wurden neu kodifiziert, so etwa das Gesetzbuch der Arbeit vom 12. April 1961. Das Familiengesetzbuch folgte 1965. 863

Das Zivilrecht der DDR war von Politik und vom **öffentlichen Recht** in einem ungewöhnlichen Ausmaß **überwölbt**. Staatliche Preisfestsetzungen, Vertragszwang, Musterverträge waren die Regel. Solche Regelungen waren nicht Ausdruck von Mangel, sondern Programm: Wohnraum wurde keinesfalls als Ware angesehen, sondern als ein Grundbedürfnis, welches jedem Bürger zu nicht kostendeckenden Mieten zur Verfügung stehen sollte. 864

Die sozialistischen Zielsetzungen waren mit den überkommenen zivilrechtlichen Rechtsnormen natürlich unerreichbar. Da sie aber aus technisch-pragmatischen Gründen übernommen werden mussten, war es dringend geboten, „gerade auf diesem Gebiet die größte Wachsamkeit zu üben und jeden Streitfall und jede Verfahrensweise klassenbewusst zu prüfen".[459] Im Sinne der sozialistischen Gesetzlichkeit war es daher Aufgabe des Richters festzustellen, welche Norm von der alten Ordnung als sanktioniert weiter gelten konnte. Im Kollisionfalle wurden die alten Normen mit neuem Inhalt gefüllt oder gar nicht angewandt. 865

So wurde die Anwendung des § 932 BGB auf Volkseigentum abgelehnt. Aufgrund der Unantastbarkeit des Volkseigentums konnten Private hieran nicht gutgläubig Eigentum erwerben. Vorschriften, die der neuen Wirtschaftsordnung nicht entsprachen, wurden nicht angewandt bzw. eindeutig parteilich ausgelegt.

Der DDR gelang es bis 1976, ein **neues Zivilgesetzbuch** zu schaffen. In der Meinung der Verfasser war dieses Zivilrecht kein „rotlackiertes bürgerliches Recht" (Klinkert), sondern ein qualitativ anderes Recht. Entsprechend der sozialistischen Rechtstheorie war auch dieses Recht Leitungsinstrument im sozialistischen Staat. Zivilrecht war im Grunde Versorgungsrecht für die Bürger und orientierte sich an Lebenssachverhalten. Die Beziehungen der Bürger untereinander standen im Vordergrund. DDR-Autoren bezeichneten es ganz unironisch als „Feierabendrecht" (Göring). Das Gesetz proklamierte selbst diese Funktion, so hieß es programmatisch in § 1 Abs. 1 ZGB: 866

„Die weitere Erhöhung des materiellen und kulturellen Lebensniveaus des Volkes und die Entwicklung der Bürger zu allseitig gebildeten sozialistischen Persönlichkeiten sind wesentliche Aufgaben der sozialistischen Gesellschaft. Diesen Aufgaben dient auch das Zivilrecht."

Als bürgerlich-kapitalistische Fehlentwicklung wurde das Abstraktionsprinzip nicht aufgenommen. Das Pandektensystem des BGB fand gleichfalls keine Aufnahme. An die 867

---

459 H. Benjamin, NJ 1958, S. 438.

Stelle des AT traten Grundregeln. Das Gesetz war leicht zu verstehen und enthielt nur 480 Paragraphen, in denen in der amtlichen Ausgabe in blauen Zusätzen regelmäßig auf Verwaltungsrichtlinien und Interpretationen hingewiesen wurde.

868   Dem ZGB gelang eine Anzahl von vernünftigen Reformen: So wurden die cic und die pVV gesetzlich geregelt. An die Stelle der Sachmängelgewährleistung nach §§ 459 ff. BGB a.F. trat das Institut der Garantie (§ 148 ZGB), die dogmatisch zwischen der Gewährleistung und der Produzentenhaftung einzuordnen ist. Das Deliktsrecht zerfiel nicht mehr in die §§ 823–852 BGB, sondern wurde in einer Generalklausel (§ 330 ZGB) zusammengefasst.

4. Abschnitt: Nachwendegeschichte

869   Das **Ende der DDR** ist bekannt. Die DDR war wirtschaftlich ruiniert. Der im Verhältnis zu den anderen Ostblockstaaten relative Wohlstand wurde seit den 70er Jahren durch Westkredite finanziert. Allerdings dienten die Kredite der Steigerung des Konsums und wurden weniger zu Investitionen oder Renovierungen z.B. des volkseigenen Wohnungsbestandes verwendet. Die inneren Spannungen der DDR nahmen erhebliche Ausmaße an. Gorbatschow hatte in der Sowjetunion eine Reform des kommunistischen Systems in die Wege geleitet, deren Nichtübernahme im Sommer 1989 zu Unruhen in der DDR und zur Massenflucht nach Ungarn führten.

870   Am 9./10. November 1989 wurde die Mauer geöffnet, am 18. März 1990 fanden die ersten und letzten freien Wahlen in der DDR statt, am 3. Oktober 1990 trat die DDR nach Art. 23 GG a.F. und gemäß dem geschlossenen Einigungsvertrag der Bundesrepublik bei. Wichtiger war die schon zuvor vertraglich vereinbarte **Wirtschafts-, Währungs- und Sozialunion**, ein bereits am 18. Mai 1990 unterzeichneter Staatsvertrag, dem der Bundestag und die Volkskammer am 21. Juni zugestimmt hatten und der am 1. Juli 1990 mit der Einführung der D-Mark in der DDR in Kraft trat.

871   Die völkerrechtlichen Voraussetzungen der Wiedervereinigung wurden im sog. **Zwei-plus-vier-Vertrag** geschaffen, der gleichzeitig in der Sache den Friedensvertrag darstellt, den die Alliierten für Deutschland schon nach dem Zweiten Weltkrieg vorgesehen hatten. Wie nach dem Zweiten Weltkrieg ergaben sich sowohl die schon angesprochenen staatsrechtlichen als auch moralische und nicht zu vernachlässigende wirtschaftliche Probleme.

872   Die **Folgen des Beitritts** der DDR waren für das wiedervereinigte Deutschland wirtschaftlich eine schwere Bürde. Es begann die Zeit der Transferzahlungen, welche nach Abzügen der Steuer- und Verwaltungsmehreinnahmen des Bundes netto allein in den Jahren 1991 bis 1994 jeweils über 100 Mrd. DM ausmachten. Die Anhebung der Löhne und Gehälter durch Bezahlung in D-Mark und die fehlende Produktivität der Betriebe führten in den neuen Bundesländern zu Massenarbeitslosigkeit. So betrug die Arbeitslosenquote 1993 etwa in Mecklenburg-Vorpommern, dem strukturschwächsten der neuen Bundesländer, 17,5% (gegenüber einem Durchschnitt von 8,2% im Gebiet der Alt-Bundesrepublik).[460]

873   Die DDR versuchte noch vor ihrem Beitritt zur Bundesrepublik und im Zusammenhang mit der Währungsunion, sich durch eine Vielzahl von Gesetzen an die nun allgemein gewünschte soziale Marktwirtschaft der Bundesrepublik anzupassen. Von besonderer Wichtigkeit war das (später mehrfach geänderte) **Vermögensgesetz** vom 23. Septem-

---

460 Zahlen nach: Wirtschaftsatlas Neue Bundesländer, 1. Aufl. 1994, S. 31, S. 66.

ber 1990, dessen Ziel es war, Rückübertragungen von Vermögenswerten zu ermöglichen, die durch die DDR nach 1949 rechtsstaatswidrig entzogen worden waren. Entschädigungslose Enteignungen und – allgemein formuliert – Vermögensentzug aufgrund unlauterer Machenschaften sollten Rückgängig gemacht werden. Der Grundsatz **„Rückgabe vor Entschädigung"** wurde aufgrund der verfassungsrechtlichen Situation der Bundesrepublik für unabdingbar gehalten. Man knüpfte hier gedanklich an die Restitutionsgesetze nach dem Zweiten Weltkrieg an.

Der Grundsatz „Rückgabe vor Entschädigung" galt allerdings von Anfang an nur für die Enteignungen, die nach 1949 erfolgt waren. Die Enteignungen im Rahmen der „Bodenreform" (vgl. Rdnr. 873) sollten weder rückgängig gemacht noch entschädigt werden; um dies abzusichern, wurde durch den Einigungsvertrag Art. 143 ins GG eingefügt, dessen Abs. 3 den Art. 41 des Einigungsvertrags (EV) bestandskräftig machte; dieser wiederum verweist auf die „Gemeinsame Erklärung" vom 15. Juni 1990 (Anlage III des EV), wo in Ziff. 1 eben diese Enteignungen festgeschrieben wurden. Dagegen hatten auch die Klagen der Alteigentümer vor dem BVerfG keinen Erfolg.[461]

Durch die Änderungen des Vermögensgesetzes wurde auch der Grundsatz „Rückgabe vor Entschädigung", der zu einer Flut von Anträgen bei den Ämtern zur Regelung offener Vermögensfragen und zu einer Flut von Prozessen führte, aufgeweicht. Da die DDR die verfolgungsbedingten Vermögensverluste aus der Zeit des Nationalsozialismus bis 1945 noch nicht rückgängig gemacht hatte, ergaben sich auch hier Ansprüche von Überlebenden bzw. von Organisationen, die die Rechte Verfolgter wahrnahmen (z.B. Jewish Claims Conference).

Die **Treuhandanstalt** wurde nach Art. 25 Abs. 1 EV i.V.m. § 8 TreuhandG (vom 17. Juni 1990, mehrfach geändert) mit der Privatisierung und der Sanierung der volkseigenen Betriebe beauftragt. Während sie den Privatisierungsauftrag trotz Schwierigkeiten in Einzelfällen sehr zügig erledigte, vernachlässigte sie – gedrängt durch die ideologischen Vorgaben des ‚Westens' – den Sanierungs- und Erhaltungsauftrag. Die Rückgabebzw. Entschädigungsforderungen und die schnell erfolgende Veräußerung von Grundstücken und volkseigenen Betrieben durch die Treuhand bewirkte in der ehemaligen DDR geradezu einen psychischen Schock der Personen, die nunmehr arbeitslos geworden waren. Hatte 1990 noch die weit überwiegende Mehrzahl der Bevölkerung den unmittelbaren Zusammenschluss mit der Bundesrepublik, die Einführung der D-Mark und des Marktes gefordert, so machte sich nunmehr Skepsis breit.

Psychische Prozesse, die denen nach dem verlorenen Zweiten Weltkrieg und dem Dritten Reich vergleichbar waren, entwickelten sich. Auch hohe und höchste Funktionäre der DDR, die ja für die wirtschaftliche Misere, ganz zu schweigen von dem Unrecht gegenüber einzelnen Personen, verantwortlich waren, fühlten sich nunmehr als Opfer und solidarisierten sich mit den Personen, die arbeitslos geworden waren.

Moralische Probleme und Unrechtshandlungen gegenüber einzelnen Personen sollten durch die **Unrechtsbereinigungsgesetze** vom 4. November sowie vom 10. Februar 1993 bereinigt werden. Nach Art. 1 des „Gesetzes über die Rehabilitierung und Entschädigung von Opfern rechtsstaatswidriger Strafverfolgungsmaßnahmen im Beitrittsgebiet" sollten die Entscheidungen der DDR aufgehoben werden, die „mit wesentlichen Grundsätzen einer freiheitlich-rechtsstaatlichen Ordnung unvereinbar" waren. Für jeden Monat rechtsstaatswidrigen Freiheitsentzuges war eine Kapitalentschädigung von 300 DM, also ein ungewöhnlich geringer Betrag, angeordnet. Auch die Opfer von Ver-

374

375

376

377

378

---

461 BVerfGE 84, 90 – 1991; 94, 12 – 1996; vgl. zu den Problemen nach der Wende jetzt Kühne, Bodenreformurteil im Widerstreit. Zum verfassungsrechtlichen Offensivpotential gegen die Junkerfronde, in: forum historiae iuris (Mai 1998), http://www.forhistiur.de/zitat/9805kuehne.htm.

waltungswillkür oder politischer Verfolgung im beruflichen Bereich sollten rehabilitiert werden. Gravierende berufliche Benachteiligungen aufgrund politischer Verfolgung sollten unter sozialen Gesichtspunkten ausgeglichen, verfolgungsbedingte Nachteile in der Rentenversicherung kompensiert werden.

879 Die Einrichtung eines „Bundesbeauftragten für die Unterlagen des Staatssicherheitsdienstes der ehemaligen Deutschen Demokratischen Republik" (vormals Joachim Gauck, seit 2000 Marianne Birthler) und die Öffnung der **Stasi-Unterlagen** sorgten für heftigste Debatten im Rahmen des gesellschaftlichen Einigungsprozesses. Bei der Einstellung in den öffentlichen Dienst und teilweise bei der Bewerbung um politische Ämter wurde das Leben von DDR-Bürgern kritisch durchleuchtet. Personen, welche beim **Ministerium für Staatssicherheit** (MfS) hauptamtlich oder als „inoffizielle Mitarbeiter" (IM) tätig gewesen waren, wurden von öffentlichen Ämtern ausgeschlossen.

880 Die Unterlagen des Ministeriums für Staatssicherheit wurden durch das Stasi-Unterlagen-Gesetz vom 20. Oktober 1991 rechtlich gesichert, nachdem zuvor die Bürgerrechtler der DDR, die ja schließlich die friedliche Revolution eingeleitet hatten, die Akten gesichert hatten. Einzelnen Personen werden nach diesem Gesetz die auf sie selbst bezogenen Informationen zugänglich gemacht, sodass in der ersten Zeit wegen der ungeheuren Zahl der Spitzel und der noch viel größeren Zahl der Berichte die Zeitungen voll waren mit Enthüllungen und Enttarnungen von Stasi-Spitzeln. Da sich die Berichte nicht in jedem Fall als zuverlässig erwiesen, kam es zu erbitterten politischen und gerichtlichen Auseinandersetzungen, als führende politische Personen berechtigter- und unberechtigterweise der Stasi-Tätigkeit beschuldigt wurden. Die Bundesrepublik hatte allerdings aus den Fehlern nach dem Zweiten Weltkrieg gelernt. Sie führte keine allgemeine Entnazifizierung/„Entstasifizierung" der gesamten Bevölkerung durch, sondern prüfte nur, wenn Personen sich im öffentlichen Dienst befanden oder sich für diesen wieder bewarben. Zogen sich Stasi-Mitarbeiter oder IM ins Privatleben zurück, so blieben und bleiben sie unbehelligt.

881 Die sog. **Mauerschützenprozesse** und die Strafverfahren gegen Mitglieder des Politbüros spalteten die Nation. Während nach dem Zweiten Weltkrieg in den westlichen Besatzungszonen Beamte und Richter trotz NSdAP-Mitgliedschaft im Ergebnis relativ vollständig übernommen worden waren (vgl. Rdnr. 346, 780), wurde nunmehr für belastete DDR-Bürger anders verfahren. Dies wurde teilweise als „Siegerjustiz" verstanden, von anderen dagegen für notwendig gehalten, um die Fehler der Nachkriegszeit nicht zu wiederholen.

„Ich will mich mit diesem kurzen Schlaglicht auf das unbewältigte NS-Justiz-Unrecht begnügen. Dass dies kein Ruhmesblatt der alt-bundesrepublikanischen Rechtsgeschichte ist, wissen und bedauern wir alle. Doch das kann kein Grund sein, mit vorauseilender Großmut das jüngst zu Ende gegangene Justizgeschehen der DDR dem alsbaldigen Vergessen zu überantworten."[462]

---

462 J. Limbach, Recht und Unrecht in der Justiz der DDR. Fakten, Folgen, Überwindung, ZRP 1992, S. 170; allgemein: Kl. Schroeder (Hrsg.), Geschichte und Transformation des SED-Staates. Beiträge und Analysen, 1994; Letzgus, Transformation der Rechtsordnung von den alten in die neuen Bundesländer, VIZ 1998, S. 1; zur Treuhand: Robra, Lust oder Frust? Die Herstellung der Einheit Deutschlands im Rechtsalltag, NJW 1998, 1665 u. 1672; zu den Westkrediten: Wolle, Die heile Welt der Diktatur, 1998, S. 190; zum Einigungsvertrag: Wasmuth, Das Regelungswerk des Einigungsvertrages, DtZ 1990, 294; zur Aufarbeitung: F.G. Bär, Die aktuellen Strafprozesse gegen Bürger der ehemaligen DDR – ein Akt der Siegerjustiz?, Jura 1999, 281 ff.

Stichwortverzeichnis

Die Zahlen verweisen auf die Randnummern.

	Allgemeine Rechtsgeschichte Verfassungsgeschichte	Wirtschafts- und Sozialgeschichte	Rechtsgeschichte
800 v.Chr.	753 Legendäre Gründung Roms Königsherrschaft 510 Vertreibung der etruskischen Könige aus Rom	reine Agrarwirtschaft	Priesterrecht
500 v.Chr.	Zeit der Republik ~490 Rom = **Republik** Konsuln auf 1 Jahr mit Imperium = Befehlsgewalt 450 Zenturienverfassung: Heranziehung aller Bürger zum Kriegsdienst zusammengefasst in 193 Zenturien: Wahl der Beamten, Entscheidung über Krieg und Frieden, Strafgerichtsbarkeit (comitia centuriata) 410 Karthager und Sizilien 400 Kelten in der Po-Ebene	490–287 **Ständekampf der Plebejer mit dem Patrizischen Adel** um Partizipation an der polit. Macht Zugang der Plebs zu Staatsämtern	450 XII-Tafel-Gesetz 449 Gesetzesgleichheit der Plebiszite, Vetorecht und Sakrosanktheit der Volkstribunen 447 Volkswahl der Quästoren 445 Lex Canuleia = rechtl. Sanktionierung von Ehen zwischen Plebejern und Patriziern Amt der Zensoren
400 v.Chr.	396 Eroberung Vejis (etrusk.) = Niedergang der Etrusker Beginn der **Eroberung Italiens durch Rom** 338 Ende der Latinerkriege	399 Sokrates † 347 Platon † Neben dem Geburtsadel = Patriziat bildet sich Amtsadel = ehemalige Magistrate (Konsuln, Senatoren)	367 Leges Liciniae Sextiae = Einführung der Konsularverfassung, ein Konsul soll Plebejer sein (kurullische Ädile) Errichtung der **Prätur** (Rechtsprechungsmagistrat) 337 Zugang des Plebs zur Prätur 326 Lex Poetelia = Milderung der Schuldknechtschaft
300 v.Chr.	290 Ende der Samniterkriege 272 Sieg über Tarent (= über die unteritalienischen Westgriechen) **Errichtung der römischen Weltherrschaft** 264–241 1. Punischer Krieg	Streit mit Karthago um wirtschaftliche Interessensphäre (Sizilien)	300 Lex Ognulnia = Zugang der Plebs zu Priesterstellen **Jus Flavianum** = Veröffentlichung der Prozessformeln = Beginn der Laienjurisprudenz 287 Lex Hortensia = Plebiszite erhalten Gesetzeskraft gleich denen der Zenturiatkomitien Lex Aquilia = Regelung der Sachbeschädigung 250 Coruncanius: öffentliche Resondiertätigkeit, Rechtsunterricht öffentlich

Allgemeine Rechtsgeschichte Verfassungsgeschichte	Wirtschafts- und Sozialgeschichte	Rechtsgeschichte
241 Sizilien röm. Provinz		242 Errichtung der Fremdenprätur neben der Stadtprätur
220 letzte Reform der Zenturienverfassung	Karthager in Spanien	
218–201 2. Punischer Krieg		
211 Spanien röm. Provinz	Herausbildung des Standes der Equites (= Ritter) aus den Großkaufleuten	–200 Ius Aelianum, Tripertita: erste profane Sammlung von Prozessformeln und Interpretationen zum XII-Tafel-Recht
200 v.Chr.		
Krieg in Griechenland	Beginn der Sklavenwirtschaft (Kriegsgefangene)	–155 Lex Aebutia: Zivilrechtl. Anerkennung des Formularprozesses
149–146 3. Punischer Krieg		
148 Makedonien röm. Provinz	Versorgung Roms mit Getreide aus den Provinzen (bes. Afrika). **Entwurzelung des Bauerntums und der Kleinhandwerker, die die Last der Kriege tragen.** Entstehen großer Lagergüter	
146 Provinz Afrika		
146 Zerstörung von Karthago und Korinth		
Umbau der republikanischen (städtischen) Verfassung in monarchist. Reichsregiment. Kaum Kontrolle der staatl. Verwaltung	**Rücksichtslose Ausbeutung von Provinzen**	Wenig effektive Geschworenengerichte gegen Erpressung der Provinzstatthalter
	135 Erste Sklavenaufstände	
133–130 Bürgerkriege	133–121 **Gracchische Reformen**	
133 Tiberius Gracchus Volkstribun	133 Lex Agraria: Kein Bürger darf mehr als 500 Morgen vom Gemeindeland besitzen	
	Verbesserung der Lage der Kleinbauern, Getreidezuteilungen an die Plebs	122 Richtergesetz: Ersetzung der senatorischen Geschworenen durch Equites (= Ritter)
113–101 Abwehr der Kimbern und Teutonen durch Marius	111 Aufhebung der Gracch. Agrarreformen	
	Heeresreform: Berufsheer, Begründung der Macht der Heerführer	
107–100 Marius	106–43 **Cicero**	100–43 Servius Sulpicius Rufus: Kommentare zu praetorischen Edicten und zu Scaevola
100 v.Chr.		
91–88 Bundesgenossenkrieg		–90 Q. Mucius Scaevola: Ius civile in XVI Büchern (= systemat. Zivilrechtsdarstellung)
89 Bürgerrecht für alle Italiker		
82–79 Sulla Diktator Sicherung der Senatherrschaft		82 Rückgängigmachung des Richtergesetzes
	73–71 Sklavenaufstand unter Spartakus	Leges Corneliae, quaestiones perpetuae: ständige Straf-Gerichtshöfe
70 Sturz der sullanischen Verfassung	Beeinträchtigung des Handels durch Seeräuber	

Politik	Gesellschaft / Ereignisse	Rechtsgeschichte
60 1. Triumvirat Caesar-Pompeius-Crassus		67 Lex Cornelia de iurisdictione: **Bindende Kraft des praetorischen Edicts** – auch für Magistrate
58–51 Caesar erobert Gallien	Gesellschaft zweisprachig, Befassung mit griechischer Philosophie und Bildung, Sozialreformen im gracchischen Sinn, Ansiedlung von Proletariern	**Caesar**, De bello gallico
	Kolonien	40 Lex Falcidia: betr. Legate
31 Sieg Octavians über Antonius bei Actium	Versuch der Wiederherstellung altröm. Religion und Sitten durch Kaiser Augustus	
30 v.–14 n.Chr. Kaiser Augustus **formelle Wiederherstellung der Republik**		18 Lex Iulia de maritandis ordinibus et de adulteris coercendis: Ehegesetze
23–19 Tribunicia postestas, imperium prokonsulare (= über Provinzen), imperium consulare, Pontifex maximus	Beginn des Berufsbeamtentums	17 Leges Iuliae iudiciorum privatorum et publicorum: Prozessgesetze
15 v.–9 n.Chr. Unterwerfung des Alpenvorlandes durch Drusus und Tiberius	Heere an die Grenzen, in Rom Praetorianergarde: Einflussnahme bei Kaiserbestimmung	−0 **Ius respondendi ex auctoritate principis** = Versuch, freie Respondiertätigkeit einzuschränken
0 Prinzipat		**Frühklassik**
9 Niederlage des Varus im Teutoburger Wald		11 † **Labeo**
		22 † Capito
14–37 Kaiser Tiberius		Rechtsschulen der Sabiner (Sabinus 20–60: Ius civile in 3 Büchern) und Prokulianer
37–41 Kaiser Caligula		
41–54 Kaiser Claudius Verwaltung in Händen Freigelassener		46 SC Vellaeanum (Senatsbeschluss mit Gesetzeskraft): Interzessionsverbot für Frauen
54–68 Kaiser Nero	~50 Missionsreisen des Paulus	
	64 Brand Roms, Christenverfolgung	
69–79 **Kaiser Vespasian**	Rom lebt von den Provinzen, Exportwirtschaft	
81–96 Kaiser Domitian		
Adoptivkaiser (stammen nicht aus Italien)	88 Baubeginn des Limes Kontakte mit Germanen in Grenzsiedlungen Tacitus	

Allgemeine Rechtsgeschichte / Verfassungsgeschichte	Wirtschafts- und Sozialgeschichte	Rechtsgeschichte
	Beginnendes Primat des Ostens über den Westen, orientalische Götter	–98 **Tacitus, Germania**
100		
98–117 Kaiser Trajan, größte Ausdehnung des Reiches		100–170 **Hochklassik**
		100–130 Celcus: Digestorum libri XXXVIII
		106 † Javolenus
117–138 Kaiser Hadrian		120–170 **Julianus**, Chefjurist mehrerer Kaiser
		130 Ius respondendi wird Privileg
		Abschlussredaktion der praetorischen Jurisdiktionsedikte durch Julianus
138–161 Kaiser Antoninius Pius	Sklavenmangel. Eigenproduktion in den Provinzen, pass. Handelsbilanz Roms, Verschlechterung der Münze	–150 Digestorum libri LXXXX von Julianus
		150–180 **Gaius**, Rechtslehrer: IV Bücher **Institutionen** (= Einführungslehrbuch)
161–180 Kaiser Marc Aurel	Allmählicher Übergang zu **Zwangsstaat und Zwangswirtschaft**	170–240 **Spätklassik**
166–180 Marcomannenkriege		
Abwehrkämpfe gegen Germanen		
Severische Kaiser		
Heere der Grenzsoldaten werden 1. Macht im Staat		
193–211 Septimius Severus		
–200 Germanen schließen sich aus kleinen Völkern zu Stämmen zusammen (Franken, Alemannen, Goten)		
200		
211–217 Antonius Caracalla		212 † **Papinian**, Prätorianerpräfekt
212 **Constitutio Antoniniana:** Ausdehnung des Bürgerrechts		
222–235 Alexander Severus		223 † **Ulpian** (Prätorianerpräfekt)
		224 † **Paulus**
235–284 **Soldatenkaiser**		
237 Göteneinbruch an der unteren Donau[2]		250–280 **Nachklassische Zeit**
257 Franken über den Rhein		Paulussentenzen, epitome Ulpiani: gekürzte Zusammenstellung aus klass. Schriften[1]
260–268 Gallienus, Trennung von Militär- und Zivilgewalt	Wirtschaftlicher und polit. Verfall des Reiches	
260 Alemannen über den Limes[2]	270–275 Geldreform Aurelians	
Abwehrkämpfe mithilfe germanischer Söldnergruppen	Christentum als Hüter des geistigen Erbes der Antike	

Dominat (absolutes Kaisertum)	Orientalisches Hofzeremoniell	
Dominat (absolutes Kaisertum) 284–305 Diokletian 293 Tetrarchie: Reichsregierung durch 2 Oberkaiser (Augusti), 2 Unterkaiser (Caesares)	Bedeutungsverlust Roms, entscheidend: Grenzheere, Residenz u.a. Trier, **Zwangswirtschaft**	–300 Codex Gregorianus, Codex Hermogenianus: **Sammlung von Kaiserkonstitutionen** – von Hadrian Diokletian[3]
	301 Höchstpreisedikt Fesselung der Bauern und Kleinhandwerker an die Scholle (Kolonat) Steuerdruck wegen zu hohen Verwaltungsaufwandes und Verteidigungskosten. **Steuerhaftung** der Ratsherren von kl. Städten 303 Christenverfolgungen	
305 Wiederherstellung der kais. Alleinherrschaft 306–337 Konstantin der Große	313 Toleranzedikt von Mailand	321 Kaisergesetz: Entkräftung der Anmerkungen von Ulpian und Paulus zu Papinian[1][3]
326–330 Konstantinopel Reichshauptstadt	325 Konzil von Nichäa	342 Abschaffung des Formularprozesses
Heeresform: Trennung von Feld- u. Grenzarmee, Auflösung der Prätorianergarde	354–430 Augustinus von Hippo (Kirchenlehrer und Philosoph)	
361–363 Julian Apostata 364–375 Valentinian I	Blüte der Kaiserresidenz Trier	
–375 Beginn der **Völkerwanderung**: Hunneneinfälle, z.B. im Gebiet der Goten[2] 379–395 Theodosius I Versuch der Wiederherstellung der Reichsmacht. Freundschaft mit den Goten, die als Verbündete (**Föderaten**) auf röm. Staatsgebiet siedeln[2]	391 Christentum Staatsreligion	
395 Reichsteilung: Ostrom: Arcadius 395–408 Theodosius II 408–450 Westrom: Honorius 395–423 Valentinian III 425–55	Wirtschaft sinkt im Westen in reine Naturalwirtschaft ab. Grundbesitzer in Gallien verweigern Abgabe an Rom. Entstehung der Grundherrschaft[8]	–400 Entstehung oström. Rechtsschulen: Beryt (= Beirut)

300

	Allgemeine Rechtsgeschichte / Verfassungsgeschichte	Wirtschafts- und Sozialgeschichte	Rechtsgeschichte
400	410 **Westgoten** erobern Rom[2] 413–507 Westgotenreich von Tolosa (= Toulouse)-Föderaten 413–436 **Burgunder** am Rhein 436 Hunnen vernichten Burgunderreich (Nibelungensage) 443–534 Burgunder an der Rhone-Föderaten 480–516 Burgunderkönig Gundobad 429–535 **Wandalen** in Afrika 455 Wandalen plündern Rom[2] 451 Niederlage der Hunnen in Nordspanien gegen Westgoten, Burgunder und Römer 476 Letzter weström. Kaiser von Odoaker abgesetzt 481–511 Chlodwig **Frankenkönig** 486 Chlodwig siegt über letzten röm. Statthalter Galliens 439–552 **Ostgoten** in Italien 453–467 Westgotenkönig Theoderich 467–484 Westgotenkönig Eurich 484–507 Westgotenkönig Alarich 493–526 Theoderich	440–461 Papst Leo der Große Rückkehr zur reinen Agrarwirtschaft. Grundherrschaft	426 **Zitiergesetz** für beide Reichshälften: Bei Entscheidungen sollte die Mehrheit der allein zugelassenen Klassiker Papinian, Ulpian, Paulus, Modestian, Gaius entscheiden[1] Aufkommen des **Kodifikationsgedankens**[3] 439 **Codex Theodosianus** für beide Reichshälften: Sammlung der Kaiserkonstitutionen seit Konstantin[1][3] **Germanische Volksrechte**[4] –460 Edictum Theoderici fast reines röm. Vulgarrecht (str.) 475 Codex Euricianus für Goten und Römer (str.)
500	507 Chlodwig besiegt Westgoten Alarich 507–711 Westgoten in Spanien 527–565 **Justinian oström. Kaiser** 532–534 Franken erobern Burgund 535–553 Rückeroberung Italiens durch Justinian	529 Benedict v. Nursia gründet Benedictinerorden Heiligung der in der Spätantike verachteten Handarbeit ("ora et labora") Verwaltung in röm. Händen, Heer und Recht germanisch, Handel und Handwerk römisch Polit. und kult. Restaurationsprogramm	–500 Lex Burgundionum 506 Lex Romana Visigothorum (= Brevarium Alarici) für röm. Bevölkerung –506 Lex Romana Burgundionum beide Gesetze schöpfen aus röm. Vulgarrecht[4][1] –510 **Lex Salica**: Volksrecht der Salfranken[4] **Corpus iuris civilis Justiniani**[5] 528/529 Codex Justiniani 530–533 Digesten 533 Institutionen 535–582 Novellen Tribonian Justizminister Studienreform

550	568–774 **Langobarden in Oberitalien** Residenz Pavia	573–594 Gregor Bischof von Tours beschreibt fränkische Geschichte	554 Justinians Gesetzbücher in Italien eingeführt; Langobardische Rechtsschule in Pavia (bis ins Hochmittelalter)
600	Merowinger fränkische Könige; 678 Karolinger Pipin II. wird Hausmeier der merowingischen Frankenkönige		–630 Lex Ribuaria: Volksrecht der ribuarischen Frauen; 643 Edictum Rothari: Volksrecht der Langobarden
700	711 Araber erobern Westgotenreich in Spanien; 732 Karl Martell stoppt Arabervorstöße nach Frankreich; 751–911 **Karolinger**; 768–814 **Karl d. Gr.**; 772–804 Sachsenkriege: Machtpolitik und Christianisierung; 774 Eroberung des Langobardenreichs; 788 Beseitigung der Stammesherzogtümer, hier: der Bayern	Naturalwirtschaft, kaum städt. Leben; König wird Eigentümer der röm. Staatsdomänen und eroberten Gebiete; **Lehenswesen**[7] Karl Schutzherr über die Kirche. Vergabe von Kirchengut.[6] Vogtei. Besetzung kirchl. Ämter; Landschenkungen an Kirche[6]; Strenge Durchführung der Zehntpflicht; Karolingische Renaissance	–710 Lex Alemannorum: Volksrecht der Alemannen; 741–44 Lex Baiuvariorum: Volksrecht der Bayern; 743 Kapitular von Estinnes: Auf königl. Befehl muss Kirche Land an Vasallen ausleihen[6][7][9]; 769–75 Reform des Gerichtswesens; Verwaltung des Zentralreichs anstatt durch Stammesherzöge durch **Gaugrafen** (zugl. Gerichtsherren); 788 Lex Baiuvariorum Carolina, Lex Alemannorum Carolina
800	800 Kaiserkrönung Karls; 802/803 Reichstag in Aachen; 814–840 Ludwig der Fromme; 843 Reichsteilung von Verdun; 870 Reichsteilung von Meersen	Mönche als Bildungsträger; **Grundherrschaft**[8]; Kaum Fernhandel, da Araber im Mittelmeerraum	802/803 Aufzeichnung Lex Saxonum Lex Thuringorum Königl. Kapitularien[9]; –850 Pseudoisidorische Dekretalen (Fälschung)
900	919–1024 sächsische Kaiser; 936–973 Otto I. (der Große) Italienpolitik, **Reichskirchenpolitik**, Kampf gegen Stammesherzöge[6]; 951 Otto verbindet Italien mit deutschem Reich	910 Gründung Kloster Cluny[10]; 950 **Cluniazensische Kirchenreform:** „Libertas ecclesiae"[10] Ansteigen der Kriminalität und Zunahme der Fehden	

Allgemeine Rechtsgeschichte Verfassungsgeschichte	Wirtschafts- und Sozialgeschichte	Rechtsgeschichte
955 Ungarnschlacht		
	~960 Gründung des neuen Kölner Marktes, Kaufmannsgilde Einzelne Menschen weniger als Individuen, sondern – kraft göttlicher Bestimmung – als Glieder best. Gemeinschaften[17]	~990 Turiner Institutionenglosse Entstehung des „echten" Strafrechts (Leibes- und Lebensstrafen)[7]
		~1000 Beginn der Gottesfriedenbewegung in Südfrankreich
1000		
1024–1125 **Salische Kaiser**		1023–25 Hofrecht des Bischofs Burchard von Worms (Recht der grundhörigen Bauern)
		1037 Constitutio de feudis: Lehen erblich und unverlierbar[7]
1056–1106 Heinrich IV.		1057 Bamberger Dienstmannrecht
	1074 Aufstand der Kölner Bürger gegen Bischof und Stadtherrn	
1076 Bann Heinrichs 1077 Gang nach Canossa[11] Wahl eines Gegenkönigs	~1075 Investiturstreit[10][11]	
	1096–1099 1. Kreuzzug[12] Judenpogrome, Ritterorden ~1100 Ostkolonisation	1085 Gottesfriede in Mainz[13] für das ganze Reich
1100		ab 1100 Libri feudorum: Langobardisches Lehensrecht 1103 1. Reichslandfriede **Wiederentdeckung des antiken römischen Rechts in Bologna:** Irnerius † 1140[19]
1122 **Wormser Konkordat:** Papst setzt Bischöfe ein, die belehnte Reichsfürsten werden[11]	1120 Gründung von Freiburg[18]	1135 Kölner Schreinskarten: Grundbuchvorläufer
1138–1254 **Staufische Kaiser**		1140 Decretum Gratiani: Sammlung des Kirchenrechts[14]
1152–1190 Friedrich I. (Barbarossa)		1152 Reichslandfriede Barbarossas[13]
1179/1180 Prozess Heinrichs d. Löwen: Ende der Stammesherzöge, Reichsfürsten unmittelbare Lehensnehmer des Kaisers		1186 Constitutio contra incendiarios: Ansagepflicht für Fehden[13]

Jahr		
	1189–1192 3. Kreuzzug[12]	–1200 Mühlhäuser Reichsrechtsbuch: 1. Stadtrechtsbuch
	1198–1216 Papst Innozenz III. nimmt Approbationsrecht für Königswahl in Anspruch[16]	1215–1235 Entstehung des **Sachsenspiegels** (Eike v. Repgow)[15]
1200	1215–50 Friedrich II.	1226 Lübeck freie Reichsstadt
	1215 IV. Laterankonzil	1231 Konstitutionen v. Melfi: Gesetze Friedrichs für Sizilien
	1225 Dt. Ritterorden in Preußen, eroberte Gebiete als Landesherrschaft	1235 Mainzer Reichslandfriede Vor Fehde Sühneversuch[13] 1. dt. Reichsgesetz
	1231 Übertragung der Inquisition an Dominikaner	Blüte der oberitalienischen gemeinrechtlichen Rechtswissenschaft (**Theoretische Rezeption**)
	Scholastik[17] 1142 † Abaelardus 1193–1280 Albertus Magnus 1226–1274 Thomas von Aquin	Glossatoren: 1150–1230 **Azo** 1185–1263 **Accursius**
	1232 Statutum in favorem principum: Reichsfürsten erhalten wichtige Reichsrechte[16]	
1250	1254 Rheinischer Städtebund 1256–1273 Interregnum	1270 Hamburger Stadtrecht (Ordelbok): Autonome Satzung
	1273–1291 Rudolf von Habsburg	1275 Deutschenspiegel: Süddt. Rechtsbuch[15] Schwabenspiegel in Augsburg
	1265–1321 Dante: De monarchia: Verteidigung kaiserlicher Herrschaft	
1300	1302 Bulle „Unam sanctam" von Papst Bonifaz VIII.: Weltherrschaftsanspruch[11][16]	**Frührezeption des oberital.-römischen Rechts in Deutschland**[20]
	1309–1377 Babylonische Gefangenschaft der Kirche in Avignon	1314–1357 **Bartolus**
		1325 Johann von Buch: Glosse zum Sachsenspiegel Landrecht **Oberitalienische Rechtswissenschaft: Postglossatoren** = Konsiliatoren[19][20]
	1338 Kurverein von Rhense: gewählter dt. Kg. bedarf keiner päpstl. Approbation[18]	1327–1400 **Baldus** in Oberitalien
	1343 † Marsilius von Padua: Defensor Pacis: Volkssouveränität und Widerstandsrecht	

		Allgemeine Rechtsgeschichte Verfassungsgeschichte	Wirtschafts- und Sozialgeschichte	Rechtsgeschichte
1350			1347–1351 Pest in Europa	
			1348 Prag 1. dt. Universität	
			Erstarken der Städte: Blüte des Handels (Fugger, Welser)	
			Hanse als Städtebund	
		1356 **Goldene Bulle:** Reichsgrundgesetz betr. u.a. Kaiserwahl: 7 Kurfürsten, unteilbare Kurländer, volle Landeshoheit[16]		1350 viele Stadtrechtsbücher: Goslar, Zwickau, Meißen, Magdeburg – Stadtrechtsfamilien
		1376–1388 Schwäbischer Städtebund		
		1381–1388 Rheinischer Städtebund	1380 Große Ravensburger Handelsgesellschaft[21] Monopol im Textilhandel	
		1396 Sieg der Zünfte in Köln[21]	1396 Sieg der Zünfte in Köln Zünfte werden Wahlkörperschaften für Stadtrat	
		Versuch einer Kirchenreform[22]		
1400		1414–1418 **Konzil von Konstanz**	1415 Johannes Hus verbrannt[22) 24] – **Vorreformation** [24]	
		1419–1436 Hussitenkriege	Kirche: Ämterkauf auf Simonie	
				1425 Klagspiegel[20]
			1433 Nicolaus Cusanus, De concordantia catholica = Bundes-staatlicher Verfassungsplan, Konzil steht über Papst	
		1439 „Reformatio Sigismundi"		
		1449–1453 Städtekrieg in Süddeutschland	~1450 Gutenberg erfindet Druck mit beweglichen Lettern	**Prakt. Rezeption des oberital.-röm. Rechts in Deutschland. Stadt- und Landesrechtsreformationen**
1450		1451–1457 Handelskrieg der Hanse gegen Flandern[21]		
		1453 Eroberung Konstantinopels durch die Türken = Ende Ostroms		
		1469–1474 Seekrieg d. Hanse gegen England	1473–1543 Kopernicus Heliozentrisches Weltbild in 1450	1479 Nürnberger (Stadtrechts-)Reformation. Einfluss des römischen Rechts
		1469–1527 Macchiavelli	Hexenwahn	
			1484 Innozenz VIII.: Hexenbulle	1485 Nürnberger Halsgerichtsordnung
			1487 Hexenhammer	

	Politische Ereignisse	Kultur / Wirtschaft / Geistesgeschichte	Recht
	1493–1519 Kaiser Maximilian	Niedergang der Hanse 1492 Entdeckung Amerikas	**Reichsreform**versuche 1495 **Ewiger Landfriede** = Fehdeverbot[13] 1495 **Reichskammergerichtsordnung**[20] 16)
1500	**Reichsreform**versuche 1500–1502 Reichsregierung neben dem Kaiser	**Humanismus und Renaissance** in Deutschland[23] Erasmus von Rotterdam (1467–1536)	
	1512 Reichstag in Köln; Einteilung in 10 Landfriedenskreise	Fugger und Welser u.a. kontrollieren europäische Märkte, z.B. Kupfer und Silber **Frühkapitalismus**[21] Vorherrschaft Spaniens, größte Handelsmacht, finanzielle Verflechtung mit Fugger	1507 Bambergensis 1509 Tenglers Laienspiegel
	1519–1556 Kaiser Karl V. (span. Habsburger) 1519 1. Wahlkapitulation 1521 Reichstag zu Worms Luther schwört nicht ab 1522/23 Aufstände der Reichsritterschaft[25] 1525 **Bauernkriege**[25] Florian Geyer, Thomas Münzer 1529 Türken belagern Wien 1530–1596 Bodinus, Lehre vom souveränen Staat	**Reformation**[24] 1517 Luthers Thesenanschlag	**Mos Italicus/Mos Gallicus**[29] 1520 Freiburger Stadtrecht von Zasius (1461–1535) Kameralisten: Mynsinger (1514–1588) Gail (1526–1587) 1530 Reichspolizeiordnung[27] 1532 **Constitutio criminalis Carolina**[28]
	1546/47 Schmalkaldischer Krieg	**Gegenreformation**[24] 1534 Ignatius von Loyola gründet Jesuiterorden 1545–1563 Konzil von Trient[24] Neuthomismus, Spätscholastik: Vitoria (1493–1546) Suarez (1548–1617)	
1550	1555 Augsburger Religionsfriede[24] 1563–1638 Althusius, Lehre von Volkssouveränität und Widerstandsrecht 1568–1648 Freiheitskampf der Niederlande		Einführung der Gefängnisstrafe: 1555 England 1595 Amsterdam **Stadt- und Landrechtsreformationen:** 1572 Kursächsische Konstitutionen 1578 Frankfurter Reformation 1605 Hamburger Stadtrecht
1600	1618–1648 **30-jähriger Krieg**[31] (Ende: 1648 durch Friede zu Münster und Osnabrück, Westfälischer Friede)	Ablösung Spaniens und neue Vormachtstellung Frankreichs **Merkantilismus**[32] Empirismus/Rationalismus	**Usus modernus pandectarum**[20] **Carpzov** (1595–1666) Conring (1606–1681)

	Allgemeine Rechtsgeschichte Verfassungsgeschichte	Wirtschafts- und Sozialgeschichte	Rechtsgeschichte
	1628 Petition of Rights 1638–1699 Türkenkrieg 1643–1715 Ludwig XIV. **Absolutismus**[32] 1649 Karl I. (England) hingerichtet	1626 † Bacon 1646–1716 Leibniz 1650 † Descartes	Struve (1619–92) Stryck (1640–1710) Heineccius (1681–1741) 1631 Spee, Cautio Criminalis[34], gegen Hexereidelikte und Folter **Naturrecht**/Vernunftrecht:[35] Grotius (1583–1645) Pufendorf (1632–94) Hobbes (1588–1679) Locke (1632–1704) Thomasius (1655–1728)[34] Christian Wolff (1679–1754)
1650	ab 1663 Reichstag ständig in Regensburg (Reichsabschiede und Reichsschlüsse) 1679 Habeas Corpus Akte	**Aufklärung**[33] **Barock**	**Strafrechtsentwicklung**[34] 1655–1728 Thomasius, gegen Folter und Hexereidelikte
1700	1701–1714 Spanischer Erbfolgekrieg 1713–1740 Friedrich Wilhelm I. **Aufgeklärter Absolutismus**[32) 33] 1740–1786 Friedrich I. 1740–1780 Maria Theresia	Preußen: Militär- und Beamtenstaat Voltaire (1694–1778) Montesquieu (1689–1755)[34] 1748 Esprit de Lois, konkrete, aufgeklärte Gesetzgebungslehre, Gewaltenteilung und -hemmung Rousseau (1712–78)[37]	1740 Folterabschaffung in Preußen[34]
1750	1756–1763 7-jähriger Krieg 1766 Declaration of independence 1787 US-Verfassung 1789 Französische Revolution[37]	1762 contrat social, Volkssouveranität, Volonté générale	1756 Codex Maximilianeus Bavaricus civilis Kreittmayr 1705–90 1764 Beccaria, gegen Todesstrafe Theresiana 1679–1754 Chr. Wolff 1787 Strafgesetzbuch Josefs II.

Politische Ereignisse	Philosophie / Kultur	Recht
1800		**Naturrechtskodifikationen**[36]
1792 Frankreich Republik	„Überwindung der Aufklärung":	1794 **Allgemeines Landrecht für die preußischen Staaten**
1792/93 2. Teilung Polens	Herder (1744–1803)[40)41]	Svarez (1746–1798)
	Rousseau (1712–78)	
Hegemonie Frankreichs[38]	Kant (1724–1804)[44]	
1799 Napoleon Konsul	Adam Smith (1723–1790)[47]	
	Sturm und Drang	
	Goethe (1749–1832), Götz v. Berlichingen	
	Schiller (1759–1805), Die Räuber	
1801 Friede von Luneville	Französische Sozialphilosophie	**Einfluss französischen Rechts**[38]
Abtretung des linken Rheinufers	Saint-Simon (1760–1825); Proudhon (1809–1865) „Eigentum ist Diebstahl"	franz. Verwaltungstheorie u. -praxis, Rheinbundverfassung, Einheitsstaat; z.B. Verwaltungsreform in Bayern durch Montgelas (1759–1838)
1803 Reichsdeputationshauptschluss[39]	Philosophie des dt. Idealismus	1804 Code Civil; auch in linksrheinischen Gebieten bis 1900
1804 **Napoleon** Kaiser	Kant (1724–1804)[44]	
1806 Rheinbundakte = süd- u. westd. Fürsten treten aus dem Reich aus.	Schelling (1775–1854)	
Protektor: Napoleon	Fichte (1762–1814)	
Franz II. legt dt. Kaiser-Krone nieder[39]	Hegel (1770–1831)[44]	
1806 Niederlage Preußens = Vernichtung des preuß. Militärmythos bei Jena und Auerstedt	Entstehung deutschen Nationalbewusstseins[40) 42]	1808 Code Civil in dt. Übersetzung in Baden bis 1900
1807–1814 Reformen in Preußen	Herder (1744–1803), Volkssprache	1808 Code d'instruction criminelle: Schwurgerichte, öff. u. mdl. Verfahren
Stein, Hardenberg, Scharnhorst	Kleist (1777–1811), Hermannsschlacht	Verwaltungsreformen:
1807–1813 Jerome Bonaparte, Königreich Westfalen		Stein (1757–1831):
		1807 Martiniedikt = **Aufhebung der Erbuntertänigkeit**
		1808 Städteordnung
		Fortsetzung durch Hardenberg (1750–1822)
	Romantik/Klassik[40]	1810 Aufhebung der Zünfte, Gewerbefreiheit[43) 47]
	1810 Gründung Uni Berlin	1811 Allgemeines Bürgerliches Gesetzbuch (Österreich) Zeiller (1751–1828)
1812 Niederlage Napoleons in Russland	Reform des Bildungswesens, humanistisches Bildungsideal	1813 Bay. Kriminalgesetzbuch, Einfluss Feuerbachs
1813 Völkerschlacht bei Leipzig, **Befreiungskriege**[42]	W. v. Humboldt (1767–1835)	1814 allg. Wehrpflicht
1814/15 Niederlage und Verbannung Napoleons, Wiener Kongress,[45]	**Politischer Liberalismus**[43]	**Strafrecht:** Streit um frz. Prozessprinzipien, Mittermaier (1787–1867)[44]
Dt. Bund-Bundesakte		Absolute (Kant, Hegel) und relative **Strafrechtstheorien,** z.B. Theorie vom psychologischen Zwang: Feuerbach (1775–1833)

239

	Allgemeine Rechtsgeschichte / Verfassungsgeschichte	Wirtschafts- und Sozialgeschichte	Rechtsgeschichte
1815	1818 Liberale Verfassung in Bayern, Baden, Württemberg[43] **Restauration**[45] 1819 Karlsbader Beschlüsse 1820 Wiener Schlussakte Metternich (1773–1859)	1815 Gründung der dt. Burschenschaft[45] Biedermeier beginnt 1815 und endet 1848	„Überwindung des Naturrechts" **Historische Rechtsschule**[41] Savigny (1779–1861), Romanist Eichhorn (1781–1854), Germanist Streit Savigny, Thibaut (1772–1840): „Über die Notwendigkeit eines bürgerlichen Gesetzbuchs"
1830	1830 Revolution in Paris[45] 1830–1848 Vormärz[45] 1837 Aufhebung der Hannoverschen Verfassung, Absetzung der Göttinger Sieben	**Industrielle Revolution**[47] Landflucht, industrielles Proletariat, Mechanisierung 1833 Dt. Zollverein 1839 (1854) Verbot der Kinderarbeit in Preußen für Kinder unter 9 (12) Jahren[48] 1844 Weberunruhen in Schlesien	**Puchta** (1798–1846), Begriffspyramide, Begriffsjurisprudenz[50] 1846/47 Germanistenversammlungen
1848	1848 **Märzrevolution**[46] 1848/49 Dt. Nationalversammlung in der **Paulskirche**, Verabschiedung von Grundrechten, Scheitern am Widerstand der dt. Staaten	Biedermeier endet 1848 Kommunistisches Manifest: Marx (1813–83)[48] Engels (1820–95)	1848 Allg. Dt. Wechselordnung[49]
1850	1850 Oktroyierte Verfassung in Preußen, Dreiklassenwahlrecht 1851 Widerruf der Märzverfassung in Österreich 1861–1888 Kaiser Wilhelm I. 1862 Bismarck Ministerpräsident Verfassungskonflikt wegen Heeresvorlage 1863 Allg. Dt. Arbeiterverein Lassalle (1825–1864)[48] 1864 Deutsch-Dänischer Krieg 1866 Preuß.-Österreichischer Krieg Norddeutscher Bund	Positivismus/Utilitarismus[50] Comte (1798–1857) Mill (1806–1873) Spencer (1820–1903) Ludwig Feuerbach (1804–72) Schopenhauer (1788–1860) Nietzsche (1844–1900)	1851 Preuß. StGB **Pandektenwissenschaft**[50] Windscheid (1817–92) 1861 Allg. Dt. Handelsgesetzbuch[49] 1863 Sächs. BGB **Rechtswiss. Positivismus**[50] Laband (1838–1918)

Jahr			
1870	1869 Sozialdemokratische Arbeiterpartei, W. Liebknecht (1826–1900), Bebel (1840–1913)[48] 1870/1871 Deutsch-Französischer Krieg 1871 Gründung des 2. Deutschen Reiches 1872 Zentrumspartei		1869 Gewerbeordnung, Koalitionsrecht[47][48] Reichsoberhandelsgericht 1870 StGB des Norddt. Bundes 1871 StGB[54] 1872 preuß. Kreisordnung, Beseitigung gutsherrlicher Polizei
1875	1871–1875 **Kulturkampf** 1872 staatl. Schulaufsicht 1873 Gründerkatastrophe 1875 Sozialistische Arbeiterpartei[48] 1878 „Gesetz gegen die gemeingefährlichen Bestrebungen der Sozialdemokratie" 1879–1883 Zwei-/Dreibund mit Österreich/Italien 1887 Rückversicherungsvertrag mit Russland 1888–1918 Wilhelm II. Beginn der dt. Großmachtpolitik 1890 Entlassung Bismarcks Kündigung des Rückversicherungsvertrages SPD Beginn der Großmachtpolitik Flottenbau, Kolonialpolitik	1875 Personenstandsgesetz mit obligatorischer Zivilehe Wirtschaftl. Aufschwung Gründerjahre 1881 Kartell dt. Kaliindustrie **Sozialgesetzgebung**[53] 1883 Krankenversicherung 1884 Unfallversicherung 1889 Alters- und Invaliditätsversicherung Darwin (1809–82) Soziologie Durkheim (1858–1917)[56][54] Weber (1864–1920) 1893 Rheinisch-Westfälisches Kohlesyndikat	1877 Reichsjustizgesetze: GVG, ZPO, StPO, KO 1879 Reichsgericht in Leipzig Tendenzen der **Abkehr von der Begriffsjurisprudenz** Ihering (1818–92) Otto v. Gierke (1841–1921) Anfänge der Kriminologie[54] Liszt (1851–1919), moderne Schule,[54] Zweckbestimmtes Strafrecht, Schulenstreit Binding (1841–1920), klassische Schule, positivistisch 1892 GmbH-Ges.[49]
1900	1904 Allg. gleiches Wahlrecht in süddt. Staaten Entente Cordiale zwischen Frankreich und England 1908 Dt. Flottengesetze 1909–1917 Reichskanzler Bethmann-Hollweg 1914–1918 **1. Weltkrieg**	Kriegssozialismus 1917 Wirtschaftsgesetze der Volksbeauftragten: 8-Std.-Tag, Erwerbslosenunterstützung, Tarifverträge	1900 BGB, HGB[52] 1909 UWG 1911 RVO Rechtssoziologie:[56] Eugen Ehrlich (1862–1922) Max Weber (1864–1920) Nußbaum (1877–1964), Rechtstatsachenforschung Hans Kelsen (1881–1973), Reine Rechtslehre

241

	Allgemeine Rechtsgeschichte Verfassungsgeschichte	Wirtschafts- und Sozialgeschichte	Rechtsgeschichte
1918	1918 Ende der Monarchie Flucht Wilhelms II. nach Holland		**Freirechtsschule:**[55] H.U. Kantorowicz (1877–1940) Ernst Fuchs (1859–1929) Rudolf Stammler (1856–1938), Lehre vom richtigen Recht 1918/19 Tarifvertragsverordnung
1919	1919 Verfassunggebende Nationalversammlung in Weimar Weimarer Reichsverfassung 1919–1925 Ebert Reichspräsident 1920 Kapp-Putsch 1923 Hitler-Putsch 1923–1929 Stresemann Außenminister 1925–1934 Hindenburg Reichspräsident 1926 Deutschland im Völkerrecht Regierungen durch Notverordnungen 1930–1932 Brüning Reichskanzler 1932 Staatsstreich in Preußen NSDAP stärkste Partei im Reichstag Reichskanzler Papen, Schleicher	1923 Besetzung des Ruhrgebiets Ruhrkampf Höhepunkt der Inflation 1924 Dawesplan 1925 Hitler, Mein Kampf 1929 Youngplan 1929/30 Weltwirtschaftskrise	1920 Betriebsrätegesetz Schwerbeschädigtengesetz 1922 Strafrechtsentwurf Radbruchs (1878–1949) i.S.d. mod. Schule 1923 JGG Kartellverordnung 1924 JWG Justizreform Emminger 1926 ArbGG 1927 Arbeitslosenversicherung Mutterschutzgesetz
1933	1933 Machtergreifung Hitlers Hitler Reichskanzler Verbot politischer Parteien 1934 Röhm-Putsch Auflösung d. Länderparlam. (Zentralstaat) 1936 Rheinlandbesetzung 1938 Anschluss Österreichs Sudetenkrise, Münchner Konferenz 1939–1945 **II. Weltkrieg**	Wiederaufrüstung Deutschlands 1934 Auflösung der Länderparlamente 1938 Judenpogrome	1933 **Ermächtigungsgesetz** GleichschaltungsG Gesetz zur Wiederherstellung des Berufsbeamtentums (= Beginn Judengesetzgebung) Verbot politischer Parteien 1935 Änderung StGB, Dt GO, Reichsbürgergesetze (= RasseG) 1938 Ehegesetz in Deutschland und Österreich

1945		
1945 Potsdamer Abkommen Besetzung Deutschlands in Zonen	1945 Atombombe Bodenreform SBZ Gründung der UNO	1945 Kriegsverbrecherprozesse in Nürnberg
		1946 EheG Kontrollrats
1948 Konferenz von Herrenchiemsee	1948 Währungsreform	
1949 Grundgesetz der BRD Gründung der NATO Gründung der DDR und erste Verfassung		1949 Errichtung des Obersten Gerichts und der Obersten StA
1950 Gründung des Europarats Montanunion (EGKS)	Kalter Krieg	1950 Waldheimer Prozesse
1951 BRD Mitglied im Europarat		1951 KSchG BVerfG
		1952 BetrVerfG BVerwG
	1953 Tod Stalins Politik des „Neuen Kurses" in der DDR Aufstand vom 17. Juni	1953 Menschenrechtskonvention
1954 Beitritt zur Nato		
1955 Bundesrepublik souverain		
1956 XX. Parteitag der KPdSU		
1957 Römische Verträge (Gründung EWG)	1957 Sputnik 1958 Berlin Ultimatum Chruschtschows Berlin-Krise	1957 GWB Gleichberechtigungsgesetz
	1961 Mauerbau	
1962 Europaparlament	1963 DDR: NÖSPL	1963 Rechtspflegeerlass der DDR, GVG der DDR
1968 Notstandsverfassung Neue Verfassung DDR		1968 StGB, StPO der DDR
1969 Haager Gipfelkonferenz	1969 Mondlandung	1969 Familienrechtsreform
1970 KSZE-Schlussakte		
1972 Ostverträge	1972 1. Ölpreisschock	1972 BetrVerfG
1974 3. Verfassung der DDR		1975 Reform StGB, StPO 1976 AGBG, StVollzG, ZGB, ZPO der DDR 1978 Arbeitsgesetzbuch DDR
		1982 Grenzgesetz DDR
1986 Europäische Akte		1986 HaustürWG
1990 Einigungsvertrag, Beitritt d. DDR	1989 Mauerfall	1991 VerbrKrG ProdHaftG
1992 Vertrag von Maastricht 1997 Vertrag von Amsterdam 1999 Einführung des Euro		
2002 Einführung der Euro-Banknoten und -münzen 2004 Vertrag über die Europäische Verfassung 2007 Vertrag von Lissabon	2001 Zerstörung des World Trade Center 2006 Fußball WM in Deutschland 2010 Fußball WM zum 1. Mal auf dem afrikanischen Kontinent	2002 Schuldrechtsreform

Zeittafelverweise:

1) **Vulgarrecht:** Entstand im Westreich im Anschluss an die **Klassik** durch den Prozess der Entwissenschaftlichung des Rechtslebens in Westrom (Verzicht auf Dogmatik, Einführung von Generalklauseln); vgl. Paulussentenzen (ca. 300), Kassiergesetz (321), Zitiergesetz (426).

2) **Germanen:** Überrennen im 5. Jahrh. Westrom. Verbünden sich als **Föderaten** mit Rom und bilden faktisch selbstständige Teilreiche (Ost- und Westgoten, Burgunder) oder besetzen als **Okkupanten** römisches Gebiet (Franken, Alemannen, Langobarden, Angelsachsen).

3) **Kodifikationen:** Sowohl bei Anwendung des **Jus** (Juristenrechts) und der **Leges** (Kaiserrechts) herrschte größte Unsicherheit, welche Regelung im Einzelnen gelten sollte, Codex Gregorianus, Codex Hermogenianus ca. 300, Codex Theodosianus 439, Vulgarrecht.[1]

4) **Volksrechte:** Nach der Völkerwanderung einsetzende Aufzeichnung des Gewohnheitsrechts der germanischen Stämme unter mehr oder weniger starkem **Einfluss des römischen Vulgarrechts.** [1]

5) **Corpus Iuris Civilis:** Vom oströmischen Kaiser Justinian (527-565) veranlasste abschließende Kodifikation des römischen Rechts. –Wesentliche Teile: **Institutionen:** in Anlehnung an Gaius (120-180) erstelltes amtliches Einführungslehrbuch; 50 Bücher **Digesten = Pandekten:** Kompilationen aus klassischen Juristenschriften; **Codex:** Sammlung von Kaiserkonstitutionen.

6) **Reichskirchenpolitik:** 1. Karl der Große (768-814) sah Kirchen als Reichsgut an, da sich die Kirche unter den weltlichen Schutz begeben habe. **Vögte** besorgten weltliche Angelegenheiten der Kirchen und Klöster. **Bischöfe** waren für den König tätig. Kapitular von Estinnes (743).[9] – 2. Um Unabhängigkeit von Stammesherzögen zu erlangen, machte Otto der Große (936–973) die Kirche zur Trägerin der Idee von der Reichseinheit, indem er erhebliche Güter zuwandte. Dafür schuldete die Kirche finanzielle Leistungen und Verwaltungsdienste. Cluniazensische Reform (ca. 1000).[10] Investiturstreit.[11]

7) **Lehenswesen:** Entwickelte sich in Karolingischer Zeit aus der germanischen Gefolgschaftstreue und der Landvergabe des Königs. Der Lehensnehmer (Vasall) schuldete Dienste „höherer Art" (Kriegsdienste, Treue). Im Hochmittelalter wurden die Lehen erblich. Es entstanden abgestufte Lehensverhältnisse (Lehenspyramiden = Heerschildordnungen (z.B. Sachsenspiegel) Lehensrecht).

8) **Grundherrschaft:** Wie das Lehenswesen für den Adel[7] bestimmte die G. seit der Spätantike das Leben der unfreien **Bauern.** Sie waren an die Scholle gebunden und mussten Abgaben und Frondienste leisten. Auch in höchstpersönlichen Dingen (Heirat) bestimmte der Grundherr mit. Der Grundherr war zugleich Inhaber der Hofgerichtsbarkeit für Angelegenheiten der Hintersassen. Aus dieser Abhängigkeit rührte im Spätmittelalter die Attraktivität der Städte[18] „Stadtluft macht frei").

9) **Kapitularien:** Nach heutiger Terminologie zwischen Gesetzen und Verordnungen. Karl der Große[6] regelte darin alle möglichen Materien (Straf-, Zivilrecht und Rechtsverhältnisse der Kirche). K. standen selbstständig neben dem Volksrechten.

10) **Cluniazensische Reform:** Geistliche Bewegung vom Kloster Cluny ab 950 ausgehend mit dem Versuch, alte mönchische Ideale wieder aufzugreifen, verbunden mit dem Versuch, die Gesamtkirche zu reformieren. Politischer Kampfruf: „Libertas ecclesiae" (= Befreiung der Klöster und der Kirche von Vögten). Wille, allein dem Papst unterstellt zu sein. Investiturstreit.[11]

11) **Investiturstreit:** Nach dem Scheitern der Reichskirchenpolitik[6] bestritten die Päpste das Recht der Kaiser, Bischöfe einzusetzen. Wegen innenpolitischer Schwäche Heinrichs IV. (1056–1106) musste dieser seinen Bann durch den **Gang nach Canossa** (1077) lösen. Im Wormser Konkordat (1122) vorläufige Einigung: Deutsche Bischöfe wurden vom Kaiser ins weltliche, dann vom Papst ins geistliche Amt eingesetzt. Bischöfe waren damit beiden Reichsfürsten. Politischer Kampf zwischen Kaiser und Papst bestand durch das gesamte Mittelalter. Kirche konsolidierte sich als politisch-rechtliche Anstalt. Kaiserliche Macht ging ständig zugunsten der Fürsten zurück.

12) **Kreuzzüge** (1. K.: 1096 – 7. K.: 1270): Darin lag der Gedanke der Pilgerfahrt zum Heiligen Grab. Höfisch-ritterliche Kultur (Ritterorden: Verbindung mönchischer mit ritterlichen Idealen). Einfluss der mittelalterlichen Mystik (Bernhard von Clairvaux † 1153). Auch wirtschaftliche und machtpolitische Interessen von größer Bedeutung (Fernhandel oberitalienischer Städte, Geldwirtschaft).

13) **Gottes- und Landfrieden:** Im Gegensatz zu den Rechtsaufzeichnungen (Decretum Gratiani – ca. 1140[14]; Sachsenspiegel ca. 1230[15]) waren die Gottesfrieden **beschworene Einigungen** zwischen z.B. Bischof und Adel. Die Landfrieden waren ebensolche Einigungen zwischen z.B. König und Reichsfürsten. Sie dienten in einer Zeit ansteigeuder Kriminalität der Bekämpfung von Fehden und Fehdedelikten (Mainzer Reichslandfriede 1235, Ewiger Landfriede 1495).

14) **Decretum Gratiani** (ca. 1140): Aufzeichnung des Kirchenrechts durch den Mönch Gratian zunächst aus Unterrichtsbedürfnissen. Später Hinzufügung päpstlicher Dekretalen (= bedeutender Einzelfallentscheidungen). Später corpus iuris canonici genannt und bis 1911 in Kraft.

15) **Sachsenspiegel** (ca. 1230): In einer Zeit bedeutender Rechtsaufzeichnungen Decretum Gratiani[14] setzte sich in Deutschland die **private Sammlung** des **Eike v. Repgow** durch, die bald **wie ein Gesetz angewandt** wurde. Ähnliche, aber weniger bedeutende Rechtsbücher: Schwabenspiegel und Deutschenspiegel (1275).

16) **Stellung der Fürsten:** Begünstigt durch das Lehenswesen[7] und den Investiturstreit[11] gelangten die Reichsfürsten erst faktisch und dann rechtlich in eine starke Stellung gegenüber dem Reich. 1232 Überlassung von königlichen Regalien (z.B. teilweise auch Gerichtshoheit); **1338, 1358 „Reichsgrundgesetz":** Gewählter deutscher König bedarf keiner päpstlichen Bestätigung, um kaiserliche Rechte auszuüben. Wahlordnung: Wahl des Königs durch 7 Kurfürsten, die volle Landeshoheit haben; Ende dieser Entwicklung im Westfälischen Frieden 1648.[31]

17) **Scholastik:** Bestimmte das mittelalterliche Denken. Sie versuchte, die Übereinstimmung der kirchlichen Lehre mit verstandesmäßigem Denken zu beweisen („Ich glaube, damit ich verstehe." Anselm von Canterbury). Petrus Abaelardus begründete die dialektische Methode (sic et non = ja und nein). Hochscholastik unter Einfluss des Aristoteles: **Thomas von Aquin** (1226–1274) sah alle Erscheinungen als Glieder der göttlichen Weltordnung an („Ordo"-Gedanke).

18) **Städte:** Mit dem Aufschwung von Wirtschaft und Handel gewannen die Städte seit der Antike an Bedeutung. –Bedeutende Stadtneugründungen. Städte begannen sich teilweise in langen Kämpfen von Stadtherren unabhängig zu machen (bes. unter Friedrich II). Bedeutende Stadtrechte entstanden (teilweise Stadtrechtsfamilien). 1254 Rheinischer Städtebund; Hanse.[21]

19) **Theoretische Rezeption:** In Oberitalien wurde das corpus juris[5] (bes. die Digesten) im Rahmen der Befassung mit Rhetorik und Grammatik wiederentdeckt (Irnerius † 1140). Die Konsiliatoren richteten das bearbeitete römische Recht für die Praxis zu, erstellten Gutachten und berücksichtigten das geltende Statutenrecht (Partikularrecht). Von da ab wurde römisches Recht als geltendes Recht angesehen.

20) **Praktische Rezeption:** Das Eindringen römisch-oberitalienischen Rechts in die deutsche Praxis wurde durch die „gelehrten" Juristen, die in Oberitalien studiert hatten, begünstigt. Weitere Gründe: wissenschaftliche Überlegenheit, Einfluss des kirchlichen Prozesses, ökonomische Gründe. Viele Gesetze wurden an das neue Recht angepasst. Stadt- und Landrechtsreformationen. **Reichskammergerichtsordnung**[26] (1495). Rechtsbücher für ungelehrte Richter und Schöffen (Klagspiegel 1495, Laienspiegel v. Tengler 1509).

21) **Wirtschaftsleben und Städte:** In den Städten bestimmen oft Zünfte (Kaufmanns- und Handwerkerbünde) das politische Geschehen. Entstehen von Kaufmannsgesellschaften (Fugger, Welser, Ravensburger). Als wirtschaftlicher und rechtlicher Städtebund beitreibt die **Hanse** den Handel in Nordeuropa. Die Hanse führt sogar Handelskriege gegen andere Staaten. Niedergang im 16. Jahrh. – Mit der Blüte der Städte im Spätmittelalter drang die **Geldwirtschaft** aus Italien nach. Der neue **Fernhandel** bedingte Kapitalbeteiligungen zur Risikoverminderung. Die Fugger, die das europäische Kupfermonopol innehatten, betätigten sich politisch z.B. durch Finanzierung der Wahlbestechungen für Karl V. und seiner Kriege.

22) **Konzil von Konstanz** (1414–1418): Unter Führung des Kaisers Sigesmund setzte das Konzil die drei amtierenden Päpste ab. Johannes Huswurde trotz Zusicherung freien Geleits als Ketzer verbrannt (Böhmen: Hussitenaufstände). Neben dem Klage über die mangelnden Frieden wurde der Kirche die Verrechtlichung ihres geistlichen Auftrages, die Käuflichkeit der Ämter und die Verrechtlichung der Sakramente vorgeworfen (Vorreformation).24)

23) **Humanismus und Renaissance:** Die Scholastik[17] hatte sich immer stärker in philosophische, rechtliche und religiöse Spitzfindigkeiten verstrickt. Humanismus und Renaissance brachten die Hinwendung zum Individuum. Der Mensch sollte vom „Pilger zum Himmel", zum „Beherrscher der Welt" werden. Wissenschaftlich war das Studium der antiken Literatur von Bedeutung. Herausgabe antiker Texte z.B. des Neuen Testaments in griechischer Sprache durch Erasmus von Rotterdam (1467–1536). Die neue Kunstrichtung versuchte, das Menschenbild zu verdeutlichen.

24) **Reformation:** Luther (1483–1546) wies mit dem Kampf gegen den Ablass auf die vielen allseits bekannten Missstände der katholischen Kirche hin. Der Glaube wurde volksnäher (Bibelübersetzung – Teilhabe an Sakramenten). Die Folge war Aufspaltung der Kirche, die sich auch politisch und kriegerisch niederschlug. Im **Augsburger Religionsfrieden** (1555) wurde das allgemeine **Fehdeverbot des Ewigen Landfriedens** (1495) auf Streitigkeiten zwischen Lutheranern und Katholiken ausgedehnt. Landesherren waren bei den Lutheranern Notbischöfe. Von 1555 galt „Cuius regio eius religio" = Religion der Untertanen richtete sich nach den Landesherren. Durch die Jesuitenorden und das Konzil von Trient (1545–1563) wurde die Erneuerung der katholischen Kirche und die **Gegenreformation** begonnen.

25) **Bauernkriege:** Die B. waren neben den Aufständen der teilweise verarmten Reichsritterschaft der stärkste Ausdruck sozialer Spannungen (Konzil von Konstanz22), Reformation24). Die Bauern stritten um das „gute alte Recht". Angestrebt wurde Aufhebung der Standesunterschiede („Als Adam grub und Eva spann, wo war denn da der Edelmann?") und des Frondienstes. Die Bewegung scheiterte mangels einheitlicher Zielsetzung und Führung. Auch Luther sprach sich gegen die Bauern aus. Die **Leibeigenschaft** blieb bis ins 19. Jahrh. festgeschrieben.

26) **Reichskammergerichtsordnung:** Die RKGO 1495 war Hauptrezeptionsquelle, da römisch-oberitalienisches Recht gegenüber lokalen Statuten bevorzugt war (Geltung lokalen Rechts musste vorgetragen und bewiesen werden). Kammergericht musste zur Hälfte mit gelehrten Richtern besetzt sein.

27) **Polizeiordnungen:** In den Polizeiordnungen des Reichs und der Länder kam der Versuch zum Ausdruck, dem Staat und seinen Bürgern von „oben" eine gute Ordnung zu geben (Zusammenhang mit der Entstehung der Verwaltung durch abhängige **Beamte**). Die Ordnungen regelten verschiedenste Materien des Privat- und Verwaltungsrechts (auch Wirtschaftsrecht – **gegen Monopole und Wucher**).

28) **Carolina** (1532): Die peinliche Gerichtsordnung Kaiser Karls V. war das bedeutendste Reformgesetz des 16. Jahrh. Die Carolina war **Prozessordnung** und hatte bes. im materiellen Teil **dogmatische Erkenntnisse der oberitalienischen Rechtswissenschaft** (Albertus Gandinus) rezipiert – Schuldlehre in Anlehnung an das Kirchenrecht; Ansatz zum Allgemeinen Teil. Prozessual versuchte sie, die Folter einzuschränken und den Richter zu vernünftiger Verhandlungsführung und Beweiswürdigung anzuleiten (keine Suggestivfragen etc.).

29) **Mos Italicus – Mos Gallicus:** Die Behandlung des Rechtsstoffs bei der theoretischen Rezeption19) wurde als Mos Italicus in ganz Europa herrschend. Es handelt sich um die **scholastische Methode der Texterläuterung** (wie in der Theologie), die Autoritäten der Glossatoren19) und Konsiliatoren waren unangreifbar. Im Zusammenhang mit dem **Humanismus**23) kam der **Mos Gallicus**, der philologisch-historisch den ursprünglichen Sinn der Texte zu erläutern suchte (Zasius). Anfänge einer Systematisierung (elegante Jurisprudenz) bes. in Frankreich.

30) **Usus modernus pandectarum:** = heutiger (= zeitgenössischer Gebrauch der Pandekten. Kennzeichnete die Wissenschaft und Praxis des in Deutschland geltenden römischen Rechts vom 16. bis zum 19. Jahrh., und zwar in der Nachfolge des Mos Italicus.29) Der Usus hatte eine rein praktische Ausrichtung – anders als das Naturrecht.35)

31) **30jähriger Krieg** (1618–1648): Trotz des Augsburger Religionsfriedens24) und wegen des Erstarkens der Gegenreformation24) kam es in Mitteleuropa zu einem Krieg, der anfangs von religiösen Motiven bestimmt war. Später standen machtpolitische Fragen im Vordergrund. Durch den **Westfälischen Frieden** wurde die Auseinandersetzung beendet, der teilweise bis zu 70% der Bevölkerung zum Opfer fielen. Im Westfälischen Frieden wurde volle Souveränität der Reichsfürsten garantiert. Das Reich wurde praktisch zum Staatenbund. S. Pufendorf (1632–1694) hielt es nicht mehr für qualifizierbar und sah es einem „**Monster ähnlich**".

32) **Absolutismus/Merkantilismus:** Unter der Vorherrschaft Frankreichs kam ein neues Staatsideal auf, wonach der König unumschränkt und unkontrolliert herrschte (Gottesgnadentum oder naturrechtliche Rechtfertigung). Er hatte Alleinverantwortung für Verwaltung, Regierung und Rechtspflege. Durch den Merkantilismus wurde eine aktive Handelsbilanz angestrebt. Es kam zu stärker arbeitsteiligen Produktionsformen (Manufakturen) zulasten der kleinen Handwerker. – Unter dem Einfluss der Aufklärung33) kam es zum aufgeklärten Absolutismus (z.B. Friedrich II, 1740–1786). Es zeichnete sich ein Wandel vom Polizei- zum Rechtsstaat ab und eine Bindung der Exekutive an Gesetze.

33) **Aufklärung:** Bewirkte ein Vordringen von Toleranz, Kritikfähigkeit und -möglichkeit sowie Vernunft gegenüber dogmatischen kirchlichen und staatlichen Autoritäten („Ausgang des Menschen aus seiner selbstverschuldeten Unmündigkeit", Kant). – Einflüsse auf die Strafrechtsentwicklung,34) Naturrecht,35) aufgeklärter Absolutismus.32)

34) **Strafrechtsentwicklung:** Unter dem Einfluss der Aufklärung33) kam es zur Betonung der Menschenwürde. Spee (1631) und bes. Christian **Thomasius** (1655–1728) bekämpften die **Hexenprozesse**. Thomasius wandte sich gegen die unmenschlichen **Folterungen**. 1740 wurden diese im Wesentlichen in Preußen durch Friedrich II. abgeschafft. 1764 verlangte **Beccaria** die Abschaffung der Todesstrafe.

35) **Naturrecht/Vernunftrecht:** Aus dem christlichen Naturrecht – Moraltheologie – entwickelte sich als säkularisierte Naturrecht – Vernunftrecht –, in der „Überzeugung, dass es **überpositive Kriterien der Gerechtigkeit** gebe. Aus obersten vernunftrechtlichen Postulaten wurden konkrete rechtliche Verhaltensregeln entwickelt; z.B. aus der Forderung „neminem laedere" (niemanden zu verletzen) wurden konkrete Regeln über unerlaubte Handlungen entwickelt. Schaffung des **Völkerrechts** durch **Grotius** (1583–1645). Später starke Einflüsse auf das geltende Recht Usus modernus pandectarum.30)

36) **Naturrechtskodifikationen:** Unter dem Einfluss systematisierenden Denkens in Natur- und Geisteswissenschaften entstanden systematisch gegliederte Naturrechtslehrbücher (Chr. Wolff 1679–1754). Diese Tatsache i.V.m. der Aufklärung33) ermöglichte die Kodifikation des Rechts mit Vollständigkeitsanspruch.

37) **Französische Revolution** (1789): Die alte französische politische und soziale Feudalordnung wurde zugunsten einer anfänglichen Vormachtstellung des 3. Standes umgestürzt. Abschaffung der ständischen Gesellschaftsordnung und der ständischen Privilegien. Ideengeschichtliche Einflüsse **Montesquieus** (1689–1755): Gewaltenteilung und -hemmung, sowie **Rousseaus** (1712–1778): Volkssouveränität führten zu den Postulaten „Liberté, Egalité, Fraternité" = persönliche Freiheit, Rechtsgleichheit, Weltbürgertum.

38) **Hegemonie Frankreichs:** Nach der Umbildung Frankreichs zur Republik (1792) war diese aufgrund der Partizipation des 3. Standes an politischer und militärischer Machtausübung die stärkste Kraft in Europa. Durch politische und militärische Erfolge **Napoleons** gelangte Europa unter die Vormacht Frankreichs (Rheinbund 1806), Ende des Deutschen Reiches39). In den neuen französischen oder französisch beeinflussten Gebieten war ein starker Einfluss französischen Denkens auf Verwaltung und teilweise die **Einführung von französischem Recht** zu verzeichnen.

39) **Ende d. Deutschen Reiches:** Durch den Reichsdeputationshauptschluss (1803) wurden alle geistlichen Territorien aufgelöst, um die Fürsten zu entschädigen, die wegen der Abtretung der linksrheinischen Gebiete an Frankreich ihre Besitzungen verloren hatten. Weil die Fürsten faktisch seit dem Westfälischen Frieden[31] selbstständig waren, traten die süd- und westdeutschen Fürsten 1806 aus dem Reich aus und verbündeten sich mit Napoleon im Rheinbund. Franz II legte 1806 die Kaiserkrone nieder.

40) **Romantik:** Die Romantik hielt der Betonung von Rationalität das Recht auf Verinnerlichung, Natur, Gefühl entgegen. Philosophen des deutschen **Idealismus** (bes. Fichte † 1814, Schelling † 1854) betonten die Subjektivität des Menschen. **Herder** († 1803) verstand Volkssprache und Volkslieder als Ausdruck des unbewusst wirkenden Volksgeistes. Historische Rechtsschule,[41] deutsches Nationalbewusstsein.[42]

41) **Historische Rechtsschule:** Zusammen mit der Romantik[40] verstand **Savigny** (1779–1861) das Recht als das Gewordene. Im Streit mit Thibaut über eine Kodifikation des bürgerlichen Rechts (1814) lehnte er diese ab, weil der Rechtsstoff von den historischen Grundlagen her neu durchgearbeitet werden müsse. Neben der beherrschenden romanistischen Richtung (Nachrezeption des römischen Rechts) neigten die Germanisten (Gebr. Grimm, Eichhorn † 1854) politisch dem Liberalismus[43] zu.

42) **Nationalbewusstsein/Befreiungskriege:** Die **napoleonische Herrschaft** in Deutschland wurde als unerträglich angesehen. Kleist dichtete die „Hermannsschlacht" als Vorbild für eine patriotische Erhebung gegen Fremdherrschaft. Beflügelt durch die Romantik,[40] die auch die kulturelle Einheit des deutschen Volkes betonte, fand eine große Beteiligung der deutschen Jugend an den Befreiungskriegen statt. Das erstarkte Nationalbewusstsein forderte die Freiheit der Nation sowie z.B. ein einheitliches bürgerliches Gesetzbuch. Historische Schule.[41]

43) **Liberalismus:** Politisch standen die Erfolge der Jugend in den Befreiungskriegen[42] mit dem L. in Zusammenhang; d.h. es bestanddie Forderung nach Freiheit der Person, Menschenrechten, Rechtsstaatlichkeit, wirtschaftlicher Betätigungsfreiheit. – Anfangserfolge durch liberale Verfassungen in Südwestdeutschland (1818), z.B. Pressefreiheit. Nach dem Scheitern der Märzrevolution[46] von 1848 nahm der L. eine national-konservative Richtung.

44) **Strafrechtstheorien: Relative** Theorien (z.B. Grolmann, Stübel) stellten auf Besserung des Täters ab. Feuerbach (1775–1833) wollte durch psychologischen Zwang von der Tat abschrecken. Kant († 1804) vertrat eine absolute Vergeltungstheorie.

45) **Restauration/Vormärz:** Nach der Niederlage Napoleons versuchte der **Wiener Kongress** ab 1815, die alten Mächte in ihren Positionen zu belassen und liberale Vorstellungen zu bekämpfen. 1818 Karlsbader Beschlüsse: Verbot der seinerzeit liberalen Burschenschaften, Demagogenüberwachung, Presse- und Universitätsüberwachung. Im **Vormärz (1830–1848)** Verstärkung des reaktionären Drucks.

46) **Märzrevolution/Paulskirche:** Trotz der Restauration vermochte sich der Liberalismus[43] in der Märzrevolution (1848) durchzusetzen. Die Paulskirchenverfassung sah z.B. Grundrechte vor. Die deutsche Einigung scheiterte am Widerstand der Einzelstaaten. In Preußen gab es ab 1851 eine oktroyierte Verfassung.

47) **Industrielle Revolution:** Beruhte auf neuen Produktionsformen (technische Erfindungen: Dampfmaschine) und bedingte größeren Kapitaleinsatz.[49] Folge: **Elend der Lohnarbeiterschaft** und Entstehung eines städtischen Proletariats. Wurde durch wirtschaftlichen Liberalismus begünstigt (Adam Smith † 1790): Vertrauen auf Selbstregulierung der Wirtschaft durch den Markt (Gewerbefreiheit, Aufhebung der Zünfte). Ab 1870 enormer wirtschaftlicher Aufschwung.

48) **SPD/Gewerkschaften:** Die Ausbeutung der Lohnarbeiter und deren schlechte soziale Lage (industrielle Revolution,[47] Verbot der Kinderarbeit von Kindern unter 9 [12] Jahren ab 1839 [1854]) führte zur Gewerkschaftsbewegung und zur Bildung sozialistischer Parteien. **1847 kommunistisches Manifest Marx/Engels.** 1863 Allgemeiner Deutscher Arbeiterverein (Lassalle), 1869 Sozialdemokratische Arbeiterpartei, 1875 Sozialistische Arbeiterpartei, die 1890 in die SPD mündete: **1871:** 2 Mandate im Reichstag, 1912: 112 Mandate und größte Fraktion.

49) **Wirtschaftsgesetzgebung:** Im Gegensatz zum schwer durchsetzbaren einheitlichen Zivilgesetzbuch (historische Schule),[41] einigte man sich leicht auf Wirtschaftsgesetze für den Handel (Allgemeines Deutsches Handelsgesetzbuch 1861), für Geld- und Kapitalbeschaffung (1848 Allgemeine Deutsche Wechselordnung, ADHGB wegen Aktienrecht, 1892 GmbH-Gesetz). Daneben bestand kein individuelles oder kollektives Arbeitsrecht.

50) **Pandektenwissenschaft/Rechtswiss. Positivismus:** Unter Ablösung von den (historischen) Postulaten der historischen Rechtsschule[41] entwickelte sich in der Nachfolge **Puchtas** (1798–1846) die **Begriffsjurisprudenz.** In Anlehnung an den philosophischen Positivismus (in der Naturwissenschaft stellte sich die Überzeugung ein, dass Recht allein aus den Begriffen und dem System der Rechtssätze herzuleiten sei. **Außerrechtliche Erwägungen** seien **nicht Sache des Juristen als solchem (Windscheid).** Die bedeutendsten Lehrwerke waren die Pandekten z.B. von **Windscheid** (1817–1892) BGB-Entstehung).[52] Im 20. Jahrh. fiel die Wissenschaft als Rechtsquelle weg. Allein das Gesetz sollte entscheidend sein (**Gesetzespositivismus).**

51) **Zweifel am rechtswissenschaftl. Positivismus:** Die überspitzten juristischen Konstruktionen der Pandektenwissenschaft[50] führten zu Zweifeln daran. **Ihering** (1818–1892) betonte den „Zweck als Schöpfer des Rechtes". Bekämpft wurde die Annahme der Begriffsjurisprudenz, sie sei wertneutral, durch z.B. Anton Menger (1841–1906), Otto Gierke (1841–1921), die sich beide auch kritisch gegenüber der BGB-Gesetzgebung[52] geäußert hatten. Sie bemängelten, dass die formale Chancengleichheit zur Begünstigung des wirtschaftlich Stärkeren führe (Freirechtsschule,[55] Rechtssoziologie[56]).

52) **BGB-Entstehung:** Ab 1871 Versuch, für das Reich die Gesetzgebungskompetenz im bürgerlichen Recht zu erhalten. 1874: Vorkommission, 1875–1889 1. Kommission (Vorsitzender: Pape). Größter Einfluss der Pandektenwissenschaft Windscheids. – Ende 1886: 1. Entwurf. Hauptkritik daran von Menger und Gierke.[51] – 1894/95: 2. Entwurf – 1896: Beratung im Reichstag und Verkündung; Inkrafttreten: 1900.

53) **Sozialgesetzgebung:** Um die „gemeingefährliche" Sozialdemokratie nicht nur repressiv zu bekämpfen (SPD-Verbot 1878), und weil man die Notwendigkeit der ökonomischen Absicherung der Arbeitskraft sah, entstanden Sozialgesetze (1883 Krankenversicherung, 1884 Unfallversicherung, 1889 Alters- und Invaliditätsversicherung).

54) **Strafrecht und moderne Schule:** Während Strafrechtsgesetzgebung (z.B. RStGB von 1871) und Strafrechtswirklichkeit von einem generalpräventiven Tatvergeltungsrecht ausgingen, erkannte **Liszt** (1851–1919) den „Zweck" des Strafrechts, denn das Strafrecht war antisoziale Handlung und zugleich sozialbedingt. Für die klassische Schule (**Binding** 1841–1920) war das Verbrechen vornehmlich Normübertretung. Liszt und die moderne = soziologische Schule wollte die besserungsbedürftigen Täter bessern, die nicht besserungsfähigen abschrecken und die nicht besserungsfähigen unschädlich machen. Daher wurde Kriminalpolitik auf empirischer (= statistischer) Grundlage gefordert (Anfänge der Kriminologie, die die Realität [psychologisch und sozial] des Verbrechens zu erfassen suchte). Anfangs biologistisch **Lombroso** (1836–1909) mit der Lehre über den geborenen Verbrecher, dann vornehmlich empirisch-soziologisch **Durkheim** (1858–1917).

55) **Freirechtsschule:** Analysierte 1. den richterlichen Entscheidungsfindungsprozess und zeigte den persönlichen Einfluss des Richters auf seine Entscheidungen auf (Radbruch: „**Die Auslegung ist das Ergebnis ihres Ergebnisses"**) und 2. wollte sie eine freiere Stellung des Richters gegenüber dem Gesetz erkämpfen.

56) **Rechtssoziologie:** Anfänge der R. befassten sich z.B. mit Wechselwirkungen zwischen Recht und Gesellschaft. Frage nach der sozialen Funktion des Rechts in der Gesellschaft (Durkheim). Gleichzeitig Beginn der empirischen Ausrichtung der R. (Nußbaum, 1877–1964): **Rechtstatsachenforschung.**